新編諸子集成

淮南鴻烈集解

上

劉文典　撰
馮逸　喬華　點校

中華書局

點校説明

淮南子二十一篇，本名鴻烈，由西漢時淮南王劉安（公元前一七九年——公元前一二二年）招致賓客集體編寫而成，於漢武帝建元元年（公元前一四〇年）獻上。劉向、劉歆父子校訂圖書，定名淮南内，置於諸子略内，後世遂稱淮南子或淮南鴻烈。

劉安是漢高祖劉邦的孫子，漢文帝前元十六年（公元前一六四年）被立爲淮南王，漢書本傳稱他「爲人好書，鼓琴，不喜弋獵狗馬馳騁」。他與「賓客方術之士數千人」編著鴻烈之時，正是「竇太后好黄帝、老子言」，文帝、景帝及許多大臣「不得不讀黄帝、老子，尊其術」（史記外戚世家）之日，自然無爲的道家思想就是當時的統治思想。在漢武帝初年做太史令的司馬談，深通黄、老之學，他對西漢前期道家思想即黄、老思想作了如下的論述：「道家使人精神專一，動合無形，贍足萬物。其爲術也，因陰陽之大順（序四時之大順），采儒、墨之善（儒家序君臣之禮，列夫婦長幼之別，墨家彊本節用），撮名、法之要（法家正君臣上下之分，名家正名實），與時遷移，應物變化，立俗施事，無所不宜，指約而易操，事少而功多。」（史記太史公自序）東漢末年，高誘注淮南子，在敍中對全書内容作了簡明的概括：「其旨近老子，淡泊無爲，蹈虚守静，出入經道。言其大也，則燾天載地；説其細也，則淪於無垠，及古今治亂存亡禍福，世間詭異瓌奇之事。其義也著，其文也富，物事之類，無所不載，然其大較歸之於道，號曰鴻烈。鴻，大也；烈，明也，以爲大明道之言也。」淮南子一書的作者在談到著書宗旨時指出：「夫作爲書論者，所以紀綱道德，經緯人事。」「道論至深，故多爲之辭以抒其情；萬物至衆，故博爲之説以通其意。」「故著書二十篇，則天地之理究矣，人間之事接矣，帝王之道備矣。」（淮南子要略）可以説，淮南子一書是對西漢前期道家思想的系統而詳盡的總結，是研究與「文、景之治」相適應的統治思想卽黄、老思想的極其寶貴而豐富的資料。

隋書經籍志著録淮南子二十一卷，有高誘注和許慎注兩種。流傳至今的只有題名高誘注并有高誘敍的一種，據前人考證，其中原道、俶真、天文、墬形、時則、覽冥、精神、本經、主術、氾論、説山、説林、脩務等十三篇爲高注，繆稱、齊俗、道應、詮言、兵略、人間、泰族、要略等八篇爲許注。

淮南子有多種版本和注本，吴則虞考證爲一百六十二種，劉文典的淮南鴻烈集解是其中之一。

劉文典字叔雅，原名文聰，安徽合肥人，生於一八八九年十二月，病逝於一九五八年七月十五日。他一九〇六年進入蕪湖安徽公學學習，一九〇七年加入同盟會。一九〇九年赴日本東京求學，一九一二年回上海任民立報翻譯。一九一三年再次赴日，并參加中華革命黨，在孫中山處作秘書工作。一九一六年回國，經陳獨秀介紹，到北京大學任教，并擔任新青年雜志英文編輯。一九二七年應聘出任安徽大學校長。一九二八年安徽大學學生罷課，蔣介石親自召見他，責令交出共産黨員名單，嚴辦罷課學生。他當面頂撞，被關押起來。後經蔡元培力保，才得到釋放。一九二八年底回北京大學任教。一九二九年，經羅家倫介紹，到清華大學任國文系主任，同時在北京大學兼課。一九三八年，取道香港至昆明，在西南聯大任教。由於思想消沉，染上了吸鴉片烟的惡習，於一九四三年受鹽商之聘到磨黑中學（普洱中學）任校長，結果被西南聯大解聘。不久，由徐嘉瑞介紹到雲南大學文史系任教。全國解放前夕，胡適爲他辦好去美國的簽證，并買好了飛機票，出於對祖國的熱愛，他謝絕了。解放後，他的精神狀態一天比一天振作，被評爲一級教授，參加了九三學社，被選爲第二屆全國政協委員。

劉文典治學態度謹嚴，受到學術界好評。淮南鴻烈集解是他在北京大學任教期間完成的第一部專著。該書以莊逵吉校本爲底本，以錢塘淮南天文訓補注作附録，裒輯王念孫、孫詒讓、俞樾、洪頤煊、陶方琦、王引之、錢大昕、梁履繩、桂馥、孫志祖、顧炎武、劉績、郝懿行、胡鳴玉等二十餘家之説，并遍引藝文類聚、北堂書鈔、初學記、白帖、意林、太平御覽等唐、宋類書爲佐證，資料豐富，條理分明，採擇亦屬精當，其中還有不少見解爲前人所未發，爲閲讀和深入研究淮南子提供了方便。

淮南鴻烈集解於一九二三年由商務印書館出版，一九二四年再版。我們這次整理，除加全式標點外，還參校了有關書籍，凡有改動及存疑之處，均一一出校。劉文典另有三餘札記，其中淮南子校補一百六十九條，淮南子逸文二十九條，今一併作爲附録，以饗讀者。本書原來附録的錢塘淮南天文訓補注，仍予保存，置於全書之末。

點校者　一九八六年一月

目録

淮南鴻烈集解序

整理國故，約有三途：一曰索引式之整理，一曰總帳式之整理，一曰專史式之整理。

典籍浩繁，鉤稽匪易，雖有博聞彊記之士，記憶之力終有所窮。索引之法，以一定之順序，部勒紊亂之資料；或依韻目，或依字畫，其爲事近於機械，而其爲用可補上智才士之所難能。是故有史姓韻編之作，而中下之材智能用廿四史矣；有經籍籑詁之作，而初學之士能檢古訓詁矣。此索引式之整理也。

總帳式者，向來集注、集傳、集説之類似之。同一書也，有古文今文之争，有漢、宋之異，有毛、鄭之别，有鄭、王之分。歷時既久，異説滋多。墨守門户之見者，囿於一先生之言，不惜繁其文、枝其辭以求勝；而時過境遷，向日斤斤之争，要不過供後人片段之擷取而已。上下二千年，顛倒數萬卷，辨各家之同異得失，去其糟粕，拾其精華，於以結前哲千載之訟争，而省後人無窮之智力；若商家之歲終結帳然，綜觀往歲之盈折，正所以爲來日之經營導其先路也。

專史云者，積累既多，系統既明，乃有人焉，各就性之所近而力之所能勉者，擇文化史之一部分，或以類别，或以時分，著爲專史。專史者，通史之支流而實爲通史之淵源也。二千年來，此業尚無作者；鄭樵有志於通史，而專史不足供其採擇；黄宗羲、全祖望等有志於專史，而所成就皆甚微細。此則前修之所未逮，而有待於後來者矣。

吾友劉叔雅教授新著淮南鴻烈集解，乃吾所謂總帳式之國故整理也。淮南王書折衷周、秦諸子，「棄其畛挈，斟其淑静，非循一迹之路，守一隅之指」，其自身亦可謂結古代思想之總帳者也。其書作于漢代，時尚修辭；今觀許慎、高誘之注，知當漢世已有注釋之必要。歷年久遠，文義變遷，傳寫譌奪，此書遂更難讀。中世儒者排斥異己，忽略百家，坐令此絶代奇書，沉埋不顯。迄乎近世，經師旁求故訓，博覽者始稍稍整治秦、漢諸子；而淮南王書治之者尤衆。其用力最勤而成功較大者，莫如高郵王氏父子，德清俞氏間有創獲，已多臆説矣；王紹蘭、孫詒讓頗精審，然所校皆不多。此外，如莊逵吉、洪頤煊、陶方琦諸人，亦皆瑕瑜互見。計二百年來，補苴校注之功，已令此書稍稍可讀矣。然諸家所記，多散見雜記中，學者罕得遍讀；其有單行之本，亦皆僅舉斷句，不載全文，殊不便於初學。以故，今日坊間所行，猶是百五十年前之莊逵吉本，而王、俞諸君勤苦所得，乃不得供多數學人之享用；然則叔雅集解之作，豈非今日治國學者之先務哉？

叔雅治此書，最精嚴有法，吾知之稍審，請略言之。唐、宋類書徵引淮南王書最多，而向來校注諸家搜集多未備；陶方琦用力最勤矣，而遺漏尚多。叔雅初從事此書，遍取書鈔、治要、御覽及文選注諸書，凡引及淮南原文或許、高舊注者，一字一句，皆採輯無遺。輯成之後，則熟讀之，皆使成誦；然後取原書，一一注其所自出；然後比較其文字之同異；其無異文者，則舍之；其文異者，或訂其得失，或存而不論；其可推知爲許慎注者，則明言之；其疑不能明者，亦存之以俟考。計御覽一書，已踰千條，文選注中，亦五六百條。其功力之堅苦如此，宜其成就獨多也。

方叔雅輯書時，苟有引及，皆爲輯出，不以其爲前人所已及而遺之。及其爲集解，則凡其所自得有與前人合者，皆歸功於前人；其有足爲諸家佐證，或匡糾其過誤者，則先舉諸家而以己所得新佐證附焉。至其所自立說，則僅列其證據充足，無可復疑者。往往有新義，卒以佐證不備而終棄之；友朋或争之，叔雅終不願也。如詮言訓：「此四者，耳目鼻口不知所取去。心爲之制，各得其所。」俞樾據上文「目好色，耳好聲，口好味」，因謂「鼻」字爲衍文；然文子符言篇上文言「目好色，耳好聲，鼻好香，口好味」，而下文亦有「鼻」字。叔雅稿本中論此一條云：「此疑上文『口好味』上脱『鼻好香』三字。文子符言篇及此處耳目鼻口竝舉，皆其證也。俞氏不據文子以證上文之脱失，反以『鼻』字爲後人據文子增入，謬矣。惟余亦未在他處尋得更的確之證據，故未敢駁之耳。」此可見叔雅之矜慎。叔雅於前人之説，樂爲之助證，而不欲輕斥其失，多此類也。然亦有前人謬誤顯然，而叔雅寧自匿其創見而爲之隱者，如本經訓「元元至碭而運照」，俞樾校云：「樾謹按：高注曰：『元，天也；元，氣也。』分兩字爲兩義，殊不可通。疑正文及注均誤。正文本曰：『元光至碭而運照。』注文本曰：『元，天也；光，氣也。』俶真篇曰：『弊其元光，而求知之於耳目。』此元、光二字見於本書者。高彼注曰：『元光，内明也。一曰，元，天也。』然則此曰『元天也』，正與彼注同。疑彼亦有『光氣也』三字，而今脱之也。」（諸子平議三十，頁八）叔雅稿本中論此條云：「宋、明本皆作『玄元至碭而運照』，莊本避清聖祖諱，改玄爲元耳。俞氏未見古本，但馮莊本立説，可笑也。『玄，天也』，本是古訓。原道、覽冥、説山諸篇，高注皆曰：『玄，天也。』釋名：『天謂之玄。』桓譚新論（後漢書張衡傳注引）：『玄者，天也。』」此條今亦未收入集解，豈以宋、明藏本在今日得之甚易，以之責備前人，爲乘其不備耶？此則忠厚太過，非吾人所望於學者求誠之意者矣。

然卽今印本集解論之，叔雅所自得，已卓然可觀。如俶真訓云：「百圍之木，斬而爲犧尊，鏤之以剞劂，雜之以青黄，華藻鎛鮮，龍蛇虎豹，曲成文章。然其斷在溝中，壹比犧尊，溝中之斷，則醜美有間矣。然而失木性，鈞也。」向來校者，僅及名物訓詁，未有校其文義之難通者。叔雅校云：「『然其斷在溝中』句疑有脱誤。莊子天地篇作『其斷在溝中』，亦非。惟御覽七百六十一引莊子作『其一斷在溝中』，不誤。今本『一』字誤置『比』字上，傳寫又改爲『壹』，義遂不可通矣。」（卷二，頁十一）此據御覽以校莊子，乃以之校淮南，甚精也。又如墬形訓云：「無角者膏而無前，有角者指而無後。」高注云：「膏，豕也，熊猿之屬。無前，肥從前起也。指，牛羊之屬。無後，肥從後起也。」莊逵吉校云：「指應作脂，見周禮注，所謂『戴角者脂，無角者膏』是也。又王肅家語注引本書，正作脂。」莊校已甚精審，然「無前」「無後」之説終不易解。叔雅校云：「莊校是也。御覽八百六十四脂膏條下、八百九十九牛條下引，指並作脂，是其碻證。又無前無後，義不可通。『無』疑當作『兑』，始譌『无』，傳寫又爲『無』耳。御覽八百九十九引，正作兑前兑後，又引注云『豕馬之屬前小，牛羊後小』，是其證矣。前小卽兑前，後小卽兑後也。」（卷四，頁九。兑卽今鋭字。）此條精碻無倫，真所謂後來居上者矣。

類書之不可盡恃，近人蓋嘗言之。叔雅校此書，其採類書，斷制有法。若上文所引御覽八百九十九，引原文而并及久佚之古注，其可依據，自不待言。其他一文再見或三見而先後互異者，或各書同引一文而彼此互異者，或僅一見而與今本微異者，其爲差異，雖甚微細，亦必竝存之，以供後人之考校。其用意甚厚，而其間亦實有可供義解之助者。如説林訓云：「以兔之走，使犬如馬，則逮日歸風。及其爲馬，則又不能走矣。」孫詒讓校此句，謂「歸當爲遺，聲之誤也」。其爲臆説，無可諱言。叔雅引御覽九百七引，作：「以兔之走，使大如馬，則逐日追風。及其爲馬，則不走矣。」此不必糾正孫説，而使人知此句之所以可疑，不在「歸」字之爲「遺」爲「追」，而在「犬」字之應否作「大」。蓋校書之要，首在古本之多；本子多則暗示易，而向之不爲人所留意者，今皆受搒榨而出矣。上文之「兑」，此文之「大」，皆其例也。

叔雅此書，讀者自能辨其用力之久而勤，與其方法之嚴而慎。然有一事，猶有遺憾，則錢繹之方言箋疏未被採及是也。淮南王書雖重修飾，然其中實多秦、漢方言，可供考古者之採訪。如開卷第一葉「甚淖而滒」，高注曰：「滒，亦淖也。夫饘粥多瀋者謂滒。滒讀歌謳之歌。」莊逵吉引説文「滒，多汁也」以證之，是也。今徽州方言謂多汁爲「淖」，粥多瀋則謂之「淖粥」；欲更狀之，則曰「淖滒滒」，滒今讀如呵。

又如主術訓云：「聾者可使嚾筋，而不可使有聞也。」王紹蘭與孫詒讓皆引攷工記弓人「筋欲敝之敝」句鄭司農注「嚼之當熟」。孫又引賈疏「筋之椎打嚼齧，欲得勞敝」，謂「嚼筋」爲漢時常語，卽謂椎打之，使柔熟，以纏弓弩也。（本書卷九，頁十二。）今徽州績谿人詈人多言而無識，曰「嚼弓筋」，亦曰「瞎嚼弓筋」。凡此之類，皆可今古互證。錢繹所輯，雖未及於今日之方言，然其引此書中語，與方言故訓竝列，往往多所發明，似亦未可廢也。質之叔雅，以爲如何？

中華民國十二年三月六日，胡適。

自序

淮南王書博極古今，總統仁義，牢籠天地，彈壓山川，誠眇義之淵叢，嘉言之林府，太史公所謂「因陰陽之大順，采儒、墨之善，撮名法之要」者也。惟西漢迄今，歷二千祀，鈔刊屢改，流失遂多。許、高以之溷淆，句讀由其相亂，後之覽者，每用病諸。雖清代諸師如盧文弨、洪頤煊、王念孫、俞樾、孫詒讓、陶方琦之倫各有記述，咸多匡正，而書傳繁博，條流踳散，卷分袠異，檢覈難周，用使脩學之士迴遑歧塗，沿波討原，未知攸適。予少好校書，長而彌篤，講誦多暇，有懷綜緝，聊以錐指，增演前脩。采拓清代先儒注語，搆會甄實，取其要指，豫是有益，竝皆鈔內。其有穿鑿形聲，競逐新異，亂真越理，以是爲非，隨文糾正，用祛疑惑。若乃務出游辭，苟爲汎説，徒滋薉濫，秖增煩冗，今之所集，又以忽諸。管闚所及，時見微意，輒有發明，亦附其末。雖往滯前疑未盡通解，而正譌□佚，必有馮依，一循塗軌，未詳則闕。名爲集解，合二十一卷，庶世之君子或裨觀覽焉！

中華民國十年六月十五日，合肥劉文典。

敍目

漢涿郡高誘撰

淮南子名安，厲王長子也。長，高皇帝之子也。其母趙氏女，○莊逵吉云：漢書淮南王傳不云趙氏女，而云其弟趙兼。爲趙王張敖美人。高皇帝七年討韓信於銅鞮，信亡走匈奴，上遂北至樓煩。還過趙，不禮趙王。趙王獻美女趙氏女，○莊逵吉云：應云「獻美人趙氏女」，此女字疑譌。得幸，有身。趙王不敢內之於宮，爲築舍于外。及貫高等謀反發覺，并逮治王，盡收王家，及美人，趙氏女亦與焉。吏以得幸有身聞上，上方怒趙王，未理也。趙美人弟兼因辟陽侯審食其言之呂后，呂后不肯白，辟陽侯亦不强爭。及趙美人生男，恚而自殺。吏奉男詣上，上命呂后母之，封爲淮南王。暨孝文皇帝卽位，長弟上書願相見，詔至長安。日從游宴，驕蹇如家人兄弟。怨辟陽侯不爭其母於呂后，因椎殺之。上非之，肉袒北闕謝罪，奪四縣，還歸國。爲黄屋左纛，稱東帝，坐徙蜀巖道，○莊逵吉云：古巖、嚴字通。死於雍。上閔之，封其四子爲列侯。時民歌之曰：「一尺繒，好童童。一升粟，飽蓬蓬。兄弟二人，不能相容。」○莊逵吉云：本傳作：「一尺布，尚可縫。一斗粟，尚可舂。兄弟二人不相容。」上聞之曰：「以我貪其地邪？」乃召四侯而封之：其一人病薨，長子安襲封淮南王，次爲衡山王，次爲廬江王。太傅賈誼諫曰：「怨讎之人，不可貴也。」後淮南、衡山卒反，如賈誼言。初，安爲辨達，善屬文。皇帝爲從父，數上書，召見。孝文皇帝甚重之，詔使爲離騷賦，○莊逵吉云：本傳作「使爲離騷傳」。○孫詒讓云：此自作賦，與本傳不同。文心雕龍神思篇云「淮南崇朝而賦騷」，即本高敍。自旦受詔，日早食已。上愛而秘之。天下方術之士多往歸焉。於是遂與蘇飛、李尚、左吳、田由、雷被、毛被、伍被、晉昌等八人，及諸儒大山、小山之徒，共講論道德，總統仁義，而著此書。其旨近老子，淡泊無爲，蹈虛守静，出入經道。言其大也，則燾天載地，説其細也，則淪於無垠，及古今治亂存亡禍福，世間詭異瓌奇之事。其義也著，其文也富，物事之類，無所不載，然其大較歸之於道，號曰鴻烈。鴻，大也；烈，明也，以爲大明道之言也。故夫學者不論淮南，則不知大道之深也。是以先賢通儒述作之士，莫不援采以驗經傳。以父諱長，故其所著，諸「長」字皆曰「脩」。光禄大夫劉向校定撰具，名之淮南。又有十九篇者，謂之淮南外篇。自誘之少，從故侍中、同縣盧君受其句讀，誦舉大義。會遭兵災，天下棋峙，亡失書傳，廢不尋修，二十餘載。建安十年，辟司空掾，除東郡濮陽令，覩時人少爲淮南者，懼遂凌遲，於是以朝餔事畢之間，乃深思先師之訓，參以經傳道家之言，比方其事，爲之注解，悉載本文，并舉音讀。典農中郎將弁揖借八卷刺之，○莊逵吉云：弁，古卞字，人姓名。○孫詒讓云：林寶元和姓纂九卞姓云：「濟陰冤句人，魏卞揖生統，爲晉瑯琊内史。生粹，中書令。（此下，據晉書卞壼傳，當有粹生壼云云，永樂大典本挩。）子眕、盱、眈、瞻。」然則此弁揖卽卞揖，（漢隸書弁字多作亓，後遂變爲卞，莊校是也。）爲壼之曾祖。晉書壼傳所載世系，止詳統、粹官爵，而不及揖，此可以補其闕。會揖身喪，遂亡不得。至十七年，遷監河東，復更補足。淺學寡見，未能備悉，其所不達，注以「未聞」。唯博物君子覽而詳之，以勸後學者云爾。

莊序

歲甲辰，逵吉讀道藏於南山之説經臺，覽淮南内篇之注，病其爲後人所删改，質之錢别駕坫。别駕曰：「道書中亦非全本，然較之流俗所行者多十之五六。」爰□其篋笥以示逵吉。逵吉因是校其同異，正其譌舛，樂得而刻之。并爲之敍曰：漢書淮南王傳稱安招致賓客方術之士數千人，作爲内書二十一篇，外書甚衆。又有中篇八卷，言神仙黄白之術，亦二十餘萬言。安入朝，獻所作，内篇新出，上愛祕之。而蓺文志雜家者流有淮南内二十一篇，淮南外三十三篇，天文有淮南雜子星十九卷。傳不及雜子星，而志不載神仙黄白之作，然後代往往傳萬畢術云云，大□多黄白變幻之事，卽所謂中篇遺蹟歟？西京雜記：「安著鴻烈二十一篇。鴻，大也；烈，明也。言大明禮教。」鴻烈之義，一見于本書要略，而高誘敍中亦言「講論道德，總統仁義，而著此書，號曰鴻烈」，是内篇一名鴻烈也。誘又曰：「光禄大夫劉向校定撰具，名之淮南。」蓺文志本向、歆所述，是淮南内、淮南外之稱爲劉向之所定。然只題淮南，不必稱子。志論次儒家至小説，名曰諸子十家，後遂緣之而加子字矣。隋書經籍志：淮南子二十一卷，許慎注，又有高誘注亦二十一篇。唐書經籍志：淮南子注解二十一卷，高誘撰。又有淮南鴻烈音二卷，何誘撰。新唐書藝文志，鴻烈音亦題高誘撰，而高、許兩家注並列，同隋志。宋史藝文志則云許注二十一卷，高注十三卷。似當時兩本原别。然劉昫無許注，而元脩宋志乃以高書爲十三卷者，攷晁公武讀書志據崇文總目云「亡其三篇」，李淑邯鄲圖志云「亡二篇」，或因删併訛脱而爲此説歟？淮南本二十篇，要略一篇則敍目也，其例與揚子法言、王符潛夫等書正同，故高似孫直指爲淮南二十篇。説者又以似孫之言互證晁、李，斯更誣矣。高時無切音之學，鴻烈音應如劉昫云何誘，不得改稱高誘。歐陽不精攷古，以名字相涉而亂之，如徐堅初學記、李善文選注、李昉太平御覽引淮南，或並有翻語，卽其書也。高則已自言「爲之注解，并舉音讀」矣，寧得于本注之外别有撰作哉？公武謂許注題「記上」，陳振孫謂今本皆云許注，而詳敍文卽是高誘。逵吉以爲，此乃後人誤合兩家爲一，故溷而不分也。如墬形訓大汾，誘注云「在晉」，吕覽則云「未聞」。同爲一人語釋，未必聞于此而不聞于彼也。俶真訓「剞□」，注云：「剞，巧工鉤刀。□者，規度刺畫墨邊箋，所以刻鏤之具也。」本經訓則云：「剞，巧刺畫盡頭黑邊箋也。□，□刀。」同爲一書語釋，未必前後惑亂如是也。此亦兩家不分之明驗矣。又文選注引許注「三光」云：「日、月、星。」「明月珠」云：「夜光之珠，有似明月。」歐陽詢藝文類聚引許注「柳下惠」云：「展禽樹柳行惠。」釋玄應一切經音義引許注「奇屈之服」云：「屈短奇長。」太平御覽引許注「畫隨灰而月暈闕」云：「有軍事相圍守。」「土龍致雨」云：「以象雲龍。」皆卽高注。殷敬順列子釋文引許注「策錣」云：「馬策端有利鋒，所以刺不前。」太平御覽引許注「方諸見月」云：「諸，珠也。方，石也。以銅盤受之，下水數升。」皆與高異。文選注引許注「莫鑒于流潦，而鑒于澂水」云：「楚人謂水暴溢爲潦。」「鷄棲井榦」云：「皆屋構飾也。」太平御覽引許注「騏驎鬥而日月食，鯨魚死而彗星出」云：「騏驎，大角獸，故與日月符。鯨魚，海中魚之王也。」「一墣塞江」云：「墣，塊也。」皆高之所無。又文選注引「綄之候風」許注云：「綄候風者，楚人謂之五兩。」今高注則「綄」作「俔」，云「世謂之五兩」。「自西南至東南，有裸人國、黑齒民」，許注云：「其民不衣。」「其人黑齒。」今高注則裸國在東南，黑齒在東北，但有「其人黑齒」注語，而無「其民不衣」云云。更可見本之故多殊異，注之互有脱訛矣。故「釣射鷫鸘」，太平御覽引作「釣射瀟湘」，是足證其殊異。「牛蹄之涔，無尺之鯉；塊阜之山，無丈之材，皆其營宇狹小，而不能容巨大」，太平御覽引作「牛蹄之涔，無經尺之鯉；魁父之山，無營宇之材，皆其狹小，而不能容巨大」，是足證其脱訛。蓋唐、宋以前，古本尚存，皆得展轉引據。今亡之，又爲庸夫散亂，難言攷正耳。別駕校訂是書，既精且博，逵吉亦抒一得之愚，爲之疏通□證。舉以示歙程文學敦、陽湖孫編修星衍，皆以爲宜付削刀。時侍家君咸寧官舍，謹刊而布之。略攷淮南作書之始末，及高、許注書之端緒，刺于敍目之後，蓋卽別駕所校道書中本也。若此書不亡于天下，而逵吉亦附名以傳，斯爲厚幸云爾。

乾隆戊申五十有三年三月，武進莊逵吉撰。

淮南鴻烈集解卷一

原道訓

原，本也。本道根真，包裹天地，以歷萬物，故曰「原道」，因以題篇。○姚範云：疑「訓」字高誘自名其注解，非淮南篇名所有，即誘序中所云「深思先師之訓」也。要略無訓字。

夫道者，覆天載地，道無形而大也。廓四方，柝八極，廓，張也。柝，開也。八極，八方之極也，言其遠。柝，讀重門擊柝之柝也。高不可際，深不可測，際，至也。度深曰測，一曰盡也。包裹天地，稟授無形。稟，給也。授，予也。無形，萬物之未形者。皆生於道，故曰稟授無形也。原流泉浡，沖而徐盈；混混滑滑，濁而徐清。原，泉之所自出也。浡，湧也。沖，虛也。始出虛，徐流不止，能漸盈滿，以喻於道亦然也。滑，讀曰骨也。故植之而塞于天地，横之而彌于四海，施之無窮而無所朝夕。植，立也。塞，滿也。彌，猶絡也。施，用也。用之無窮竭也，無所朝夕盛衰。舒之幎於六合，卷之不盈於一握。舒，散也。幎，覆也。孟春與孟秋爲合，仲春與仲秋爲合，季春與季秋爲合，孟夏與孟冬爲合，仲夏與仲冬爲合，季夏與季冬爲合。

故曰六合。言滿天地間也，一曰，四方上下爲六合。**不盈一握，**言微妙也。**約而能張，幽而能明，**言道能小能大，能昧能明。**弱而能强，柔而能剛。**道之性也。**横四維而含陰陽，**横，讀桄車之桄。○桂馥云：一切經音義云：「桄，聲類作輄，車下横木也。」今車牀及梯轝横木皆曰桄是也。**紘宇宙而章三光。**紘，綱也，若小車蓋四維謂之紘，繩之類也。四方上下曰宇，古往今來曰宙，以喻天地。章，明也。三光，日、月、星。○莊逵吉云：「三光，日、月、星」，李善文選注作許慎注。説文解字：「維，車蓋維也。」鄭康成注雜記云：「冠有笄者爲紘，紘在纓處，兩端上屬，下不結。」紘非正義，故誘讀從之。**甚淖而滒，甚纖而微。**滒，亦淖也。夫饘粥多瀋者謂滒。滒，讀歌謳之歌。○莊逵吉云：説文解字：「滒，多汁也。讀若哥。」古哥、歌同字。**山以之高，淵以之深，獸以之走，鳥以之飛，日月以之明，星歷以之行，麟以之游，鳳以之翔。**以，用也。游，出也。大飛不動曰翔也。**泰古二皇，得道之柄，立於中央，**二皇，伏羲、神農也。指説陰陽，故不言三也。○文典謹按：御覽七十七引許注云：「庖犧、神農。」**神與化游，以撫四方。**撫，安也。四方謂之天下也。○俞樾云：撫，讀爲幠。説文巾部：「幠，覆也。」古書或以「撫」爲之。荀子宥坐篇：「勇力撫世，守之以怯。」楊倞注曰：「撫，掩也。」掩卽覆也。此云「以撫四方」，猶言以覆四方。上文云「舒之幎於六合」，高誘注曰：「幎，覆也。」幠、幎同義。作撫者，叚字耳。高注「撫，安也」，失之。**是故能天運地滯，輪轉而無廢，**運，行也。滯，止也。廢，休也。

○莊逵吉云：古滯、廛聲相轉，故周禮質人「珍異之有滯者」，注：「故書滯或作廛。」廛之言纏，故廛有止訓。滯之音義皆從之。**水流而不止，與萬物終始。風興雲蒸，事無不應；**應，當也。**雷聲雨降，竝應無窮。**窮，已也。**鬼出電入，龍興鸞集；**鬼出，言無蹤迹也。電入，言其疾也。○文典謹按：文選新刻漏銘注引作「鬼出神入」。**鈞旋轂轉，周而復帀。**鈞，陶人作瓦器法，下轉旋者。一曰，天也。**已彫已琢，還反於樸。無爲爲之而合于道，無爲言之而通乎德，**言二三之化，無爲爲之也，而自合于道也；無所爲言之，而適自通于德也。**恬愉無矜而得於和，**恬愉，無所好憎也。無矜，不自大也。**有萬不同而便於性，**萬事不同，能便於性者，性不欲也。**神託於秋豪之末，**言微眇也。**而大宇宙之總。**宇宙，諭天地總合也。○俞樾云：「大」下疑脱「於」字。謂神雖託於秋毫之末，而視宇宙之總合更大也。今脱「於」字，文義未明。**其德優天地而和陰陽，**優，柔也。和，調也。○文典謹按：羣書治要、御覽七十七引「優」並作「覆」。**節四時而調五行。**五行，金、木、水、火、土也。**呴諭覆育，萬物羣生，**呴諭，温恤也。育，長也。○洪頤煊云：禮記樂記：「煦嫗〔一〕覆育萬物。」鄭注：「氣曰煦，體曰嫗。」正義：「天以氣煦之，地以形嫗之，是天煦覆而地嫗育，故言『煦嫗覆育萬物』也。」呴諭卽煦嫗，古字通用。

〔一〕「嫗」，原本作「媮」，據禮記樂記改。

潤於草木，浸於金石，禽獸碩大，豪毛潤澤，羽翼奮也，奮，壯也。角觡生也，角，鹿角也。觡，麋角也。觡，讀曰格。獸胎不贕，鳥卵不毈，胎不成獸曰贕，卵不成鳥曰毈。言「不」者，明其成。○莊逵吉云：説文解字：「毈，卵不孚也。」又天文訓云：「戊子干甲子，胎夭卵毈。」○汪文臺云：雲笈七籤一引，贕作殰，毈作殈。父無喪子之憂，兄無哭弟之哀，言無夭死。童子不孤，婦人不孀，無父曰孤，寡婦曰孀也。○陶方琦云：詩桃夭正義引許注「楚人謂寡婦曰霜」，即此注也。如俶真訓許注「楚人謂水暴溢曰瀿」（文選江賦注引）、覽冥訓許注「楚人謂袍曰裋」（列子釋文引）之例。高承舊説，故似同。惟脩務訓（有「題篇」字，爲高注本）「以養孤孀」，高注「雒家謂寡婦曰孀婦」，（呂覽高注時稱「雒家」。）與許稱楚人亦異，知二十一篇内稱楚人者，多係許注矣。許注孀作霜，用叚借字。（御覽二十八及八十三引「以養孤霜」，正作霜，亦是許本。）虹蜺不出，賊星不行，賊星，妖星也。○文典謹按：御覽七十七引許注云：「五星逆行，謂之賊星也。」含德之所致也。含，懷也。夫太上之道，生萬物而不有，不以爲己有者也。成化像而弗宰。宰，主也。跂行喙息，蠉飛蝡動，待而後生，莫之知德；不因德之。待之後死，莫之能怨。不怨虐之。得以利者不能譽，用而敗者不能非。收聚畜積而不加富，收聚畜積，國有常賦也。不加富者，爲百姓，不以爲己有也。布施禀授而不益貧。布施禀授，匡困乏，予不足也。以公家之資，故不益貧也。旋縣而不可究，纖微而不可勤。縣，猶小也。勤，猶盡也。

○王念孫云：諸書無訓縣爲小者，縣當爲緜，字之誤也。（隸書縣字或作縣，緜字或作緜，二形相似，故緜誤爲縣。漢緜竹令王君神道緜字作縣，是其證也。荀子彊國篇「今〔一〕巨楚緜吾前」，史記孝文紀「歷日緜長」，今本緜字並誤作縣。）逸周書和寤篇曰：「緜緜不絕，蔓蔓若何。」說文：「緜，聯微也。」廣雅：「緜，小也。」故高注亦訓爲小。旋亦小也。方言：「膔，短也。」郭璞曰：「便旋，庳小貌。」膔與旋同。此言道至微眇，宜若易窮，而實則廣大不可究也。此言旋緜，下言纖微，其義一也。又主術篇：「鞅鞈鐵鎧，瞋目扼擘，（古腕字。）其於以御兵刃，縣矣。券契束帛，刑罰斧鉞，其於以解難，薄矣。」高注曰：「縣，遠也。比於德不及之遠。」案：縣亦當爲緜。緜，薄也。此言緜，下言薄，其義一也。漢書嚴助傳「越人緜力薄材」，孟康曰：「緜，薄也。」言德之所禦，折衝千里，若鞅鞈鐵鎧，瞋目扼擘，其於以禦兵刃，則薄矣。高訓縣爲遠，而曰「比於德不及之遠」，殆失之迂。

累之而不高，墮之而不下，益之而不衆，損之而不寡，斲之而不薄，殺之而不殘，鑿之而不深，填之而不淺。忽兮怳兮，不可爲象兮；怳兮忽兮，用不屈兮；忽怳，無形貌也，故曰「不可爲象」也。屈，竭也。怳，讀人空頭扣之怳。屈，讀秋雞無尾屈之屈也。**幽兮冥兮，應無形兮；遂兮洞兮，不虛動兮。**洞，達也。道動有所應，故曰「不虛動」也。○俞樾云：遂，讀爲邃。離騷經「閨中既邃遠兮」、招魂篇「高堂邃宇」，王逸注並曰：「邃，深也。」洞亦深也。

〔一〕「今」，原本作「令」，據荀子彊國改。

文選西京賦「赴洞穴」，薛綜注曰：「洞穴，深且通也。」是洞有通義，亦有深義。「遂兮洞兮」，皆言其深也，方與上句「幽兮冥兮」意義相稱。高注曰「洞，達也」，非是。**與剛柔卷舒兮，與陰陽俛仰兮。**卷舒，猶屈伸也。俛仰，猶升降也。

昔者馮夷、大丙之御也，「夷」或作「遲」，「丙」或作「白」，皆古之得道能御陰陽者也。○莊逵吉云：詩「周道倭遲」，韓詩作「郁夷」，故「夷」或爲「遲」。丙、白字形相近。○陶方琦云：文選七發注引許注云：「馮遲、太白，河伯也。」古夷、遲通。齊俗訓「馮夷得道，以潛大川」，許注：「馮夷，河伯也。」文選廣絶交論注引淮南「昔者馮遲、太丙之御也」，亦作「遲」。莊子秋水篇釋文：「河伯一名馮遲。」顏籀匡謬正俗云：「古遲、夷通。淮南説馮夷河伯乃爲遲。」師古所云淮南，卽許本也。丙或作白者，廣雅釋蟲：「白魚，蛃魚也。」王氏疏證謂白與丙聲之轉，引淮南「丙或作白」爲證。枚乘七發「六駕蛟龍，附從太白」，以太白爲河伯，是許説之所本。御覽引尚書緯云「白經天，水決江」，鄭康成注：「白，太白。」○洪頤煊云：丙當是内字之譌。大内卽大豆。呂氏春秋聽言篇：「造父始習於大豆。」内、豆聲相近。説文：「㔷，从匸，丙聲。」徐鉉曰：「丙非聲，義當从内會意。」亦其證。**乘雲車，入雲蜺，游微霧，**以雲蜺爲其馬也。游，行也。微霧，天之微氣也。○王念孫云：雲車與雲蜺相複，雲當爲雷。太平御覽天部十四引此，正作「乘雷車」。下文曰：「電以爲鞭策，雷以爲車輪。」覽冥篇曰：「乘雷車，服應龍。」（今本服下誤衍駕字，辯見覽冥。）皆其證也。雷與雲字相似，又涉下句雲字而誤。「入雲蜺」本作「六雲蜺」，高注「以雲蜺爲其馬也」本作「以雲蜺爲六馬也」。（其字古作亓，形與六相似，故六誤爲其。史記周本紀「三百六十夫」，索隱曰：「劉氏音破六爲古其字。」管子重令篇「明主能勝六攻」，淮南地形篇「通谷六」，易林蠱之臨「周流六虚」，今本六字皆誤作其。）此言以雷爲車，以雲蜺爲六馬，故曰「乘雷車，六雲蜺」。齊俗篇曰「六騏驥，駟駃騠」，藝文類聚舟車部引尸子曰「文軒六駃題」，韓子十過篇曰「駕象車而六交龍」，司馬相如上林賦曰「乘鏤象，六玉虯」，並與此「六雲蜺」同義。文選七發「六駕蛟龍，附從太白」，李善曰：「以蛟龍若馬而駕之，其數六也。淮南子曰：『昔馮遲、太白之御，乘雷車，（今本雷字亦誤作雲。）六雲蜺。』」此尤其明證矣。今本作「入雲蜺」，太平御覽引作「駕雲蜺」，皆後人不曉六字之義而妄改之耳。（若作「入雲蜺」，則與注中雲蜺爲六馬之義了不相涉。若作「駕雲蜺」，則注但當云以雲蜺爲馬，無煩言六馬也。）**騖怳忽，歷遠彌高以極往，**騖，馳也。怳忽，無之象也。往，行也。○王念孫云：怳忽當爲忽怳。（注内怳忽同。）文選七發注引作「忽荒」，荒與怳通。（老子曰：「是謂忽怳。」賈誼鵩鳥賦曰：「寥廓忽荒。」）怳與往、景、上爲韻。（景，古讀若鞅。下文「如響之與景」，與像爲韻。大荒西經「正立無景」，與響、往爲韻。荀子臣道篇「形下如景」，與響、象爲韻。）若作怳忽，則失其韻矣。**經霜雪而無迹，照日光而無景，**行霜雪中無有迹，爲日所照無景柱也。○文典謹按：俗本有注云：「景，古影字。」孫志祖云，顔氏家訓書證篇，景字至晉世葛洪字苑傍始加彡。而惠氏棟九經古義乃云，高誘淮南子注曰：「景，古影字。」誘，漢末人，當時已有作景傍彡者，非始于葛洪字苑。案：高誘淮南注並無此語，俗刻原道篇注有之，乃明人妄加。唯大戴禮曾子天圓篇注有「景，古以爲影字」語，盧辯固在葛洪後也。段懋堂則云，惠定宇説，漢張平子碑卽有影字，不始于葛洪。然則古義之説，蓋誤據俗本淮南子，當改引張平子碑方合。**扶搖抮抱羊角而上，**扶，攀也。搖，動也。抮抱，引戾也。扶搖直如羊角，轉如曲縈，行而上也。抮，讀與左傳「憾而能眕」者同也。抱，讀詩「克岐克嶷」之嶷也。○洪頤煊云：抮抱亦作軫軳。文選七發李善注引淮南許注：「軫，轉也。」玉篇：「軳，戾也。」廣雅釋訓：「軫、⿰車色、轉，戾也。」⿰車色卽軳字之譌。○俞樾云：此當作「抮扶搖抱羊角而上」。讀者因淮南書多以「抮抱」連文，高氏此注又曰「抮抱，引戾也」，故移抮字於下，使抮抱連文，以合於高注。不知高注自總釋二字之義耳，非正文必相連也。扶搖也，羊角也，皆風也。莊子逍遙遊篇「搏扶搖而上者九萬里」，釋文引司馬云：「上行風謂之扶搖。」又曰「搏扶搖羊角而上者九萬里」，司馬云：「風曲上行若羊角。」是其義也。抮扶搖抱羊角而上，猶云搏扶搖羊角而上。今作扶搖抮抱羊角，則義不可通矣。**經紀山川，蹈騰昆侖，排閶闔，淪天門。**經，行也。紀，通也。蹈，躡也。騰，上也。昆侖，山名也，在西北，其高萬九千里，河之所出。排，猶斥也。淪，入也。閶闔，始升天之門也。天門，上帝所居紫微宮門也。馮夷、大丙之御，其耐如此。○文典謹按：耐，古能字。其耐如此，猶言其能如此也。**末世之御，雖有輕車良馬，勁策利鍛，不能與之争先。**勁，强也。策，箠也。末之感也。言不能與馮夷、大丙争在前也。鍛，讀炳燭之炳。○劉績本鍛作錣，注内「末之感也」作「錣，箠末之箴也」，「鍛，讀炳燭之焫」作「錣，讀焫燭之焫」，云「錣舊作鍛，非」。王念孫云：劉本是也。錣謂馬策末之箴，所以刺馬者也。説文：「笍，羊車騶箠也。箸箴其耑，長半分。」玉篇陟衛切，字或作錣。玉篇：「錣，竹劣、竹笍二切，針也。」道應篇：「白公勝到杖策，錣上貫頤。」彼注云：「策，馬捶。端有針，以刺馬，謂之錣。（錣音竹劣、竹芮二反。錣之言鋭也，其末鋭也。韓子喻老篇作「白公勝倒杖策而鋭貫頤」。）氾論篇「是猶無鏑銜策錣而御馯馬也」，注云：「錣，檇頭箴也。」（説文：「檇，箠也。」）義並與此注同。脩務篇云：「良馬不待冊錣而行。」（冊與策同。）韓子外儲説右篇云：「延陵卓子乘蒼龍與翟文之乘，前則有錯飾，後則有利錣，進則引之，退則策之。」列子説符篇：「白公勝倒杖策，錣上貫頤。」釋文曰：「許慎注淮南子云：『馬策，端有利鍼，所以刺不前也。』」義亦與高注同。錣爲策末之箴，故勁策與利錣連文。今本錣作鍛，則義不可通矣。高注「錣，箠末之箴也」，道藏本作「末之感也」，此是末誤作未，箴誤作感，又脱去「錣箠」二字耳。茅一桂本改「未之感也」爲「末世之御」，而莊伯鴻本從之，斯爲謬矣。焫音如劣反，聲與錣相近，故曰「錣，讀焫燭之焫」。（焫燭，燒燭也。郊特牲曰：「焫蕭合羶薌。」）秦策「秦且燒焫獲君之國」，史記張儀傳作燒掇，是其例也。今本作「鍛，讀炳燭之炳」，則不可通矣。◯陶方琦云：説文銴字下云：「羊箠也。端有鐵。」（鐵當是鍼。）玉篇：「笍，或作錣。」説文無錣，即銴字也。御覽七百四十六引淮南（脩務訓）「良馬不待冊錣而行」，許注：「錣，策端有鍼也。」皆與此説同。廣韻十五鎋「錣」字下云「策端有鐵」，（鐵應作鍼。）即引許注。**是故大丈夫恬然無思，澹然無慮；**◯陶方琦云：文選石壁精舍還湖中詩注引許

注：「澹，猶足也。」齊俗訓「智伯有三晉而欲不澹」，許注：「澹，足也。」叚澹爲贍，故曰「猶足」。又通贍。呂氏春秋適音篇：「音不充，則不詹。」高注：「詹，足也，讀如澹然無爲之澹。」**以天爲蓋，以地爲輿；四時爲馬，陰陽爲御；**騶，御。**乘雲陵霄，與造化者俱。**大丈夫，喻體道者也。造化，天地。一曰，道也。霄，讀消息之消。○王念孫云：顧氏寧人唐韻正曰：「御本作騶，騶古音則俱反，與俱、區、驟爲韻。（説文騶從馬，芻聲。曲禮「車驅而騶」，釋文：「騶，仕救反，又七須反。」荀子禮論篇「趨中韶護」，正論篇趨作騶。）注『騶，御也』，御字正釋騶字，而今本爲不通音者竟改本文騶字爲御。案：韻補引此，正作騶。」念孫案：顧説是也。今本作御者，後人依文子道原篇改之耳。太平御覽天部八、兵部九十引此，竝作騶。○陶方琦云：御覽八引許注「霄其霧」，按「霄其霧」三字譌文。古字其作亓，雲作云，相似，故雲字譌作其字。霧乃譌字，當是「霄，雲也」。人間訓「膺摩赤霄」，許注：「霄，飛雲也。」玉篇：「霄，雲气。」或是「霄，雲也」。一作霧」。脩務訓「乘雲陵霧」，是其証。○文典謹按：文選繆熙伯挽歌詩注、女史箴注引，並作「恬然無爲，與造化逍遥」，郭景純遊仙詩注引，作「大丈夫乘雲陵霄，與造化逍遥」。**縱志舒節，以馳大區。**區，宅也。宅謂天也。**可以步而步，可以驟而驟。令雨師灑道，使風伯埽塵。**雨師，畢星也。詩云：「月麗于畢，俾滂沱矣。」風伯，箕星。月麗于箕，風揚沙。**電以爲鞭策，**電，激氣也，故以爲鞭策。○文典謹按：御覽十三引注，激作擊。**雷以爲車輪。**雷，轉氣也，故以爲車輪。**上游**

於霄雿之野，下出於無垠之門。霄雿，高峻貌也。無垠，無形狀之貌。霄，讀紺綃。雿，讀翟氏之翟。○王念孫云：霄雿者，虛無寂漠之意。俶真篇曰「虛無寂漠，蕭條霄雿」是也。上言霄雿，下言無垠鄂，義本相近。高以正文言「上遊」，遂以霄雿爲高峻貌，非其本指也。「無垠」下有「鄂」字，今本正文及注皆脱去。漢書揚雄傳「紛被麗其亡鄂」，顔師古曰：「鄂，垠也。」垠鄂與霄雿相對爲文。文選西京賦「前後無有垠鄂」，李善注：「淮南子曰『出於無垠鄂之門』，許慎曰：『垠鄂，端崖也。』」（七命注同。）是許本有鄂字。太平御覽地部二十：「淮南子曰『下出乎無垠鄂之門』，高誘曰：『無垠鄂，無形之貌也。』」是高本亦有鄂字。○陶方琦云：高注作無垠，與許引原文亦異。御覽引高注曰：「無垠鄂，無形之貌也。」今高本作無垠，亦係譌敓。説文土部：「垠，地垠也。」衆經音義七引説文作「地圻咢也」。楚辭王注：「垠，岸崖也。」天文訓「气有涯垠」，垠通沂，漢書晉灼注：「沂，厓也。」鍔卽説文刀部之㓵字，然應作鄂。李善引淮南正文作鄂，而引注作鍔，塙爲誤字。七命注引許注作堮，文選甘泉賦注：「鄂，垠堮也。」莊子天下篇：「無端崖之辭。」許説本此。**劉覽偏照，復守以全。**劉覽，回觀也。劉，讀留連之留，非劉氏之劉也。○莊逵吉云：詩「彼留之子」，鄭康成以爲卽劉字，故劉讀爲留。**經營四隅，還反於樞。**隅，猶方也。樞，本也。**故以天爲蓋，則無不覆也；以地爲輿，則無不載也；四時爲馬，則無不使也；陰陽爲御，則無不備也。**陰陽次敍，以成萬物，無所缺也，故曰無不備。**是故疾而不搖，遠而不勞，四支不動，**○王念孫云：動當爲勤，字之誤也。（齊語「天下諸侯知桓公之爲己動也」，管子小匡篇動作勤。史記十二諸侯年表楚堵敖囏，徐廣曰囏一作勤。今本勤誤作動。）脩務篇「四胑不勤」，卽其證。「四支不勤，聰明不損，而知八紘九野之形埒」，卽上文所謂「遠而不勞」也。不勤卽不勞意，與不損相近，若不動，則意與不損相遠矣。且搖、勞爲韻，勤、損爲韻，若作動，則失其韻矣。**聰明不損，**損，減也。**而知八紘九野之形埒者，何也？**八紘，天之八維也。九野，八方、中央也。**執道要之柄，而游於無窮之地。**○俞樾云：既言要，又言柄，於義未安，當作「執道之柄，而游於無窮之地」。文子道原篇作「執道之要，觀無窮之地也」。彼言要，此言柄，彼言觀，此言游，文異而義同。後人據文子以讀此文，遂有改柄爲要者，傳寫兩存其字，又誤入上文耳。又按：地下亦當有也字，蓋此是答問之辭，若無也字，則與上文「何也」不相應矣。當據文子補。**是故天下之事，不可爲也，**爲，治也。**因其自然而推之。**推，求也，舉也。**萬物之變，不可究也，秉其要歸之趣。**趣亦歸也。○王念孫云：「秉其要歸之趣」當作「秉其要趣而歸之」。秉，執也。要趣猶要道也。言執其要道而萬變皆歸也。此與「因其自然而推之」相對爲文，且歸與推爲韻，今作「秉其要歸之趣」，則句法參差而又失其韻矣。文子道原篇正作「秉其要而歸之」。**夫鏡水之與形接也，不設智故，而方圓曲直弗能逃也。**智故，巧飾也。鏡水不施巧飾之形，人之形好醜以實應之，故曰方圓曲直不能逃也。**是故響不肆應，而景不一設，**○莊逵吉云：古無影字，故用景。**叫呼仿佛，默然自得。**得叫呼仿佛之聲狀也。○王念孫云：廣韻去聲五十九鑑「黮」字注云：「叫呼仿佛，黮然自得。音黯去聲。」所引卽淮南之文。而今本作「默然自得」，疑後人少見黮字而以意改之也。

人生而靜，天之性也。感而後動，性之害也。○俞樾云：害乃容字之誤。禮記樂記作「性之欲也」，欲亦容字之誤。史記樂書作「性之頌也」，徐廣曰：「頌音容。」蓋古本樂記字本作容，故徐廣讀頌爲容也。靜、性爲韻，動、容爲韻，作欲作害，則皆失其韻矣。且上言動，下言容，容亦動也。説文手部：「搈，動搈也。」容卽搈之叚字。亦或作溶，韓子揚搉篇曰「動之溶之」是也。感而後動，卽是性之動，故曰性之容也。作欲作害，則皆失其義矣。史記作頌者，頌與容古通用字。若是欲字害字，則史記無緣誤作頌，徐廣又何據而讀爲容乎？故知此與禮記並誤也。説詳羣經平議。**物至而神應，知之動也。**物，事也。**知與物接，而好憎生焉。**接，交也。情欲也。**好憎成形，而知誘於外，不能反己，而天理滅矣。**形，見也。誘，感也。不能反己本所受天清淨之性，故曰「天理滅也」，猶衰也。**故達於道者，不以人易天，**天，性也，不以人事易其天性也。一説曰：天，身也，不以人間利欲之事易其身也。**外與物化，而内不失其情。**言通道之人，雖外貌與物化，内不失其無欲之本情也。**至無而供其求，時騁而要其宿。**言天時自騁，道要其宿會也。**小大修短，各有其具，**具，猶備也。**萬物之至，騰踴肴亂而不失其數。**不失其數，各應其度。**是以處上而民弗重，居前而衆弗害，**言民戴卬而愛之也。**天下歸**

之，姦邪畏之。以其無争於萬物也，故莫敢與之争。○王念孫云：「莫敢」本作「莫能」，此後人依文子道原篇改之也。唯不與萬物争，故莫能與之争，所謂柔弱勝剛彊也。若云莫敢，則非其指矣。下文曰：「攻大礳堅，莫能與之争。」老子曰：『夫唯不争，故天下莫能與之争。』」又曰：「以其不争，故天下莫能與之争。」皆其證也。魏徵羣書治要引此，正作「莫能與之争」。夫臨江而釣，曠日而不能盈羅，雖有鉤箴芒距，距，爪也，讀距守之距也。微綸芳餌，加之以詹何、娟嬛之數，猶不能與網罟争得也。詹何、娟嬛，古善釣人名。數，術也。○文典謹按：「文選七發注引，箴作鍼，娟嬛作蜎蠉，又引高注云：「蜎蠉，白公時人。」與從弟君苗君胄書注引，「娟嬛之數」作「便嬛之妙」。射者扞烏號之弓，彎棊衛之箭，扞，張也。彎，引也。棊，美箭所出地名也。衛，利也。烏號，桑柘，其材堅勁，烏峙其上，及其將飛，枝必橈下，勁能復巢，烏隨之。烏不敢飛，號呼其上。伐其枝以爲弓，因曰烏號之弓也。一説：黄帝鑄鼎於荆山鼎湖，得道而仙，乘龍而上。其臣援弓射龍，欲下黄帝，不能也。烏，於也；號，呼也。於是抱弓而號，因名其弓爲烏號之弓也。○莊逵吉云：司馬相如子虛賦注應劭説烏號，與誘前一義同。○文典謹按：風俗通云：「烏號弓者，柘桑之林，枝條暢茂，烏登其上，下垂着地。烏適飛去，從後撥殺，取以爲弓，因名烏號耳。」又御覽三百四十七引古史考云：「烏號，柘樹枝長而烏集，將飛，枝彈烏，烏乃號呼。以柘爲弓，因名曰烏號。」皆與高注前一義同。○王引之云：廣雅：「箘、簬、䉠，箭也。」禹貢曰：「惟箘簵楛。」簵與簬同。戴凱之竹譜曰：「䉠，細竹也，出蜀志。薄肌而勁，中三續射博箭。䉠音衛，見三倉。」（以上竹譜。）字通作衞。原道篇曰：「射者扜烏號之弓，（扜，讀若紆，今本扜誤作扞，辯見韓子扞弓下。）彎棊衞之箭。」兵略篇曰：「栝淇衞箘簵。」淇與棊同，淇衞、箘簵對文，皆箭竹之名也。方言曰：「簙或謂之箭裏，或謂之棊。」竹譜曰：「⿱竹衞，竹，中博箭。」是⿱竹衞與棊一物也。以⿱竹衞爲博箭謂之棊，以⿱竹衞爲射箭則亦謂之棊耳。棊者，箭莖之名。説文曰：「萁，豆莖也。」豆莖謂之萁，箭莖謂之棊，聲義並同矣。乃高注原道篇云：「棊，美箭所出地名也。衞，利也。」注兵略篇云：「淇衞，箘簵箭之所出也。」竹譜引淮南而釋之云：「淇園，衞地，毛詩所謂『瞻彼淇奥，緑竹猗猗』是也。」案淇乃衞之水名，先言淇而後言衞，則不詞矣。晉有澤曰董，蒲之所出也，然不得曰「董晉之蒲」。楚有藪曰雲，竹箭之所生也，然不得曰「雲楚之竹箭」。且淇水之地去堯都非甚遠，當禹作貢時，何反不貢箘簵，而貢者乃遠在荆州乎？◯洪頤煊云：棊當作淇。兵略訓「淇衞箘簵」，高注：「淇衞，箘簵箭之所出也。」淇在衞地，故曰淇衞。**重之羿、逢蒙子之巧，**◯文典謹按：御覽九百十四引，無羿字。**以要飛鳥，猶不能與羅者競多。**羿，古諸侯，有窮之君也。逢蒙，羿弟子。皆攻射而百發百中，故曰之巧。要，取也。競，逐也。**何則？以所持之小也。張天下以爲之籠，因江海以爲之罟，又何亡魚失鳥之有乎！**罟，魚网也。詩云：「施罟濊濊。」◯王念孫云：正文注文内罟字，皆當爲罛。罛、罟聲相近，又涉上文「網罟」而誤也。凡魚及鳥獸之網皆謂之罟，而罛則爲魚網之專稱。爾雅：「鳥罟謂之羅，兎罟謂之罝，麋罟謂之罞，彘罟謂之羉，魚罟謂之罛。」衞風碩人篇「施罛濊濊」，毛傳曰：「罛，魚罟。」此皆高注所本。若專訓罟爲魚網，則失其義矣。（罛字必須訓釋，故引詩爲證。若罟字則不須訓釋。上文網罟二字無注，卽其證。）且此文「失鳥」二字承上「籠」字言之，「亡魚」二字則承上「罛」字言之。若變罛言罟，則又非其指矣。呂氏春秋上農篇「罛罟不敢入於淵」，高彼注云：「罛，魚罟也。詩云：『施罛濊濊。』」正與此注同，足正今本之誤。初學記武部漁類、太平御覽資産部罛類引此，並作「因江海以爲罛」。○文典謹按：舊作「因江海以爲罟」，與上句「張天下以爲之籠」不一律，今據御覽七百六十四、八百三十四補「之」字。

故矢不若繳，繳不若無形之像。 言其大也。○王念孫云：初學記引此作「矢不若繳，繳不若網，網不若無形之像」，是也。上文言射者不能與羅者競多，故曰「繳不若網」。又言「張天下以爲籠，因江海以爲罛，又何亡魚失鳥之有」，故曰「網不若無形之像」。且網與像爲韻，今本脱去四字，則失其韻矣。 **夫釋大道而任小數，無以異於使蟹捕鼠，蟾蠩捕蚤，不足以禁姦塞邪，亂乃逾滋。** 以艾灼蟹匡上，内置穴中，乃熱走窮穴，適能禽一鼠也。蟾蠩，䵷也，跳行舒遲，捕蚤亦不能悉得，故曰不足以禁姦也。逾滋，益甚也。○文典謹按：御覽九百五十一引，「任小數」作「任小技」，又九百四十二引注，匡作筐。

昔者夏鯀作三仞之城，諸侯背之，海外有狡心。 鯀，帝顓頊五世孫，禹之父也。八尺曰仞。鯀作城郭，以其役勞，故諸侯背之，四海之外皆有狡猾之心也。○王念孫云：三仞，藝文類聚居處部三、太平御覽居處部二十並引作九仞，是也。初學記居處部引五經異義曰：「天子之城高九仞，公侯七仞，伯五仞，子男三仞。」此謂鯀作高城而諸侯背之，則當言九仞，不當言三仞也。

○陶方琦云：注「八尺曰仞」，乃許注，今在高注中，乃許注羼入之故也。覽冥訓高注云：「百仞，七百尺也。」又説林訓高注云：「七尺曰仞。」其注吕覽功名、適威等篇，均云「七尺曰仞」。此云八尺，乃許義也。説文仞字下云：「伸臂一尋八尺。」知許君注淮南，説必同。後人多以許注羼入高注中，非有明白左證，安能别而出之。○文典謹按：御覽八十二引，背作倍。**禹知天下之叛也，乃壞城平池，散財物，焚甲兵，施之以德，海外賓伏，四夷納職，**四夷，海外也。職，貢也。○莊逵吉云：太平御覽作「中外賓服」。○文典謹按：御覽八十二引，焚作禁。**合諸侯于塗山，執玉帛者萬國。**塗山，在九江當塗縣。玉，圭。帛，玄纁也。**故機械之心藏于胷中，則純白不粹，神德不全，**機械，巧詐也。藏之于胷臆之内，故純白之道不粹，精神專一之德不全也。粹，讀禍祟之祟。**在身者不知，何遠之所能懷！**懷，來也。**是故革堅則兵利，城成則衝生，**言攻戰之備，于此生也。**若以湯沃沸，亂乃逾甚。是故鞭噬狗，策蹏馬，**○文典謹按：意林引，是故作猶，狗作犬，策作捶。**而欲教之，雖伊尹、造父弗能化。**伊尹，名摯，殷湯之賢相也。造父，周穆王之臣也，而善御。雖此二人，不能化之。**欲寅之心亡於中，則飢虎可尾，何況狗馬之類乎！**○王念孫云：「欲寅之心」，寅當爲宎，字之誤也。宎與肉同。（干禄字書云：「宎、肉，上俗下正。」廣韻亦云：「肉，俗作宎。」墨子迎敵祠篇「狗彘豚雞食其宎。」太玄玄數：「爲會爲宎。」）欲肉者，欲食肉也。諸本及莊本皆作「欲害之心」，害亦宎之誤。（害字草書作，與宎相似。）文子道原篇亦誤作害。劉績注云：「古肉字。」則劉本作宎可知，而今本亦作害，蓋世人多見害，少見宎，故傳寫皆誤也。（吴越春秋句踐陰謀外傳「斷竹續竹，飛土逐宎」，今本宎誤作害。論衡感虚篇「廚門木象生肉足」，今本風俗通義肉作害，害亦宎之誤。）又齊俗篇「夫水積則生相食之魚，土積則生自穴之獸」，穴亦宎之誤。自肉，謂獸相食也。相食之魚，自肉之獸，其義一也。太平御覽禮儀部二引此，作「食肉之獸」，食字涉上句「相食」而誤，而肉字則不誤。文子上禮篇正作「自肉之狩」。（狩與獸同。）○俞樾云：伊尹不聞以善御名，何得與造父並稱。伊尹疑當作尹儒。吕氏春秋博志篇「尹儒學御，三年，夢受秋駕於其師」，卽其人也。傳寫脱儒字，後人臆補伊字於尹字之上耳。道應篇作尹需。**故體道者逸而不窮，任數者勞而無功。夫峭法刻誅者，非霸王之業也；**○陶方琦云：文選西征賦注引「峭法刻誅」作「陗法刻刑」，又引許注云：「陗，峻也。」今高本刑作誅，亦與許本異。説文阜部：「陗，陵[一]也。」（峻卽説文作陵。）與注淮南同。**箠策繁用者，非致遠之術也。**繁，數也。○王念孫云：術當爲御，字之誤也。繆稱篇曰：「急轡數策者，非千里之御也。」義與此同。羣書治要引此正作御，文子道原篇亦作御。**離朱之明，察箴末於百步之外，**離朱者，黄帝臣，明目人也。○文典謹按：文選琴賦注、羣書治要引，箴並作

〔一〕「陵」，原本作「峻」，據説文改。

鍼。不能見淵中之魚。師曠之聰，合八風之調，師曠，晉平公樂師子野也。八風，八卦之風聲也。而不能聽十里之外。故任一人之能，不足以治三畝之宅也。脩道理之數，因天地之自然，則六合不足均也。均，平也。○王念孫云：脩當爲循。隸書循、脩二字相似，故循誤爲脩。（説見管子「廟堂既脩」下。）循道理，因天地，循亦因也。若作脩，則非其指矣。太平御覽地部二、居處部八引此並作循。文子道原篇亦作循。又俶真篇「賈便其肆，農樂其業，大夫安其職，而處士脩其道」，脩亦當爲循，此四者皆謂各因其舊也。文選西都賦注引此正作循，太平御覽皇王部二引此亦作循。又主術篇「橋植直立而不動，俛仰取制焉；人主静漠而不躁，百官得脩焉」，脩亦當爲循。言人主静漠而不躁，則百官皆得所遵循，猶橋衡之俛仰取制於柱也。又齊俗篇「守正脩理，不苟得者，不免乎飢寒之患」，脩亦當爲循。文選東都賦、東京賦注引此並作「守道順理」，順亦循也。又詮言篇「法脩自然，己無所與」，脩亦當爲循。謂循其自然而己不與也。文子符言篇作「治隨自然」，隨亦循也。又「欲見譽於爲善，而立名於爲賢，（今本賢誤作質，辯見詮言。）則治不脩故而事不須時」，脩亦當爲循，須當爲順，皆字之誤也。文子作「治不順理而事不須時」，順亦循也。又「由其道則善無章，脩其理則巧無名」，脩亦當爲循，循其理即由其道也。又「由此觀之，賢能之不足任也，而道術之可脩，明矣」，脩亦當爲循。文子道德篇作「道術可因」，因亦循也。又兵略篇「條脩葉貫，萬物百族，由本至末，莫不有序」，脩亦當爲循，循謂順其序也。俶真篇曰「萬物之疏躍枝舉，百事之莖葉條桻，皆本於一根，而條循千萬」是也。又泰族篇「今夫道者，藏精於内，棲神於心，静漠恬淡，訟繆胸中，邪氣無所留滯，四枝節族，毛蒸理泄，則機樞調利，百脈九竅，莫不順比，其所居神者得其位也，豈節拊而毛脩之哉」，脩亦當爲循，循與拊同意也。**是故禹之決瀆也，因水以爲師；神農之播穀也，因苗以爲教。**禹，鯀之子，名文命，受禪成功曰「禹」。因以水性自下，決使東流，以爲後世師法也。神農，少典之子炎帝也。農植嘉穀，神而化之，故號曰「神農」也。播，布也。布種百穀，因苗之生而長育之，以爲後世之常教也。

夫萍樹根於水，萍，大蘋也。○王念孫云：萍本作蘋。（埤雅引此已誤。）高注「萍，大蘋也」，本作「蘋，大萍也」。萍字或作蓱。爾雅：「苹，（音平。）蓱。（音瓶。）其大者蘋。（音頻。）」召南采蘋傳曰：「蘋，大蓱也。」説文蘋作薲，亦云「大蓱也」。此皆以小者爲萍，大者爲蘋，即高注所本也。吕氏春秋本味篇「菜之美者，昆侖之蘋」，高注曰：「蘋，大萍。」（舊本大萍誤作大蘋，今改正。）足與此注互相證明矣。後人既改正文蘋字爲萍，又互改高注蘋、萍二字以就之，而不知其小大之相反也。**木樹根於土，鳥排虚而飛，獸蹠實而走，**蹠，足也。實，地也。蹠，讀捃摭之摭。○陶方琦云：文選舞賦注、高唐賦注引許注：「蹠，蹈也。」按二家注文異。舞賦引許注蹈作踏。説文足部：「蹈，踐也。」又：「蹋，踐也。」俗字作踏，蹈蹋連文而同訓，然此踏字乃蹈字之譌。**蛟龍水居，虎豹山處，天地之性也。**蛟，水蛟，其皮有珠，世人以爲刀劍之口是也。蛟，讀人情性交易之交，緩氣言乃得耳。**兩木相摩而然，金火相守而流，**流，釋也。**員者常轉，窾者主浮，**

自然之勢也。員，輪丸之屬也。竅，空也，舟船之屬也。故曰自然之勢也。竅，讀科條之科也。是故春風至則甘雨降，生育萬物，明堂月令曰「清風至則穀雨」是也。育，長也。風或作分合。羽者嫗伏，毛者孕育，嫗伏，以氣剖卵也。孕者，懷胎育生也。草木榮華，鳥獸卵胎，莫見其爲者，而功既成矣。既，已也。秋風下霜，倒生挫傷，草木首地而生，故曰倒生。挫傷者，彫落也。鷹鵰搏鷙，昆蟲蟄藏，蟄，讀什伍之什。草木注根，魚鼈湊淵，莫見其爲者，滅而無形。滅，没也。形，見也。木處榛巢，水居窟穴，聚木曰榛。○莊逵吉云：説文解字：「榛，菆也。」「菆，蓐也。」「蓐，陳草復生也。一曰蔟也。」皆轉相訓注。菆音側鳩切，古菆、聚同聲，聚木即菆木也。○王引之云：榛巢連文，則榛即是巢，猶窟穴連文，則窟即是穴。榛當讀爲橧，廣雅：「橧，巢也。」禮運曰：「冬則居營窟，夏則居橧巢。」字亦作曾，大戴禮曾子疾病篇：「鷹鶽以山爲卑而曾巢其上，魚鼈黿鼉以淵爲淺而蹶穴其中。」羣書治要引曾子「蹶穴」作「窟穴」，以窟穴對曾巢，正與此同。禮運之橧巢，亦與營窟對文也。凡秦聲、曾聲之字，古或相通。若溱、洧之「溱」，説文作「潧」是也。高以榛爲榛薄之榛，（主術篇「入榛薄」，高注：「聚木爲榛，深草爲薄。」）則分榛與巢爲二物，比之下句爲不類矣。説林篇曰：「榛巢者處茂林，安也；窟穴者託埵防，便也。」以窟穴對榛巢，亦與此同。彼言榛巢者處茂林，則榛巢非茂林也。此言木處榛巢，則榛巢亦非木也。若以榛爲榛薄之榛，則又合榛與木爲一物矣。○文典謹按：文選遊天台山賦注、左思招隱詩注、答張士然詩注引高注，並作「叢木曰榛」。**禽獸有艽，**艽，蓐也。○王念孫云：劉績本艽作芁，案：劉本是也。廣韻：「艽，獸蓐也。」正與高注合。脩務篇曰：「虎豹有茂草，野彘有艽莦，槎櫛堀虛，連比以像宮室。」此云「禽獸有艽，人民有室」，其義一也。○文典謹按：北堂書鈔一百五十八引，艽作机。又引許注云：「机，獸蓐。」孫馮翼輯許慎淮南注，未收此條。**人民有室，陸處宜牛馬，舟行宜多水，匈奴出穢裘，**匈奴，獫狁，北胡也。**于、越生葛絺，**于，吴也。絺，細葛也。○道藏本于作干。王念孫云：作干者是也。春秋言於越者卽是越，而以於爲發聲。此言干、越者，謂吴、越也。若是于字，則高注不當訓爲吴矣。莊子刻意篇「夫有干、越之劍者」，釋文：「司馬云：干，吴也。吴、越出善劍也。」荀子勸學篇「干、越、夷、貉之子」，楊倞曰：「干、越猶言吴、越。」（近時嘉善謝氏刻本改干爲于，又改楊注吴、越爲於越，非是，辯見荀子。）漢書貨殖傳「辟猶戎、翟之與于、越，不相入矣」，于亦干之誤。干、越皆國名，故言「戎、翟之與干、越」，猶荀子之言「干、越、夷、貉」也。顔師古以爲春秋之於越，失之。司馬彪訓干爲吴，正與高注同。莊從劉本作于，則與高注相背矣。**各生所急以備燥溼，各因所處以禦寒暑，竝得其宜，物便其所。**

由此觀之，萬物固以自然，聖人又何事焉！事，治也。

九疑之南，陸事寡而水事衆，九疑，山名也，在蒼梧，虞舜所葬也。○文典謹按：藝文類聚七、御覽四十一引，衆竝作多。疑許注本如此。**於是民人被髮文身，以像鱗蟲，**被，翦也。

文身，刻畫其體，内默其中，爲蛟龍之狀，以入水，蛟龍不害也。故曰「以像鱗蟲」也。○王引之云：諸書無訓被爲翦者，被髮當作劗髮，注當作「劗，翦也」。漢書嚴助傳：「越，方外之地，劗髮文身之民也。」晉灼曰：「淮南云『越人劗髮』，（見齊俗篇。又曰：「越王句踐，劗髮文身。」）張揖以爲古翦字也。」（字又作鬋。逸周書王會篇曰：「越，漚鬋髮文身。」墨子公孟篇曰：「越王句踐，翦髮文身，以治其國。」史記趙世家曰：「夫翦髮文身，甌，越之民也。」）此言「九疑之南」，正是越地，故亦曰「劗髮文身」也。主術篇「是猶以斧劗毛」，高彼注曰：「劗，翦也。劗，讀驚攢之攢。」故此注亦曰：「劗，翦也。」後人見王制有「被髮文身」之語，遂改劗爲被，并注中劗字而改之，不知劗與翦同義，故云「劗，翦也」，若是被字，不得訓爲翦矣。（趙世家之翦髮，趙策作祝髮，錢、曾、劉本同，俗本並亦改爲被髮。）且越人以劗髮爲俗，若被髮則非其俗矣。（漢書地理志「文身斷髮，以避蛟龍之害」，應劭曰：「常在水中，故短其髮，文其身，以像龍子，故不見傷害。」）卽此所云劗髮文身，以像鱗蟲也。高注訓劗爲翦，亦與漢書斷髮同義。）**短綣不絝，以便涉游，短袂攘卷，以便刺舟，因之也。**卷，卷臂也。因之，因水之宜也。**鴈門之北，狄不穀食，賤長貴壯，俗尚氣力，**○王念孫云：俗，本作各，言狄人各尚氣力也。各誤爲谷，（漢郃陽令曹全碑「各獲人爵之報」，各作谷，形與谷相似，各、谷草書亦相似。）後人因加人旁耳。不知「不穀食」與下文「人不弛弓，馬不解勒」，皆是狄人之俗，非獨尚氣力一事也。太平御覽兵部八十九引此，正作「各尚氣力」。**人不弛弓，馬不解勒，便之也。**不穀食，肉酪而已。北狄，鮮卑也。弛，舍也。便，習也。**故禹之裸**

國，解衣而入，衣帶而出，因之也。裸國在南方。聖人治禮不求變俗，故曰因之也。今夫徙樹者，失其陰陽之性，則莫不枯槁。失，猶易也。故橘樹之江北則化而爲枳，鴝鵒不過濟，見于周禮。故春秋傳曰「鴝鵒來巢」，言非中國之禽，所以爲魯昭公亡異也。○王念孫云：枳本作橙，此後人依考工記改之也。不知彼言橘踰淮而北爲枳，此言樹之江北則爲橙，義各不同。注言「見周禮」者，約舉之詞，非必句句皆同也。埤雅引此作「化而爲枳」，則所見本已誤。文選潘岳爲賈謐贈陸機詩「在南稱甘，度北則橙」，李善注引淮南曰：「江南橘樹之江北化而爲橙。」藝文類聚、太平御覽果部橘下並引考工記曰：「橘踰淮而北爲枳。」又引淮南曰：「夫橘樹之江北，化而爲橙。」（御覽橙下引淮南同。）然則考工作枳而淮南作橙，明矣。晉王子升甘橘贊曰：「異分南域，北則枳橙。」此兼用考工與淮南也。貈渡汶而死，形性不可易，勢居不可移也。是故達於道者，反於清淨；反，本也。天本授人清淨之性，故曰反也。究於物者，終於無爲。無爲者，不爲物爲也。以恬養性，以漠處神，則入于天門。

所謂天者，純粹樸素，質直皓白，未始有與雜糅者也。所謂人者，偶𥉁智故，曲巧僞詐，所以俛仰於世人而與俗交者也。故牛歧蹏而戴角，馬被髦而全足者，天也。絡馬之口，穿牛之鼻者，人也。循天者，與道游者也。循，隨也。游，行也。隨人者，與俗交者也。夫井魚不可與語大，拘於隘也；夏蟲不可與語寒，言蟬蜩不知寒雪也。篤

於時也；曲士不可與語至道，拘於俗，束於教也。○俞樾云：大字泛而無指，義不可通，疑本作：「夫井魚不可與語大海，拘於隘也；夏蟲不可與語寒雪，篤於時也；曲士不可與語至道，拘於俗、束於教也。」曰「大海」，曰「寒雪」，曰「至道」，皆二字爲文，與莊子秋水篇不同。彼云「井鼃不可以語於海者，拘於虚也；夏蟲不可以語於冰者，篤於時也；曲士不可以語於道者，束於教也」，曰「海」、曰「冰」、曰「道」，皆一字爲文。古人屬辭必相稱如此。高注於次句曰「言蟬蜩不知寒雪也」，則其所據本正有雪字。若正文但言寒，不言雪，則高注何以横加雪字乎？卽謂增字以足句，何不據莊子加冰字，而必加雪字乎？此句既有雪字，則上句亦有海字可知。不然，次句曰「語寒雪」，三句曰「語至道」，而首句獨曰「語大」，文不相稱。且寒以雪言，至以道言，大以何物言乎？文又不備矣。梁張綰文曰：「井魚之不識巨海，夏蟲之不見冬冰。」巨海卽大海也。**故聖人不以人滑天，不以欲亂情，**天，身也。不以人事滑亂其身也，不以欲亂其清淨之性者也。○莊逵吉云：天竺卽身毒，故天有身義。**不謀而當，不言而信，不慮而得，不爲而成，**詩云：「不識不知，順帝之則。」故曰不謀而當，不慮而得也。**精通于靈府，**○陶方琦云：莊子釋文引許注「人心以上，气所往來也」，高無注。莊子釋文引郭象注：「靈臺，心也。」心有靈气，能主持也。」**與造化者爲人。**爲，治也。○王引之云：高未解人字之義，故訓爲爲治。人者，偶也，言與造化者爲偶也。中庸：「仁者，人也。」鄭注曰：「人也，讀如相人偶之人，以人意相存偶之言。」檜風匪風箋曰：「人偶能割亨者，人偶能輔周道治民者。」聘禮注曰：「每門輒揖者，以相人偶爲敬也。」公食大夫禮注曰：「每曲揖及當碑揖相人偶。」是人與偶同義。故漢時有「相人偶」之語。上文云「與造化者俱」，本經篇云「與造化者相雌雄」，齊俗篇曰「上與神明爲友，下與造化爲人」，曰俱，曰爲友，曰爲人，曰相雌雄，皆是相偶之意。故本經篇「與造化者相雌雄」，文子下德篇作「與造化者爲人」，此尤其明證矣。莊子大宗師篇「彼方且與造物者爲人」，應帝王篇「予方將與造物者爲人」，天運篇「久矣夫某不與化爲人」，並與淮南同意，解者亦失之。

夫善游者溺，善騎者墮，各以其所好，反自爲禍。 禍，害也。 **是故好事者未嘗不中，** 中，傷也。 好爲情欲之事者，未嘗不自傷也。 **争利者未嘗不窮也。昔共工之力，觸不周之山，使地東南傾。** 共工，以水行霸於伏犧、神農間者也，非堯時共工也。不周山，昆侖西北。傾，猶下也。天文言天傾西北，地傾東南。先言傾，高也。此言東南，後言傾，明其下也。○陶方琦云：文選辨命論注引許注：「昔共工，古諸侯之彊者也。不周之山，西北之山也。」按：二家注文異。史記三皇本紀言諸侯有共工氏，任智刑以彊，霸而不王，以水乘木，乃與祝融戰，不勝而怒，乃頭觸不周山，崩，天柱折，地維缺。（列子、潛夫論引皆有怒字。）高本無怒字，應補。離騷「路不周以左轉」，王注：「不周，山名，在昆侖西北。」郝氏懿行山海經箋疏云：「王逸、高誘注云不周山在昆侖西北，竝非也。依此經，乃在昆侖東南。攷西次三經『又西北三百七十里曰不周之山』，竝非指言昆侖西北。」許注西北之山，不專指昆侖，是也。列子湯問篇張注：「不周山，在西北之極。」與許説合。**與高辛争爲帝，**高辛，帝嚳有天下之號也。嚳，黄帝之曾孫。**遂潛于淵，宗族殘滅，繼嗣絶祀。**謂共工也。**越王翳逃山穴，越人熏而出之，遂不得已。**已，止也。翳，越太子也。賢不欲爲王，逃於山穴之中，越人以火熏出而立之，故曰遂不得已。在春秋後，故不書于經也。○陶方琦云：此事見莊子、吕覽，竝作王子搜，越世家不壽生王翁，翁生王翳，是也。莊子、吕覽竝作丹穴，許作巫山之穴，與高本異也。巫山在南郡巫縣。俶真訓「巫山之上」，高注：「巫山在南郡。」○文典謹按：書鈔百五十八引，翳作醫，山上有巫字。又引許注云：「醫，越王之太子，當立，讓逃巫山之穴中。薰，以火烟薰之也。遂不得已，立爲王。」孫馮翼輯許注，未收此條。**由此觀之，得在時，不在争；治在道，不在聖。**治，爲也。雖聖不得爲，故曰在道，孔子是也。**土處下，不争高，故安而不危；水下流，不争先，故疾而不遲。昔舜耕於歷山，朞年，而田者争處墝埆，以封壤肥饒相讓；**歷山在沸陰城陽也。一曰：沸南歷城山也。墝埆，讀人相墝椽之墝。○王念孫云：封壤二字，義不相屬。封壤本作封畔，此後人以意改之也。封、畔皆謂田界也。（周官保章氏注、吕氏春秋孟春、樂成二篇注並云：「封，界也。」説文：「畔，田界也。」）史記五帝紀：「舜耕歷山，歷山之人皆讓畔。」（本出韓子難一。）大雅緜傳亦云「耕者讓畔」。封畔與肥饒相對爲文。下文「以曲隈深潭相予」，曲隈、深潭亦相對爲文。覽冥篇云「田者不侵畔，漁者不争隈」，此云「田者以封畔肥饒相讓，漁者以曲隈深潭相予」，其義一也。太平御覽皇王部六、爾雅釋草疏引此並作封畔。○文典謹按：御覽八十一引，昔下有者字。又宋本注城作成。釣於河濱，朞年，而漁者争處湍瀨，以曲隈深潭相予。漁，讀告語。湍瀨，水淺流急少魚之處也。曲隈，崖岸委曲。深潭，回流饒魚之處。潭，讀葛覃之覃。○陶方琦云：文選南都賦注、七命注、長笛賦注引許注：「湍，水行疾也。」按：説文水部：「湍，疾瀨也。」湍訓爲疾，與注淮南同。御覽八十一引注云：「湍，疾。瀨，淺。」湍訓爲疾，當是許注約文。○文典謹按：御覽引潭作潤。當此之時，口不設言，手不指麾，口不設不信之言也。手不指麾，不妄有所規儗也。執玄德於心，而化馳若神。玄，天也。馳，行也。若神，若有神化之也。使舜無其志，雖口辯而戸説之，不能化一人。志，王天下之志也。一曰：人心之志也。是故不道之道，莽乎大哉！道不可道，故曰不道之道。夫能理三苗，朝羽民，三苗，堯時所放渾敦、窮奇、叨餮之等。理，治也。羽民，南方羽國之民。使之朝者，德以懷遠也。徙裸國，納肅慎，未發號施令而移風易俗者，其唯心行者乎！徙，化也。裸國在南方，禹所入也。肅慎在北方，遠也。傳曰：「肅慎、燕、亳，吾北土也。」唯神化爲能然也。法度刑罰，何足以致之也？言不足以致之也。明不如仁心化之爲大。是故聖人内修其本，而不外飾其末，保其精神，偃其智故，漠然無爲而無不爲也，能無爲，故物無不爲之化。澹然無治也而無不治也。所謂無爲者，不先物爲也；所謂無不爲者，因物之所爲。順物之性也。所謂無治者，不易自然也；所謂無不治者，因物之相然也。然，猶宜也。萬物有所生，而獨知守其根；根，本也。百事有所出，而獨知守其門。門，禁要也。故窮無窮，極無極，照物而不眩，響應而不乏，此之謂天解。眩，惑也。天解，天之解故也，言能明天意也。○莊逵吉云：解故即詁字。説文解字云：「詁，訓故言也。」是故與詁通。

故得道者志弱而事强，弱，柔也。强，無不勝也。心虚而應當。當，合也。所謂志弱而事强者，柔毳安静，藏於不敢，○俞樾云：文子道原篇作「藏於不取」，當從之，即所謂「百姓足，君孰與不足」也。取與敢形似而誤。行於不能，恬然無慮，動不失時，與萬物回周旋轉，不爲先唱，感而應之。感，動。應，和。是故貴者必以賤爲號，貴者，謂公、王、侯、伯。稱孤寡不穀，故曰以賤爲號。而高者必以下爲基。基，始也。夫築京臺先從下起也。託小以包大，在中以制外，行柔而剛，用弱而强，轉化推移，得一之道，而以少正多。而，能也，能以寡統衆。○莊逵吉云：古能字爲耐，耐與而通，故訓而爲能。易「眇能視，跛能履」，虞仲翔本皆作而。所謂其事強者，遭變應卒，排患扞難，力無不勝，敵無不凌，應化揆時，莫能害之。是故欲剛者必以柔守之，欲強者必以弱保之。積於柔則剛，積於弱則強，觀其所積，以知禍福之鄉。鄉，方也。強勝不若己者，至於若己者而同；夫强者能勝不如己者。同，等也。至于如己者則等，不能勝也。言强之爲小也，道家所不貴也。柔勝出於己者，其力不可量。夫能弱柔勝己者，其力不能訾也。言柔之爲大也，道家所貴。故兵强則滅，木强則折，革固則裂，齒堅於舌而先之敝。兵猶火也，强則盛，盛則衰，故曰「則滅」。以火諭也。木强則折，不能徐詘也。革堅則裂，鼓是也。敝，盡。齒堅于舌，而先舌盡。○李賡芸云：滅、折、裂、舌、敝韻也。敝，讀如鱉。是故柔弱者，生之榦也；而堅强者，死之徒也。徒，衆也。

先唱者，窮之路也；後動者，達之原也。先者隤陷，故曰窮也。後者以謀，故曰達也。何以知其然也？凡人中壽七十歲，然而趨舍指湊，指，所之也。湊，所合也。指湊，猶言行止也。日以月悔也，積日至月，則悔前之非。以至於死，故蘧伯玉年五十而有四十九年非。伯玉，衛大夫蘧瑗也。今年所行是也，則還顧知去年之所行非也。歲歲悔之，以至于死，故有四十九年非，所謂月悔朔、日悔昨也。何者？先者難爲知，而後者易爲攻也。先者上高，則後者攀之；先者踰下，則後者蹷之；先者隤陷，則後者以謀；先者敗績，則後者違之。蹷，履也，音展，非展也。楚人讀躓爲隤，隤者車承，或言跋躓之躓也。○王念孫云：展與蹷聲不相近，蹷皆當爲跈，字之誤也。跈，女展反，履也，言後者履先者而上也。跈字或作蹍，廣雅：「蹍，履也。」曹憲音女展反。莊子庚桑楚篇「蹍市人之足」，司馬彪云：「蹍，蹈也。」淮南説山篇「足跈地而爲迹」，説林篇「足所跈者淺矣」，脩務篇「猶釋船而欲跈水也」，高注並云：「跈，履也。」跈音女展反而訓爲履，故此注云：「跈，履也。音展，非展也。」且攀、跈爲韻，謀、之爲韻。

（謀，古讀若媒，説見唐韻正。）若作靨，則失其韻矣。兵略篇：「白刃合，流矢接，涉血屬腸，輿死扶傷。」案：「屬腸」二字義不可通，屬亦當爲屣，謂涉血履腸也。呂氏春秋期賢篇曰：「塵氣充天，流矢如雨，扶傷輿死，履腸涉血。」是其證也。屣字本作𡳐，其上半與屬相似，因誤爲屬矣。**由此觀之，先者，則後者之弓矢質的也。**質的，射者之凖埶也。○莊逵吉云：凖，古作埻。説文解字：「埻，射臬，讀若凖。」**猶錞之與刃，刃犯難而錞無患者何也？以其託於後位也。**錞，矛戈之錞也，讀若頓。刃，矛戈之刃也。刃在前，故犯難；錞在後，故以無患。故曰「其託于後位」也。○莊逵吉云：曲禮曰：「進戈者前其鐏，進矛戟者前其鐓。」注：「鋭底曰鐏，平底曰鐓。」方言「鐏謂之釪」，郭璞注：「鐏或名爲鐓。」説文解字：「鐏，柲下銅也。」「鐔，柲下銅鐏也。」知鐏卽鐔。蓋刃鋭而鐔頓，故讀若頓。然則錞應爲鐔。**此俗世庸民之所公見也，而賢知者弗能避也。**庸，衆也。公，詳也。衆民詳所見，賢知者不能避，爲鋒刃也，以諭利欲也。故曰有所屏蔽也。○王念孫云：如高注，則正文避字下當有「有所屏蔽」四字，而今本脱之也。此承上文而言，言先者有難而後者無患，此庸人之所共見也。而賢知者猶不能避，則爲争先之見所屏蔽故也。故注云「故曰有所屏蔽也」。凡注内「故曰」云云，皆指正文而言，以是明之。**所謂後者，非謂其底滯而不發，凝結而不流，**底，讀曰紙。發，動也。凝，如脂凝也。流，行。○王念孫云：竭之言遏也。爾雅曰：「遏，止也。」底、滯、凝、竭皆止也。（爾雅：「底，止也。」原道篇注：「滯，止也。」楚辭九歎注：「凝，止也。」）天文篇曰：「清妙之合專易，重濁之凝竭難。」要略曰：「凝竭底滯，捲握而不散。」皆其證也。道藏本、朱本、茅本皆作凝竭，劉績不知其義，而改竭爲結。莊本從之，謬矣。貴其周於數而合於時也。周，調也。數，術也。合于時，時行則行，時止則止也。夫執道理以耦變，先亦制後，後亦制先。道當隨事爲變，不必待于先，人事當在後，趨時當居先也。是何則？不失其所以制人，人不能制也。時之反側，間不容息，言時反側之間，不容氣息，促之甚也。先之則太過，後之則不逮。夫日回而月周，時不與人游，故聖人不貴尺之璧，而重寸之陰，時難得而易失也。禹之趨時也，履遺而弗取，冠挂而弗顧，○文典謹按：御覽八十二、六百九十七引，並作「冠挂而不顧，履遺而不取」。八十二又引注云：「冠有所挂着，去不暇顧視。」非爭其先也，而爭其得時也。是故聖人守清道而抱雌節，清，和淨也。雌，柔弱也。因循應變，常後而不先。柔弱以靜，舒安以定，舒，詳也。攻大礱堅，莫能與之爭。攻大礱堅，喻難也，無與聖人之爭也。

天下之物，莫柔弱於水，然而大不可極，深不可測，測，盡也。脩極於無窮，遠淪於無涯，息耗減益，通於不訾，訾，量也。上天則爲雨露，下地則爲潤澤，萬物弗得不生，百事不得不成，大包羣生而無好憎，○王引之云：「無好憎」本作「無私好」，此後人以意改之也。文子道原篇正作「無私好」。此承上文生萬物、成百事而言，言水之利物，非有所私好而然也。下句「澤及蚑蟯而不求報」，亦是此意。加一憎字，則非其指矣。且好與報爲韻，（上下文皆用韻。）若作「無好憎」，則失其韻矣。劉本作「無所私」，亦非。○文典謹按：御覽五十八引，包作苞，「無好憎」作「無所私」，與劉績本合。**澤及蚑蟯**蚑，蚑行也。蟯，微小之蟲也。**而不求報，**施而不有也。**富贍天下而不既，**贍，足也。既，盡也。**德施百姓而不費，**德澤加于百姓，不以爲己財費也。**行而不可得窮極也，**流膏不止也。**微而不可得把握也，擊之無創，刺之不傷，斬之不斷，焚之不然，**水之性也。**淖溺流遁，錯繆相紛而不可靡散，**遁，逸也。錯繆相紛，彼此相糾也。**利貫金石，強濟天下，**水流缺石，是其利也。舟船所載無有重，是其強也。濟，通也。**動溶無形之域，**○文典謹按：溶爲搈叚。（俶真篇「動溶于至虛」同。）説文手部：「搈，動搈也。」溶、搈同音通用。**而翺翔忽區之上，**忽怳之區上也。言其飛爲雲雨，無所不上也。○莊逵吉云：本無雨字，依太平御覽加。○王引之云：忽區二字，文不成義。區當作芒。隸書芒字作苂，與區相似而誤。（太平御覽地部二十三引原道篇已誤作區。）忽芒卽忽荒也。莊子至樂篇：「芒乎芴乎，而無從出乎。芴乎芒乎，而無有象乎。」釋文：「芒音荒，又呼晃反。芴音忽。」是芒與荒同。（爾雅「太歲在巳曰大荒落」，史記曆書荒作芒。三代世表帝芒，索隱：「芒，一作荒。」）上文「游微霧，鶩忽怳」，高注曰：「忽怳，無形之象。」文選七發注引作「鶩忽荒」。忽芒乃無形之貌，故曰「動溶無形之域，而翺翔忽芒之上」也。人閒篇曰：「翺翔乎忽荒之上，析惕乎虹蜺之閒。」

是其明證矣。（賈誼鵩賦「寥廓忽荒兮，與道翺翔」，亦謂翺翔於忽荒之上也。）遭回川谷之間，而滔騰大荒之野，遭回，猶委曲也。有餘不足，與天地取與，授萬物而無所前後，前後皆與之。○俞樾云：授上當有稟字。上文曰「稟授無形」，又曰「布施稟授而不益貧」，下文曰「稟授於外而以自飾也」，並以稟授連文，是其證也。文子道原篇作「稟授萬物而無所先後」，當據補。是故無所私而無所公，公私一也。靡濫振蕩，與天地鴻洞，鴻，大也。洞，通也，讀同異之同。無所左而無所右，蟠委錯紾，紾，轉也。與萬物始終，○王念孫云：始終當爲終始。（上文云：「水流而不止，與萬物終始。」）公、洞爲韻，（高注：洞，讀同異之同。鴻、洞疊韻字。）右、始爲韻，（右，古讀若以，說見唐韻正。）若作始終，則失其韻矣。是謂至德。言水之爲德最大，故曰至德也。夫水所以能成其至德於天下者，以其淖溺潤滑也。故老聃之言曰：「天下至柔，馳騁天下之至堅。出於無有，入於無間。水是也。吾是以知無爲之有益。」有益于生。夫無形者，物之大祖也；無音者，聲之大宗也。無形生有形，故爲物大祖也。無音生有音，故爲聲大宗。祖、宗皆本也。其子爲光，其孫爲水，皆生於無形乎！光無形，道所貴也，觀之，故子爲光也。水形而不可毁，差之，故孫爲水也。夫光可見而不可握，水可循而不可毁，故有像之類，莫尊於水。○文典謹按：文選海賦注引，像作形。出生入死，自無蹠有，自有蹠無，而以衰賤矣。出生，出生道，謂去清淨也。入死，入死道，謂匿情欲也。蹠，適也。自無形適有形，離其本也。自有形適無形，不能復得，道家所棄，故曰而以衰賤也。

是故清静者，德之至也；而柔弱者，道之要也；要，約也。虛無恬愉者，萬物之用也。萬物由之得爲人用。肅然應感，殷然反本，○莊逵吉云：殷然，太平御覽作毅然。則淪於無形矣。所謂無形者，一之謂也。一者，道之本。所謂一者，無匹合於天下者也。卓然獨立，塊然獨處，○文典謹按：獨立、獨處，於辭爲複。文選與侍郎曹長思書注引，下獨字作幽。上通九天，下貫九野，九天，八方、中央也。九野亦如之。員不中規，方不中矩，大渾而爲一葉，○文典謹按：御覽五十八引，葉作弃。累而無根，無根，言微妙也。懷囊天地，爲道關門，門，道之門。○文典謹按：御覽五十八引，關作開。又引注，作「開道之門」。穆忞隱閔，純德獨存，穆忞、隱閔，皆無形之類也。純，不雜糅也。布施而不既，用之而不勤。既，盡也。勤，勞也。是故視之不見其形，聽之不聞其聲，循之不得其身，無形而有形生焉，無形，道也。有形，萬物也。無聲而五音鳴焉，音生于無聲也。無味而五味形焉，形或作和也。無色而五色成焉。是故有生於無，實出於虛，有形生于無形，人也。實，財也。天下爲之圈，則名實同居。圈，眍也。名，爵號之名也。實，幣之屬也。一曰：仁義之功賞也。音之數不過五，宮、商、角、徵、羽也。而五音之變不可勝聽也。變，更相生也。味之和不過五，甘、酸、鹹、辛、苦也。而五味之化不可勝嘗也。化亦變也。色之數不過五，青、赤、白、黑、黄也。而五色之變不可勝觀也。常事曰視，非常曰觀。春秋魯隱公觀漁于棠是也。○莊逵吉云：易觀盥而不觀薦，非常視也。故夫子曰禘自既灌不欲觀。説文解字：「觀，諦視也。」古字古義，自有一定，誘解得之矣。故音者，宫立而五音形矣；宫在中央，聲之主也。形，正也。味者，甘立而五味亭矣；亭，平也。甘，中央味也。○俞樾云：説文高部：「亭，民所安定也。」是亭有定義。故文選謝靈運初去郡詩注引蒼頡曰：「亭，定也。」亦通作停。釋名釋言語曰：「停，定也，定於所在也。」五味亭矣，猶曰五味定矣。文子道原篇字正作定，可證也。高注曰：「亭，成也。」於義轉迂。色者，白立而五色成矣；白者所在以染之，故五色可成也。道者，一立而萬物生矣。是故一之理，理，道也。施四海；一之解，際天地。解，達也。際，機也。解，讀解故之解也。其全也，純兮若樸；樸，若玉樸也，在石而未剖。其散也，混兮若濁。濁而徐清，冲而徐盈，澹兮其若深淵，冲，虚也。盈，滿也。澹，定不動之貌。汎兮其若浮雲，若無而有，若亡而存。萬物之總，皆閲一孔；總，衆聚也。百事之根，皆出一門。道之門也。其動無形，變化若神；其行無迹，常後而先。道之先也。是故至人之治也，至道之人。掩其聰明，滅其文章，依道廢智，與民同出于公。公，正。約其所守，寡其所求，去其誘慕，除其嗜欲，誘慕，諭貪榮勢也，故去之也。嗜欲，情欲也，故除之也。損其思慮。常活澹也。○王念孫云：損當爲捐，字之誤也。捐與去除同意。作損則非其指矣。文子道原篇正作「捐其思慮」。又精神篇「忘其五藏，損其形骸」，損亦當爲捐，捐與忘意相近，卽莊子所謂「外其形骸」也。作損則義不可通矣。又下文「殘亡其國家，損棄其社稷」，案：社稷可言棄，不可言損，當亦是捐字之誤。約其所守則察，不煩擾也。寡其所求則得。易供，故得。夫任耳目以聽視者，勞形而不明；以知慮爲治者，苦心而無功。是故聖人一度循軌，一，齊也。軌，法也。不變其宜，不易其常，放準循繩，曲因其當。

夫喜怒者，道之邪也；道貴平和，故喜怒爲邪也。憂悲者，德之失也；德尚恬和，故憂悲爲失。論語曰「其德坦蕩」是也。○俞樾云：上云「喜怒者，道之邪也」，下云「好憎者，心之過也」，喜之與怒，好之與憎，皆二字相反。此云「憂悲」，則非其義矣。憂悲當作憂樂。下文云「心不憂樂，德之至也」，卽承此文而言。精神篇曰：「夫悲樂者，德之邪也。」與此文異義同，悲卽憂也。當由別本從彼作悲樂，而傳寫誤合之，轉脱樂字耳。好憎者，心之過也；嗜欲者，性之累也。心當專一，中扃外閉，反有所好憎，故曰過。性當清静以奉天素，而反嗜欲，故爲之累也。人大怒破陰，大喜墜陽；怒者，陰氣也。陰爲堅冰，積陰相薄，故破陰。喜者陽氣，陽氣升于上，積陽相薄，故曰墜陽也。薄氣發瘖，驚怖爲狂；憂悲多恚，病乃成積；好憎繁多，禍乃相隨。故心不憂樂，德之至也；通而不變，静之至也；變，更也。○文典謹按：御覽七百二十引，通作性。嗜欲不載，虚之至也；不載于性。無所好憎，平之至也；○文典謹按：御覽七百二十引，好作愛。**不與物散，粹之至也。**散，亂。粹，純。○王引之云：諸書無訓散爲雜亂者。（説文：「散，雜肉也。」雜乃離之誤，辯見説文攷正。）散皆當爲殽。隸書殽或作敍，（見漢敍阮君神祠碑。）與散相似。散或作散，（見李翕析里橋郙閣頌。）與殽亦相似。故殽誤爲散。（太平御覽方術部一引原道篇已誤。）莊子齊物論篇「樊然殽亂」，釋文：「殽，郭作散。」太玄玄瑩「晝夜殽者，其禍福雜」，今本殽誤作散。皆其證也。説文：「殽，相雜錯也。」廣雅：「殽，雜也，亂也。」並與高注同義，則散爲殽之誤，明矣。殽訓爲雜，義與粹正相反，故曰「不與物殽，粹之至也」。文子道原篇作「不與物雜」，雜亦殽也。莊子刻意篇作「不與物交」，交與殽聲義亦相近。精神篇又曰「審乎無瑕，而不與物糅」，糅亦殽也。若云「不與物散」，則非其指矣。**能此五者，則通於神明。通於神明者，得其内者也。是故以中制外，百事不廢；**中，心也。外，情欲。**中能得之，則外能收之。**不，養也。○王念孫云：收當爲牧，高注「不，養也」，當爲「牧，養也」。此承上文「得其内」而言，能得之於中，則能養之於外，下文「筋力勁强，耳目聰明」，所謂「外能養之」也。若云「外能收之」，則非其指矣。且牧與得爲韻，（牧，古讀若墨，説見唐韻正。）若作收，則失其韻矣。俗書收字作收，形與牧相似，故牧誤爲收。文子道原篇正作牧。**中之得，則五藏寧，思慮平，**五藏寧者，各得其所。思慮平者，不妄喜怒。**筋力勁強，耳目聰明，疏達而不悖，**悖，謬也。**堅强而不韇，**韇，折。**無所大過而無所不逮，處小而不逼，處大而不窕，**

在小能小，在大能大。其魂不躁，其神不嬈，躁，狡。嬈，煩嬈也。言精神定矣。湫漻寂寞，爲天下梟。湫漻，清静也。寂寞，恬淡也。梟，雄也。大道坦坦，去身不遠，求之近者，往而復反。近，謂身也。迫則能應，感則能動；○王念孫云：此當作「感則能應，迫則能動」，感與應相因，迫與動相因。精神篇曰：「感而應，迫而動。」脩務篇曰：「感而不應，故而不動。」（故，今本誤作攻，辯見脩務。）莊子刻意篇曰：「感而後應，迫而後動。」皆其證。今本感、迫二字互誤。物穆無窮，穆，美。○莊逵吉云：物穆疑當作沕穆。○王念孫云：史記賈生傳「形氣轉續兮，變化而嬗。沕穆無窮兮，胡可勝言」，漢書作「沕穆無間」，顔師古曰：「沕穆，深微貌。沕音勿。」説苑指武篇亦云：「昒穆無窮，變無形像。」沕、昒、物古字通。高注專解穆字，蓋失之矣。變無形像。言能化也。優游委縱，如響之與景；響應聲，景應形。登高臨下，無失所秉；履危行險，無忘玄伏。玄伏，道也。能存之此，其德不虧，萬物紛糅，與之轉化，以聽天下，若背風而馳，疾而易也。是謂至德。至德則樂矣。

古之人有居巖穴而神不遺者，遺，失也。末世有勢爲萬乘而日憂悲者。由此觀之，聖亡乎治人，而在于得道；樂亡乎富貴，而在于德和。知大己而小天下，則幾於道矣。幾，近也。許由、務光是。所謂樂者，豈必處京臺、章華，京臺、章華，皆楚之大臺。○俞樾云：京臺即强臺也。戰國策魏策「楚王登强臺而望崩山」是也。强字籀文作彊，從彊得聲，與京聲相近。麠或作麖，䲔或作鯨，皆其例也。故强臺亦稱京臺矣。强臺見道應篇，而文選應璩與滿寵書注引作京臺，此京臺卽强臺之明證。**游雲夢、沙丘，**雲夢，楚澤，在南郡華容也。沙丘，紂臺名也，在鉅鹿也。○文典謹按：藝文類聚二十二引，作「遊雲夢，陟高丘」。**耳聽九韶、六瑩，**九韶，舜樂也。六瑩，顓頊樂也。○文典謹按：藝文類聚二十二引，瑩作莖。**口味煎熬芬芳，馳騁夷道，**夷，平也。**釣射鷫鷞之謂樂乎？**鷫鷞，鳥名也。長頸綠身，其形似雁。一曰：鳳皇之別名也。○莊逵吉云：太平御覽引作「釣射瀟湘」，當是異本。馬融注左傳：「鷫鷞，雁也。其羽如練，高首而脩頸。」說文解字云：「五方神鳥，西方曰鷫鷞，中央曰鳳皇，故一曰鳳皇別名也。○文典謹按：文選西京賦注引高注，作「鷫鷞，長脛綠色，其形似雁。」**吾所謂樂者，人得其得者也。夫得其得者，不以奢爲樂，不以廉爲悲，**廉，猶儉也。**與陰俱閉，與陽俱開。故子夏心戰而臞，得道而肥。**子夏，名商，孔子弟子也。入學見先王之道而說之，又出見富貴之樂而欲之，二者交争，故戰而臞也。先王之道勝，無所復思，故肥也。○王念孫云：得道本作道勝，淺學人改之也。道勝與心戰相對爲文。高注曰「先王之道勝，無所復思，故肥也」，則正文本作道勝，明矣。精神篇曰：「子夏見曾子，一臞一肥，曾子問其故。曰：出見富貴之樂而欲之，入見先王之道又說之，兩者心戰，故臞。先王之道勝，故肥。」是其事也。（本出韓子喻老篇。）太平御覽人事部一百九引此，正作「道勝而肥」。**聖人不以身役物，不以欲滑和，**不以身爲物役，不以情欲亂中和之道也。◯文典謹按：御覽四百六十八引，作「聖人不以身徇物，不欲人爲之而自樂也」。是故其爲懽不忻忻，忻忻爲過制也。其爲悲不惙惙，惙惙爲傷性也。萬方百變，消搖而無所定，吾獨慷慨，遺物而與道同出。◯文典謹按：文選從斤竹澗越嶺溪行注引，慷慨上有懷字。是故有以自得之也，自得其天性也。喬木之下，空穴之中，◯文典謹按：北堂書鈔百五十八引，空作土。足以適情。喬木，上竦少陰之木也。空穴，巖穴也。唯處此中，夫自得者足以適其情性。無以自得也，雖以天下爲家，萬民爲臣妾，不足以養生也。言無以自得之人，猶以此爲不足也。能至于無樂者，則無不樂；無不樂，則至極樂矣。至樂，至德之樂。極亦至也。◯王念孫云：「至極樂」本作「至樂極」。至樂二字連讀，謂極樂也。極，至也，言人能無不樂，則極樂自至也。高注曰「至樂，至德之樂」，是正文本以至樂連文。今本作「至極樂」，則與注不合。文子九守篇正作「即至樂極矣」。

夫建鍾鼓，列管弦，管，簫也。弦，琴瑟也。席旃茵，傅旄象，傅，著也。旄，旌也。象，以象牙爲飾也。耳聽朝歌北鄙靡靡之樂，朝歌，紂都。鄙，邑。紂使師涓作鄙邑靡靡之樂也，故師延爲晉平公歌之，師曠知之，曰亡國之音也。齊靡曼之色，齊，列也。靡曼，美色也。陳酒行觴，夜以繼日，樂不輟也。强弩弋高鳥，走犬逐狡兎，此其爲樂也，炎炎赫赫，怵然若有所誘慕。誘，進也。慕，有所思。怵然，猶惕然。◯俞樾云：高注曰：「怵然，猶惕然。」此説非也。下文「解車休馬，罷酒徹樂」之後，方云「忽然若有所喪，悵然若有所亡」，則此時不得遽云惕然也。若已惕然，又何樂之有乎？怵，當讀爲訹。説文言部：「訹，誘也。」下言「有所誘慕」，故上言「訹然」，義正相應。作怵者，叚字耳。解車休馬，罷酒徹樂，而心忽然若有所喪，悵然若有所亡也。是何則？不以內樂外，而以外樂內，樂作而喜，曲終而悲，○文典謹按：文選贈王太常詩注引，樂作作奏樂。悲喜轉而相生，精神亂營，不得須臾平。營，惑。察其所以，不得其形，不得樂之形也。而日以傷生，失其得者也。是故內不得於中，稟授於外而以自飾也，不浸于肌膚，不浹于骨髓，浸，潤也。浹，通也。不留于心志，不滯于五藏。故從外入者，無主於中不止。從中出者，無應於外不行。故聽善言便計，雖愚者知説之；稱至德高行，雖不肖者知慕之。説之者衆而用之者鮮，慕之者多而行之者寡。所以然者，何也？不能反諸性也。夫內不開於中而强學問者，○文典謹按：內不開於中，意林引作內心不開。不入於耳而不著於心。○俞樾云：「不入於耳」句衍不字，言雖入耳而不著於心也。不字涉上下句而誤衍。此何以異於聾者之歌也？效人爲之而無以自樂也，聲出於口則越而散矣。散去耳不聞也。夫心者，五藏之主也，所以制使四支，流行血氣，馳騁于是非之境，而出入于百事之門户者也。○文典謹按：御覽三百七十六引，血氣作氣血。是故不得於心而有經天下之氣，經，理也。是猶無耳而欲調鐘鼓，無目而欲喜文章也，亦必不勝其任矣。

故天下神器，不可爲也，器，物用也。爲，治也。爲者敗之，執者失之。夫許由小天下而不以己易堯者，志遺於天下也。許由，陽城人也，箕山之隱士也。堯以其賢，聘之，欲禪天下焉，不肯就。故曰志遺于天下也。所以然者，何也？因天下而爲天下也。天下之要，不在於彼而在於我，彼，謂堯也。我，謂許由。不在於人而在於我身，身得則萬物備矣。○王念孫云：「不在於人而在於我身」，我字涉上句而衍。彼我、人身，相對爲文，身上不當有我字。劉本移我字於下文「身得」之上，而讀「我身得」爲一句，亦非。文子九守篇正作「不在於人而在於身，身得則萬物備矣」。徹於心術之論，則嗜欲好憎外矣。外，不在心。是故無所喜而無所怒，無所樂而無所苦，萬物玄同也，玄，天也。無非無是，化育玄燿，生而如死。玄，天也。燿，明也。生而如死，言無所欲。○王念孫云：此四句皆以四字爲句，則「萬物玄同」下不當有也字。文子九守篇無也字。夫天下者亦吾有也，吾亦天下之有也，天下之與我，豈有間哉！言相比也。夫有天下者，豈必攝權持勢，操殺生之柄而以行其號令邪？吾所謂有天下者，非謂此也，自得而已。自得其天性也。一曰：不失其身也。自得，則天下亦得我矣。吾與天下相得，則常相有，已又焉有不得容其間者乎！

所謂自得者，全其身者也。全其身，則與道爲一矣。故雖游於江潯海裔，潯，厓也。裔，邊也。潯，讀葛覃之覃也。○陶方琦云：文選江賦注、應詔樂遊苑詩注引許注云：「潯，水涯也。」涯卽厓。（說文有厓無涯。爾雅釋水：「滸，水厓。」字或作涯也。）故宣貴妃誄注引許注亦作「潯，涯也」。說文水部：「潯，水旁深也。」（水旁卽水涯。廣雅釋詁：「厓，方也。」方、旁古字通。）亦有水字。字林「潯，水涯也」，卽本許君淮南注。**馳要褭，建翠蓋，**要褭，馬名，日行萬里。褭，橈弱之弱。翠蓋，以翠鳥羽飾蓋也。**目觀掉羽、武象之樂，**掉羽，羽舞。武象，周武王之樂。**耳聽滔朗奇麗激抮之音，**激，揚。抮，轉。皆曲名也。○陶方琦云：一切經音義十七、文選七發注、永明十一年策秀才文注引許注云：「軫，轉也。」說文糸部：「紾，轉也。」許注當是紾字。上文「蟠委錯紾」，高注以紾訓轉，正同許說。**揚鄭、衛之浩樂，結激楚之遺風，**鄭聲：鄭會晉平公，說新聲，使師延爲桑間、濮上之樂。濮在衛地，故曰鄭、衛之浩樂也。必爲鄭、衛之俗樂，夫結激清楚以娛樂也。遺風，猶餘聲也。○陶方琦云：文選七發注引許注：「鄭、衛，新聲所出國也。皓樂，善倡也。」皓、浩同字。（孟子「浩然」，劉注作皓然。）七發「揚鄭、衛之皓樂」，正同許本。說文人部：「倡，樂也。」楚辭：「陳竽瑟兮浩唱。」故許注曰善倡也。**射沼濱之高鳥，逐苑囿之走獸，此齊民之所以淫泆流湎，**齊於凡民，故曰齊民。沼，沱也。濱，水厓也。○陶方琦云：莊子釋文引許注云：「齊等之民也。」莊子「下以化齊民」，李注：「齊，等也。」漢書「編户齊民」，如淳曰：「齊，等也。無有貴賤，謂之齊民。」**聖人處之，不足以營其精神，亂其氣志，**營，惑也。

使心怵然失其情性。處窮僻之鄉，側谿谷之間，側，伏也。隱于榛薄之中，藂木曰榛，深草曰薄。環堵之室，茨之以生茅，蓬户瓮牖，揉桑爲樞，堵長一丈，高一丈。面環一堵，爲方一丈，故曰環堵，言其小也。編蓬爲户，以破瓮蔽牖，揉桑條以爲户樞。上漏下溼，潤浸北房，浸，漬也。北房，陰堂也。雪霜滾灖，浸潭苽蔣，滾灖，雪霜之貌也。浸潭之潤，以生苽蔣實。苽者，蔣實也，其米曰彫胡。滾，讀維繩之維。灖，讀抆滅之抆。苽，讀觚哉之觚也。蔣，讀水漿之漿也。○莊逵吉云：藏本「灖讀抆滅之抆」作「讀校滅之校」。盧詹事文弨云：「或當作抆滅之抆，因抆、灖聲相近也，故據莊子語改之。」孫編修星衍云：「當作校滅之滅，因滅、灖聲相近也。」當以盧君之言爲是，今依改之。逍遥于廣澤之中，而仿洋于山峽之旁，兩山之間爲峽。○王念孫云：水經江水注曰：「江水又東逕赤岬城西。淮南子曰：『彷徨於山岬之旁。』注曰：『岬，山脅也。』」文選吴都賦「傾藪薄，倒岬岫」，李善曰：「許慎淮南子注曰：『岬，山旁。』古狎切。」案水經注所引亦作岬，而訓爲山脅，疑是高注。山脅卽山旁，義與許同也。今本岬作峽，注云「兩山之閒爲峽」，與酈、李所引迥異，疑皆後人所改。玉篇：「岬，古狎切，山旁也。」亦作碑。廣韻：「碑，古狎切，山側也。」「峽，矦夾切。巫峽，山名。」二字音義判然。後人誤以山脅之岬爲巫峽之峽，故改訓爲兩山之閒，不知正文明言「山岬之旁」，則岬爲山脅，而非兩山之閒矣。校書者以注訓兩山之閒，故又改岬爲峽，而不知其本非原注也。集韻：「碑，古狎切，兩山之閒爲碑。許慎説或作岬。」（宋人皆誤以高注爲許注，故云許慎説。）則所見已非原注，但岬字尚未改爲峽耳。○陶方琦云：

玉篇：「岬，山旁也。」亦作砷，廣韻：「砷，山側也。」皆本許注淮南說。高本作峽，説故異。許義爲長。此齊民之所爲形植黎黑，憂悲而不得志也，聖人處之，不爲愁悴怨懟，懟，病也。而不失其所以自樂也。○王引之云：黎黑，舊本譌作黎累，今據文選詣建平王上書注改。又懟與病義不相近，懟皆當爲慰。今作懟者，後人以意改之也。怨，讀爲苑。慰，讀爲蔚。苑、蔚皆病也。俶真篇「形傷於寒暑燥濕之虐者，形苑而神壯」，高注曰：「苑，枯病也。」本經篇「則身無患，百節莫苑」，高注曰：「苑，病也。」俶真篇「五藏無蔚氣」，高注曰：「蔚，病也。」是苑、蔚皆病也。荀子哀公篇「富有天下而無怨財」，楊倞注引禮運「事大積焉而不苑」，是苑與怨通。莊子盜跖篇「貪財而取慰，貪權而取竭，可謂疾矣」，疾亦病也。淮南繆稱篇曰：「侏儒瞽師，人之困慰者也。」是蔚與慰通。故高注云「慰，病也」。後人不通古訓，而改慰爲懟，其失甚矣。「不失其所以自樂」，不字涉上下文而衍。「不爲愁悴怨慰而失其所以自樂也」，作一句讀。○俞樾云：王氏據文選注訂黎累爲黎黑，是也。惟未説植字之義。植，當讀爲殖。管子地員篇：「五殖之狀，甚澤以疏，離坼以臞瘠。」是殖有臞瘠之義。形殖，謂形體臞瘠也。蓋即從「脂膏殖敗」之義而引申之耳。是何也？則內有以通于天機，機，發也。而不以貴賤貧富勞逸失其志德者也。故夫烏之啞啞，鵲之唶唶，豈嘗爲寒暑燥溼變其聲哉！言體道者不爲貴賤貧富勞逸易其志，如烏鵲之不爲寒暑易其聲。

是故夫得道已定，而不待萬物之推移也，非以一時之變化而定吾所以自得也。

吾所謂得者，性命之情處其所安也。夫性命者，與形俱出其宗，宗，本。形備而性命成，性命成而好憎生矣。故士有一定之論，女有不易之行，士有同志，同志德也，至其交接，有一會而交定，故曰有一定之論也。貞女專一，亦無二心，雖有偏喪，不復更醮，故曰有不易之行也。○文典謹按：高注「士有同志同志德也」，下志字疑涉上文而衍。文選詣建平王上書注引，正作「士有同志同德」，又交定作分定，不復作不須。規矩不能方圓，鉤繩不能曲直。雖規矩鉤繩無以施於此。天地之永，登丘不可爲脩，居卑不可爲短。是故得道者，窮而不懾，達而不榮，雖窮賤不以爲懾懼也，雖顯達不以爲榮幸也。處高而不機，機，危也。持盈而不傾，傾，覆也。新而不朗，久而不渝，朗，明也。渝，變也。朗，讀汝南朗陵之朗。入火不焦，入水不濡。是故不待勢而尊，不待財而富，不待力而强，平虛下流，與化翱翔。翱翔，猶傾仰也。若然者，藏金於山，藏珠於淵，舜藏金于嶄巖之山，藏珠于五湖之淵，以塞貪淫之欲也。不利貨財，不貪勢名。勢位，爵號之名也。是故不以康爲樂，康，安也。不以慊爲悲，慊，約也。慊，讀辟向慊之慊。不以貴爲安，不以賤爲危，形神氣志，各居其宜，以隨天地之所爲。

夫形者，生之舍也；氣者，生之充也；神者，生之制也。一失位，則三者傷矣。○王念孫云：充本作元，此涉下文「氣不當其所充」而誤也。元者，本也。言氣爲生之本也。文選養生論注引此正作元，文子九守篇亦作元。王冰注素問刺禁論云：「氣者，生之原。」語即本於淮南，原與元同。「一失位則二者傷」，謂此三者之中一者失位則二者皆傷也。各本二作三，因下文「此三者」而誤。（文子亦誤作三。）唯道藏本、朱本作二。莊刻依諸本作三，非也。文選注引此，正作二。是故聖人使人各處其位，守其職，而不得相干也。故夫形者非其所安也而處之則廢，氣不當其所充而用之則泄，神非其所宜而行之則昧。昧，不明也。此三者，不可不慎守也。夫舉天下萬物，蚑蟯貞蟲，蚑行蟯動之蟲也。蟯讀饒。貞蟲，細腰之屬也。○洪頤煊云：貞蟲不專是蜂，貞蟲猶言昆蟲。地形訓「萬物貞蟲各有以生」，大戴禮易本命作「昆蟲」，昆蟲即衆蟲也。○文典謹按：本書說山訓「貞蟲之動以毒螫」，高注：「貞蟲，細腰蜂蜾蠃之屬。無牝牡之合曰貞。」蝡動蚑作，蚑，讀鳥蚑步之蚑也。皆知其所喜憎利害者，何也？以其性之在焉而不離也，忽去之，則骨肉無倫矣。去之，去道也，則骨肉靡滅，無倫匹也。今人之所以眭然能視，眭，讀曰桂。䁝然能聽，䁝，讀疾營之營。形體能抗，抗，讀扣耳之扣。而百節可屈伸，察能分白黑、視醜美，而知能別同異、明是非者，何也？氣爲之充，而神爲之使也。何以知其然也？凡人之志各有所在而神有所繫者，其行也，足蹪趎埳、頭抵植木而不自知也，蹪，躓也，楚人讀躓爲蹪。知，猶覺也。招之而不能見也，呼之而不能聞也。不能見招之者，不能聞呼之者。耳目非去之也，然而不能應者，何也？

神失其守也。精神失其所守。故在於小則忘於大，在於中則忘於外，在於上則忘於下，在於左則忘於右。若楚白公勝將欲慮亂，立于朝，倒杖策，上貫其頤，血流至地而不覺，此之類也。無所不充，則無所不在。精神無所不充。在，存也。是故貴虛者以豪末爲宅也。虛者，情無所念慮也。以豪末爲宅者，言精微也。今夫狂者之不能避水火之難而越溝瀆之險者，○俞樾云：不能當作能不，傳寫誤倒。豈無形神氣志哉？○文典謹按：御覽八百六十九引，形神氣志作形氣神志。然而用之異也。與人異也。失其所守之位，而離其外內之舍，是故舉錯不能當，動靜不能中，當，合也。中，適也。終身運枯形于連嶁列埒之門，運，行也。枯，猶病也。形，體也。連嶁，猶離嶁也，委曲之類。列埒，不平均也。連，讀陵聾幽州陵陵連之連。嶁，讀㟝嶁無松柏之嶁。○莊逵吉云：古無嶁字，連嶁卽連遱也。所謂離嶁，亦卽麗廔也。遱、廔蓋正字。○洪頤煊云：說文：「廔，屋麗廔也。」列子力命篇「居則連欐」，莊子徐無鬼篇「君亦必無陳鶴列於麗譙之間」，郭象注「麗譙，高樓也」，皆同聲通用字。廣雅釋室：「埒，隄也。」高注非。而蹪蹈于污壑穽陷之中，污壑，大壑。壑，讀赫赫明明之赫。○王紹蘭云：上文云「其行也，足蹪趎埳，頭抵植木而不自知也」，高誘注：「蹪，躓也，楚人謂躓爲蹪。」此文蹈當爲埳，蹪埳卽足蹪趎埳也。埳卽陷之今字。說文𠂤部：「陷，高下也。謂從高陷下也。」臼部：「臽，小阱也。」讀淮南者見下有穽陷字，輒改埳爲蹈，不知正文本當作「蹪陷于污壑穽臽之中」，非重複也。若如今本作蹪蹈，説文「蹈，踐也」，既蹪躓矣，何能復蹈踐乎？於文亦不詞。**雖生俱與人鈞，然而不免爲人戮笑者，何也？形神相失也。故以神爲主者，形從而利；以形爲制者，神從而害。**神清静故利，形有情欲故害也。**貪饕多欲之人，漠睧於勢利，誘慕於名位，**漠睧，猶鈍睧，不知足貌。誘，進也。慕，貪。漠，溺之漠。睧，讀織絹緻宓睧無間孔之睧也。○王念孫云：漠睧皆當爲滇眠，字之誤也。（隸書真字作寘，莫字作莫，二形相似而誤。史記高祖功臣侯者表甘泉戴侯莫摇，漢表莫摇作真粘，朝鮮傳「嘗略屬真番」，徐廣曰：「真一作莫。」新序雜事篇「黄帝學乎大真」，路史疏仡紀曰：「大真，或作大莫，非。」皆其例也。眠之爲睧，則涉注文鈍睧而誤。）滇音顛，眠音莫賢反。滇眠或作顛冥。文子九守篇作「顛冥乎勢利」，是其證也。莊子則陽篇「顛冥乎富貴之地」，釋文：「冥，音眠。司馬云：顛冥，猶迷惑也。言其交結人主，情馳富貴。」卽此所云「滇眠於勢利，誘慕於名位」也。高以滇眠爲不知足，司馬以顛冥爲迷惑，迷惑與不知足，義相因也。又案高云：「滇眠，猶鈍睧。」睧讀齊滑王之滑。（見集韻。）滇眠、鈍睧，皆疊韻也。鈍睧或爲鈍閔，或爲頓愍。方言：「頓愍，惽也。江、湘之閒謂之頓愍。」淮南脩務篇「精神曉泠，鈍閔條達」，高彼注云：「鈍閔，猶鈍惽也。」此注云：「鈍睧，不知足貌。」鈍惽與不知足，義亦相因也。**冀以過人之智植于高世，**冀，猶庶幾也。植，立也。庶幾立高名於世也。○王念孫云：植于高世當作植高于世，故高注曰「植，立也。庶幾立高名於世也」。今本高于二字誤倒，則文不成義。文子作「位高於世」，位亦立也。（周官小宗伯注：「鄭司農云：『古者位立同字。』〔二〕○文典謹按：莊本無注，今據傳寫宋本補。則精神日以耗而彌遠，久淫而不還，淫，過。還，復。形閉中距，則神無由入矣。神，精神也。清靜之性無從還入也。是以天下時有盲妄自失之患。此膏燭之類也，火逾然而消逾亟。逾，益也。亟，疾也。夫精神氣志者，靜而日充者以壯，躁而日耗者以老。○俞樾云：下兩者字皆衍文。「日充以壯」、「日耗以老」，猶言日充而壯、日耗而老也。有者字，則文不成義。文子九守篇正無兩者字。是故聖人將養其神，和弱其氣，平夷其形，而與道沈浮俛仰，沈浮，猶盛衰。俛仰，猶升降。恬然則縱之，迫則用之。其縱之也若委衣，其用之也若發機。機，弩機關。言其疾也。如是，則萬物之化無不遇，遇，時也。○孫詒讓云：遇與耦通。齊俗訓云：「夫以一世之變，欲以耦化應時。」要略云：「所以應待萬方，覽耦百變也。」許注云：「耦，通也。」字亦作偶。說林訓云：「聖人之偶物也。」高注云：「偶，猶周也。」此云「無不遇」，亦即周通之義。高釋遇爲時，失之。文子守弱篇襲此文，遇作偶，正與說林訓「偶物」字同。而百事之變無不應。應，當之也。

淮南鴻烈集解卷二

俶真訓

俶，始也。真，實也。道之實，始於無有，化育于有，故曰「俶真」，因以題篇。

有始者，天地開闢之始也。有未始有有始者，言萬物萌兆，未始有始者，始成形也。有未始有夫未始有有始者。言天地合氣，寂寞蕭條，未始有也。夫未始有始，仿佛也。有有者，言萬物始有形兆也。有無者，言天地浩大，無可名也。有未始有有無者，有未始有夫未始有有無者。所謂有始者，繁憤未發，萌兆牙櫱，未有形埒垠堮，〇王念孫云：覽冥篇「不見朕垠」，高注：「朕，兆朕也。垠，形狀也。」繆稱篇「道之有篇章形埒者」，高注：「形埒，兆朕也。」是垠堮與形埒同義。既言形埒，無庸更言垠堮，疑垠堮是形埒之注，而今本誤入正文也。且此三句以發、櫱、埒爲韻，若加垠堮二字，則失其韻矣。無無蠉蠉，將欲生興而未成物類。繁憤，衆積之貌。發，憤也。有未始有有始者，天氣始下，地氣始上，陰陽錯合，相與優游競暢于宇宙之間，被德含和，繽紛蘢蓯，欲與物接而未成兆朕。競，逐也。暢，達也。和，氣也。繽紛，雜糅也。蘢蓯，聚會也。兆朕，形怪也。〇陶方琦云：文選魏都賦注引許注：

「朕，兆也。」詮言訓注：「朕，兆也。」正與此注同。莊子齊物論釋文引李注：「朕，兆也。」**有未始有夫未始有有始者，天含和而未降，地懷氣而未揚，虛無寂寞，蕭條霄霓，無有仿佛，氣遂而大通冥冥者也。**霄，讀紺綃之綃。霓，翟氏之翟也。**有有者，言萬物摻落，根莖枝葉，青蔥苓蘢，萑蔰炫煌，蠉飛蝡動，蚑行噲息，可切循把握而有數量。**摻，讀參星之參。萑蔰炫煌，采色貌也。蚑，讀車蚑轍之蚑。噲，讀不悅懌外之噲。切，摩也。循，順也。萑，讀曰唯也。蔰，讀曰扈。○莊逵吉云：噲息，各本皆作喙息，唯藏本作噲。攷方言：「喙，息也。自關而西，秦、晉之間曰喙。」說文解字：「噲，咽也。一曰：噲，𠹗也。」「𠹗，一曰喙也。」𠹗有喙訓，噲亦從之，是噲亦有息義矣。後人但知喙息，而改噲爲喙者，非是。○王念孫云：萑音灌，與唯字聲不相近。萑皆當爲萑，字之誤也。萑，讀若唯諾之唯，字從艸，唯聲。萑扈者，草木之榮華也。後漢書馬融傳廣成頌說植物云：「鋪于布濩，萑扈蘳熒。」李賢曰：「萑，音以揆反，郭璞注爾雅云：『草木華初出爲荂。』（爾雅：「荂、葟、華，榮。」說文：「荂，艸之皇榮也。」）荂與萑通。扈音户。」（以上後漢書注。）此言根莖枝葉青蔥苓蘢，萑扈炫煌義與彼同也。高注讀萑爲唯，李賢音以揆反，正與高讀合。劉績不知萑爲萑之誤，而改萑爲萑，斯爲謬矣。（諸本及莊本同。）又案：萑蔰之蔰，當依後漢書作扈，注當作「扈，讀曰户」。正文作蔰者，因萑字而誤加艸耳。後人不達，又改注文爲「蔰，讀曰扈」，以從已誤之正文，則其謬益甚矣。說文、玉篇、廣韻、集韻、類篇皆無蔰字。**有無者，視之不見其形，聽之不聞其聲，捫之不可得也，望之不可極也，儲與扈冶，**儲與扈治，褒大意也。**浩浩瀚瀚，不可隱儀揆度而通光耀者。**浩浩瀚瀚，廣大貌也。光耀，無形。**有未始有有無者，包裹天地，陶冶萬物，大通混冥，深閎廣大，不可爲外，析豪剖芒，不可爲內，無環堵之宇而生有無之根。**混冥大冥之中，謂道也。**有未始有夫未始有有無者，天地未剖，陰陽未判，**剖判混分。**四時未分，萬物未生，汪然平靜，寂然清澄，莫見其形，**汪，讀傳尸諸周氏之汪同。**若光耀之間於無有，退而自失也，**自失，没不見也。○陳觀樓云：間當作問。光耀問於無有，事見莊子知北遊篇。**曰：「予能有無，而未能無無也。**能有無，爲也，未能本性自無爲也，故曰未能無無也。**及其爲無無，至妙何從及此哉！」**

夫大塊載我以形，勞我以生，大塊，天地之間也。**逸我以老，休我以死。**莊子曰：生乃徭役，死乃休息也。故曰休我以死。**善我生者，乃所以善我死也。**善我生之樂，乃欲善我死之樂也。明死變化有知，欲勸人同死生也。**夫藏舟於壑，藏山於澤，人謂之固矣。雖然，夜半有力者負而趨，**趨，走。**寐者不知，猶有所遁。**夜半有力者負舟與山走，故寐者不知也。○文典謹按：「猶有所遁」上，疑脱「藏小大有宜」五字。莊子大宗師：「夫藏舟於壑，藏山於澤，謂之固矣。然而夜半有力者負之而走，昧者不知也。藏小大有宜，猶有所遯。若夫藏天下於天下，而不得所遯，是恒物之大情也。」郭注：「不知與化爲體，而思藏之使不化，則雖至深至固，各得其所宜，而無以禁其日變也。」今脱此五字，與「寐者不知」連讀，文義遂不可通矣。**若藏天下**

於天下，則無所遁其形矣。大丈夫以天下爲室，以藏萬物。**物豈可謂無大揚攉乎？**揚攉，無慮大數名也。攉，讀鎬京之鎬。○陶方琦云：文選蜀都賦注、江賦注、吴趨行注、莊子釋文引許注云：「揚搉，粗略也。」是許本攉作搉，與説文同。許注粗略即大略，是解大揚搉之義。漢書敍傳「揚搉古今」，猶言約略古今。**一範人之形而猶喜。**範，猶遇也，遭也。一説：範，法也。言物一法效人形而猶喜也。○俞樾云：範即犯之叚字。周易繫辭傳「範圍天地之化而不過」，釋文曰：「範圍，馬、王肅、張作犯違。」是範、犯古字通也。莊子大宗師篇正作「特犯人之形而猶喜之」，又曰「今一犯人之形，而曰人耳人耳」，皆其證也。高注曰：「範，猶遇也，遭也。」此説得之。郭象注莊子曰：「人形乃是萬化之一遇耳。」是亦以遇釋犯也。高注又曰：「一説：範，法也。言物一法效人形而猶喜也。」則望文生訓，失之泥矣。**若人者，千變萬化而未始有極也。**言死生變化而夢，故曰未始有極也。**弊而復新，其爲樂也，可勝計邪！**○文典謹按：御覽三百九十七引，復作後，無也字。**譬若夢爲鳥而飛於天，夢爲魚而没於淵，**○文典謹按：御覽三百九十七引，作「譬若夢，夢爲鳥而飛於天，夢爲魚而没於淵」。「譬若夢」句絶，語意較完，當據補夢字。**方其夢也，不知其夢也，覺而後知其夢也。今將有大覺，然後知今此之爲大夢也。**○文典謹按：御覽三百九十七引，有下有所字。**始吾未生之時，焉知生之樂也？今吾未死，又焉知死之不樂也？昔公牛哀轉病也，七日化爲虎。**轉病，易病也。江、淮之間，公牛氏有易病，化爲虎，若中國有狂疾者，發作有時也。其爲虎者，便還食人，食人者因作真虎，不食人者更復化爲人。公牛氏，韓人。淮南之人，因牛食芻，謂之芻豢，有驗于此。其兄掩户而入覘之，則虎搏而殺之。殺其兄。掩，讀曰奄。覘，視也。○文典謹按：文選思玄賦注引作：「牛哀病七日而化爲虎，其兄啓户而入，哀搏而殺之。」御覽八百八十八、白帖九十七所引略同，病下並無也字，疑衍文也。後漢書張衡傳注引作：「昔公牛哀病，七日化而爲虎。其兄覘之，虎搏而殺之，不知其兄也。」病下亦無也字。高注曰「江、淮之間，公牛氏」，又曰「公牛氏，韓人」，疑是高、許二家注，後人合而爲一耳。又文選思玄賦李善注云：「牛哀，魯人牛哀也。」未知其審。是故文章成獸，爪牙移易，移易人爪牙爲虎爪牙也。志與心變，神與形化。志心皆變，神形皆化。方其爲虎也，不知其嘗爲人也；方其爲人，不知其且爲虎也。二者代謝舛馳，各樂其成形。代，更也。謝，敍也。舛，互也。形，謂成虎形人。舛，讀舛賣之舛。狡猾鈍惛，是非無端，孰知其所萌！萌，生也。夫水嚮冬則凝而爲冰，冰迎春則泮而爲水，冰水移易于前後，若周員而趨，孰暇知其所苦樂乎！泮，釋也。趨，歸也。○文典謹按：意林、初學記地部下、御覽六十八引，泮並作釋。又移字，初學記作施，御覽作弛。

是故形傷于寒暑燥溼之虐者，形苑而神壯；苑，枯病也。壯，傷也。苑，讀南陽苑。○莊逵吉云：南陽苑卽宛縣字也，古苑與宛同。神傷乎喜怒思慮之患者，神盡而形有餘。

故罷馬之死也，剥之若槁；罷老氣力竭盡，故若槁也。○文典謹按：御覽九百五引，槁作橐。又引注云：「橐，治橐也。雖含氣而形不能搖。」疑是許本。**狡狗之死也，割之猶濡。**狡，少也。濡，濡溼，氣力未盡。○文典謹按：御覽九百五引，濡作蠕。又引注云：「蠕，動也。」疑是許本。**是故傷死者其鬼嬈，**嬈，煩嬈，善行病祟人。**時既者其神漠。**既，盡也。時既當老者，則神寂漠。漠，定也。**是皆不得形神俱沒也。**道家養形養神，皆以壽終，形神俱沒，不但漠而已也。老子曰：「以道逮天下，其鬼不神。」此謂俱沒也。**夫聖人用心，杖性依神，相扶而得終始，是故其寐不夢，其覺不憂。**精神無所思慮，故不夢。志存仁義，患不得至，故不憂。**古之人有處混冥之中，神氣不蕩于外，萬物恬漠以愉靜，攙搶衡杓之氣莫不彌靡，**攙搶，彗孛也。杓，北斗柄第七星。○王引之云：北斗之星不聞爲害，高説非也。衡當爲衝，字形相似而誤。衝、杓皆妖氣也。晉書天文志引河圖曰：「歲星之精，流爲天槍。天衝熒惑，散爲天欃。」呂氏春秋明理篇曰：「其雲狀有若人，蒼衣赤首，不動，其名曰天衝。」（今本衝字亦誤作衡，據太平御覽咎徵部四引改）。」開元占經妖星占篇引劉向洪範傳曰：「天衝，其狀如人，蒼衣赤首，不動。」史記天官書曰：「五星蚤出者爲贏，晚出者爲縮，必有天應見於杓星。」漢書天文志曰「太歲在寅，歲星正月晨出，在斗、牽牛。失次，杓，早水，晚旱」是也。欃槍衝杓皆妖氣之名，故並言之。**而不能爲害。當此之時，萬民猖狂，不知東西，含哺而游，鼓腹而熙，**鼓，擊也。熙，戲也。○陶方琦云：一切經音義引，游作興。又引許注云：「哺，口中嚼食也。」按説文：「哺，哺咀也。」玄應引字林：「哺，咀食也。」又引「嚼，咀也」。漢書「輟飯吐哺」，注：「哺，口中所含食也。」爾雅釋文引説文作「哺，咀哺，口中嚼食也」。訓正同。**交被天和，食于地德，**交，俱也。和，氣也。地德，五穀。**不以曲故是非相尤，茫茫沈沈，是謂大治。**曲故，曲巧也。尤，過也。茫茫沈沈，盛貌。茫，讀王莽之莽。沈，讀水出沈沈正白之沈。○王念孫云：沈皆當爲沆。（玉篇何黨切，廣韻又音杭。）茫茫沆沆，疊韻也。説文沆字注云：「莽沆，大水。一曰大澤。」風俗通義山澤篇云：「沆者，莽也，（今本沆誤作沉，辯見漢書刑法志「沈斥」下。）言其平望莽莽無涯際也。」莽與茫古同聲，茫茫沆沆即莽莽沆沆，故高注以爲盛貌也。莽沆或作漭沆，張衡西京賦「滄池漭沆」是也。倒言之則曰「沆漭」，馬融廣成頌「瀇瀁沆漭」是也。又作沆茫，楊雄羽獵賦「鴻濛沆茫」是也。（顔師古曰：「茫，音莽。」）沆茫即沆莽，故曰「茫讀王莽之莽」。漢書禮樂志「西顥沆碭」，顔師古曰：「沆碭，白氣之貌。」故曰「沆讀水出沆沆白之沆」。若作沈沈，則與正文、注文皆不合矣。又兵略篇「天化育而無形象，地生長而無計量，渾渾沉沉，孰知其藏」，沉亦當爲沆。渾渾沆沆，廣大貌也。爾雅：「沄，沆也。」説文：「沄，轉流也。讀若混。一曰沆。」（舊本脱此三字，今據爾雅釋文補。）沄、混、渾古同聲，渾渾沆沆即沄沄沆沆，沄之轉爲沆，猶渾之轉爲沆也。且沆與象、量、藏爲韻，若作沉沉，則義既不合，而韻又不諧矣。（太平御覽兵部二引此已誤。）凡從亢之字，隸或作冗，故沆字或作沉，一誤而爲沉，再誤而爲沈，散見羣書，而學者莫之能辨也。（詳見漢書。）**於是在上位者，左**

右而使之，毋淫其性；鎮撫而有之，毋遷其德。是故仁義不布而萬物蕃殖，古者抱盛德，上質樸，不待仁義而萬物蕃殖也。**賞罰不施而天下賓服。**昭其德也。**其道可以大美興，而難以算計舉也。**言天地萬物但可以大美興而育之，難以算計具也。○俞樾云：美當作筴，隸書策字也。史記五帝紀「迎日推策」，晉灼曰：「策，數也。」是大筴卽大數也。興亦舉也。言止可以大數舉也。筴與美形似而誤。大戴記易本命篇「此乾坤之筴」，盧辯注曰：「三百六十，乾坤之筴。」而今正文筴字亦誤作美，是其證也。高注曰「言天地萬物但可以大美興而育之」，是其所據本已誤。**是故日計之不足，而歲計之有餘。**以限計之，故有餘也。辟若梅矣，百梅足以爲百人酸，一梅不足爲百人酸也。○文典謹按：高注「一梅不足爲百人酸也」，百字蓋一字之誤。百梅百人譬歲計之有餘，一梅一人譬日計之不足也。若作百人，則非其指矣。本書說林訓「百梅足以爲百人酸，一梅不足以爲一人和」，卽此注所本也。**夫魚相忘於江湖，人相忘於道術。**言各得其志，故相忘也。**古之真人，立於天地之本，中至優游，抱德煬和，而萬物雜累焉，**煬，炙也。抱其志德而炙於和氣，故萬物雜累，言成熟也。煬，讀供養之養。○孫詒讓云：雜累無成熟之義，雜疑當作炊。莊子在宥篇云：「從容無爲，而萬物炊累焉。」釋文云：「炊，本或作吹，同。司馬云：炊累，猶動升也。向、郭云：如埃塵之自動也。」淮南書似卽本彼文，高訓爲成熟，則與司馬、郭義異耳。**孰肯解構人間之事，以物煩其性命乎！**解構，猶合會也。煩，辱也。

〇洪頤煊云：後漢書隗囂傳「勿用傍人解構之言」，竇融傳「亂惑真心，轉相解搆」，莊子胠篋篇「解垢同異之變」，詩野有蔓草「邂逅相遇」，綢繆「見此邂逅」，其音義並同。

夫道有經紀條貫，得一之道，連千枝萬葉。一者，道本。得其本，故能連理千枝萬葉，以少正多也。是故貴有以行令，賤有以忘卑，貧有以樂業，困有以處危。夫大寒至，霜雪降，然後知松柏之茂也。據難履危，利害陳于前，陳，列也。然後知聖人之不失道也。是故能戴大員者履大方，言能戴天履地之道。鏡太清者視大明，立太平者處大堂，太平，天下之平也。大堂，明堂，所以告朔行令也。能游冥冥者與日月同光。光，明也。諭德道者能與日月同明也。是故以道爲竿，以德爲綸，禮樂爲鉤，仁義爲餌，投之於江，浮之於海，萬物紛紛，孰非其有！〇文典謹按：初學記武部、御覽八百三十四引，並作：「聖人以道德爲竿綸，以仁義爲鉤餌，投之天地間，萬物孰非其有哉！」意林引「萬物紛紛，孰非其有」作「萬物皆得」。夫挾依於跂躍之術，跂躍，猶齟齬，不正之道也。提挈人間之際，撢掞挻挏世之風俗，撢，引。掞，利也。挻挏，猶上下也，以求利便也。〇莊逵吉云：挻，各本皆作挺。攷說文解字：「挺，拔也。」「挻，長也。」挻、挏雙聲，應從藏本作挻爲是。以摸蘇牽連物之微妙，摸蘇，猶摸索。微妙，猶細小也。猶得肆其志，充其欲，何況懷瓌瑋之道，忘肝膽，遺耳目，獨浮游無方之外，不與物相弊摋，弊摋，猶雜糅。弊，音跋涉之跋。摋，讀楚人言殺。**中徒倚無形之域而和以天地者乎！**○俞樾云：「和以天地」，義不可通，地疑倪字之誤。莊子齊物論曰：「和之以天倪。」**若然者，偃其聰明而抱其太素，**素，朴性也。**以利害爲塵垢，**塵垢，諭輕也。**以死生爲晝夜，是故目觀玉輅琬象之狀，耳聽白雪清角之聲，不能以亂其神。**玉輅，王者所乘，有琬琰象牙之飾。白雪，師曠所奏太一五弦之琴樂曲，神物爲下降者。清角，商聲也。○陶方琦云：輅，許本當作璐。玉、璐、琬、象，皆飾也。文選雪賦注引許注：「璐，美玉也。」無可附屬，當是此注，正見二本之異。説文：「璐，玉也。」楚詞王注：「璐，美玉也。」又文選南都賦注引許注：「清角弦急，其聲清也。」管子曰：「凡聽角，如雉登木以鳴，音疾以清。」韓非十過：「平公曰：『音莫悲於清徵乎？』師曠曰：『不如清角。』」蔡邕月令章句：「凡弦急則清，緩則濁。」説文：「綷，弦急之聲也。」**登千仞之谿，臨蝯眩之岸，不足以滑其和。**蝯臨其岸而目眩也。滑，滑亂。和，適也。**譬若鍾山之玉，**鍾山，昆侖也。○陶方琦云：文選琴賦注、爲范尚書吏部封侯第一表注引許注：「鍾山，北陸無日之地，出美玉。」按西山經西次三經「又西北四百二十里曰鍾山」，又云：「黄帝乃取峚山之玉榮而投之鍾山之陰。」山北曰陰。郭注以爲玉種，故許注云出美玉。海外北經[一]「鍾山之神名燭陰」，卽淮南之燭龍。地形訓曰：「燭龍在雁

[一] 「外」，原本作「山」，據山海經改。

門北，蔽于委羽之山，不見日。」是鍾山卽鴈門以北大山也，故許注云「北陸無日之地」。炊以鑪炭，三日三夜而色澤不變。○王念孫云：炊當爲灼，字之誤也。玉可言灼，不可言炊。藝文類聚寶部上、太平御覽珍寶部四引作炊，皆後人依誤本改之。其御覽地部三引此，正作灼。白帖七同。呂氏春秋士容篇注作「燔以鑪炭」，燔亦灼也。則至德天地之精也。○文典謹按：藝文類聚八十三引，作「得天地之精也」。是故生不足以使之，利何足以動之；死不足以禁之，害何足以恐之。明於死生之分，達於利害之變，雖以天下之大，易骭之一毛，無所槩於志也。骭，自膝以下，脛以上也。骭，讀閈收之閈也。夫貴賤之於身也，猶條風之時麗也；條風鳴條，言其迅也。麗，過也。○陶方琦云：文選陸機演連珠注引，作「猶條風之時灑」，又引許注：「灑，猶汛也。」說文：「灑，汛也。」與注同。玄應引通俗文：「以水撿塵曰灑。」文選張華答何邵詩注引淮南「猶條風之時灑」，卽許本。○文典謹按：御覽九百四十五引注云：「時麗，忽一過也。」毀譽之於己，猶蚊虻之一過也。

夫秉皓白而不黑，行純粹而不糅，處玄冥而不闇，休于天鈞而不碼，碼，敗也。天鈞，北極之地，積寒之野，休之輒敗，唯體道能不敗也。○俞樾云：此說天鈞之義，殊爲無據。莊子齊物論曰：「是以聖人和之以是非，而休乎天鈞。」郭象注曰：「莫之偏任，故付之自均而止也。」釋文引崔譔曰：「鈞，陶鈞也。」淮南「休乎天鈞」之文卽本莊子，義亦當與彼同，謂休乎自然之陶鈞，故不敗也。他書無以積寒之地爲天鈞者，足徵高注之非矣。**孟門、終隆之山不能禁，**孟門，山名，太行之隘也。終隆則終南山，在扶風。皆險塞也。○莊逵吉云：古讀隆爲臨，故詩「與爾臨衝」，韓詩作「隆衝」。又後漢殤帝諱隆，改隆慮縣爲臨慮縣亦是。南、臨同聲，因之又以終南爲終隆也。**唯體道能不敗，**○洪頤煊云：下「湍瀨旋淵、吕梁之深不能留也，太行、石澗、飛狐、句望之險不能難也」，與上「孟門、終隆之山不能禁」，三句連文，不應有「唯體道不能敗」句，禁下疑脱也字。此六字涉上注而譌。○王念孫云：「唯體道能不敗」六字，與上下文義不相屬，乃上文「休於天鈞而不碣〔一〕」之注誤衍於此。（上注云：「碣，敗也。天鈞，北極之地，積寒之野，休之輒敗，唯體道能不敗也。」）**湍瀨旋淵、吕梁之深不能留也，**湍瀨，急流。旋淵，深淵也。吕梁，水名也，在彭城。皆水險。留，滯也。**太行石澗、飛狐、句望之險不能難也。**太行，在野王北，上黨關也。石澗，深谿。飛狐，在代郡。句望，在鴈門。皆隘險也。○莊逵吉云：句望，今漢書地理志作句注，以義攷之，注應即汪字也。古汪、望同聲，凡古字通者皆以聲同相通。若汪與注，乃字之誤耳。古汪字作㞷，注字作㞷，後人但識注，不識古字汪，因之傳訛矣。**是故身處江海之上，而神游魏闕之下。**魏闕，王者門外闕，所以縣教象之書於象魏也。巍巍高大，故曰魏闕。言真人

〔一〕「碣」，原作「碣」，據正文改。下同。

雖在遠方，心存王也。一曰：心下巨闕，神內守也。○陶方琦云：莊子釋文引許注：「天子兩觀也。」文選弔魏武帝文注引許注作「魏闕，王之闕也」。高注前一說，文選注所引許注相同，當是許說羼入高注。文選、莊子〔一〕所引，乃約文也。且高注內作兩說，多係許、高之異。莊子釋文引淮南作騩，是許本。司馬注莊子同作騩，云：「騩，讀曰魏。象魏，觀闕，人君門也。言心存榮貴。」正搢許義。山海經騩山或作隗山。說文：「隗，陮隗也。」陮隗卽崔巍。故西山經騩山，郭注「騩音巍」。高注以巍訓魏，是巍、魏、騩三字音義竝通。張衡西京賦「建象魏之兩觀」，注：「象魏，闕也。一曰，觀也。」爾雅孫炎注：「宮門雙闕，舊縣法象，使民觀之，故謂之觀。」水經穀水注引白虎通義：「闕者，所以飾門，別尊卑也。」許注曰「天子」、曰「王」，皆尊者之辭。

非得一原，孰能至於此哉！一原，道之原也。是故與至人居，使家忘貧，使王公簡其富貴而樂卑賤，勇者衰其氣，貪者消其欲。坐而不教，立而不議，虛而往者實而歸，故不言而能飲人以和。論道如川，不言而能飲人以和適也。是故至道無爲，一龍一蛇，龍能化，蛇能解脫，故道以爲譬。盈縮卷舒，與時變化。外從其風，內守其性，耳目不燿，思慮不營。營，惑也。其所居神者，臺簡以游太清，臺，猶持也。簡，大也。○莊逵吉云：「臺簡」注云「臺，持也」，錢別

〔一〕「莊子」下，似脫「釋文」二字。

駕坫云：「臺當作握。説文解字握古文作䑓，䑓與臺形近致訛耳。」但藏本及各本皆作臺字，而本書用古文䑓，不用篆文握，故仍存原文，不敢擅改。○俞樾云：高注曰「臺，猶持也」，以持訓臺，蓋以聲爲訓。釋名釋宫室曰：「臺，持也。築土堅高，能自勝持也。」是其證也。方言曰：「臺，支也。」支與持義同。錢氏坫謂臺當作䑓，古文握字。然臺之訓持，自是古訓，不必疑其字誤也。莊子庚桑楚篇曰：「靈臺者有持，而不知其所持而不可持者也。」是亦以臺爲持。故釋文曰：「靈臺謂心，有靈智、能任持也。」然則臺簡卽持簡，猶靈臺卽靈持矣。**引楯萬物，羣美萌生。**引楯，拔擢也。楯，讀允恭之允。○莊逵吉云：引楯當作揗，從手旁。○文典謹按：楯、揗皆從盾得聲，得通用也。**是故事其神者神去之，**事，治也。**休其神者神居之。**不動擾。**道出一原，通九門，**九門，天之門。**散六衢，**散布于六合之衢也。**設於無垓坫之宇，**設，施也。垓坫，垠堮也。垓，讀人飲食太多以思下垓。坫，讀爲筦氏有反坫之坫。**寂漠以虚無。非有爲於物也，物以有爲於己也。**非有爲于物者，不爲之也。物以有爲于己者，物己爲也。**是故舉事而順于道者，非道之所爲也，道之所施也。**

夫天之所覆，地之所載，六合所包，陰陽所呴，雨露所濡，道德所扶，此皆生一父母而閲一和也。父母，天地。閲，總也。和，氣也，道所貫也。呴，讀以口相呴之呴。○文典謹按：「生一父母」不辭，生下當有於字。御覽九百七十三引，正作「皆生於一父母」，是其證也。是故槐榆與橘柚合而爲兄弟，言道能化同異物也。有苗與三危通爲一家。有苗國在南方彭蠡，舜時不服者。三危，西極山名，在辰州。通爲一家，道所化也。○莊逵吉云：辰州疑當作益州。夫目視鴻鵠之飛，耳聽琴瑟之聲，而心在鴈門之間，一身之中，神之分離剖判，六合之内，一舉而千萬里。是故自其異者視之，肝膽胡、越；肝膽諭近，胡、越諭遠。○陶方琦云：文選蘇子卿古詩注、曹植求通親親表注引許注：「胡在北方，越在南方。」古詩注引作「越居南方」，居應作在。曹植表注引正作在。自其同者視之，萬物一圈也。圈，㔶也。百家異説，各有所出，若夫墨、楊、申、商之於治道，墨，墨翟也，其術兼愛、非樂，摩頂放踵而利國者爲之。楊，楊朱，其術全性保真，雖拔骭一毛而利天下，弗爲也。申，申不害也，韓昭侯相，著三符之命而尚刻削。商者，魏公孫鞅也，爲秦孝公制相坐之法，嚴猛聞，故封之爲商君也，因謂之商鞅。猶蓋之無一橑，而輪之無一輻，有之可以備數，無之未有害於用也。○王念孫云：「蓋之無一橑」，「輪之無一輻」，本作「蓋之一橑」，「輪之一輻」。此但言一橑一輻，下乃言其有無之無關於利害。若先言無一橑、無一輻，則下文不必更言有無矣。此兩無字皆因下文無字而衍。已自以爲獨擅之，不通之于天地之情也。今夫冶工之鑄器，鑄，讀如唾祝之祝也。○李賡芸云：祝本之六切，轉音如鑄，如注。今河南息縣人讀祝如朱。説文「喌喌，呼鷄聲」，之六切。而風俗通曰「呼鷄朱朱」，皆轉音也。禮記樂記「封帝堯之後於祝」，注：「祝，或爲鑄。」吕氏春秋愼大覽：「命封黃帝之後於鑄。」周禮瘍醫注：「祝，讀如注病之注。」金踊躍于鑪中，必有波溢而播棄者，其中地而凝滯，亦有以象於物者矣。其形雖有所小用哉，然未可以保於周室之九鼎也，又況比於規形者乎？其與道相去亦遠矣！今夫萬物之疏躍枝舉，百事之莖葉條栓，皆本於一根，而條循千萬也。疏躍，布散也。栓，讀詩頌「苞有三蘖」同。○莊逵吉云：栓，古文櫱字也。亦作櫱。俗寫櫱字爲蘖。又劉德引詩「苞有三枿」。說文解字：「櫱，伐木餘也。」方言：「枿，餘也。陳、鄭之間曰枿。」是枿、櫱亦同字。若此則有所受之矣，而非所授者。所受者無授也而無不受也。無不受也者，譬若周雲之蘢蓯，遼巢彭濞而爲雨，周雲，密雨雲也。蘢蓯，聚合也。遼巢彭濞，蘊積貌也。濞，榆莢之濞。○莊逵吉云：御覽引作「奔操彭薄」，薄與濞聲近也。○王念孫云：彭濞本作彭薄。道藏本作彭潷，潷即薄之誤。後人不知而改爲濞，莊本從之，斯爲謬矣。彭，古讀若旁，下文云「渾渾蒼蒼，純樸未散，旁薄爲一」，司馬相如封禪文「旁魄四塞」，義並與此同，故高注以彭薄爲蘊積貌。若彭濞，則爲水聲，而非雲氣蘊積之貌，與正文、注文皆不合矣。舊本北堂書鈔天部二引此，正作彭薄。太平御覽天部八同。○俞樾云：高注曰：「周雲，密雨雲也。」然密雨之雲謂之周雲，甚爲未安，殆失之矣。周，當讀爲朝。詩汝墳篇「惄如調飢」，毛傳曰：「調，朝也。」周之爲朝，猶調之爲朝也。朝雲爲雨，卽詩所謂「朝隮于西，崇朝其雨」也。鄭箋云：「朝有升氣於西方，終其朝則雨，氣應自然。」升氣卽雲也。文選高唐賦：「王問玉曰：『此何氣也？』玉對曰：『所謂朝雲者也。』」即可説此周雲之義。沈溺萬物而不與爲滛焉。不與萬物俱滛。

今夫善射者有儀表之度，如工匠有規矩之數，此皆所得以至於妙。有所得儀表規矩之巧也。○陳觀樓云：所得上脱有字。高注「有所得儀表規矩之巧也」，是其證。然而奚仲不能爲逢蒙，造父不能爲伯樂者，是曰諭於一曲，而不通于萬方之際也。今以涅染緇則黑於涅，以藍染青則青於藍。涅非緇也，青非藍也，茲雖遇其母而無能復化已。涅，礬石也。母，本也。○孫詒讓云：賈公彦周禮鍾氏、儀禮士冠禮疏引，染緇並作染紺，疑據許本。齊俗訓云：「夫素之性白，染之以涅則黑。」則此本爲長。然賈兩引以證紺色，則唐時自有作紺之本。是何則？以諭其轉而益薄也。何況夫未始有涅藍造化之者乎，其爲化也，雖鏤金石，書竹帛，何足以舉其數！鏤，讀婁數之婁。由此觀之，物莫不生於有也，有，猶往也。小大優游矣。言饒多也。夫秋豪之末，淪於無間而復歸於大矣；秋豪微妙，故能入于無間。間，孔。言道無形，以豪末比道，猶復爲大也。蘆苻之厚，通於無壄而復反於敦龐。厚，猶薄。蘆，葦也。苻，蘆之中白苻。言其薄柯則歸於葦，故曰反於敦龐矣。苻，讀麪麩之麩也。若夫無秋豪之微，蘆苻之厚，四達無境，通于無圻，道無形，秋豪、蘆苻已有形，故曰無秋豪之微，蘆苻之厚，而四達無境，通於無圻。圻，垠字也。○莊逵吉云：説文解字，垠或從斤作圻。而莫之要御夭遏者，其襲微重妙，挺挏萬物，揣丸變化，道之所能。天地之間何足以論之！言道所化者大。夫疾風教木，而不能拔毛髮；雲臺之高，墮者折脊碎腦，而蟁蝱適足以翺翔。教亦拔也。臺高際於雲，故曰雲臺。蟁蝱微細，故翺翔而無傷毁之患，道所貴也。○王念孫云：「適足以翺翔」當作「適足以翾」，高注「翺翔而無傷毁之患」當作「翾飛而無傷毁之患」。説文：「翾，（許緣反。）小飛也。」原道篇曰「跂行喙息，蠉飛蝡動」，蠉與翾同。下文曰「飛輕微細者，猶足以脱其命」，飛輕二字正承翾字言之。若翺翔則爲鳥高飛之貌，蟁蝱之飛，可謂之翾，不可謂之翺翔也。又下文「雖欲翺翔」，高注曰：「翺翔，鳥之高飛，翼上下曰翺，直刺不動曰翔。」而此注不釋翺翔之義，則正文本無翺翔二字明矣。隸書翾字或作翾，（見漢唐公房碑。）形與翺相近，故翾誤爲翺。後人不知翺爲翾之誤，因妄加翔字耳。藝文類聚蟲豸部引此，正作「蟁蝱適足以翾」。○文典謹按：文選於安城荅靈運詩注引，碎腦作碎脛。夫與蚑蟯同乘天機，蚑行蟯動，諭微細也。天機，神馬。夫受形於一圈，飛輕微細者，猶足以脱其命，又況未有類也？類，形象也。未有形象，道所尚也。○王念孫云：也與邪同。下夫字因上夫字而衍。「夫與跂蟯同乘天機，受形於一圈」，二句連讀，不當更有夫字。由此觀之，無形而生有形，亦明矣。是故聖人託其神於靈府，而歸於萬物之初，視於冥冥，聽於無聲，冥冥之中獨見曉焉，曉，明也。寂漠之中獨有照焉。其用之也以不用，其不用也而後能用之；其知也乃不知，其不知也而後能知之也。夫天不定，日月無所載；載，行也。地不定，草木無所植；植，立也。所立於身者不寧，是非無所形。形，見也。是故有真人然後有真知。知不詐，故曰真也。其所持者不明，庸詎知吾所謂知之非不知歟？

今夫積惠重厚，累愛襲恩，以聲華嘔苻嫗掩萬民百姓，使知之訢訢然，人樂其性者，仁也。○王念孫云：使下不當有知字，此因上文「所謂知之」而誤衍也。劉本無知字，是。○陶方琦云：漢書萬石君傳晉灼注引許注「訢訢，古欣字」，當此處注也。原道訓「其爲歡不忻忻」，从心旁，此从言旁，尚是許君舊本，故與漢書傳注引許說正合。說文訢下云：「憘也。从言，斤聲。」又欣下云：「笑喜，从欠，斤聲。」音義相類，蓋古今字。舉大功，立顯名，體君臣，正上下，明親疏，等貴賤，存危國，繼絶世，決挐治煩，○文典謹按：文選吴都賦注引許注：「挐，亂也。」當是此處注也。說文：「挐，牽引也。」宋玉九辯「枝煩挐而交横」，王注：「柯條糾錯而崱嶷。」牽引、糾錯亦皆有亂義。興毁宗，立無後者，義也。閉九竅，藏心志，棄聰明，反無識，芒然仿佯于塵埃之外，而消摇于無事之業，○俞樾云：廣雅釋詁：「業，始也。」無事之業，謂無事之始也。文子精神篇作「無事之際」，乃淺人不得其義而臆改。九守篇亦作「無事之業」。含陰吐陽，而萬物和同者，德也。是故道散而爲德，德溢而爲仁義，仁義立而道德廢矣。百圍之木，斬而爲犧尊，犧，讀曰希，猶疏鏤之尊。鏤之以剞劂，雜之以青黄，

華藻鎛鮮，龍蛇虎豹，曲成文章，剞，巧工鉤刀也。劂者，規度刺畫墨邊箋也。所以刻鏤之具也。青黄，采色之飾。剞，讀技之技。劂，讀詩蹶角之蹶也。華藻，華文也。鎛，今之金尊也。鮮，明好也。龍蛇虎豹者，刻尊彝爲蟠龍伏虎之狀，故曰曲成文章。○洪頤煊云：鎛當是鋪字之譌，即敷字。易説卦「震爲旉」，釋文：「干寶注：旉，花之通名鋪。爲花朶謂之藪。」華藻鋪鮮，皆謂其刻鏤之美。非金尊也。○俞樾云：高注曰：「華藻，華文也。鎛，今之金尊也。鮮，明好也。」此説於鎛字之義未得。鎛鮮連文，若是金尊，則與鮮字不屬矣。陳氏壽祺左海經辨説以説文金部之鎛鏻，謂鮮當爲鏻。然鎛鏻自是鐘上横木之飾，此言犧尊，非所施也。今按：鎛從尃聲，尃猶敷也，謂以金敷布其上也。古者以金飾物謂之鎛。史記禮書注「金薄璆龍」，索隱引劉氏曰：「薄，猶飾也。」薄即鎛之叚字也。鮮，讀爲獻。禮記月令篇「天子乃鮮羔開冰」，注曰：「鮮當爲獻。」是其證也。明堂位篇「周獻豆」，注曰：「獻，疏刻之。」然則鎛獻謂疏刻而以金飾之也。畫爲華藻之形，疏刻而金飾之，是爲華藻鎛獻。○陶方琦云：文選魏都賦注引許注：「剞劂，曲刀也。」説文：「剞𠜾，曲刀也。」與淮南注正同。淮南劂應作𠜾。韓集送文暢師北遊詩注引淮南「鏤之剞𠜾」，注：「剞𠜾，曲刀也。」此即許注，字作𠜾。王逸注哀時命：「剞劂，刻鏤刀也。」亦以剞劂爲一物。廣雅：「剞劂，刀也。」高氏此注與本經訓同。**然其斷在溝中，壹比犧尊、溝中之斷，則醜美有間矣，**間，遠也，方其好醜相去遠也。**然而失木性，鈞也。**鈞，等。○文典謹按：「然其斷在溝中」句，疑有脱誤。莊子天地篇作「其斷在溝中」，亦非。惟御覽七百六十一引莊子作「其一斷在溝中」，不誤。今本一字誤置比字上，傳寫又改爲壹，義遂不可通矣。是故神越者其言華，越，散也，言不守也，故華而不實。德蕩者其行僞。蕩，逸。僞，不誠也。至精亡於中，而言行觀於外，此不免以身役物矣。與物爲役。夫趨舍行僞者，爲精求于外也，精有湫盡，而行無窮極，則滑心濁神，而惑亂其本矣。其所守者不定，而外淫於世俗之風，風，化也。所斷差跌者，而內以濁其清明，是故躊躇以終，而不得須臾恬澹矣。是故聖人內修道術，而不外飾仁義，不知耳目之宣，而游于精神之和。○俞樾云：宣當作宜，字之誤也。莊子德充符篇「夫若然者，且不知耳目之所宜，而遊心乎德之和」，卽淮南所本。文子精誠篇作「知九竅四肢之宜，而遊乎精神之和」，字正作宜，但知上脱不字耳。若然者，下揆三泉，上尋九天，橫廓六合，揲貫萬物，此聖人之游也。若夫真人，則動溶于至虛，而游于滅亡之野，騎蜚廉而從敦圄，蜚廉，獸名，長毛有翼。敦圄，似虎而小。一曰：仙人名也。○陶方琦云：史記索隱二十六引許注：「涫圂，仙人也。」高注中一曰乃許氏說。如氾論訓「段干木，晉國之大駔」，高注：「駔，驕怚。一曰：駔，市儈也。」而御覽引許注正作「駔，市儈也」之例。羽獵賦「靈圉燕于閒觀」，集解引郭璞注：「靈圉，涫圂，仙人名也。」卽用許氏淮南注。馳於外方，休乎宇內，○王念孫云：宇內當爲內宇。內宇猶宇內也，若谷中謂之中谷，林中謂之中林矣。內宇與外方相對爲文，宇與野、圄、雨、父、女爲韻。（野，古讀若墅，說見唐韻正。）若作宇內，則失其韻矣。燭十日而使風雨，臣雷公，役夸父，夸父，仙人，弃其杖而爲鄧林也。妾宓妃，妻織女，天地之間，何足以留其志！是故虚無者道之舍，平易者道之素。素，性也。

夫人之事其神而嬈其精，營慧然而有求於外，此皆失其神明而離其宅也。事，治也。嬈，煩也。營慧，求索名利者也。宅[一]，離精神之宅也。是故凍者假兼衣于春，而暍者望冷風于秋，夫有病於内者必有色於外矣。夫梣木色青翳，而蠃瘉蝸睆，梣木，苦歷，木名也。生於山，剥取其皮，以水浸之正青，用洗眼，瘉人目中膚翳，故曰色青翳。青色，象也。蠃蠡，薄蠃。蝸睆，目疾也。○王引之云：「色青翳」當作「已青翳」。（注内「色青翳」同。）已與瘉相對爲文，已亦瘉也，言梣木可以瘉青翳也。瘉今作愈。呂氏春秋至忠篇「王之疾必可已也」，高注曰：「已，猶愈也。」故此注云「用洗眼，瘉人目中膚翳，故曰已青翳也。」今正文及注皆作「色青翳」者，涉注内「青色」而誤耳。「蠃瘉蝸睆」當作「蠃蠡瘉燭睆」。（注内「蝸睆」同。）據高云「蠃蠡，薄蠃」，則蠃下原有蠡字明矣。太平御覽鱗介部十三引此作「蠃蠡瘉燭睆」，又引注云：「蠃，附蠃。蠡，細長蠃也。燭睆，目中疾。」一切經音義二十引許慎注云：「燭睆，目内白翳病也。」名醫别録曰：「蝸籬，味甘，無毒，主燭館，明目。」蠃蠡、蝸籬並與蠃蠡同。（士冠禮蠃醢，今文蠃爲蝸，内則作蝸醢。）燭館與燭睆同。蠃、蠡聲相亂，故蠃下脱蠡字。燭、蝸草書相似，故燭誤爲蝸。宋證類本

[一]「宅」上疑脱「離」字。日本諸子大成改正淮南鴻烈解有「離」字。

草引此已誤。○陶方琦云：二家注文異，許本作「蠃蠣瘉燭睆」，與高本正文竝異。惟御覽引作「燭睨，目内病」，睨乃睆字之譌，又敓去白翳二字。衆經音義五及十七引許注，又敓去燭字。卷二十引有燭字。鮒螺當作蚹蠃。爾雅釋魚：「蚹蠃，螔蝓。」説文：「蠃，一曰虒蝓。」蚹蠃聲同蒲蠃，吴語「其民必移就蒲蠃于東海之濱」是也。又轉作僕纍，卽蟝螺，見中山經。（高注薄蠃卽本此，或蒲蠃之轉聲。）廣雅：「蠡蠃、蝸牛，螔蝓也。」説文：「蝸，蠃也。」本草云：「蛞蝓一名陵蠡。」（古今注作陵螺。）別録云：「一名附蝸。」附蝸卽蚹螺也。説文無蠣字。方言：「蚰蜒，或謂之蜧蠣。」廣雅：「蜧蠣，蚰蜒也。」蓋蚹蠃有殼，蠣無殼，蠣細長如螺形，並居旱，非水中之螺，天雨卽出，俗猶以其涎清涼，可愈熱毒，故名醫別録云：「蝸籬，味甘，無毒，主燭館，明目，生江夏。」蝸籬卽蠃蠣，燭館卽燭睆。○郝懿行云：「以今所見，海蠃有數種，總名海薄蠃。吴語云「其民必移就蒲蠃於東海之濱」，蒲蠃卽薄蠃也。蒲、薄二字古多通用。韋昭不知蒲蠃乃一物，反以蒲爲深蒲，蠃爲蚌蛤之屬，誤矣。西山經郭璞注云：「蠃母卽蟝螺也。」夏小正傳云：「蜃者，蒲盧也。」蒲盧卽蒲蠃，蟝螺卽薄蠃，俱一聲之轉。爾雅釋魚云：「蠃小者蜬。」郭注：「螺大者如斗，出日南漲海中，可以爲酒杯。」然則爾雅舉小，郭璞舉大，廣異語也。」此皆治目之藥也。人無故求此物者，必有蔽其明者。聖人之所以駭天下者，真人未嘗過焉；賢人之所以矯世俗者，聖人未嘗觀焉。矯，拂也。夫牛蹏之涔，無尺之鯉；涔，潦水也。涔，讀延祜曷問，急氣閉口言也。塊阜之山，無丈之材。小山也，在陳留。所以然者何也？皆其營宇狹小，而不能容巨大

也。○莊逵吉云：御覽引作「牛蹏之涔，無徑尺之鯉；魁父之山，無營宇之材」，無下「營宇」二字。○王念孫云：此御覽誤，非今本誤也。尺之鯉，丈之材，相對爲文。若作營宇之材，則文不成義，且與上句不對。營宇狹小，所以不能容巨大。若無營宇二字，則文義不明。鈔本御覽作「牛蹄之涔，無徑尺之鯉；魁父之山，無丈之材。營宇狹小而不能容巨大也」。尺上有徑字，乃後人不識古文辭而妄加之。（後人以尺之鯉文義未足，故加一徑字，此未識古人句法也。原道篇曰：「聖人不貴尺之璧，而重寸之陰。」呂氏春秋舉難篇曰：「尺之木必有節目，寸之玉必有瑕適。」屬句並與此同。加一徑字，則與下句不對矣。御覽鱗介部八引此，又作「無盈尺之鯉」，盈字亦後人所加。）其「無丈之材」及「營宇狹小」，則皆與今本同。刻本御覽作「無營宇之材」，而下文無營宇二字，此皆後人妄改，不足爲據。藝文類聚山部上引，作：「牛蹄之涔，無尺之鯉；魁府之山，無丈之材。皆其營宇狹小而不能容巨大也。」正與今本同，足證刻本御覽之誤。（劉晝新論觀量篇「蹄窪之內，不生蛟龍；培塿之上，不植松柏，營宇隘也。」意皆本於淮南。彼言營宇隘，猶此言營宇狹小耳，亦足證刻本御覽無營宇二字之誤。）尺上無徑字，並足證鈔本御覽之誤。**又況乎以無裹之者邪！**無裹，無形。**此其爲山淵之勢亦遠矣。**此無有議長大。**夫人之拘於世也，必形繫而神泄，故不免於虛。**形繫者，身形疾而精神越泄，不處其守，故曰不免于虛疾。**使我可係羈者，必其有命在於外也。**○王念孫云：「有命在於外」當作「命有在於外」，言既爲人所係羈，則命在人而不在我也。今本命有二字誤倒，則文義不明。文子精誠篇正作「必其命有在外者矣」。莊子山木篇「物之所利，乃非己也，吾命有在外者也」，卽淮南所本。**至德之世，甘瞑于溷澖之域，而徙倚于汗漫之宇，**澖，讀閑放之閑，言無垠虚之貌。徙倚，猶汗漫。無生形，形生，元氣之本神也。故盧敖見若士者言曰「吾與汗漫期于九垓之上」是也。宇，居也。○文典謹按：御覽七十七引，「至德之世」下有注云：「謂太古三皇之時。」又甘作其，溷澖作混淆，汗漫作瀾漫。**提挈天地而委萬物，以鴻濛爲景柱，而浮揚乎無畛崖之際。**一手曰提。挈，舉。委，棄也。言不以身役物。鴻濛，東方之野，日所出，故以爲景柱。浮揚，猶遨翔也。無畛崖畔界，因以爲名也。○文典謹按：御覽七十七引，「浮揚」作「浡揚」。**是故聖人呼吸陰陽之氣，而羣生莫不顒顒然，仰其德以和順。**○文典謹按：御覽七十七引，顒顒作喁喁，和順下有止字。**當此之時，莫之領理，決離隱密而自成，渾渾蒼蒼，純樸未散，旁薄爲一，而萬物大優，**渾渾蒼蒼，混沌大貌，故曰純樸未散也。優，饒也。○文典謹按：御覽七十七引，隱密作隱愍，蒼蒼作若若。**是故雖有羿之知而無所用之。**是說上古之時也，但甘臥，治化自行，故曰雖有羿之知，其無所用之。是堯時羿，善射，能一日落九烏，繳大風，殺窫窳，斬九嬰，射河伯之知巧也。非有窮后羿也。○文典謹按：御覽七十七引，「是故雖有羿之知而無所用之」作「是故雖有明知，無所用之」。**及世之衰也，至伏羲氏，其道昧昧芒芒然，吟德懷和，**伏羲氏以木德王天下，號曰太昊。昧昧，純厚也。芒芒，廣大貌也。吟咏其德，含懷其和氣，未大宣布也。○王念孫云：吟，非吟詠之吟，乃含字也。原道篇「含德之所致也」，高彼注曰：「含，懷也。」此云「含德懷和」，本經篇云「含德懷道」，含、懷一聲之轉，其義一也。含字從口，今聲。移口於旁，字體小異耳。若訓爲吟詠之吟，則與懷和不類矣。漢書禮樂志「靈安留，吟青黄」，服虔曰：「吟音含。」是含字古或作吟也。**被施頗烈，**被，讀光被四表之被也。被其德澤，頗烈施於民。**而知乃始昧昧晽晽，皆欲離其童蒙之心，**昧昧，欲明而未也。晽晽，欲所知之貌也。離，去也。○王念孫云：説文、玉篇、廣韻、集韻皆無晽字，晽晽當爲楙楙。（注同。）昧昧、楙楙，一聲之轉，皆欲知之貌也。文子上禮篇作昧昧懋懋，懋與楙古字通。（皋陶謨「懋遷有無化居」，漢書食貨志懋作楙。）今作晽晽者，楙誤爲林，又因昧字而誤加日旁耳。楊慎古音餘乃於侵韻收入晽字，吴志伊字彙補又云，晽音林，並引淮南子「昧昧晽晽」，皆爲俗本所惑也。**而覺視於天地之間，是故其德煩而不能一。**煩，多也。一，齊也。**乃至神農、黄帝，**○王念孫云：乃當爲及，字之誤也。文子上禮篇正作及。又氾論篇「故聖人之見存亡之迹、成敗之際也，非乃鳴條之野、甲子之日也」，乃亦當爲及。言夏、殷之將亡，聖人早已知之，非及鳴條之野、甲子之日而後知之也。道藏本、劉本並作乃。朱本改乃爲待，而莊本從之，義則是而文則非矣。**剖判大宗，**○文典謹按：北堂書鈔四功業十二引，大作太。**竅領天地，襲九窾，重九熱，**竅，通也。領，理也。襲，因也。窾，法也。熱，形也。言因九天九地之形法以通理也。○王念孫云：説文、玉篇、廣韻、集韻皆無熱字，熱當爲墊，字之誤也。玉篇：

「墊，古文垠字。」（字從土，欶聲。說文：「欶，讀若銀。」）九墊即九垠也。上文曰「蘆苻之厚，通於無墊」，無墊即無垠也。兵略篇「不見朕墊」，覽冥篇作朕垠，彼注云：「垠，形狀也。」故此注亦云：「墊，形也。」〇文典謹按：御覽七十八引作「襲九空，重九望」，又引注云：「九空，九天也。九望，九地也。」**提挈陰陽，嫥捖剛柔，枝解葉貫，萬物百族，**嫥捖，和調也。族，類也。**使各有經紀條貫，**貫，位也。**於此萬民睢睢盱盱然，莫不竦身而載聽視，**睢睢盱盱，聽視之貌也。**是故治而不能和下。**和，協也。**棲遲至於昆吾、夏后之世，**昆吾，夏伯。桀世也。**嗜欲連於物，聰明誘於外，而性命失其得。**性命之本。**施及周室之衰，**〇王引之云：「之衰」二字，後人所加也。尋繹上文，自伏羲氏以下，皆爲衰世，則方其盛時亦謂之衰，不待其衰而後爲衰也。下文「周室衰而王道廢」，始言周室之衰耳。若此句先言周室之衰，則下文不須更言衰矣。文子上禮篇作「施及周室」，無「之衰」二字。**澆淳散樸，**施，讀難易之易也。**雜道以僞，儉德以行，**雜，粗。〇王念孫云：雜當爲離，字之誤也。儉，讀爲險。（險、儉古字通，說見經義述聞大戴禮「惠而不儉」下。）莊子繕性篇：「德又下衰，澆淳散樸，離道以善，險德以行。」（郭象注：「有善而道不全，行立而德不夷。」）此正淮南所本。文子作「離道以爲僞，險德以爲行」，又本於淮南。然則原文作離道明矣。高注訓雜爲粗，則所見本已誤作雜。又案：僞，古爲字。（說見史記淮南衡山傳「爲僞」下。）爲亦行也。齊俗篇「矜僞以惑世，伉行以違衆」，矜僞猶伉行耳。（上文曰：「夫趨舍行僞者，爲精求於外也。」荀子儒效篇曰：「其衣冠行僞，已同於世俗矣。」行僞即行爲。）「離道以僞，險德以行」，言所爲非大道，所行非至德也。與詐僞之僞不同。下句「巧故萌生」，始言詐僞耳。文子改作「以爲僞」、「以爲行」，失之。而巧故萌生。巧言爲詐。周室衰而王道廢，儒墨乃始列道而議，分徒而訟。儒，孔子道也。墨，墨翟術也。徒，黨也。訟，争是非也。於是博學以疑聖，華誣以脅衆，博學楊、墨之道，以疑孔子之術。設虚華之言，以誣聖人，劫脅徒衆也。○王引之云：疑，讀曰擬。博學以擬聖，謂博學多聞以自比於聖人也。鄭注周官司服曰：「疑之言擬也。」史記平準書「人徒之費擬於南夷」，漢書食貨志擬作疑，文子作「狙學以擬聖」，是其證。莊子天地篇「博學以擬聖，於于以蓋衆」，即淮南所本也。高説失之。弦歌鼓舞，緣飾詩、書，以買名譽於天下。爲以求之。繁登降之禮，飾紱冕之服，聚衆不足以極其變，積財不足以贍其費，於是萬民乃始慲觟離跂，慲，讀簫簫無逢際之慲。觟，傒徑之傒也。各欲行其知僞，以求鑿枘於世而錯擇名利，錯，施也。擇，取也。求，索也。言施其巧僞，索榮顯之名利也。故下言曼衍于淫荒之陂也。是故百姓曼衍於淫荒之陂，而失其大宗之本。陂，或作野。夫世之所以喪性命，有衰漸以然，所由來者久矣。○俞樾云：衰乃等衰之衰。上文自伏羲氏而歷數之，以至于周室之衰，每降而愈下，故曰「有衰漸以然」。

是故聖人之學也，欲以返性於初，而游心於虚也。人受天地之中以生。孟子曰：性無不善，而情欲害之。故聖人能返其性於初也。游心於虛，言無欲也。達人之學也，欲以通性於遼廓，而覺於寂漠也。若夫俗世之學也則不然，擢德攓性，內愁五藏，外勞耳目，擢，取也。攓，縮也。皆不循其理，故愁其思慮也。耳妄聽，目妄視，淫故勞也。○陶方琦云：文選爲顧彥先贈婦詩注、七啓注、華嚴音義上引許注：「擢，引也。」説文：「擢，引也。」與注淮南同。乃始招蟯振繾物之豪芒，搖消掉捎仁義禮樂，暴行越智於天下，以招號名聲於世。搖消掉捎仁義禮樂，未之能行也。越，揚也。暴，卒也。越揚其詐譎之智以取聲名也。此我所羞而不爲也。是故與其有天下也，不若有説也；説，樂也。不若有人説樂之也。與其有説也，不若尚羊物之終始也，而條達有無之際。○俞樾云：終始下衍也字。「不若尚羊物之終始，而條達有無之際」，兩句一氣相屬。今衍也字，則文義隔絶矣。是故舉世而譽之不加勸，舉世而非之不加沮，定于死生之境，而通于榮辱之理，雖有炎火洪水彌靡於天下，神無虧缺於胷臆之中矣。若然者，視天下之間，猶飛羽浮芥也，芥，中也。○莊逵吉云：中字疑當作艸。孰肯分分然以物爲事也！分，猶意念之貌。

水之性真清而土汩之，人性安靜而嗜欲亂之。○王念孫云：真字於義無取，疑後人所加。太平御覽方術部一引此，作「夫水之性清而土汩之，人之性安而欲亂之」，於義爲長。呂氏春秋本生篇云：「夫水之性清，土者抇之，故不得清。人之性壽，物者抇之，故不得壽。」抇與汩同。

夫人之所受於天者，耳目之於聲色也，口鼻之於芳臭也，〇王念孫云：下句本作「口鼻之於臭味」，謂口之於味、鼻之於臭也。後人誤讀臭爲腐臭之臭，而改臭味爲芳臭，則與口字義不相屬矣。太平御覽引此，正作「鼻口之於臭味」。肌膚之於寒燠，其情一也，或通於神明，或不免於癡狂者，何也？其所爲制者異也。是故神者智之淵也，淵清則智明矣；智者心之府也，智公則心平矣。〇王念孫云：以下二句例之，則淵清當爲神清，此涉上句淵字而誤也。太平御覽引此，正作神清，文子九守篇同。人莫鑑於流沫，而鑑於止水者，以其靜也；沫，雨潦上沫起覆甌也，言其濁擾不見人形也。〇王念孫云：流沫本作沫雨，故高注及說山篇俱作沫雨。又太平御覽服用部十九、方術部一並引淮南子「人莫鑑於沫雨，而鑑於止水」。今本作流沫者，後人以意改之耳。又案：沫雨者，流雨之譌也。水動則濁，靜則清，故曰「人莫鑑於流雨，而鑑於止水者，以其靜也」。動與靜相對，流與止相對。流隸或作㳅，（見魯相史晨饗孔廟後碑。）形與沫相似，因譌爲沫。高以爲雨潦上覆甌，非也。據高云「沫雨或作流潦」，（文子九守篇亦作流潦，文選江賦注引作流瀿，又引許慎注云：「楚人謂水暴溢爲瀿。」）則沫爲㳅字之譌明矣。莊子德充符篇「人莫鑑於流水，而鑑於止水」，崔譔本流作沫，亦是㳅字之譌。〇俞樾云：說山篇「人莫鑑於沫雨，而鑑於澄水者，以其休止不蕩也」，注曰：「沫雨，雨潦上覆瓮也。沫雨或作流潦。」今按此當以流潦爲正，流潦卽行潦也。詩泂酌篇毛傳曰：「行潦，流潦也。」孟子公孫丑篇趙注曰：

「行潦，道旁流潦也。」是其義也。流潦與止水，正相對爲文。莊子德充符篇「人莫鑑於流水，而鑑於止水」，流潦猶流水也。文子九守篇亦作流潦，可知古本如此矣。高本作流沫者，疑流泉之誤。隸書泉字或作湶，楊君石門頌「平阿湶泥」是也。古本作流潦，別本作流泉，義初不異。湶與沫相似，因誤爲沫矣。高據誤本作注，而以「雨潦上沫起覆甌」説之，蓋謂是水中浮漚耳，其説迂曲。而説山篇之沫雨，則又涉高注而誤。因高注沫雨二字相連，淺人妄謂是舉正文而釋之，遂改正文流沫作沫雨，又於注文雨下加雨字，以從既改之正文，斯爲謬矣。王氏念孫謂當作流雨，流雨之文殊不成義，不可從也。文選江賦注引作流瀿，瀿卽説文泉部⿱䋣泉字之異文。許君云「泉水也」，此正可爲別本作流泉之證。◯陶方琦云：文選江賦注引作「莫鑒于流瀿，而鑒于澄水」，又引許注「楚人謂水暴溢曰瀿」，是許本作流瀿，與高本正文亦異。高本流沫當作流潦，下文「樹木者灌以瀿水」，注「瀿或作潦」，御覽七百二十引高注正作「灌以潦水」，是作瀿者許氏本，作潦者高氏本也。玉篇「瀿，水暴溢也，波也」，卽本許氏淮南注。◯文典謹按：御覽十引，流沫亦作沫雨，静作净，又引高注「沫雨，雨潦上沫起覆蓋也」。**莫窺形於生鐵，而窺於明鏡者，以覩其易也。**易，讀河閒易縣之易。◯王念孫云：「以覩其易也」，以下本無覩字。「以其静也」、「以其易也」相對爲文，則不當有覩字。太平御覽服用部十九、方術部一引此，並無覩字。「夫唯易且静，形物之性也」，語意未明。御覽方術部引，作「夫唯易且静，故能形物之性情也」。（高注：「形，見也。」）較今本爲善。文子作「神清意平，乃能形物之情也」。◯俞樾云：太平御覽服用部、方術部引此文，並無覩字，是覩爲衍文。「以其易也」與上句「以其静也」正相對。惟易字於義無取，疑明字之誤。明字从日、从月，而易字據説文引秘書説「日月爲易，象陰陽也」，則亦從日從月，故明誤爲易耳。○文典謹按：王、俞以覩字爲衍文，是也。北堂書鈔一百三十六引，作「莫窺形於生鐵，而窺形於明鏡者，以其易也」，亦無覩字。夫唯易且静，形物之性也。形，見。由此觀之，用也必假之於弗用也，○王念孫云：用也二字，文不成義。太平御覽方術部引此，作「用者必假之於弗用者」，是也。今本兩者字皆作也，涉上文而誤耳。文子作「故用之者必假於不用者」，莊子知北遊篇曰「是用之者假不用者也」，皆其證。是故虚室生白，吉祥止也。虚，心也。室，身也。白，道也。能虚其心以生于道，道性無欲，吉祥來止舍也。夫鑑明者塵垢弗能薶，薶，污也。薶，讀倭語之倭。神清者嗜欲弗能亂。神清者，精神内守也。情之嗜欲，不能干亂。精神已越於外，而事復返之，越，散也。事，治也。是失之於本，而求之於末也。外内無符而欲與物接，弊其玄光而求知之于耳目，玄光，内明也。一曰：玄，天也。是釋其炤炤，而道其冥冥也，是之謂失道。心有所至而神喟然在之，反之於虚則消鑠滅息，此聖人之游也。反之於虚，則情欲之性消鑠滅息，故曰聖人之游。游，行也。故古之治天下也，必達乎性命之情。其舉錯未必同也，其合於道一也。

夫夏日之不被裘者，非愛之也，燠有餘於身也。○文典謹按：藝文類聚六十九引，燠作煖。冬日之不用翣者，非簡之也，清有餘於適也。翣，扇也。翣，讀鵝鶩食唼喋之唼。簡，賤也。夫聖人量腹而食，度形而衣，節於己而已，貪污之心奚由生哉！故能有天下者，必無以天下爲也；能有名譽者，必無以趨行求者也。以，用也。○俞樾云：趨乃越字之誤，越之言逸也，蹴也。越行，猶言過行也。謂不以過甚之行求名譽也。文子九守篇作「能有名譽者，必不以越行求之」，是其證。○文典謹按：趨行，猶奔走馳騖也。謂聖人無貪污之心，不奔走馳騖以求名譽也。俞氏以趨爲越，謂不以過甚之行求名譽，其說迂曲難通。名譽安可以過甚之行求之！文子九守篇雖作越行，疑字之誤，未可據彼改此也。聖人有所于達，達則嗜欲之心外矣。外，棄也。孔、墨之弟子，皆以仁義之術教導於世，然而不免於儡。身猶不能行也，又況所教乎？儡身，身不見用，儡儡然也。儡，讀雷同之雷。○莊逵吉云：說文解字：「儡，相敗也。讀若雷。」道德經「儡儡兮若無所歸」，本或作「乘乘」者是。○王念孫云：高說非也。儡字上屬爲句，「不免於儡」，謂躬行仁義而不免於疲也。（儡之言羸也。廣雅曰：「傫傫，疲也」說文曰：「儽，垂皃。」亦疲憊之意。玉藻「喪容纍纍」，鄭注曰：「纍纍，羸憊貌也」王褒洞簫賦曰：「桀、跖鬻博，儡以頓顇。」儽、儡、傫、纍並字異而義同。）身字下屬爲句。呂氏春秋有度篇曰：「孔、墨之弟子徒屬充滿天下，皆以仁義之術教導於天下，然而無所行。教者術猶不能行，又況乎所教。」句法正與此同。是何則？其道外也。夫以末求返於本，許由不能行也，又

況齊民乎！齊民，凡民。齊于民也。**誠達于性命之情，而仁義固附矣，趨舍何足以滑心！若夫神無所掩，心無所載，通洞條達，恬漠無事，無所凝滯，虛寂以待，勢利不能誘也，**誘，惑也，進也。**辯者不能説也，**説，釋也。**聲色不能淫也，美者不能濫也，**濫，覦也，或作監。不能使之過濫。**智者不能動也，勇者不能恐也，**○俞樾云：「聲色」句移在「辯者」句前，則勢、利、聲、色，以類相從，辯者、美者、智者、勇者，亦以類相從矣。文子九守篇正如此，可據以訂正。**此真人之道也。**○王念孫云：道本作遊，此後人以意改之也。文子九守篇正作遊。遊者，行也，言真人之所行如此也。上文曰：「心有所至而神喟然在之，反之於虛則銷鑠滅息，此聖人之游也。」高注曰：「游，行也。」精神篇「是故真人之所游」，高注亦曰：「游，行也。」莊子天運篇：「古之至人，假道於仁，託宿於義，以遊逍遥之虛，食於苟簡之田，立於不貸之圃。古者謂是采真之遊。」並與此真人之遊同意。**若然者，陶冶萬物，與造化者爲人，**爲，治也。**天地之間，宇宙之内，莫能夭遏。**間，上下之間也。内，四方之内也。**夫化生者不死，而化物者不化，**化生者，天也。化物者，德也。○俞樾云：化生當作生生，涉下句而誤。精神篇曰：「故生生者未嘗死也，其所生則死矣。化物者未嘗化也，其所化則化矣。」是其證也。**神經於驪山、太行而不能難，**驪山，今在京兆新豐縣南也。太行，今在河內野王縣北也。**入於四海九江而不能濡，**四海，四方之海也。九江，江分爲九也。**處小隘而不塞，横扃天地之間而不窕。**扃，猶閉也。○俞樾云：高注曰：「扃，猶閉也。」則與横字之義不貫矣。儀禮士冠禮鄭注曰：「扃，所以扛鼎。」考工記匠人注曰：「大扃，牛鼎之扃，長三尺。小扃，膷鼎之扃，長二尺。」是扃者横木，以扛鼎者也。宣十二年左傳服注曰：「扃，横木，校輪間。一曰：車前横木也。」是凡横木皆謂之扃，故以横扃並言。**不通此者，雖目數千羊之羣，耳分八風之調，**目視，耳聽也。八風，八卦之風。調，和也。**足蹀陽阿之舞，而手會緑水之趨，**陽阿，古之名倡也。緑水，舞曲也。一曰：緑水，古詩也。趨，投節也。○陶方琦云：文選注十六引淮南曰：「足蹋陽阿之舞。」高注：「陽阿，古之名倡也。」文選南都賦注引許注：「蹀，蹈也。」是高本作蹋，與許本作蹀微異。魏都賦注引聲類：「蹀，躡也。」説文：「躡，蹈也。」廣雅釋詁：「蹀、蹈，履也。」主術訓「足躡郊兔」，御覽三百八十六引作「足蹀狡兔」，是許本作蹀之證。○文典謹按：文選長笛賦注、七命注引高注，緑並作淥。**智終天地，**○文典謹按：終當爲絡，形近而譌也。莊子天道篇「故古之王天下者，知雖落天地，不自慮也」，即此文所本。（落與絡同。秋水篇「落馬首，穿牛鼻，是謂人」，本書原道篇作「絡馬之口，穿牛之鼻者，人也」。）御覽四百六十四引此文正作「智絡天地」，尤其明證矣。**明照日月，辯解連環，澤潤玉石，猶無益於治天下也。**澤，潤澤也。○王念孫云：「澤潤玉石」本作「辭潤玉石」，高注「澤，潤澤也」，本作「潤，澤也」。此解潤字之義，非解澤字之義。「辭潤玉石」，謂其辭潤澤如玉石也。「目數千羊」二句以耳目言之，「足蹀陽阿」二句以手足言之，「智終天地」二句以心言之，「辯解連環」二句以口言之。若云「澤潤玉石」，則文不成義矣。今案：正文澤字涉注文「潤，澤也」而誤，（太平御覽人事部一百五引此已誤。）後人不達，又於注內加一澤字以從已誤之正文耳。文子九守篇正作「辭潤玉石」。

靜漠恬澹，所以養性也；和愉虛無，所以養德也。外不滑內，則性得其宜；性不動和，則德安其位。養生以經世，抱德以終年，可謂能體道矣。若然者，血脈無鬱滯，五藏無蔚氣，蔚，病也。禍福弗能撓滑，非譽弗能塵垢，故能致其極。極，至。非有其世，孰能濟焉？有其人不遇其時，身猶不能脱，又況無道乎？道不得行。且人之情，耳目應感動，心志知憂樂，手足之攢疾蟻、辟寒暑，所以與物接也。蜂蠆螫指而神不能憺，螫，讀解釋之釋。憺，定也。蚉蝱噆膚而知不能平，噆，噬，猶穿。○王念孫云：「知不能平」四字義不相屬，知本作性。性，猶體也。平，静也。（鬼谷子摩篇：「平者，静也。」）謂體不能静也。莊子天運篇「蚊虻噆膚，則通昔不寐」是也。後人不知性之訓爲體，故妄改之耳。太平御覽蟲豸部二引此，正作「性不能平」。○俞樾云：知，猶志也。禮記緇衣篇「爲上可望而知也，爲下可述而志也」，鄭注曰：「志，猶知也。」是知與志義通。知不能平者，平，定也，謂志不能定也。與上句「蜂蠆螫指而神不能澹」，高注曰「澹，定也」，義正一律。太平御覽蟲豸部引作「性不能平」，恐後人不達知字之義而臆改，未足爲據。王氏念孫謂性猶體也，此恐不然。神也、志也，皆就在内者而言，故下文曰：「夫憂患之來，攖人心也，直蜂蠆之螫毒而蚉蝱之慘怛也。」言攖人心，不言攖人體，則此不當以體言矣。夫憂患之來，攖人心也，攖，迫也。非直蜂蠆之螫毒而蚉蝱之慘怛也，而欲靜漠虛無，柰之何哉！夫目察秋豪之末，耳不聞雷霆之音；○文典謹按：「雷霆之音」，舊作「雷霆之聲」，與下「耳調玉石之聲」重複。傳寫宋本及御覽三百六十六引，並作「耳不聞雷霆之音」，今據改。耳調玉石之聲，目不見太山之高。何則？小有所志而大有所忘也。今萬物之來，擢拔吾性，攓取吾情，有若泉源，雖欲勿稟，其可得邪！稟，猶動用也。○俞樾云：國語晉語「將稟命焉」，楚語「是無所稟命也」，韋注並曰：「稟，受也。」此言萬物之來，擢拔吾性，攓取吾情，吾雖欲勿受之而不可得也。高注曰：「稟，猶動用也。」於辭意未合，且稟字亦無動用之義。○文典謹按：御覽七百二十引，「攓取吾情」作「摶取吾精」，「有若泉源」作「勢若泉原」，稟作廩。今夫樹木者，灌以瀿水，孫星衍云：文選注引許昚淮南子注，有「楚人謂水暴溢爲瀿」云云，當是此下原文。而各本有「瀿，波暴溢也」五字，藏本皆無之，附録以俟攷。○文典謹按：孫氏所云文選注，卽江賦注也。許注之上引有淮南正文「莫鑒於流瀿，而鑒於澄水」，則非此處注可知。至各本「瀿，波暴溢也」五字，疑後人據玉篇所加，故藏本無之也。疇以肥壤，疇，雍。壤或作嚎。一人養之，十人拔之，則必無餘栓，栓，蘖。○王念孫云：一當爲十，十當爲一。此言養之者雖有十人，而一人拔之則木必死也。下文曰：「今盆水在庭，清之終日，未能見眉睫。濁之不過一撓，而不能察方員。」意此與同。魏策亦云：「十人樹楊，一人拔之，則無生楊矣。」今本十、一二字互誤，則非其指矣。太平御覽資産部三所引與今本同，亦後人依誤本改之。其方術部一引此，正作「十人養之，一人拔之」。○文典謹按：王說是也。御覽九百五十二引作「千人養之，一人拔之」，文雖小異，而作「一人拔之」則同，足爲王說之一證。**又況與一國同伐之哉？雖欲久生，豈可得乎！**○文典謹按：御覽七百二十引，「又況與一國同伐之哉」作「況以一國同伐之」。**今盆水在庭，清之終日，未能見眉睫；濁之不過一撓，而不能察方員。**察，見。**人神易濁而難清，猶盆水之類也，況一世而撓滑之，曷得須臾平乎！**

古者至德之世，賈便其肆，農樂其業，大夫安其職，職，事。**而處士脩其道。**道，先王之道也。○文典謹按：脩當爲循。隸書脩、循相似，故致誤也。文選西都賦注、御覽七十七引，並作「而處士循其道」。唯長笛賦注引作脩，與今本合，則後人據已誤本改之也。**當此之時，風雨不毀折，草木不夭，九鼎重味，珠玉潤澤，**九鼎，九州貢金所鑄也。一曰：象九德，故曰九鼎也。重，厚也。潤澤，有光也。○莊逵吉云：御覽作「草木不夭死，九鼎重」，無味字。下有注云：「王者之德休明，則鼎重；姦回，則鼎輕。」○王念孫云：風雨不毀折，草木不夭死，相對爲文，則有死字者是也。文子道德篇亦有死字。九鼎重味，味字於義無取，蓋卽下文珠字之誤而衍者也。御覽引此作「九鼎重」，又引注云：「王者之德休明，則鼎重。」（此蓋許注。）則無味字明矣。**洛**

出丹書，河出緑圖，故許由、方回、善卷、披衣得達其道。許由，陽城人也，堯所聘而不利也。方回、善卷、披衣皆堯時隱士，姓名不可得知。其人方直回旋，因曰方回。見其善卷。披衣而行，因曰披衣。得達，樂其所修先王之道也。何則？世之主有欲利天下之心，是以人得自樂其間。自樂其道于天地之間也。或作文德自樂其間先王之道也。四子之才，非能盡善，蓋今之世也，然莫能與之同光者，遇唐、虞之時。光，譽。逮至夏桀、殷紂，燔生人，辜諫者，○文典謹按：辜當爲罪，字之誤也。罪古作辠，傳寫遂誤爲辜耳。御覽六百四十七引，辜正作辠。爲炮烙，鑄金柱，鑄金柱，然火其下，以人置其上，墜陊火中，而對之笑也。○文典謹按：北堂書鈔二十引，作「銅金爲柱」。剖賢人之心，析才士之脛，賢人，比干也。析，解也。剥解有才士腳，觀其有奇異。脛，腳也。醢鬼侯之女，葅梅伯之骸。鬼侯、梅伯，紂時諸侯。梅伯説鬼侯之女美好，令紂妻之。女至，紂以爲不好，故醢鬼侯之女，葅梅伯之骸也。一曰：紂爲無道，梅伯數諫，故葅其骸也。當此之時，嶢山崩，三川涸，嶢山，蓋在南陽。三川，涇、渭、汧也。涸，竭也。傳曰：「山崩川竭。」亡國徵也。飛鳥鎩翼，走獸擠腳。紂田獵禽荒，無休止時，故飛鳥折翼，走獸毀腳，無不被害也。○陶方琦云：文選注引，作「飛鳥鎩羽，走獸廢足」，又引許注：「鎩羽，殘羽也。」鎩或通作殺。周禮「放弑其君則殘之」，注：「殘，殺也。」此鎩訓殘，義得相通。蜀都賦注引許注作「鎩，殘也」，敚二羽字。一切經音義引作「鎩羽而飛」，當從辨命論、五君詠注引。**當此之時，豈獨無聖人哉？然而不能通其道者，不遇其世。**言聖人不能通其道、行其化者，不遭世也。**夫鳥飛千仞之上，獸走叢薄之中，禍猶及之，又況編户齊民乎？**聚木曰叢，深草曰薄。猶及之，田獵不時也。**由此觀之，體道者不專在于我，亦有繫于世矣。**

夫歷陽之都，一夕反而爲湖，○莊逵吉云：反，太平御覽作化。**勇力聖知與罷怯不肖者同命。**歷陽，淮南國之縣名，今屬江都。昔有老嫗，常行仁義，有二諸生過之，謂曰：「此國當没爲湖。」謂嫗視東城門閫有血，便走上北山，勿顧也。自此，嫗便往視門閫。閽者問之，嫗對曰如是。其暮，門吏故殺雞血涂門閫。明旦，老嫗早往視門，見血，便上北山，國没爲湖。與門吏言其事，適一宿耳。一夕，旦而爲湖也。勇怯同命，無遺脱也。○文典謹按：意林引注略同，惟末有「母遂化作石也」六字。莊氏逵吉所引御覽當爲六十六，然八百八十八引，又仍作反，與今本合。一百六十九引，作「歷陽之都，一夕爲湖」，有注云：漢明帝時，歷陽淪爲湖。」**巫山之上，順風縱火，膏夏紫芝與蕭艾俱死。**巫山，在南郡。膏夏，大木也，其理密白如膏，故曰膏夏。紫、芝，皆喻賢智也。蕭、艾，賤草，皆喻不肖。○文典謹按：藝文類聚九十八、御覽九百八十五引，順風竝作從風。**故河魚不得明目，稺稼不得育時，其所生者然也。**河水濁，故不得明目。稺稼爲霜所凋，故不得待其自熟時。故曰「其所生者然也」。**故世治則愚者不能獨亂，世亂則智者不能獨治。身蹈于濁世之中，而責道之不行也，是猶兩絆騏驥，而求其致千里也。兩者，雙也。置猨檻中，則與豚同，非不巧捷也，無所肆其能也。肆，極。舜之耕陶也，不能利其里；所居之里。南面王，則德施乎四海，四海，天下。仁非能益也，處便而勢利也。古之聖人，其和愉寧静，性也；其志得道行，命也。命，天命也。是故性遭命而後能行，命得性而後能明。得其本清静之性，故能明。烏號之弓，谿子之弩，不能無弦而射。烏號，柘桑也。谿子，爲弩所出國名也。或曰：谿，蠻夷也，以柘桑爲弩，因曰谿子之弩也。一曰：谿子陽，鄭國善爲弩匠，因以名也。○陶方琦云：史記集解、索隱、文選閒居賦注、御覽三百四十八並引許注：「南方谿子蠻夷柘弩，皆善材也。」高注所云或曰，卽是許説。索隱引作「南方谿子蠻出柘弩及竹弩」，引文小異。御覽引古史攷：「烏號以柘枝爲之。柘桑其材堅勁，可爲弩。」越舲蜀艇，不能無水而浮。舲，小船也。蜀艇，一版之舟，若今豫章是也。雖越人所便習，若無其水，不能獨浮也。○陶方琦云：御覽三百四十八引許注：「舼，小船。艇，大船。皆一木。」（此因上「南方谿子」注連引，定爲許注。）廣雅：「舼、艇，船也。」玉篇：「舼，小船也。」卽本許義。意林引作「越舼蜀艇」，事類賦舟部、御覽七百七十一、後漢書馬融傳注所引並同，皆許本也。方言：「南楚江、湘之間小艒艑謂之艇。」釋名：「二百斛以下曰艇。其形徑挺，一二人所乘行也。」小爾雅：「小船謂之艇。」玉篇：「艇，小船也。」無訓爲大船者。然高注「一版之舟」，與許注「一木」

義亦相類，是訓蜀爲一也。○文典謹按：北堂書鈔一百三十八引，作「越舲吴艇，不能無水而行」。御覽七百七十一引，浮亦作行。意林引，此句在「烏號之弓」句前。**今矰繳機而在上，罜罟張而在下，雖欲翺翔，其勢焉得？**矰，弋射身短矢也。機，發也。翺翔：鳥之高飛，翼上下曰翺，直刺不動曰翔也。**故詩云：「采采卷耳，不盈傾筐。嗟我懷人，寘彼周行。」以言慕遠世也。**詩周南卷耳篇也。言采采易得之菜，不滿易盈之器，以言君子爲國，執心不精，不能以成其道，采易得之菜，不能盈易滿之器也。「嗟我懷人，寘彼周行」，言我思古君子官賢人，置之列位也。誠古之賢人各得其行列，故曰慕遠也。

淮南鴻烈集解卷三

天文訓

文者，象也。天先垂文象，日月五星及彗孛皆謂以譴告一人，故曰「天文」，因以題篇。

天墜未形，馮馮翼翼，洞洞灟灟，故曰太昭。馮翼、洞灟，無形之貌。洞，讀挺挏之挏。灟，讀以鐵頭斫地之钃也。**道始于虛霩，**○王引之云：書傳無言天地未形名曰太昭者，馮翼、洞灟亦非昭明之貌。太昭當作太始，字之誤也。易乾鑿度曰：「太始者，形之始也。」太平御覽天部一引張衡玄圖曰：「玄者，無形之類，自然之根，作於太始，莫之與先。」是太始無形，故天地未形謂之太始也。「道始於虛霩」，當作「太始生虛霩」，即承上文太始而言。王逸注楚辭天問曰：「太始之元，虛廓無形。」（廓與霩同。）」正所謂「太始生虛霩」也。後人以老子言道先天地生，故改「太始生虛霩」爲「道始於虛霩」，而不知與「故曰太始」句文不相承也。御覽引此作「道始生虛霩」，太字已誤作道，而生字尚不誤。**虛霩生宇宙，宇宙生氣。**宇，四方上下也。宙，往古來今也。將成天地之貌也。**氣有涯垠，**涯垠，重安之貌也。○莊逵吉云：御覽作「宇宙生元氣」。涯，俗本作漢，誤。○王念孫云：此當爲「宇宙生元氣，元氣有涯垠」。下文清陽爲天，重濁爲地，所謂元氣有涯垠也。今本脱去兩元字，涯字又誤爲漢。太平御覽天部一元氣下引此，正作「宇宙生元氣，元氣有涯垠」。清陽者薄靡而爲天，薄靡者，若塵埃飛揚之貌。○文典謹按：御覽一引，靡作劘。重濁者凝滯而爲地。○文典謹按：北堂書鈔一百五十七、御覽三十六引，凝並作淹。清妙之合專一作摶。易，重濁之凝竭難，故天先成而地後定。天地之襲精爲陰陽，襲，合也。精，氣也。陰陽之專精爲四時，四時之散精爲萬物。積陽之熱氣生火，火氣之精者爲日；○陶方琦云：開元占經二十三引淮南間詁云：「日者，火也。」按間詁乃許注本也，故高本無注。積陰之寒氣爲水，水氣之精者爲月。日月之淫爲精者爲星辰。○王引之云：「積陽之熱氣生火，積陰之寒氣爲水」，本作「積陽之熱氣久者生火，積陰之寒氣久者爲水」，言熱氣積久則生火，寒氣積久則爲水。今本無久者二字，後人刪之也。初學記天部上、太平御覽天部四並引此云：「積陰之寒氣久者爲水。」隋蕭吉五行大義辨體性篇引此云：「積陽之熱氣反者爲火，積陰之寒氣反者爲水。」藝文類聚天部上引此云：「積陰之寒氣大者爲水。」反與大皆久字之誤，則原有久者二字明矣。「日月之淫爲」本作「日月之淫氣」，此因上下文爲字而誤。廣韻星字注引此云：「日月之淫氣精命爲星辰。」「日月之淫氣」與「積陽之熱氣」、「積陰之寒氣」，文正相對。「精者爲星辰」與「精者爲日」、「精者爲月」文亦相對。下文「天地之偏氣怒者爲風」、「天地之合氣和者爲雨」，句法亦相同。天受日月星辰，地受水潦塵埃。昔者共工與顓頊爭爲帝，怒而觸不周之山，「共工」，官名，伯于虙羲、神農之間。其後子孫任智刑以强，故與顓頊、黄帝之孫争位。不周山在西北也。天柱折，地維絶。天傾西北，故日月星辰移焉；傾，高也。原道言地東南傾，傾，下也。此先言傾西北，明其高也。地不滿東南，故水潦塵埃歸焉。天道曰圓，地道曰方。方者主幽，圓者主明。明者，吐氣者也，是故火曰外景；幽者，含氣者也，是故水曰内景。○洪頤煊云：大戴禮天圓篇：「明者，吐氣者也，是故外景。幽者，含氣者也，是故内景。故火日外景，而金水内景。」張衡靈憲：「日譬猶火，月譬猶水。火則外光，水則含景。」此本作「火日外景，水月内景」，兩曰字是俗人所改。吐氣者施，含氣者化，是故陽施陰化。天之偏氣，怒者爲風；地之含氣，和者爲雨。○王念孫云：劉本删去下句天字，而莊本從之。案：大戴禮曾子天圓篇：「陰陽之氣，偏則風，和則雨。」藝文類聚天部下引曾子曰：「天地之氣，和則雨。」是風雨皆天地之氣，豈得以風屬之天，雨屬之地乎！下句當依道藏本作天地，上句當補地字。又案：含氣當爲合氣。合、含字相似，又涉上文含氣而誤也。合氣與偏氣正相對，作含則非其指矣。陰陽相薄，感而爲雷，薄，迫也。感，動也。激而爲霆，亂而爲霧。陽氣勝則散而爲雨露，散，霧散也。陰氣勝則凝而爲霜雪。

毛羽者，飛行之類也，故屬於陽。介鱗者，蟄伏之類也，故屬於陰。日者，陽之主也，是故春夏則羣獸除，除，冬毛微墮也。○陶方琦云：初學記一引許注「除角」，按此條乃初學記連正文而引，惟除角二字爲許注也。孫氏問經輯本連正文並引爲許説，非也。然除角當作除毛。**日至而麋鹿解。**日冬至麋角解，日夏至鹿角解。○陶方琦云：御覽九百四十一引許注「解角」。説文麋下云：「麋冬至而解其角。」**月者，陰之宗也，是以月虛而魚腦減，月死而蠃蛖膲。**宗，本也。減，少也。膲，肉不滿。言應陰氣也。膲，讀若物醮炒之醮也。○王念孫云：虛當爲虧，字之誤也。（虧字脱去右半，因誤而爲虛。埤雅引此已誤。）月可言盈虧，不可言虛實。太平御覽鱗介部十三引此，正作月虧。藝文類聚天部上、御覽天部四引此，並作月毁，（蓋許慎本。）毁亦虧也。○陶方琦云：御覽九百四十一引，「月死而蠃蛖膲」作「月死而螺蚌瘷」，又引許注：「瘷，減蹴也。」按廣雅：「瘷，縮也。」縮卽減蹴義。通俗文：「縮小曰瘷。皺不申曰縮朒。」説文：「縮，一曰蹴也。」則減蹴卽減縮。○文典謹按：白帖一引，月虛亦作月毁。**火上蕁，**蕁，讀葛覃之覃。**水下流，故鳥飛而高，魚動而下。**○王念孫云：飛本作動，此後人妄改之也。同一動也，而有高下之殊，故曰「鳥動而高，魚動而下」。猶睽象傳言「火動而上，澤動而下」也。若鳥言飛，則魚當言游矣。太平御覽鱗介部七引此，正作「鳥動而高」。**物類相動，本標相應，**標，讀刀末之標。**故陽燧見日則燃而爲火，方諸見月則津而爲水，**陽燧，金也。取金杯無緣者，熟摩令熱，日中時，以當日下，以艾承之，則燃得火也。方諸，陰燧，大蛤也。熟磨令熱，月盛時，以向月下，則水生，以銅盤受之，下水數滴。先師説然也。○莊逵吉云：御覽引許昚注云：「諸，珠也。

方，石也。以銅盤受之，下水數升。」又引高誘注同此。知高、許二家注本原别矣。〇陶方琦云：華嚴音義引，燃作熯。音義及太平廣記一百六十一引許注：「陽燧，五石之銅精，圓而仰日，則得火。」按：説文作鐩，云「陽鐩也」。周禮攷工輈人「謂之鑒鐩之齊」，注：「鑒鐩，取水火于日月之器也。」唐釋輔行記引鄭注論語：「金鐩，火鏡也。」論衡率性篇：「陽燧取火于天，五月丙午日中之時，銷鍊五石，鑄以爲器，摩礪生光，仰以向日，則火來至。」參同契：「陽燧以取火，非日不生光。」衆經音義引：「鐩，五石之銅精也。圓以仰日，即得火。」即許氏淮南注。藝文類聚火部引舊注曰：「日高三四丈，持以向日，燥艾承之寸餘，有頃焦，吹之即得火。」與今高注義同而文異，或是許注。又華嚴音義上、太平廣記一百六十一、御覽四、事類賦月部、續博物志、藝文類聚引許注：「方諸，五石之精，作圓器似杯坏而向月，則得水也。諸，珠也。方，石也。以銅盤受之，下水數升。」按高注云：「以銅槃受之，下水數滴。」與御覽所引許注説同，知所云「先師説然」，先師疑即許氏也。蓋古人尊聞之意。（或云：高言先師即盧植，以序中曾云從同縣盧君受其句讀。琦謂當是馬融。後漢馬融傳言融有淮南注，高誘之師爲盧植，植之師即爲馬融。知高注本中必多承用馬注，所云先師，或即是馬氏也。）説文鑑字下：「一曰鑑諸，可以取明水於月。」周禮司烜鄭注：「鑒，鏡屬，取水者也，世謂之方諸。」御覽五十八引淮南萬畢術「方諸取水」，注曰：「方諸，形若杯，無耳，以五石合治，以十二月夜半作之，以承水即來。」與許説合。

虎嘯而谷風至，龍舉而景雲屬，虎，土物也。風，木風也。木生于土，故虎嘯而谷風至。龍，水物也。雲生水，故龍舉而景雲屬。屬，會也。

○陶方琦云：文選劉孝標廣絶交論注、御覽九百二十九、事類賦風部引許注：「虎，陰中陽獸，與風同類。」御覽九百二十九又引許注：「龍，陽中陰蟲，與雲同類。」按御覽引春秋元命苞：「猛虎嘯，谷風起，類相動也。龍之言萌也，陰中之陽也，故言龍舉而雲興。」論衡寒温篇：「虎嘯而谷風至，龍興而景雲屬。同氣共類，共相招致。」管輅别傳曰：「龍者陽精，以潛爲陰，幽靈上通，和氣感神，二物相扶，故能興雲。虎者陰精，而居于陽，依木長嘯，動于巽林，二氣相感，故能運風。」皆與許説合。○文典謹按：白帖二引，作「虎嘯而谷風生」。又按：初學記一引高注云：「虎，陽獸，與風同類。」必誤許爲高也。**麒麟鬭而日月食，**○陶方琦云：初學記一、事類賦日部引許注：「騏驎，大角之獸，故與日月相動。」御覽四引，日月相動作相符。又大角，事類賦引作一角。説文：「麒，仁獸也，麇身牛尾一角。」爾雅：「麐，麇身牛尾一角。」春秋感精符曰：「麟一角，明海内共一主也。」公羊疏引許君五經異義曰：「公羊説云：麟者木精，一角赤目，爲火候。」亦或引作大角者，作一角義是。春秋元命包：「麒麟鬭，日無光。」宋均曰：「麒麟，少陽之精。鬭於地，則日月亦將争于上。」抱朴清鑒：「日月蝕則識騏驎之共鬭。」初學記二十九及張華博物志並引作「騏驎鬭則日月蝕」，皆同許注本。開元占經引許注本亦作蝕。**鯨魚死**○陶方琦云：一切經音義十九、御覽九百三十八引許注：「鯨，海中魚之王也。」按覽冥訓「鯨魚死而彗星出」，高注云：「鯨魚，大魚，長數里，死于海邊。」與許注文微異。説文作鱷，云「海大魚也」，字或从京作鯨。一切經音義引注云〔一〕，無海中二字。御覽引魏武四時食制曰：「東海有大魚如山，長五六里，謂之鯨鯢。」春秋演孔圖：「海精，鯨魚也。」薛綜西京賦注：「海中大魚名鯨。」當从御覽補海中二字。**而彗星出，**○陶方琦云：初學記一引許注：「彗，除舊布新也。」白帖引作「彗，所以除舊布新」。按左昭十七年傳：「彗，所以除舊更新也。」五行志引作布新。劉向洪範五行傳：「彗，除穢布新也。」覽冥訓高注：「彗星爲變異，人之害也。」與許注亦異。**蠶珥絲而商弦絶，**蠶老絲成，自中徹外，視之如金精珥，表裏見，故曰珥絲。一曰：弄絲於口。商音清，弦細而急，故先絶也。**賁星墜而勃海決。**賁星，客星也。又作孛星。墜，隕也。勃，大也。決，溢也。○陶方琦云：占經七十四引許注：「奔星，流星也。」按：占經引爲許慎説云云，益知二家之本不同也。高注云「又作孛星」，孛卽奔字之誤，知高云「又作」，乃許本也。奔、賁古字通。**人主之情，上通于天，**○文典謹按：御覽九及八百七十六引，並作「人主之精通于天」。**故誅暴則多飄風，**暴，虐也。飄風，迅也。**枉法令則多蟲螟，**食心曰螟，穀之災也。○陶方琦云：占經一百二十引許注：「穀惡生孳，則蟲食心。」按：食心之訓，皆本疋義。○文典謹按：枉法令與上句誅暴，文不一律。意林引此文，枉法令作法苛，

〔一〕「云」字疑衍。

誅暴、法苛正相對成義，當從之。**殺不辜則國赤地，**赤地，旱也。**令不收則多淫雨。**干時之令不收納，則久雨爲災。○文典謹按：意林引，國作多，收作時。**四時者，天之吏也；日月者，天之使也；星辰者，天之期也；虹蜺彗星者，天之忌也。**期，會也。雄爲虹，雌爲蜺也。虹者，雜色也。忌，禁也。○文典謹按：御覽十四引，無彗星二字。

天有九野，九千九百九十九隅，去地五億萬里，九野，九天之野也。一野千一百一十一隅也。○王念孫云：開元占經天占篇引此作「億五萬里」。太平御覽地部一引詩含神霧亦云「天地相去億五萬里」。然則億、五二字，今本誤倒也。○文典謹按：御覽二引，作：「天有九野，九千九百九十里隅，去地五萬里。」**五星，八風，二十八宿，**五星，歲星、熒惑、鎮星、太白、辰星也。八風，八卦之風也。二十八宿，東方角、亢、氐、房、心、尾、箕，北方斗、牛、女、虛、危、室、壁，西方奎、婁、胃、昴、畢、觜、參，南方井、鬼、柳、星、張、翼、軫也。○王引之云：「二十八宿」四字，及注「二十八宿」云云，皆後人所加也。下文於九野、五星、八風、五官、六府皆一一釋之，而不及二十八宿，但於所説九野中，附以「其星角、亢、氐」云云。使有「二十八宿」四字，下文不應不爲解釋，且不應以二十八宿併入九野條內，使綱目不相當也，然則此處原文無二十八宿四字明矣。注於牽牛、須女、營室、東壁、觜巂、東井、輿鬼、七星，皆省一字稱之，文義苟簡，決非漢人所爲。七星但稱星，則無以別於他星；牽牛謂之牛，營室謂之室，觜巂謂之觜，皆文不成義。又案：下文「星分度：角十二，亢九，氐十五，房五，心五，尾十八，箕十一四分一，斗二十六，牽牛八，須女十二，虛十，危十七，營室十六，東壁九，奎十六，婁十二，胃十四，昴十一，畢十六，觜巂二，參九，東井三十三，輿鬼四，柳十五，七星七，張、翼各十八，軫十七，凡二十八宿也」，「凡二十八宿」句亦後人所加。此說星之分度，非説星之全數也，無緣得有此句。**五官，六府，**五官，五行之官。六府，加以穀。**紫宮，太微，軒轅，咸池，四守，天阿。**皆星名，下自解。○洪頤煊云：下文：「太微者，太一之庭也。紫宮者，太一之居也。軒轅者，帝妃之舍也。咸池者，水魚之囿也。天阿者，羣神之闕也。四宮者，所以爲司賞罰。」高注：「四宮，紫宮，軒轅，咸池，天阿。」此天阿上不應有四守二字，當是衍文，涉下四宮而譌。○王引之云：高注曰：「皆星名，下自解。」又下文：「太微者，太一之庭也。（太一當作五帝，説見下。）紫宮者，太一之居也。軒轅者，帝妃之舍也。咸池者，水魚之囿也。天阿者，羣神之闕也。四守者，所以司賞罰。」注曰：「四守，紫宮，軒轅，咸池，天阿。」據前注，則四守亦星名；據後注，則四守乃總括四星之稱，非星名也。前後注意迥殊。今細繹原文，前注是也。紫宮、太微、軒轅、咸池、四守、天阿，列其名也。太一之庭、太一之居、帝妃之舍、水魚之囿、羣神之闕及所以司賞罰，則明其職也。故前注曰：「皆星名，下自解。」後注以四守爲紫宮、軒轅、咸池、天阿，其不可通有三：太微、紫宮並舉，何以數紫宮而不數太微？其不可通一也。四守若爲紫宮、軒轅、咸池、天阿之總稱，則上文四守二字當列於紫宮前，爲統下之詞；或列於天阿後，爲統上之詞，其義乃通。何以雜厠諸星之間，而云「紫宮、太微、軒轅、咸池、四守、天阿」邪？其不可通二也。軒轅帝妃之舍，咸池水魚之囿，皆與賞罰之事無涉。其不可通三也。初學記、太平御覽並引許慎注曰：「四守，紫宮、軒轅、咸池、天阿也。」然則此乃許注，後人移入高本，而前後遂相矛盾矣。天阿本作天河，後人以天河非星名，故改爲天阿也。案：開元占經甘氏中官占引甘氏曰：「天阿一星在昴西，以察山林之妖變也。」與門闕之義無涉。且天阿非黄道所經，不得言「羣神之闕」也。北堂書鈔、太平御覽引此，並作天河，又引高注曰：「天河，星名。闕，猶門也。」（各本脱「天河星名」四字。）又初學記、太平御覽引許注以天河爲四守之一，是許本亦作天河。天河蓋卽北河、南河也。夾河之南北，故總謂之天河。天官書曰：「鉞北北河，南南河，兩河、天闕閒爲關梁。」開元占經石氏中官占引郗萌曰：「兩河，戍與戉，（卽鉞字。）俱爲帝闕。」又占曰：「兩戍閒爲天門。日月五星常出其門中，故曰天河者，羣神之闕也。」高注訓闕爲門，正合郗萌之説。羣神，卽日月五星之神也。韓子飾邪篇曰：「豐隆、五行、太一、王相、攝提、六神、五括、天河、殷槍、歲星。」所謂天河，蓋卽指此。天官書曰：「中宮天極星，其一明者，太一常居也。環之匡衛十二星，藩臣。皆曰紫宮。」開元占經石氏中官占引春秋合誠圖曰：「紫微者，太一之常坐。」太一在紫宮之中，非太微中所有，不得言「太微，太一之庭」，諸書亦無言太一之庭者。此太一二字，蓋因下文「太一之居」而誤。（太平御覽引此已誤。）「太一之庭」當作「五帝之庭」。天官書曰：「太微，匡衛十二星，藩臣。其内五星，五帝坐。」太平御覽引天官星占曰：「紫宮，太一坐也。太微之宮，天子之庭，五帝之坐也。」卽此所云「太微五帝之庭，紫宮太一之居」也。續漢書天文志注引張衡靈憲曰：「紫宮爲皇極之居，太微爲五帝之廷。」（廷、庭古字通。）又其一證矣。注内「太一，天神也」，亦當爲「五帝，天神也」。蓋正文既誤爲太一，後人又改注以從之耳。**何謂九野？中央曰鈞天，其星角、亢、氐。**韓、鄭之分野也。○洪頤煊云：二十八宿皆隨斗杓所指而言。角、亢、氐離斗杓最近，故古法以此三星爲中央天。**東方曰蒼天，其星房、心、尾。東北曰變天，其星箕、斗、牽牛。**尾、箕，一名析木，燕之分野。斗，吳之分野。牽牛，一名星紀，越之分野。陽氣始作，萬物萌芽，故曰變天。○俞樾云：周易說卦傳：「艮，東北之卦也，萬物之所成終而成始也。」正義曰：「東北在寅丑之間，丑爲前歲之末，寅爲後歲之初，則是萬物之所成終而所成始也。」東北變天之義亦取諸此，以其居終始之交，故以變名。高注以萬物萌芽說之，尚未盡變字之義。**北方曰玄天，其星須女、虛、危、營室。**虛、危，一名玄枵，齊之分野。**西北方曰幽天，其星東壁、奎、婁。**幽，陰也。西方季秋將卽於陰，故曰幽天。營室、東壁，一名承委，衞之分野。奎、婁一名降婁，魯之分野。**西方曰顥天，**顥，白也。西方金，色白，故曰顥天。或作「昊」字。○莊逵吉云：俗本此字皆作昊，惟藏本作顥。**其星胃、昴、畢。**昴、畢，一名大梁，趙之分野。**西南方曰朱天，其星觜巂、參、東井。**觜巂、參，一名實沈，晉之分野。朱，陽也。西南爲少陽，故曰朱天。**南方曰炎天，**○文典謹按：文選顏延年夏夜呈從兄散騎車長沙詩注引高注：「南方五月建午，火之中也。火性炎上，故曰炎天。**其星輿鬼、柳、七星。**柳、七星，周之分野。一名鶉火。**東南方曰陽天，其星張、翼、軫。**東南純乾用事，故曰陽天。翼、軫，一名鶉尾，楚之分野。

何謂五星？東方，木也，○陶方琦云：占經二十三引許注：「木冒地而生也。」按：説文木字下云：「冒地而生，東方之行。」與注淮南説同。**其帝太皞，**太皞，伏犧氏有天下號也，死託祀於東方之帝也。○陶方琦云：占經二十三引許注：「天神五帝，太皞主東方。」按：時則訓「盛德在木」，高注：「太皞之神治東方也。」亦與許説合。○文典謹按：御覽十九引，皞作昊，注伏犧作庖犧。**其佐句芒，執規而治春。**○陶方琦云：占經二十三引許注：「規者，圓也。」按説文圓字下云：「圓者規也。」與淮南注説同。**其神爲歲星，其獸蒼龍，其音角，其日甲乙。**木色蒼，龍順其色也。角，木也。甲、乙皆木也。**南方，火也，其帝炎帝，**炎帝，少典子也，以火德王天下，號曰神農，死託祀於南方之帝。**其佐朱明，**舊説云祝融。○陶方琦云：占經三十引許本作祝融，按：高云舊説，卽許本也。占經引淮南天文閒詁作「其佐祝融」，確是許本。**執衡而治夏。**○陶方琦云：占經三十引許注：「衡，平也。」按：衡義同準。説文：「準，平也。」○文典謹按：御覽八百六十九引注「衡，平」，必是許本。**其神爲熒惑，**熒惑，五星之一也。**其獸朱鳥，**朱鳥，朱雀也。**其音徵，其日丙丁。**徵，火也。丙、丁皆火也。**中央，土也，其帝黃帝，**黃帝，少典之子也，以土德王天下，號曰軒轅氏，死託祀於中央之帝。**其佐后土，執繩而制四方。**○陶方琦云：占經三十八引許注：「繩，直也。」按：下文子午、卯酉爲二繩，高注：「繩，直。」亦同許説。○文典謹按：御覽二十三引，四方下有止字。**其神爲鎮星，其獸黃龍，**土色黃也。**其音宮，其**

日戊己。宫，土。戊、己，土也。○文典謹按：御覽二十三引注作：「宫，土也。戊、己，土日也。」西方，金也，其帝少昊，少昊，黄帝之子青陽也，以金德王，號曰金天氏，死託祀於西方之帝。其佐蓐收，執矩而治秋。其神爲太白，其獸白虎，其音商，其日庚辛。商，金也。庚、辛皆金也。北方，水也，其帝顓頊，顓頊，黄帝之孫，以水德王天下，號曰高陽氏，死託祀於北方之帝。其佐玄冥，執權而治冬。其神爲辰星，其獸玄武，其音羽，其日壬癸。羽，水也。壬、癸皆水也。太陰在四仲，則歲星行三宿；仲，中也。四中，謂太陰在卯、酉、子、午四面之中也。○陶方琦云：占經二十三引許注：「太陰，謂太歲也。四仲，子、午、卯、酉也。又假令歲星在卯，星守須女、虚、危，故曰三宿。」按：下文「太陰在寅爲攝提格」，爾雅作「太歲在寅曰攝提格」，知太陰卽太歲。廣雅：「太陰，太歲也。」本許義。太陰在四鉤，則歲星行二宿。丑鉤辰，申鉤巳，寅鉤亥，未鉤戌，謂太陰在四角。○陶方琦云：占經二十三引許注：「四鉤，謂丑寅爲一鉤，辰巳爲一鉤，未申爲一鉤，戌亥爲一鉤。又假令歲陰在寅，歲星在斗、牛，故曰二宿也。」按：卽本下文「丑寅、辰巳、未申、戌亥爲四鉤」説也。二八十六，三四十二，故十二歲而行二十八宿。○錢大昕云：四仲，謂子、午、卯、酉也。四鉤，謂丑寅、辰巳、未申、戌亥也。太陰在卯，歲星舍須女、虚、危；太陰在午，歲星舍胃、昴、畢；太陰在酉，歲星舍柳、七星、張；太陰在子，歲星舍氐、房、心：是爲四仲行三宿。太陰在寅，歲星舍斗、牽牛；太陰在辰，歲星舍營室、東壁；太陰在巳，歲星舍奎、婁；太陰在未，歲星舍觜觿、參；太陰在申，歲星舍東井、輿鬼；太陰在戌，歲星舍翼、軫；太陰在亥，歲星舍角、亢；太陰在丑，歲星舍尾、箕：是爲四鉤行二宿。此在淮南書信而有徵者也。漢書天文志晉灼注云：「太歲在四仲，則歲星行三宿；太歲在四孟、四季，則歲星行二宿。」史記正義引晉灼說亦同。本據淮南之文，而改太陰爲太歲，則失淮南之旨。蓋古法太陰與太歲不同，太歲與歲星左右行不同，而常相應。如歲星在星紀，則太歲必在子；歲星在玄枵，則太歲必在丑，推之十二辰皆然也。今云歲星舍斗、牽牛，是星紀之次也，太歲當在子，而卻云在寅。歲星舍須女、虛、危，是玄枵之次也，太歲當在丑，而卻云在卯。是淮南所云太陰，非即太歲矣。如果太歲在寅，則歲星當舍營室、東壁，不當在斗、牽牛；果太歲在卯，則歲星當舍奎、婁，不當在須女、虛、危也。淮南雖不言太歲，而卽歲星以見太歲，此古人舉一反三之例也。太史公天官書多承淮南之文，唯改太陰爲歲陰，其說歲星晨出之月，與淮南常差兩月，一舉夏正，一用天正，似異而實同。太史公亦以歲陰紀年，如太初元年閼逢攝提格，其明證矣。自太初改憲以後，劉子駿三統術但有推太歲所在法，別無言太陰者，蓋疇人子弟失其傳，已非一日。班氏天文志雖承史公之文，而改歲陰爲太歲，不復言太陰，是東漢人已不知太陰、太歲之有別矣。晉灼，晉人，宜其仞太陰爲太歲也。

日行十二分度之一，歲行三十度十六分度之七，十二歲而周。周，徧。**熒惑常以十月入太微，受制而出行列宿，司無道之國，爲亂爲賊，**○陶方琦云：占經七十四引許注：「衆星，庶民之象，與列宿俱亡中國。微，滅也。」按：許注卽洪範「庶民惟星」之意。**爲疾爲喪，爲饑**

爲兵，出入無常，辯變其色，時見時匿。此皆所以譴告人君。鎮星以甲寅元始建斗，〇陶方琦云：占經三十八引許注：「甲寅元始，曆起之年也。建斗，填星起于斗也。」按：高無注，今高本作鎮星。歲鎮行一宿，〇王念孫云：行字因上下文而衍。既云歲鎮一宿，則無庸更言行。開元占經填星占引此無行字，史記天官書亦無。當居而弗居，其國亡土；未當居而居之，其國益地，歲熟。日行二十八分度之一，歲行十三度百一十二分度之五，二十八歲而周。鎮星一徧。太白元始以正月建寅，與熒惑晨出東方，〇王引之云：此本作「太白元始以甲寅正月，與營室晨出東方」。甲寅正月者，甲寅年之正月也。下文「太陰元始建於甲寅」，開元占經填星占篇引舊注曰：「甲寅元始，曆起之年也。」大衍曆議引洪範傳曰：「曆記始於顓頊上元太始閼蒙攝提格之歲，畢陬之月，朔月己巳立春，七曜俱在營室五度。」閼蒙與閼逢同。太歲在甲曰閼逢，在寅曰攝提格。「閼逢攝提格之歲」者，甲寅之歲也。正月爲陬。「畢陬之月」者，正月也。七曜者，日、月及太白、歲星、辰星、熒惑、鎮星也。上元太始閼逢攝提格之歲，畢陬之月，太白在營室，故曰「太白元始以甲寅正月，與營室晨出東方」也。天官書說太白曰：「其紀上元以攝提格之歲，與營室晨出東方。」開元占經太白占篇引甘氏亦曰：「太白以攝提格之歲正月，與營室晨出於東方。」皆其明證。後人不審其義，遂改甲寅正月爲正月甲寅，又改營室爲熒惑。不知甲寅者，甲寅年也；若云正月甲寅，則是甲寅日矣。顓頊曆元所起之日爲己巳，非甲寅也。其謬一也。甲寅正月，先年而後月；若云正月甲寅，則不知在何年矣。其謬二也。（莊本改甲寅爲建寅，尤非。）太白與營室晨出東方，猶下文歲星與營室、東壁晨出東方，皆以所在之宿言之；若云與熒惑晨出東方，則不知在何宿矣。其謬三也。二百四十日而入，入百二十日而夕出西方，二百四十日而入，入三十五日而復出東方。出以辰戌，入以丑未。當出而不出，未當入而入，天下偃兵；當入而不入，當出而不出，天下興兵。○王念孫云：「當出而不出」，已見上文，此當作「未當出而出」。太白主兵，故當出而不出，未當入而入，則天下偃兵。（見上文。）當入而不入，未當出而出，則天下興兵也。史記天官書、漢書天文志及開元占經太白占引石氏星經並云「未當出而出，當入而不入，天下起兵」，是其證。辰星正四時，常以二月春分効奎、婁，○陶方琦云：占經五十三引許注：「効，見也。」按：此許注羼入高注中者，故同。說文効作效，象也。占經又引春秋緯云：「辰星春分立卯之月夕効于奎、婁。」宋均注：「見于奎、婁也。」亦以見訓効。以五月夏至効東井、輿鬼，以八月秋分効角、亢，以十一月冬至効斗、牽牛。効，見。出以辰戌，入以丑未，出二旬而入。晨候之東方，夕候之西方。一時不出，其時不和；四時不出，天下大飢。穀不熟爲飢也。○莊逵吉云：飢，依高義應作饑，本或作饑。飢，餓也。饑，穀不熟也。兩字訓異。

何謂八風？距日冬至四十五日條風至，艮卦之風，一名融。爲笙也。條風至四十五日明庶風至，震卦之風也。爲管也。明庶風至四十五日清明風至，巽卦之風也。爲柷也。**清明風至四十五日景風至，**離卦之風也。爲弦也。**景風至四十五日涼風至，**坤卦之風也。爲塤也。**涼風至四十五日閶闔風至，**兑卦之風也。爲鐘也。**閶闔風至四十五日不周風至，**乾卦之風也。爲磬也。**不周風至四十五日廣莫風至。**坎卦之風也。爲鼓也。**條風至則出輕繫，去稽留。**立春，故出輕繫。**明庶風至則正封疆，修田疇。**春分播穀，故正疆界，治田疇也。**清明風至則出幣帛，使諸侯。**立夏長養布恩惠，故幣帛聘問諸侯也。**景風至則爵有位，賞有功。**夏至陰氣在下，陽盛於上，象陽布施，故賞有功，封建侯也。○俞樾云：既云「有位」，又何「爵」焉？「爵有位」之文殊不可通。位疑德字之誤。有德有功相對爲文。草書德字作𢛳，與位相似，故德誤爲位耳。白虎通義八風篇正作「爵有德，封有功」，可據以訂正。○文典謹按：文選任彦昇王文憲集序注引作「景風至，施爵禄，賞有功」，御覽二十三引，「爵有位」作「施爵位」，又引注「封建侯也」作「封建諸侯」，於文爲順。**涼風至則報地德，祀四郊。**立秋節，農乃登穀嘗祭，故報地德，祀四方神也。**閶闔風至則收縣垂，琴瑟不張。**秋分殺氣，國君憯愴，故去鐘磬縣垂之樂也。**不周風至則修宫室，繕邊城。**立冬節，土工其始，故治宫室，繕修邊城，備寇難也。**廣莫風至則閉關梁，決刑罰。**象冬閉藏，不通關梁也。罰刑疑者，于是順時而決之。○王念孫云：「祀四郊」本作「祀四鄉」。四鄉，四方也。越語「皇天后土四鄉地主正之」，韋注曰：「鄉，方也。」故高注云「祀四方神」，即月令所謂「命主祠祭禽于四方」也。易通卦驗曰：

「涼風至，報土功，祀四鄉。」白虎通義曰：「涼風至，報地德，祀四鄉。」皆其明證也。若作四郊，則失其義矣。且鄉與功、張爲韻。（功字合韻讀若光，月令「神農將持功」，與昌、殃爲韻；老子「不自伐，故有功」，與明、彰、長爲韻；「自伐者無功」，與行、明、彰、長、行爲韻；韓子主道篇「去賢而有功」，與明、强、常、常爲韻；楚辭惜誓「惜傷身之無功」，與狂、長爲韻。）若作郊，則失其韻矣。「決刑罰」本作「決罰刑」，故高注云「罰刑疑者，於是順時而決之」。下文曰「斷罰刑」，時則篇曰「休罰刑」，又曰「斷罰刑」，皆其證也。太平御覽時序部十二引此，亦作「斷罰刑」。刑與城爲韻，若作刑罰，則失其韻矣。

何謂五官？東方爲田，南方爲司馬，西方爲理，北方爲司空，中央爲都。田主農，司馬主兵，理主獄，司空主土，都爲四方最也。○俞樾云：都上疑脱官字。官都者，官之都總也，蓋以二字爲官名。管子問篇曰：「問五官有度制，官都其有常斷，今事之稽也何待？」此五官有官都之塙證。又揆度篇云：「自言能爲司馬，不能爲司馬者，殺其身以釁其鼓。自言能治田土，不能治田土者，殺其身以釁其社。自言能爲官，不能爲官者，劓以爲門父。故無敢姦能誣禄至於君者矣，故相任寅爲官都。」按：司馬及治田土，卽此東方、南方之官也。然則官都亦卽此五官之一矣。**何謂六府？子午、丑未、寅申、卯酉、辰戌、巳亥是也。太微者，太一之庭也。**太微，星名也。太一，天神也。○俞樾云：下文曰：「紫宫者，太一之居也。」然則太一自在紫宫，不在太微。此太一乃天子二字之誤。太平御覽引天官星占曰：「紫宫，太一坐也。太微之宫，天子之庭，五帝之坐也。」是其明證。○文典謹按：俞説近塙。文選江文通雜體詩三十首顔特進詩注引，太一作天一，足攷「天子」誤作「太一」之跡。**紫宮者，太一之居也。軒轅者，帝妃之舍也。**○文典謹按：文選月賦注引高注：「軒轅，星名。」齊敬皇后哀策文注引作：「軒轅，星也。」知舊有此注，而今本脱之也。**咸池者，水魚之囿也。**咸池，星名。水魚，天神。○文典謹按：魚本作衡，字之誤也。衡古作奐，與魚形近而譌。水衡主上林之官，故天上亦有水衡之神也。北堂書鈔百五十引此文，正作「咸池，水衡之囿」。**天阿者，羣神之闕也。**闕，猶門也。○俞樾云：高注曰：「闕，猶門也。」然開元占經甘氏中官占引甘氏曰：「天阿一星在昴西，以察山林之妖變也。」則非門闕之謂。北堂書鈔、太平御覽引此並作天河，然天河非星也。徧考書傳，無以天河爲星名者。今按天河當作兩河。史記天官書曰：「鉞北北河，南南河，兩河天闕。」是其證也。天字篆文作兲，與兩字相似，故兩誤爲天矣。○文典謹按：北堂書鈔百五十引，作「天河，羣臣之聞」，又引注云：「天河，星名也。」**四宮者，所以爲司賞罰。**四宮，紫宮、軒轅、咸池、天阿。○陶方琦云：初學記一、御覽六引許注：「四守，紫宮、軒轅、咸池、天河也。」按：王氏淮南雜志曰：「上文『紫宮、太微、軒轅、咸池、四守、天阿』，高注曰：『皆星名，下自解。』此作四守，乃統揩之詞，前後不應矛盾若此。蓋後人以許注羼入高注中，遂至於此。」王説是也。今高本四宮乃四守之誤，天阿當作天河。（韓非子「天河」，何犿：「隋志：天高西一星名天河。」）今北堂書鈔及御覽引高注曰：「天河，星名。」知阿乃河之譌文。

太微者主朱雀，主，猶典也。○陶方琦云：占經六十六引許注：「朱鳥，太微之鄉。」按：上文「其獸朱鳥」，高注：「朱鳥，朱雀也。」似本文當作朱鳥。紫宮執斗而左旋，日行一度，以周於天。日冬至峻狼之山，南極之山。○陶方琦云：占經六十七引許注：「駿狼之山，冬至所止也。」按：玉篇引作「日冬至入駿崐之山」，蓋許本也。日移一度，凡行百八十二度八分度之五，而夏至牛首之山。牛首，北極之山。○陶方琦云：占經六十七引許注：牛首之山，夏至所止也。」按中山經「又北三十里曰牛首之山」，郭注：「今長安西南有牛首山。」太平寰宇記：「神山縣黑山，一名牛首。」反覆三百六十五度四分度之一而成一歲，天一元始，○陶方琦云：占經五引許注：「天一元始，初有日月五星之時也。」錢塘曰：「天一當作太一，天一太一紀歲，人正俱建寅。知非天一者，顓頊曆上元歲甲寅正月，七曜俱在營室，如下所言也。若太陰甲寅，太歲實在丙子，歲星當在星紀，何得至營室。」正月建寅，日月俱入營室五度。○陶方琦云：占經五引許注：「日月如連璧，五星若貫珠，皆右行。」按尚書中候云：「日月若連璧，五星如編珠。」許注本此。天一以始建七十六歲，日月復以正月入營室五度無餘分，○陶方琦云：占經五引許注：「餘分，小分也。」按：或引占經引淮南許注作「餘分，小餘也」，當作小分是。名曰一紀。凡二十紀，一千五百二十歲大終，日月星辰復始甲寅元。○王引之云：大終下當有三終二字。下文曰：「一終而建甲戌，二終而建甲午，三終而復得甲寅之元。」蓋一終而建甲戌，積千五百二十歲；二終而建甲午，積三千四十歲；三終而復得甲寅之元，積四千五百六十歲。（劉績謂每終二十年，三終共六十年，大誤。）故曰「千五百二十歲大終，（句。）三終，日月星辰復始甲寅之元」也。千五百二十歲一終，但至甲戌不得復始甲寅之元，故知脱三終二字也。日月五星起於營室，乃顓頊曆元。（見太歲攷。）開元占經古今曆積篇曰：「黄帝曆元法四千五百六十，顓頊曆同。」則顓頊曆以四千五百六十歲爲一元。若非三終，不得有此數矣。漢書律曆志曰：「三終而與元終。」續漢志曰：「三終歲復，復青龍爲元。」是其例也。開元占經日占篇引此，已脱三終二字。

日行一度，而歲有奇四分度之一，○王引之云：日行一度本作日行危一度，後人删去危字耳。「日行危一度而歲有奇四分度之一」者，言每歲日行至危之一度而有四分一之奇零也。蓋四分度之一，微茫難辨，其所在本無定處，推步者視周天之度起於何宿，則附餘數於度所止之宿。如殷曆以冬至日躔起度，則度起牽牛而以四分度之一附於斗，開元占經北方七宿占篇引石氏曰「斗二十六度四分度之一」是也。斗、牽牛爲星紀，度起星紀，則以四分度之一附於析木，下文曰「星分度箕十一四分一」是也。（尾、箕，析木也。）顓頊曆以立春日躔起度，則度起營室，而以四分度之一附於危，即此所云「日行危一度而歲有奇四分度之一」是也。廣雅説七燿行道曰：「日月五星行黄道，始營室、東壁。」又曰：「行須女、虚、危，復至營室。」是度起營室而止於危，月令所謂「日窮于次」也。故以四分度之一附於危焉。危不止一度而獨附於一度者，星度多少，古今不同，唯第一度不異，故附於此耳。開元占經日占篇引此正作「日行危一度」，又引注曰：「危，北方宿也。」則有危字明矣。若如今本作「日行一度」，則所謂四分度之一者，不知附於何宿矣。甚矣，其不可通也。**故四歲而積千四百六十一日而復合，故舍八十歲而復故曰。**◯黃楨云：曰當作日。一歲凡三百六十五日四分日之一，八十歲計有四百八十七甲子，而餘分皆盡，仍復故日干支也。

子午、卯酉爲二繩，繩，直也。**丑寅、辰巳、未申、戌亥爲四鉤。東北爲報德之維也，**報，復也。陰氣極於北方，陽氣發於東方，自陰復陽，故曰報德之維。四角爲維也。**西南爲背陽之維，**西南已過，陽將復陰，故曰背陽之維。**東南爲常羊之維，**常羊，不進不退之貌。東南純陽用事，不盛不衰，常如此，故曰常羊之維。◯莊逵吉云：常羊即相羊，亦即倘佯，漢書吳王濞傳又作方洋，司馬相如上林賦又作襄羊，皆是也，亦古字通用。**西北爲蹏通之維。**西北純陰，陽〔一〕氣閉結，陽氣將萌，蹏始通之，故曰蹏通之維。◯莊逵吉云：蹏，各本皆作蹏，疑藏本誤。**日冬至則斗北中繩，陰氣極，陽氣萌，故曰冬至爲德。**德，始生也。**日夏至則斗南中繩，陽氣極，陰氣萌，故曰夏至爲刑。**刑，始殺也。**陰氣極，則北至北極，下至黃泉，故不可以鑿地穿井。**◯王念孫云：太平御覽地部三十二池下引此作「鑿池穿井」，於義爲長。**萬物閉藏，蟄蟲首穴，故曰德在室。陽氣極，則南至南極，上至朱天，故不可以夷丘上**

〔一〕「陽」疑爲「陰」之誤。

屋。○陶方琦云：占經五引許注：「夷，平也。」按說文：「夷，平也。」與注淮南同。**萬物蕃息，五穀兆長，故曰德在野。日冬至則水從之，日夏至則火從之，故五月火正而水漏，**火正，火王也，故水滲漏。一說：火星正中，地漏溼也。**十一月水正而陰勝。**水正，水王也，故陰勝也。一說：營室正中于南方。○俞樾云：此文有錯誤。冬至水王，夏至火王，豈得但曰「水從之」、「火從之」？一也。火正與水漏有二義，水正與陰勝則止一義耳，兩文不稱，二也。且連下文讀之，曰「陽氣爲火，陰氣爲水，水勝故夏至溼，火勝故冬至燥」，夫冬至水從之，夏至火從之，則夏至何以溼，冬至何以燥乎？前後不相應，三也。今按：「日冬至則水從之，日夏至則火從之」，水、火二字當互易。冬至一陽生，故日冬至而火從之也；夏至一陰生，故日夏至而水從之也。「五月火生而水漏」，正說夏至水從之之義。言五月火方用事，而水氣已滲漏也。「十一月水正而陰勝」，陰乃火字之誤，勝字當讀爲升，勝、升古通用。謂十一月水方用事，而火氣已上升也，正說冬至火從之之義。如此，則與下文一貫矣。**陽氣爲火，陰氣爲水。水勝故夏至溼，火勝故冬至燥。燥故炭輕，溼故炭重。**○文典謹按：白帖十六引作：「水勝故夏至濕，火勝則冬至燥。燥則輕，濕則重。故先冬至、夏至，懸鐵〔一〕炭於衡，各一端，令〔二〕適停，冬至陽氣至則炭仰而鐵低，夏至則炭低而鐵仰也。」故「先冬至、夏至」以下，疑是注語，而今本脫之也。**日冬至，井水盛，盆**

〔一〕〔二〕「鐵」，原本作「土」，「令」，原本作「今」，據白帖及漢書李尋傳孟康注改。

水溢，羊脱毛，麋角解，鵲始巢；八尺之修，日中而景丈三尺。日夏至而流黄澤，石精出，流黄，土之精也，陰氣作於下，故流澤而出也。石精，五色之精也。○文典謹按：御覽九百八十七引，出作氣。蟬始鳴，半夏生，半夏，藥草。蟁蝱不食駒犢，鷙鳥不搏黄口；五月微陰在下，駒犢、黄口肌血脆弱未成，故蟁蝱、鷙鳥應陰，不食不搏也。八尺之景，脩徑尺五寸。景脩則陰氣勝，景短則陽氣勝。○文典謹按：藝文類聚三引作「八尺之表，景修尺五寸」。陰氣勝則爲水，陽氣勝則爲旱。

陰陽刑德有七舍。何謂七舍？室、堂、庭、門、巷、術、野。十二月德居室三十日，○王念孫云：十二月當爲十一月，上文云「冬至德在室」是也。○黄楨云：十二月當作十一月。上文云：「陰氣極，陽氣萌，故曰冬至爲德。」又曰：「萬物閉藏，蟄蟲首穴，故曰德在室。」冬至爲十一月中氣，則此十一月無疑也。先日至十五日，後日至十五日，而徙所居各三十日。德在室則刑在野，德在堂則刑在術，德在庭則刑在巷，陰陽相德則刑德合門。八月、二月，陰陽氣均，日夜分平，故曰刑德合門。德南則生，刑南則殺，故曰二月會而萬物生，八月會而草木死。

兩維之間，九十一度十六分度之五而升，自東北至東南爲兩維，市四維三百六十五度四分度之一，一度者，二千九百三十二里千四百六十一分里之三百四十八。日行一度，十五日爲一節，以生二十四時之變。○王念孫云：「九十一度十六分度之五」作一句讀。其高注「自東北至東南」云云，本在「十六分度之五」下，道藏本誤入「九十一度」下，度下又衍也字，遂致隔斷上下文義。劉績本删去也字，是也。乃又移高注於下文「而升」二字之下，而莊本從之，則其謬益甚矣。升當爲斗，字之誤也。（隸書斗字作什，形與升相似，傳寫往往譌溷。）「而斗日行一度」作一句讀，言斗柄左旋，日行一度，而以十五日爲一節也。上文云「紫宫執斗而左旋，日行一度，以周於天」，下文云「斗指子則冬至」，「加十五日指癸則小寒」，皆其明證也。斗指子則冬至，音比黄鐘；黄鐘，十一月也。鐘者，聚也，陽氣聚於黄泉之下也。加十五日指癸則小寒，音比應鐘；應鐘，十月也。陰應於陽，轉成其功，萬物應時聚藏，故曰應鐘。加十五日指丑則大寒，音比無射；無射，九月也。陰氣上升，陽氣下降，萬物隨陽而藏，無有射出見也，故曰無射。加十五日指報德之維，則越陰在地，故曰距日冬至四十六日而立春，陽氣凍解，音比南吕；南吕，八月也。南，任也，言陽氣内藏，陰侣於陽，任成其功，故曰南吕也。○王引之云：「陽氣凍解」，文不成義，當作「陽凍解」。陽凍，地上之凍也。陰凍，地中之凍也。立春之日，地上之凍先解，故曰「陽凍解」。管子臣乘馬篇曰「日至六十日而陽凍釋，七十日而陰凍釋」是也。今本陽下有氣字，因注内陽氣而衍。加十五日指寅則雨水，音比夷則；夷則，七月也。夷，傷。則，法也。陽衰陰發，萬物彫傷，應法成性，故曰夷則也。加十五日指甲則雷驚蟄，音比林鐘；林鐘，六月也。林，衆。鐘，聚也。陽極陰生，萬物衆聚而盛，故曰林鐘。加十五日指卯中繩，故曰春分，則雷行，音比蕤賓；蕤賓，五月也。陰氣萎蕤在下，似主人；陽在上，似賓客，故曰蕤賓也。加十五日指乙則清明風至，音比仲吕；仲吕，四月也。陽在外，陰在中，所以吕中於陽，助成功也，故曰仲吕也。加十五日指辰則穀雨，音比姑洗；姑洗，三月也。姑，故也。洗，新也。陽氣養生，去故就新，故曰姑洗也。加十五日指常羊之維則春分盡，故曰有四十六日而立夏，〇黄楨云：凡言四十六日，舉成數言之，其實四十五日又三十二分日之二十一。大風濟，濟，止。音比夾鐘；夾鐘，二月也。夾，夾也，萬物去陰，夾陽地而生，故曰夾鐘也。〇文典謹按：注「夾，夾也」，義不可通，疑當作「夾，莢也」。下文云：「夾鐘者，種始莢也。」是其證。又按：御覽二十三引注無地字。加十五日指巳則小滿，〇文典謹按：御覽二十三引注：「滿，冒也。」音比太蔟；太蔟，正月也。蔟，蔟也。陰衰陽發，萬物蔟地而生，故曰太蔟。〇文典謹按：御覽二十三引注，正月下有律字。加十五日指丙則芒種，音比大吕；大吕，十二月也。吕，侣也。萬物萌動於下，未能達見，故曰大吕。所以配黄鐘，助陽宣功也。加十五日指午則陽氣極，故曰有四十六日而夏至，音比黄鐘；加十五日指丁〇文典謹按：御覽二十三引注云：「斗杓指丁。」則小暑，音比大吕；加十五日指未則大暑，音比太蔟；加十五日指背陽之維則夏分盡，〇文典謹按：御覽二十三引，「背陽之維」上有庚字，夏分作夏節。故曰有四十六日而立秋，涼風至，音比夾鐘；加十五日指申則處暑，音比姑洗；加十五日指庚則白露降，音比仲吕；加十五日指酉中繩，故曰秋分，雷戒，蟄蟲北鄉，○王念孫云：戒當爲臧，字之誤也。臧，古藏字。秋分雷藏，與上文春分雷行相應。時則篇云：「八月雷不藏。」是其證也。且臧與鄉爲韻，若作戒，則失其韻矣。藏字古皆作臧，故説文無藏字。今書傳中作藏者多，作臧者少，大抵皆後人所改也。此臧字若不誤爲戒，則後人亦必改爲藏矣。音比蕤賓；加十五日指辛則寒露，音比林鐘；加十五日指戌則霜降，音比夷則；加十五日指蹏通之維則秋分盡，故曰有四十六日而立冬，草木畢死，音比南吕；加十五日指亥則小雪，音比無射；加十五日指壬則大雪，音比應鐘；○王引之云：冬至音比黄鍾，當爲音比應鍾，下當云小寒音比無射，大寒音比南吕，立春音比夷則，雨水音比林鍾，驚蟄音比蕤賓，春分音比仲吕，清明音比姑洗，穀雨音比夾鍾，立夏音比太蔟，小滿音比大吕，芒種音比黄鍾。其「日冬至，音比林鍾」，亦當爲音比應鍾。蓋音以數少者爲清，數多者爲濁。冬至以後，逆推十二律，由清而濁。夏至以後，順推十二律，由濁而清。冬至應鍾，其數四十二，爲最清。小寒無射，其數四十五，則濁於應鍾矣。大寒南吕，其數四十八，則又濁於無射矣。立春夷則，其數五十一，則又濁於南吕矣。雨水林鍾，其數五十四，則又濁於夷則矣。驚蟄蕤賓，其數五十七，則又濁於林鍾矣。春分仲吕，其數六十，則又濁於蕤賓矣。清明姑洗，其數六十四，則又濁於仲吕矣。穀雨夾鍾，其數六十八，則又濁於姑洗矣。立夏太蔟，其數七十二，則又濁於夾鍾矣。小滿大吕，其數七十六，則又濁於太蔟矣。芒種黄鍾，其數八十一，則最濁矣。故曰「日冬至音比應鍾，浸以濁」也。夏至以後，與此相反，故曰「日夏至音比黄鍾，浸以清」也。夏至音比黄鍾，爲音之最濁者，則冬至之音當爲最清者。最清者非應鍾而何？後人但知月令仲冬律中黄鍾之文，遂改冬至音比應鍾爲音比黄鍾，而移應鍾於小寒，且并無射以下遞移其次。（高注亦遞移。）而不知月令所言者十二月之律，此所言者二十四時之律，本不相同也。至改日冬至音比應鍾爲音比林鍾，則謬益甚矣。（宋書律志引此已誤。）又案：驚蟄本在雨水前，穀雨本在清明前。今本驚蟄在雨水後，穀雨在清明後者，後人以今之節氣改之也。漢書律歷志曰：「諏訾中驚蟄，今曰雨水；降婁初雨水，今曰驚蟄；大梁初穀雨，今曰清明；中清明，今曰穀雨。」是漢初驚蟄在雨水前，穀雨在清明前也。桓五年左傳正義引釋例曰：「漢太初以後更改氣名，以雨水爲正月中，驚蟄爲二月節。」月令正義引劉歆三統曆：「雨水正月中，驚蟄二月節。」又引易通卦驗：「清明三月節，穀雨三月中。」藝文類聚歲時部上引孝經緯曰：「斗指寅爲雨水，指甲爲驚蟄，指乙爲清明，指辰爲穀雨。」三書皆出太初以後，故氣名更改。（三統曆與緯書皆出西漢末。）不應淮南王書先已如是，其爲後人所改明矣。（逸周書周月篇：「春三月中氣驚蟄、春分、清明」，今本作「雨水、春分、穀雨」，時訓篇「驚蟄、雨水、穀雨、清明」，今本雨水在驚蟄前，清明在穀雨前，皆後人所改。辯見盧氏紹弓校定本。）日知録謂淮南子已先雨水後驚蟄，失之。**加十五日指子。故曰：陽生於子，陰生於午。陽生於子，**

故十一月日冬至，鵲始加巢，人氣鍾首。陰生於午，故五月爲小刑，薺麥亭歷枯，冬生草木必死。

斗杓爲小歲，斗第一星至第四爲魁，第五至第七爲杓。正月建寅，月從左行十二辰。○陶方琦云：文選謝莊月賦注引許注「歷十二辰而行」，占經六十七引作「越歷十二辰而行」。按：說文歲字下「越歷二十八宿」，越字應增。咸池爲太歲，○錢曉徵答問云：問淮南以咸池爲太歲，與它書所言太歲異，何故？曰：淮南書云「斗杓爲小歲，咸池爲大歲」，「大時者咸池也，小時者月建也」，皆以大小相對，初未嘗指咸池爲太歲。其作太歲者，乃後人轉寫之譌。吴斗南兩漢刊誤謂淮南不名天一爲太歲，又自以咸池名之，則南宋本已誤矣。○王念孫云：錢說是也。二月建卯，月從右行四仲，終而復始。太歲迎者辱，背者强，左者衰，右者昌，小歲東南則生，西北則殺，不可迎也，而可背也，不可左也，而可右也，其此之謂也。大時者，咸池也；小時者，月建也。天維建元，常以寅始起，右徙一歲而移，十二歲而大周天，終而復始。○王引之云：起字上當有脱文，蓋言甲寅之年歲星在娵訾之次，（營室、東壁也，詳見下條。）是歲星所起也。起與二始字、二子字韻也。（二子字見下文。）必言歲星所起者，太歲與歲星相應而行，故言太歲建元必以歲星也。漢書律曆志曰：「木金相乘爲十二，是爲歲星小周。小周乘巛策爲一千七百二十八，是爲歲星歲數。」鄭注周官保章氏曰：「歲星爲陽，右行於天。太歲爲陰，左行於地。十二歲而小周。」馮相氏疏曰：「太歲在地，與天上歲星相應而行。歲星爲陽，右行於天，一歲移一辰。又分前辰爲一百四十四分而侵一分，則一百四十四年跳一辰。十二辰帀，則總有千七百二十八年，十二跳辰帀。以此而計之，十二歲一小周，謂一年移一辰故也。千七百二十八年一大周，十二跳帀故也。歲左行於地，一與歲星跳辰年數同。」（以上賈疏。）然則「右徙」「周天」皆謂歲星，若建寅之太歲，左行於地，不得謂之「右徙」「周天」矣。起字之上有脱文無疑。周天上本無大字，後人加之也。歲星十二歲而小周天，不得謂之大周。淮南王時未有歲星超辰之説，亦無大周、小周之分，上文曰：「歲星歲行三十度十六分度之七，（句。）十二歲而周。」無大字。

淮南元年冬，太一在丙子，淮南王作書之元年也。一曰：淮南王長，孝文皇帝異母弟也。僭號自稱東帝，以徙嚴道，道死于雒。其四子皆爲列侯。時人歌之曰：「一尺繒，好童童。一斗粟，飽蓬蓬。兄弟二人，不能相容。」文帝聞之曰：「以我爲利其土耶？」皆召四侯而王之。是則淮南王安即位之元年，以紀時也。○王引之云：太一乃北極之神，與紀歲無涉。太一當作天一。此因天字脱去上畫，後人又加點於下耳。廣雅曰：「天一，太歲也。」漢元封七年，太歲在丙子，上推至文帝十六年，（下距元封七年凡六十年。）爲淮南王安始封之年，太歲亦當在丙子，故曰「天一在丙子」也。古者天一、太歲、太陰，名異而實同，詳見太歲攷。○洪頤煊云：漢書淮南王傳：「文帝十六年，乃徙阜陵侯安爲淮南王。」是年歲在丁丑，而云「太一在丙子」者，據冬至在年前立算，從冬至甲午，距立春四十三日而得丙子，以節氣盈縮，故下文云「日冬至子午，夏至卯酉」，「壬午冬至，甲子受制，木用事」，亦四十三日而得立春也。**冬至甲午，立春丙子。**〇王引之云：「潛研堂文集曰：「淮南天文訓『冬至甲午，立春丙子』，必有譌。蓋冬至與立春相去四十五日有奇，古今不易。自甲午訖丙子僅四十三日，此理之所必無者。以術推之，是年冬至蓋己酉日，立春則甲午日耳。」案：錢説非也。下文：「日冬至子午，夏至卯酉，冬至加三日則夏至之日也。歲遷六日，終而復始。」高注曰：「遷六日，今年以子冬至，後年以午冬至也。」則冬至之日，非子卽午明矣。下文「壬午冬至，甲子受制」，謂立春也。與此「冬至甲午，立春丙子」，其法正同，不得以甲午爲己酉之譌也。「立春丙子」與上文始、起、始、子爲韻，若作「立春甲午」，則失其韻矣。冬至甲午，至立春丙子四十三日，與後人歷法不同者，古法多疏故也。下文壬午冬至，至甲子受制亦四十三日，以是明之。〇黄楨云：甲午字有誤。依顓頊壬申蔀推之，當得庚寅日酉初冬至，丙子日辰末立春。篇首以顓頊原起，案漢書言漢興襲用秦正朔，以北平侯張蒼言用顓頊曆，史記又言張蒼爲淮南厲王相，則此用顓頊曆可知也。

二陰一陽成氣二，二陽一陰成氣三，陰矖㣼，故得氣少。陽精微，故得氣多。一説：上得二，下得三，合爲五，故曰「合氣而爲音」，音數五也。〇王引之云：二陰當作一陰。一陰一陽，所以成氣二也。高注曰：「陰矖㣼，故得氣少。陽精微，故得氣多。」正以一陰與一陽爲二，一陰與二陽爲三，陰數少而陽數多也。續漢書天文志引律術曰「陽性動，陰性静，動者數三，静者數二」是也。二陰而分言之，則各爲一陰矣。〇俞樾云：陽之數以三而奇，陰之數以二而偶，所謂「參天兩地」也。周書武順篇曰：「男生而成三，女生而成兩。」是其義也。二陰一陽，則二二如四，一三如三，其數七。除五生數，則得成數二。所謂「二陰一陽成氣二」也。二陽一陰，則二三如六，一二如二，其數八。除五生數，則得成數三。所謂「二陽一陰成氣三」也。高注未得其解。此陰陽之數，卽易少陽、少陰之數，説詳羣經平議。合氣而爲音，合陰而爲陽，合陽而爲律，故曰五音六律。音自倍而爲日，律自倍而爲辰，故日十而辰十二。

月日行十三度七十六分度之二十六，六或作八。○黄楨云：作八是也。七十六分度之二十八，卽十九分度之七也。作六字誤。二十九日九百四十分日之四百九十九而爲月，而以十二月爲歲。歲有餘十日九百四十分日之八百二十七，故十九歲而七閏。

日冬至子午，夏至卯酉，冬至加三日，則夏至之日也。冬至後三日，則明年夏至之日。歲遷六日，終而復始。遷六日，今年以子冬至，後年以午冬至也。壬午冬至，甲子受制，木用事，火煙青。木色青也，東方。七十二日丙子受制，火用事，火煙赤。火色赤也，南方。七十二日戊子受制，土用事，火煙黄。土，中央，其色黄。七十二日庚子受制，金用事，火煙白。西方金，其色白。七十二日壬子受制，水用事，火煙黑。北方水，其色黑。七十二日而歲終，庚子受制。歲遷六日，以數推之，七十歲而復至甲子。○王引之云：上文言「壬午冬至，甲子受制」，由甲子受制，以歲遷六日推之，一日乙丑，二日丙寅，三日丁卯，四日戊辰，五日己巳，六日庚午，則當作「庚午受制」。今本作庚子，涉上文庚子而誤也。由甲子受制每歲以遷六日推之，至十歲而六十甲子終而復始，則當作「十歲而復至甲子」。今本十上有七字，涉上文「七十二日」而衍也。甲子受制則行柔惠，挺羣禁，開闔扇，通障塞，毋伐木。甲，木也，木王東方，故施柔惠。蟄伏之類出由户，故開闔扇，通障塞。春木王，故毋伐木也。丙子受制則舉賢良，賞有功，立封侯，出貨財。火用事，象陽明，識功勞，故封建侯，出貨財。戊子受制則養老鰥寡，行粰鬻，施恩澤。土用事，象土長養，故施恩澤也。○王念孫云：「養老鰥寡」當作「養長老，存鰥寡」。今本脱長、存二字，則句法與上下文不協。時則篇曰：「季夏存視長老，行稃鬻。」「仲秋養長老，行稃鬻飲食。」春秋繁露治水五行篇曰：「土用事則養長老，存幼孤，矜寡獨，施恩澤。」開元占經填星占篇引巫咸曰：「填星受制則養老，（蓋脱長字。）存鰥寡，行饘粥，施恩澤。」皆其證。庚子受制則繕牆垣，修城郭，審羣禁，飾兵甲，儆百官，誅不法。金用事，象金斷割，故誅不如法度也。壬子受制則閉門閭，大搜客，禁搜客，出新客。斷刑罰，殺當罪，息關梁，禁外徙。水用事，象冬閉固，故禁外徙也。甲子氣燥濁，丙子氣燥陽，戊子氣溼濁，庚子氣燥寒，壬子氣清寒。丙子干甲子，蟄蟲早出，木氣温，故早出。故雷早行。戊子干甲子，胎夭卵毈，鳥蟲多傷。庚子干甲子，有兵。壬子干甲子，春有霜。戊子干丙子，霆。庚子干丙子，夷。夷，傷也。夷或爲雹。壬子干丙子，雹。甲子干丙子，地動。庚子干戊子，五穀有殃。壬子干戊子，夏寒雨霜。甲子干戊子，介蟲不爲。不成爲介蟲也。○莊逵吉云：爲，讀如譌。書「平秩南譌」，譌，化也，亦古字通用。高義未晰。丙子干戊子，大旱，苽封熯。苽，蔣草也，生水上，相連特大如薄者也，名曰封。旱燥，故熯也。壬子干庚子，大剛，魚不爲。不成爲魚。○王引之云：大剛二字，義不可通。大字蓋因上文「大旱」而衍。剛當爲則，字之誤也。「則魚不爲」四字連讀。（高注：「不成爲魚。」）春秋繁露治亂五行篇曰：「水干金則魚不爲。」是其證。甲子干庚子，草木再死再生。丙子干庚子，草木復榮。今八月、九月時，李柰復榮生實是也。戊子干庚子，歲或存或亡。甲子干壬子，冬乃不藏。地氣發也。丙子干壬子，星隊。隊，隕。戊子干壬子，蟄蟲冬出其鄉。庚子干壬子，冬雷其鄉。

季春三月，豐隆乃出，以將其雨。豐隆，雷也。至秋三月，季秋之月。地氣不藏，乃收其殺，百蟲蟄伏，靜居閉户，殺氣。青女乃出，以降霜雪。青女，天神青霄玉女，主霜雪也。○文典謹按：北堂書鈔百五十四、初學記二引，並無雪字。行十二時之氣，以至于仲春二月之夕，乃收其藏而閉其寒，收斂其所藏而閉之。○王念孫云：太平御覽時序部四引此本作「乃布收其藏而閉其寒」，引高注本作「收斂其所藏而出布之，閉其陰寒，令不得發泄」。後人既不解布收二字之義而削去布字，又删改高注以滅其迹，甚矣，其妄也。又案：布收其藏者，布，讀爲敷，周頌賚篇箋云：「敷，猶偏也。」言偏收其藏而閉其寒也。上文云「至秋三月，地氣下藏，百蟲蟄伏」，故此言仲春之夕乃布收其藏而閉其寒。布字在收其藏之上，本謂偏收其藏，非謂收其所藏而出布之也。高氏誤解布字，後人求其説而不得，遂以布爲衍文而削之矣。○俞樾云：高注曰：「收斂其所藏而閉之。」然二月非收斂之時，義不可通。太平御覽時序部引作乃「布收其藏而閉其寒」，引高注作「收斂其所藏而出布之」，是今本脱布字。然布收連文，義亦未安。收疑攽字之誤。尚書洛誥篇「乃惟孺子頒」，説文攴部作「乃惟孺子攽」，是布攽即布頒，猶言頒布也。上文云「至秋三月，地氣下〔一〕藏」，故至二月乃布頒之也。高氏據誤本作注，後人以布收異義，不得連文，遂以布爲衍字而削之矣。**女夷鼓歌，以司天和，以長百穀禽鳥草木。**女夷，主春夏長養之神也。○王念孫云：禽鳥當爲禽獸。藝文類聚歲時部上引作「以養百穀禽獸草木」，太平御覽時序部四百、穀部一並引作「以長百穀禽獸草木」，是其證。**孟夏之月，以熟穀禾，雄鳩長鳴，爲帝候歲。**雄鳩，布穀也。○文典謹按：御覽九百二十一引，禾作米，注「雄鳩」下有蓋字。**是故天不發其陰，則萬物不生；地不發其陽，則萬物不成。天圓地方，道在中央。日爲德，月爲刑。月歸而萬物死，日至而萬物生。遠山則山氣藏，遠水則水蟲蟄，遠木則木葉槁。日五日不見，失其位也，聖人不與也。**與，猶説也。

〔一〕「下」，正文作「不」，疑正文誤。

日出于暘谷，○文典謹按：文選潘安仁西征賦「旦似湯谷，夕類虞淵」注、張景陽雜詩十首「朝霞迎白日，丹氣臨暘谷」注引，「暘谷」並作「湯谷」。又史記五帝本紀索隱引，亦作湯谷，云：「史記舊本作湯谷，今並依尚書字。」**浴于咸池，拂于扶桑，是謂晨明。**拂，猶過，一曰至。**登于扶桑，**○文典謹按：藝文類聚一、初學記天部上、御覽三引，並作「登于扶桑之上」。初學記、御覽並引注云：「扶桑，東方之野。」**爰始將行，是謂朏明。**朏明，將明也。朏，讀若朏諸皋之朏也。○文典謹按：初學記、御覽引，朏下並有舊注云：「音斐。」**至于曲阿，**○文典謹按：初學記、御覽並有注云：「曲阿，山名。」**是謂旦明。**平旦。○文典謹按：藝文類聚、初學記、御覽引，旦並作朝。北堂書鈔百四十九引注云：「旦明，平旦也。曲阿所由明也。」**至于曾泉，是謂蚤食。**○文典謹按：藝文類聚、初學記、御覽引，並作「臨于曾泉」。初學記、御覽並有注云：「曾，重也。早食時在東方多水之地，故曰曾泉。」書鈔引注云：「曾，源也。」**至于桑野，**○文典謹按：藝文類聚、初學記、御覽引，並作「次于桑野」。**是謂晏食。至于衡陽，**○文典謹按：藝文類聚、初學記、御覽引，並作「臻于衡陽」。**是謂隅中。**○文典謹按：藝文類聚、初學記、御覽引，隅並作禺。**至于昆吾，是謂正中。**昆吾丘在南方。○文典謹按：藝文類聚、初學記、御覽引，並作「對于昆吾」。**至于鳥次，是謂小還。**鳥次，西南之山名也，鳥所宿止。○文典謹按：藝文類聚、初學記、御覽引，並作「靡於鳥次」。**至于悲谷，是謂餔時。**悲谷，西南方之大壑。言其深峻，臨其上令人悲思，故曰悲谷。○文典謹按：藝文類聚、初學記、御覽引，餔並作晡。**至于女紀，是謂大還。**女紀，西北陰地。○王念孫云：小還、大還，當爲小遷、大遷，字之誤也。遷之爲言西也。日至昆吾，謂之正中。至鳥次，則小西矣，故謂之小遷。至女紀，則大西矣，故謂之大遷。漢書律曆志曰：「少陰者西方，西，遷也，陰氣遷落物。」白虎通義曰：「西方者，遷方也。萬物遷落也。」是遷與西同義。若作小還、大還，則義不可通矣。舊本北堂書鈔天部一及藝文類聚、初學記天部上、太平御覽天部三引此，並作小遷、大遷。○文典謹按：藝文類聚、初學記、御覽引，並作「迴于女紀」。**至于淵虞，是謂高春。**淵虞，地名。高春，時加戌民碓春時也。○王念孫云：淵虞當作淵隅。隅、虞聲相亂，又涉下文虞淵而誤也。桓五年公羊傳疏、舊本北堂書鈔及藝文類聚、初學記、太平御覽引此並作淵隅。楚辭天問補注引此亦作淵隅，則南宋本尚不誤。○文典謹按：至于，藝文類聚、初學記、御覽引並作經于。初學記引注云：「言尚未冥，上蒙先春曰高春。」**至于連石，是謂下春。**連石，西北山。言將欲冥，下象息春，故曰下春。連，讀腐爛之爛。○文典謹按：藝文類聚、初學記、御覽引，並作「頓于連石」。**至于悲泉，爰止其女，爰息其馬，是謂縣車。**○文典謹按：初學記、御覽引此四句作「爰止羲和，爰息六螭，是謂縣車」。初學記引注云：「日乘車，駕以六龍，羲和御之。日至此而薄于虞泉，羲和至此而迴六螭。」御覽引注多「卽六龍也」四字。書鈔馬作武。**至于虞淵，是謂黄昏。**○文典謹按：藝文類聚、初學記、御覽引，並作「薄於虞泉」。○文典謹按：文選琴賦注引高注：「視物黃也。」至于蒙谷，是謂定昏。蒙谷，北方之山名也。盧敖所見若士之所也。○莊逵吉云：御覽作「淪于蒙谷」，蒙谷即尚書昧谷，蒙、昧聲相通。○王念孫云：至本作淪，此涉上文諸至字而誤也。淪，入也，没也。「淪於蒙谷」與上「出於扶桑」相對。舊本北堂書鈔及藝文類聚、初學記、太平御覽引此，並作淪。楚辭補注同。○文典謹按：北堂書鈔引注作：「蒙谷，北極山之名也。」日入于虞淵之汜，曙于蒙谷之浦，曙，明。浦，涯。○文典謹按：初學記引作：「日入崦嵫，經於細柳，入虞泉之池，曙於蒙谷之浦。日西垂景在樹端，謂之桑榆。」又引注：「嵫音兹，亦曰落棠山。細柳，西方之野。蒙谷，濛汜之水。桑榆，言其光在桑榆樹上。」御覽引，嵫作滋，「經於細柳」作「經細柳」，餘同。白帖一引作「入於虞泉」。行九州七舍，有五億萬七千三百九里，自陽谷至虞淵，凡十六所，爲九州七舍也。禹以爲朝、晝、昏、夜。○王念孫云：禹字義不可通，禹當爲離。俗書離字作離，脱去右畔而爲禹耳。離者，分也。言分爲朝晝昏夜也。精神篇「别爲陰陽，離爲八極」，文義與此同。夏日至則陰乘陽，是以萬物就而死；冬日至則陽乘陰，是以萬物仰而生。晝者陽之分，夜者陰之分，是以陽氣勝則日修而夜短，陰氣勝則日短而夜修。

帝張四維，○莊逵吉云：御覽有注云：「帝，天帝也。」運之以斗，運，旋也。月徙一辰，復反其所。正月指寅，十二月指丑，○莊逵吉云：御覽作「十一月指子」。一歲而匝，終而

復始。○王引之云：「十二月指丑」本作「十一月指子」，後人改之也。指寅、指子，皆曆元所起，故以二者言之。晉書律曆志引董巴議曰：「顓頊曆以今之孟春正月爲元，其時正月朔旦立春，五星會于天廟營室也。湯作殷曆，更以十一月朔旦冬至爲元首。下至周、魯及漢，皆從其節。」是顓頊曆起寅月，殷曆起子月也，故下文「指寅，寅，則萬物螾螾然也」，先言指寅，顓頊曆之遺法也。上文「斗指子則冬至」，先言指子，殷曆之遺法也。指寅、指子，皆言其始。一歲而帀，乃言其終。蓋起於寅者至丑而帀，起於子者至亥而帀也。後人不知古曆有二法，而改爲「十二月指丑」，非也。指丑則一歲已帀，不須更言「一歲而帀」矣。且子與始爲韻，若作丑，則失其韻矣。太平御覽時序部一引此，正作「十一月指子」。**指寅，則萬物螾螾也，**動生貌。○莊逵吉云：本皆作萬物螾，藏本同，惟太平御覽作螾螾也。依義，御覽是，今從之。○王念孫云：此當作「指寅，（句。）寅，（句。）則萬物螾螾然也。（句。）」「寅，則萬物螾螾然」者，猶云：寅者，言萬物螾螾然。故高注曰「動生貌」。史記律書亦曰：「寅者，言萬物始生螾然也。」今本寅下脱一寅字，螾下又脱「螾然也」三字，則文不成義，且句法與下文不協矣。太平御覽時序部一引此，正作「寅，則萬物螾螾然也」。**律受太蔟。太蔟者，蔟而未出也。**○莊逵吉云：御覽作「湊而未出也」，下有注云：「太蔟，正月律。」**指卯，卯則茂茂然，律受夾鐘。夾鐘者，種始莢也。**○莊逵吉云：御覽下有注云：「夾鐘，二月律。」**指辰，辰則振之也，律受姑洗。姑洗者，陳去而新來也。**○莊逵吉云：御覽下有注云：「姑洗，三月律。」**指巳，巳則生已定也，律受仲呂。仲呂者，中充大**

也。○莊逵吉云：御覽下有注云：「仲吕，四月律也。」指午，午者，忤也，律受蕤賓。蕤賓者，安而服也。○莊逵吉云：御覽下有注云：「蕤賓，五月律。」指未，未，昧也，○王念孫云：未下脱者字，昧本作味。後人以漢書律曆志云「昧薆於未」，故改味爲昧。不知淮南自訓未爲味，與漢書不同也。五行大義論支榦名篇及太平御覽引淮南並云：「未者，味也。」白虎通義及廣雅並云：「未，味也。」説文：「未，味也。六月滋味也。」（六月下有脱文。）史記律書：「未者，味也，言萬物皆成，有滋味也。」義並與淮南同。律受林鐘。林鐘者，引而止也。○莊逵吉云：御覽下有注云：「林鐘，六月律。」指申，申者，呻之也，○王念孫云：之字當在上文「引而止」下，今本誤在呻字下，則文不成義。五行大義論律吕篇、論支榦名篇及太平御覽引此，並云：「林鐘者，引而止之也。申者，呻也。」是其證。律受夷則。夷則者，易其則也，德以去矣。○莊逵吉云：御覽下有注云：「夷則，七月律。德以去，生氣盡也。」指酉，酉者，飽也，律受南吕。南吕者，任包大也。○莊逵吉云：御覽下有注云：「南吕，八月律。」指戌，戌者，滅也，律受無射。無射〔一〕，入無厭也。○莊逵吉云：御覽作「入之無厭也」，下有注云：「無射，九月律。」指亥，亥者，閡也，律受應鐘。應鐘者，應其鐘也。○莊逵吉云：御覽下有注云：「應鐘，十

〔一〕「無射」下似當有「者」字。

月律。」指子，子者，兹也，律受黄鐘。黄鐘者，鐘已黄也。○莊逵吉云：御覽下有注云：「黄鐘，十一月律。」指丑，丑者，紐也，律受大呂。大呂者，旅旅而去也。○莊逵吉云：御覽下有注云：「大呂，十二月律。」其加卯酉，則陰陽分，日夜平矣。○王引之云：此三句不與上文相承，尋繹文義，當在前「日短而夜脩」之下，云「其加卯酉」者，（王弼注老子曰：「加，當也。」）承「夏日至」、「冬日至」言之，彼言冬夏至，此言春秋分也。言「陰陽分，日夜平」者，承陽勝陰勝、日夜脩短言之，言至春秋分則陰陽無偏勝，日夜無脩短也。寫者錯亂在此，今更定其文如下：「夏日至則陰乘陽，是以萬物就而死；冬日至則陽乘陰，是以萬物仰而生。晝者陽之分，夜者陰之分，是以陽氣勝則日脩而夜短，陰氣勝則日短而夜脩。其加卯酉，則陰陽分，日夜平矣。」故曰規生矩殺，衡長權藏，繩居中央，爲四時根。

道曰規，始於一，○王念孫云：曰規二字，與上下文義不相屬，此因上文「故曰規生矩殺」而誤衍也。宋書律志作「道始於一」，無曰規二字。一而不生，故分而爲陰陽，陰陽合和而萬物生，故曰「一生二，二生三，三生萬物」。天地三月而爲一時，故祭祀三飯以爲禮，喪紀三踊以爲節，兵重三罕以爲制。○王念孫云：重、罕二字義不可通。重當爲革。罕當爲軍。言兵革之事祭祀、喪紀、兵革，皆相對爲文。革字古文作𠦶，隸省作单，與重相似而誤。軍字草書作𫝀，與罕相似而誤。以三參物，三三如九，故黄鐘之律九寸而宮音調。調，和也。因而九之，九九八十一，故黃鐘之數立焉。黃者，土德之色；鐘者，氣之所種也。日冬至德氣爲土，土色黃，故曰黃鐘。律之數六，分爲雌雄，故曰十二鐘，以副十二月。十二各以三成，故置一而十一，三之，爲積分十七萬七千一百四十七，黃鐘大數立焉。凡十二律，黃鐘爲宮，太蔟爲商，姑洗爲角，林鐘爲徵，南呂爲羽。物以三成，音以五立，三與五如八，○文典謹按：北堂書鈔百十二引，如作而。故卵生者八竅。律之初生也，寫鳳之音，故音以八生。黃鐘爲宮，宮者，音之君也，故黃鐘位子，其數八十一，主十一月，下生林鐘。林鐘之數五十四，主六月，上生太蔟。太蔟之數七十二，主正月，下生南呂。南呂之數四十八，主八月，上生姑洗。姑洗之數六十四，主三月，下生應鐘。應鐘之數四十二，主十月，上生蕤賓。蕤賓之數五十七，主五月，上生大呂。大呂之數七十六，主十二月，下生夷則。夷則之數五十一，主七月，上生夾鐘。夾鐘之數六十八，主二月，下生無射。無射之數四十五，主九月，上生仲呂。仲呂之數六十，主四月，極不生。徵生宮，宮生商，○劉績云：當作「宮生徵，徵生商」。○王念孫云：劉說是也。上文曰黃鍾爲宮，太蔟爲商，林鍾爲徵，又曰黃鍾下生林鍾，林鍾上生太蔟，所謂「宮生徵，徵生商」也。宋書律志、晉書律曆志並作「宮生徵，徵生商」，地形篇亦曰「變宮生徵，變徵生商」。（高注：「變猶化也。」）商生羽，羽生角，角生姑洗，○王引之云：音律相生，皆非同位者。上文曰「姑洗爲角」，則角與姑洗爲一，不得云「角生姑洗」也。生當爲主。「角主姑洗」猶言姑洗爲角耳。主與生相似，又因上下文生字而誤。宋書律志亦誤作生。

姑洗生應鐘，比于正音，故爲和。 應鐘，十月也。與正音比，故爲和。和，從聲也。一曰和也。**應鐘生蕤賓，不比正音，故爲繆。** ○劉績云：以序論之，黄鍾爲宫，以次而商、角、徵、羽。姑洗生應鍾變宫在南呂羽之後，故曰比於正音爲和。應鍾生蕤賓變徵間入正音角羽之間，故曰不比正音爲繆。○王引之云：劉説非也。七音之序，周回相次，變宫在羽之後、宫之前，變徵在角之後、徵之前。（唐武后樂書要録説七聲次第曰：假令十一月黄鍾爲宫，隔一月以正月太蔟爲商，又隔一月以三月姑洗爲角，又隔一月以五月蕤賓爲變徵，卽以其次之月六月林鍾爲徵，又隔一月以八月南呂爲羽，又隔一月以十月應鍾爲變宫，周迴還與十一月相比也。）其道相同，豈有順逆之分乎。比，讀如易比卦之比。比，入也，合也。閔元年左傳曰「屯固比入」，又曰「合而能固」是也。（説林篇「黄鍾比宫，太蔟比商」，與此比字同義。）「比於正音，故爲和」，本作「不比於正音，故爲和」，注内「與正音比」本作「不與正音比」。「不比於正音」者，不入於正音也。言應鍾是宫之變音，故不入於正音；不入於正音則命名當有以别之，故謂之曰和。和者，言其調和正音也。蕤賓是徵之變音，故亦不入於正音，不入於正音則命名當有以别之，故謂之曰繆。（音目。）繆之言穆，穆亦和也。（大雅烝民箋曰：「穆，和也。」穆、繆古字通。）言其調和正音也。（周語：「以七同其數，而以律和其聲，於是乎有七律。」昭二十年左傳正義釋其義曰：「變宫、變徵，舊樂無之，聲或不會，而以律調和其聲，使與五音諧會。」是應鍾、蕤賓二律，皆所以調和其聲也。）漢書楊雄傳甘泉賦說風聲曰：「陰陽清濁，穆羽相和兮，若夔、牙之調琴。」穆與繆同，穆在變音之末，言穆而和可知矣。羽在正音之末，言羽而宮商角徵可知矣。變聲與正聲相調和，故曰穆羽相和。（張晏曰「穆然相和」，殆未達穆字之義。）以律管言之，則變宮爲和，變徵爲穆；以琴弦言之，則當以少宮爲和，少商爲穆。琴亦有和穆二音，故曰「穆羽相和，若夔、牙之調琴」也。然則變音之繆，本與穆同。而穆之命名，正取相和之義，明矣。後人誤讀繆爲紕繆之繆，以爲和與繆相反，（宋書引舊注曰：「繆，音相干也。」亦誤解繆字。）遂於應鍾不比於正音句删去不字，以別於蕤賓，并注中不字而亦删之。古訓之不通，其勢必至於妄改矣。宋書律志正作「姑洗生應鍾，不比於正音，故爲和」，載注文正作「不與正音比」。晉書律曆志引淮南王安曰：「應鍾不比正音，故爲和。」足證今本之謬。日冬至，音比林鐘，浸以濁。日夏至，音比黄鐘，浸以清。以十二律應二十四時之變，甲子，仲吕之徵也；丙子，夾鐘之羽也；戊子，黄鐘之宫也；庚子，無射之商也；壬子，夷則之角也。

古之爲度量輕重，生乎天道。黄鐘之律脩九寸，物以三生，三九二十七，故幅廣二尺七寸。古者幅比皆然也。〇王引之云：「物以三生」下，本有「三三九」一句，後人以上文已言「三三如九」，故删去此句。不知上文「三三如九，九九八十一」，與此文「三三九，三九二十七」，皆上下相承爲義。物以三生，故必先以三自乘而得九，然後以三乘九而得二十七。且上文與此相離甚遠，不得因彼而省此也。宋書正作「三三九，三九二十七」。「幅廣二尺七寸」下，本有「古之制也」四字，故高注曰：「古者幅皆然也。」（各本皆上衍比字，今删。）脱去此句，則注文爲贅設矣。宋書正作「故幅廣二尺七寸，古之制也」。**音以八相生，故人脩八尺，尋自倍，故八尺而爲尋。有形則有聲，音之數五，以五乘八，五八四十，故四丈而爲匹。匹者，中人之度也。一匹而爲制。**○王引之云：此文多不可通。人修八尺，尋自倍，則丈六尺矣，而云「人修八尺，尋自倍，故八尺而爲尋」，其不可通一也。音以八相生，音卽聲也，何須更云「有形則有聲」？其不可通二也。匹長四丈，人之長安得有此，而云「匹者，中人之度」？其不可通三也。蓋寫者譌舛失次，兼有脱文。宋書已與今本同，則後人以誤本淮南改之也。今更定其文而釋之如下：「有形則有聲，音以八相生，故人臂修四尺，尋自倍，故八尺而爲尋。尋者，中人之度也。音之數五，以五乘八，五八四十，故四丈而爲匹。一匹而爲制。」云「有形則有聲」者，有形謂上文「黃鍾之律修九寸」也，有聲謂「音以八相生」也。云「人臂修四尺」者，一切經音義卷十七引淮南云「人臂四尺，尋自倍，故八尺曰尋」是也。云「尋者，中人之度也」者，考工記曰「人長八尺」是也。**秋分蔈定，蔈定而禾熟。**蔈，禾穗，粟孚甲之芒也。定者，成也，故禾熟。蔈，讀如詩「有貓有虎」之貓，古文作秒也。○莊逵吉云：説文解字：「秒，禾芒也。」蓋正字應作秒，此借白花蔈之蔈當之，亦通用。○王念孫云：隋書律曆志引此，作「秋分而禾蔈定，蔈定而禾熟」，是也。宋書律志同。今本脱「而禾」

二字，則文義不明。○陶方琦云：説文稱字下注引「秋分而秒定」，是許本淮南作秒也。説文：「秒，禾芒也。」宋書及隋律曆志引淮南舊注云：「標，禾穗芒也。」字作標，義正與許氏説文合，其爲許注無疑。高注云「古文作秒」，蓋古本也，疑卽指許氏之本。主術訓「寸生於標」，高注：「標，禾穗標孚榆頭芒也。」與此注説正同。律之數十二，故十二蔈而當一粟，十二粟而當一寸。律以當辰，音以當日，日之數十，十，從甲至癸日。故十寸而爲尺，十尺而爲丈。○王引之云：十二蔈當一粟，十二粟當一寸，則百四十四蔈而當一寸也。主術篇「寸生於標」，（蔈、標並與秒同，今本標誤作㯹，辯見主術。）高注曰：「十二標爲一分，（今本脱二字。）十分爲一寸，十寸爲一尺，十尺爲一丈。」説文亦曰：「律數十二秒而當一分，十分而寸。」則是百二十蔈而當一寸，與此不同也。許、高二家之説，俱本於此篇，使原文作「十二蔈而當一粟、十二粟而當一寸」，則二家之説何以並言「十二蔈爲分，十分爲寸」乎？且主術篇明言「寸生於標」，不得又以粟參之也。然則今本爲後人所改明矣。宋書律志與今本同，則其誤已久。今依主術篇及許、高二家之説而更定之如下：「律之數十二，故十二蔈而當一分。律以當辰，音以當日，日之數十，故十分而爲寸，十寸而爲尺，十尺而爲丈。」其以爲量，十二粟而當一分，分，言其輕重分銖也。十二分而當一銖，○王念孫云：量當爲重。重、量字相近，又因上文「度量」而誤也。自十二粟以下，皆言其重之數，非言其量之數。説文禾部注及宋書律志並作「其以爲重」。十二銖而當半兩。衡有左右，因倍之，故二十四銖爲一兩。天有四時，以成一歲，因而四之，四四十六，故十六兩而爲一觔。三月而爲一時，三十日爲一月，故三十觔爲一鈞。四時而爲一歲，故四鈞爲一石。其以爲音也，一律而生五音，十二律而爲六十音，因而六之，六六三十六，故三百六十音以當一歲之日。故律曆之數，天地之道也。下生者倍，以三除之；上生者四，以三除之。鐘律上下相生，誘不敏也。太陰元始建于甲寅，一終而建甲戌，二終而建甲午，三終而復得甲寅之元。歲徙一辰，立春之後，得其辰而遷其所順，前三後五，百事可舉。前後，太陰之前後也。太陰所建，蟄蟲首穴而處，鵲巢鄉而爲户。○文典謹按：穴，莊本作定。御覽九百四十四引作「太陰所在，蟄蟲首穴處，鵲巢以鄉爲户」，傳寫宋本亦作「蟄蟲首穴而處」，今據改。太陰在寅，朱鳥在卯，勾陳在子，玄武在戌，白虎在酉，蒼龍在辰。○王引之云：下文「天神之貴者，莫貴於青龍，或曰天一，或曰太陰」，是太陰卽蒼龍也。既云「太陰在寅」，不當復云「蒼龍在辰」矣。下文「凡徙諸神，朱鳥在太陰前一，鉤陳在後三，玄武在前五，白虎在後六」，而不言蒼龍所在，正以太陰卽蒼龍也。「蒼龍在辰」四字，蓋淺人所加。寅爲建，卯爲除，辰爲滿，巳爲平，主生；午爲定，未爲執，主陷；申爲破，主衡；酉爲危，主杓；戌爲成，主少德；亥爲收，主大德；子爲開，主太歲；丑爲閉，主太陰。

太陰在寅，歲名曰攝提格，○王引之云：太陰二字，乃下屬爲句，與下文「太陰在卯」之屬相同，主下當別有所主之事，而今脱去。王應麟小學紺珠始誤讀「主太陰」爲句，劉本遂重「太陰」

二字，而各本及莊本從之，非也。上文云「太陰在寅」，何得又言「主太陰」乎？且下文曰「天神之貴者，莫貴於青龍，或曰天一，或曰太陰」，而無太歲之名，天一元始、太陰元始之屬，皆太歲也，而謂之天一、太陰，不謂之太歲。「咸池爲太歲」，則又大歲之譌。（說見上。）然則天文篇無稱太歲者也。此太歲亦當作大歲，寫者誤加點耳。斗杓爲小歲，咸池爲大歲。（見上文。）上文「酉爲危，主杓」，杓，小歲也；此文「子爲開，主大歲」，大歲，咸池也。太歲月從右行四仲，與歲從左行之太陰迥殊。若作大歲，則與太陰無異。上言太陰在寅，下言子主太歲，是太陰主太陰矣，義不可通。開元占經歲星占篇引此篇舊注曰：「太陰，謂太歲也。」（蓋許慎注。廣雅：「太陰，太歲也。」本此。）使篇內太歲、太陰分爲二，注者必不爲此注矣。可見太歲乃大歲之譌，而太歲、太陰之未嘗分也。徧考書傳，亦無分太歲、太陰爲二者。或據淮南譌脱之文，以爲太歲、太陰不同之證，非也。○陶方琦云：占經二十三引許注：「太陰在天爲雄歲星，在地爲太陰。」按：雄字衍。周禮保章氏鄭注：「歲星爲陽，右行于天；太歲爲陰，左行于地。」太陰即太歲，故曰「在天爲歲星，在地爲太陰」，說正同也。**其雄爲歲星，舍斗、牽牛，以十一月與之晨出東方，東井、輿鬼爲對。**○陶方琦云：占經二十三引許注：「東井、輿鬼在未，斗、牽牛在丑，故爲對。」按：十一月應作正月，淮南建寅，非太初法也。**太陰在卯，歲名曰單閼，**單，讀明揚之明。**歲星舍須女、虛、危，以十二月與之晨出東方，柳、七星、張爲對。太陰在辰，歲名曰執除，歲星舍營室、東壁，以正月與之晨出東方，翼、軫爲對。太陰在巳，歲名曰大荒落，歲星舍奎、婁，以二月**

與之晨出東方，角、亢爲對。太陰在午，歲名曰敦牂，歲星舍胃、昴、畢，以三月與之晨出東方，氐、房、心爲對。太陰在未，歲名曰協洽，歲星舍觜巂、參，以四月與之晨出東方，尾、箕爲對。太陰在申，歲名曰涒灘，歲星舍東井、輿鬼，以五月與之晨出東方，斗、牽牛爲對。太陰在酉，歲名曰作作，讀昨。鄂，歲星舍柳、七星、張，以六月與之晨出東方，須女、虚、危爲對。太陰在戌，歲名曰閹茂，歲星舍翼、軫，以七月與之晨出東方，營室、東壁爲對。太陰在亥，歲名曰大淵獻，歲星舍角、亢，以八月與之晨出東方，奎、婁爲對。太陰在子，歲名曰困敦，困，讀羣。歲星舍氐、房、心，以九月與之晨出東方，胃、昴、畢爲對。太陰在丑，歲名曰赤奮若，歲星舍尾、箕，以十月與之晨出東方，〇王引之云：十一月當爲正月，十二月當爲二月，正月當爲三月，二月當爲四月，三月當爲五月，四月當爲六月，五月當爲七月，六月當爲八月，七月當爲九月，八月當爲十月，九月當爲十一月，十月當爲十二月。史記天官書曰：「歲陰左行在寅，歲星右轉居丑，以正月與斗、牽牛晨出東方。歲陰在卯，星居子，以二月與婺女、虚、危晨出。歲陰在辰，星居亥，以三月與營室、東壁晨出。歲陰在巳，星居戌，以四月與奎、婁晨出。歲陰在午，星居酉，以五月與胃、昴、畢晨出。歲陰在未，星居申，以六月與觜觿、參晨出。歲陰在申，星居未，以七月與東井、輿鬼晨出。歲陰在酉，星居午，以八月與柳、七星、張晨出。歲陰在戌，星居巳，以九月與翼、軫晨出。歲星在亥，星居辰，以十月與角、亢晨出。歲陰在子，星居卯，以十一月與氐、房、心晨出。歲陰在丑，星居寅，以十二月與尾、箕晨出。」漢書天文志曰：「太歲在寅，歲星正月晨出東方。在卯，二月出。在辰，三月出。在巳，四月出。在午，五月出。在未，六月出。在申，七月出。在酉，八月出。在戌，九月出。在亥，十月出。在子，十一月出。在丑，十二月出。」開元占經歲星占篇引甘氏曰：「攝提在寅，（此攝提謂太陰。）歲星在丑，以正月與建星、牽牛、婺女晨出於東方。」皆其證也。後人以太初曆「太歲在子，歲星十一月出，在建星、牽牛」，（見天文志。）故改正月爲十一月，以合太初之法，而自此以下，皆遞改其所出之月。不知太陰在寅，則歲星亦以寅月出，樂動聲儀所謂歲星常應太歲月建以見也。（見前「太一在丙子」下。）若以十一月出，則是子而非寅，與太陰所在不相應矣。太初曆之太歲始建於子，故以歲星與日同次之十一月定之，所謂子年應子月也。淮南之太歲始建於寅，故以歲星晨出之正月定之，所謂寅年應寅月也。豈得以建子之法，雜入於建寅之法乎？況太陰在寅以下，俱本於石氏。（天文志：「太歲在寅，歲星正月晨出東方，石氏在斗、牽牛。」天官書索隱亦云：「歲星正月晨見東方已下，皆出石氏星經文。」）又豈有用其説而改其月者乎？開元占經引淮南已與今本同，則其誤改在唐以前矣。錢氏曉徵謂史記歲星正月晨出以天正言之，其實與淮南無別。（見潛研堂文集。）今案：天官書曰：「歲陰左行在寅，歲星右轉居丑，以正月與斗、牽牛晨出，色蒼蒼有光。歲陰在子，星居卯，以十一月與氐、房、心晨出，玄色甚明。」正月德在木，故星色蒼。（天官書凡言正月者七，皆謂建寅之月。）十一月德在水，故星色玄。若以正月爲天正，則是夏正之十一月矣，何以不云色玄，而云色蒼乎？且寅年正月日在娵訾，歲星在星紀，中隔玄枵一次，故歲星晨見有光。若十一月，則與日同次，其光不能見矣，安得云「蒼蒼有光」乎？此由不知淮南之十一月爲後人所改，故曲爲之説，而終不可通也。觜巂、參爲對。

太陰在甲子，刑德合東方宮，常徙所不勝，合四歲而離，離十六歲而復合。所以離者，刑不得入中宮，而徙於木。太陰所居，日德，辰爲刑。德，綱日自倍因，柔日徙所不勝。刑，水辰之木，木辰之水，金、火立其處。凡徙諸神，朱鳥在太陰前一，鉤陳在後三，玄武在前五，白虎在後六，虛星乘鉤陳而天地襲矣。襲，和也。凡日，甲剛乙柔，丙剛丁柔，以至于癸。○王引之云：「日德」，日下脱爲字。日爲德，辰爲刑，相對爲文也。綱當爲剛。剛日柔日，「甲剛乙柔」是也。癸上當有壬字。此以剛柔對言，不當但言癸也。

木生于亥，壯于卯，死于未，三辰皆木也。火生于寅，壯于午，死于戌，三辰皆火也。土生于午，壯于戌，死于寅，三辰皆土也。金生于巳，壯于酉，死于丑，三辰皆金也。水生于申，壯于子，死于辰，三辰皆水也。故五勝生一，壯五，終九；五九四十五，故神四十五日而一徙；以三應五，故八徙而歲終。凡用太陰，左前刑，右背德，○王引之云：此當爲「右背刑，左前德」，寫者顛倒耳。五行大義論配支幹篇曰：「從甲至癸爲陽，從寅至丑爲陰，陽則爲前爲左爲德，陰則爲後爲右爲刑。右背刑，左前德者，所以順陰陽也。」史記天官書曰：「太白出東爲德，舉事左之迎之吉。出西爲刑，舉事右之背之吉。」是其例矣。○曾國藩云：背即後也。孫子曰：「右背山陵，前左水澤。」亦以背與前爲對。

擊鉤陳之衝辰，以戰必勝，以攻必剋。欲知天道，以日爲主，六月當心，左周而行，分而爲十二月，與日相當，天地重襲，後必無殃。星，正月建營室，二月建奎、婁，三月建胃，「星」宜言「日」。明堂月令孟春之月，日在營室；仲春之月在奎、婁；季春之月在胃。此言「星正月建營室」，字之誤也。**四月建畢，五月建東井，六月建張，七月建翼，八月建亢，九月建房，十月建尾，十一月建牽牛，十二月建虛。**○王引之云：「二月建奎、婁」，備舉是月日所在之星也。由此推之，則正月當云「建營室、東壁」，三月當云「建胃、昴」，四月當云「建畢、觜巂、參」，五月當云「建東井、輿鬼」，六月當云「建柳、七星、張」，七月當云「建翼、軫」，八月當云「建角、亢、氐」，九月當云「建房、心」，十月當云「建尾、箕」，十一月當云「建斗、牽牛」，十二月當云「建須女、虛、危」。蓋月令日在某星，但舉一月之首言之，而此則舉其全也。後人妄加删節，每月但存一星之名，獨「二月建奎、婁」，尚仍其舊，學者可以考見原文矣。不然，豈有月令季夏日在柳，而此言建張；仲秋日在角，而此言建亢；仲冬日在斗，而此言建牽牛；季冬日在婺女，（即須女。）而此言建虛者乎？

星分度：角十二，亢九，氐十五，房五，心五，尾十八，箕十一四分一，斗二十六，牽牛八，須女十二，虛十，危十七，營室十六，東壁九，奎十六，婁十二，胃十四，昴十

一，畢十六，觜嶲二，參九，東井三十三，○莊逵吉云：三十三，藏本作三十，葉近山本作三十四。四字非，今以漢書攷正。輿鬼四，柳十五，星七，張、翼各十八，軫十七，凡二十八宿也。星部地名：角、亢鄭，氐、房、心宋，尾、箕燕，斗、牽牛越，須女吴，○王引之云：諸書無言斗但主越，須女但主吴者。「斗，牽牛越，須女吴」當作「斗、牽牛、須女吴、越」。開元占經分野略例曰：「淮南子曰：『斗，吴、越也。』（斗下脱「牽牛、須女」四字。）高誘注吕氏春秋曰：『斗，吴、越也。牽牛，越也。』」（以上開元占經。）然則吕氏春秋注分言吴、越，而淮南則合言之也。蓋分野之説，鄭、魏、趙並列，（戰國時多謂韓爲鄭。）則在三家分晉之後，其時吴地已爲越有，故但可合言吴、越，若分言某星主越，某星主吴，則當時豈有吴國乎？後人以吴、越二國不應同分野，故移越字於斗、牽牛下，而不知其不可分也。晉書天文志引費直説周易、蔡邕月令章句曰：「起斗至須女，吴、越之分野。」又引陳卓、范蠡、鬼谷先生、張良、諸葛亮、譙周、京房、張衡，並曰「斗、牽牛、須女吴、越」，足證今本之謬。虚、危齊，營室、東壁衛，奎、婁魯，胃、昴、畢魏，觜嶲、參趙，東井、輿鬼秦，柳、七星、張周，翼、軫楚。

歲星之所居，五穀豐昌；其對爲衝，歲乃有殃。當居而不居，越而之他處，主死國亡。太陰治春則欲行柔惠温涼，木德仁，故柔涼也。○俞樾云：温涼異義，不得連文。涼當作良，聲之誤也。○文典謹按：俞説是也。北堂書鈔百五十三引，涼正作良，是其證。太陰治夏則欲布施宣明，火德陽，故布施宣明也。太陰治秋則欲修備繕兵，金德斷割，故修兵也。○文典謹按：北堂書鈔百五十三引，備作甲。御覽二十四引注，金德作陰德。二十七引，治作理。太陰治冬則欲猛毅剛彊。純陰閉固，水澤冰凍，故剛彊也。○莊逵吉云：御覽剛作堅，注同。○文典謹按：御覽二十七引，治作理。又引注，純陰作純陽。三歲而改節，六歲而易常，故三歲而一饑，六歲而一衰，○莊逵吉云：御覽下有注云：「衰，疾也。」十二歲一康。康，盛也。○莊逵吉云：御覽康作荒，下有注云：「蔬不熟爲荒也。」疑是許昚注，故義異。○王念孫云：注「盛」當爲「虛」，此淺學人改之也。康之爲言荒也。康、荒皆虛也。（小雅賓之初筵篇「酌彼康爵」，鄭箋：「康，虛也。」爾雅：「漮，虛也。」方言：「㝩，空也。」並字異而義同。郭璞爾雅音義曰：「漮，本或作荒。」大雅桑柔篇「具贅卒荒」，毛傳：「荒，虛也。」泰九二「包荒」，鄭讀爲康，云：「康，虛也。」康、荒古字通。）襄二十四年穀梁傳：「一穀不升謂之嗛，二穀不升謂之饑，三穀不升謂之饉，四穀不升謂之康。」范甯曰：「康，虛也。」（廣雅：「四穀不升曰歉。」說文：「歉，飢虛也。」逸周書謚法篇：「凶年無穀曰穅。」穅，虛也。並字異而義同。）康與荒古字通，故韓詩外傳作「四穀不升謂之荒」。史記貨殖傳曰「十二歲一大饑」，鹽鐵論水旱篇曰「六歲一饑，十二歲一荒」，義與此同也。自三歲一饑以下，皆年穀不登之名，但有小大之差耳。太平御覽時序部二引此作「十二歲而一荒」，是康卽荒也。若訓康爲盛，則與正文顯相違戾矣。且四穀不升謂之康，乃春秋古訓，十二年一荒，亦漢時舊語。是之不知，而訓康爲盛，明是淺學人所改，漢人無此謬也。

甲齊，乙東夷，丙楚，丁南夷，戊魏，己韓，庚秦，辛西夷，壬衞，癸越。○王念孫云：開元占經日辰占邦篇引此，越作趙。案：齊近東夷，楚近南夷，魏近韓，秦近西夷，衞近趙，則作趙者是也。若作越，則與南夷相複矣。子周，丑翟，寅楚，卯鄭，辰晉，巳衞，午秦，未宋，申齊，酉魯，戌趙，亥燕。

甲乙寅卯，木也。丙丁巳午，火也。戊己四季，土也。庚辛申酉，金也。壬癸亥子，水也。水生木，木生火，火生土，土生金，金生水。子生母曰義，母生子曰保，子母相得曰專，母勝子曰制，子勝母曰困。以勝擊殺，勝而無報。○王引之云：上文「子生母曰義，母生子曰保，子母相得曰專，母勝子曰制，子勝母曰困」，其名有五。下文「以專從事」「以義行理」「以保畜養」「以困舉事」，分承「專」「義」「保」「困」四字，不應於「制」字獨不相承。然則此句當作「以制擊殺」明矣。今本制作勝者，因上下文勝字而誤。制爲母勝子之名，若作勝，何以別於子勝母乎？以專從事，而有功。以義行理，名立而不墮。以保畜養，萬物蕃昌。以困舉事，破滅死亡。

北斗之神有雌雄，十一月始建於子，月從一辰，○王念孫云：從當爲徙，字之誤也。上文云：「帝張四維，運之以斗，月徙一辰，復反其所。」是其證。雄左行，雌右行，五月合午謀刑，○陶方琦云：占經六十七引許注：「刑爲煞，故薺麥死也。」按：卽上文「五月爲小刑，薺麥亭歷枯」之義。十一月合子謀德。○陶方琦云：占經六十七引許注：「德爲生，問射于振末。」按：注文多譌。射于當作射干。易通卦驗：「冬至蘭、射干生。」後漢陳寵傳：「冬至陽气萌動，故十一月有蘭、射干、芸荔之應。」「問射于」卽「蘭、射干」。太陰所居辰爲厭日，○王引之云：「太陰所居辰」當作「雌所居辰」。雌，北斗之神右行者也，月徙一辰。太陰則左行而歲徙一辰，兩者各不相涉。太陰二字，因下文「太陰所居」而誤也。「爲厭日」本無日字，此因下句「厭日」而衍也。厭者，鄭注周官占夢曰：「天地之會，建厭所處之日辰。」疏曰「建謂斗柄所建，謂之陽建，故左還於天。厭謂日前一次，謂之陰建，故右還於天」是也。今人猶謂陰建爲月厭，是雌所居辰名爲厭，不名爲厭日也。厭日不可以舉百事。堪輿徐行，雄以音知雌，○陶方琦云：文選揚雄甘泉賦注、漢書藝文志注、後漢書王景傳注引許注：「堪，天道也。輿，地道也。」按：高無注，揚雄傳張晏注曰：「堪輿，天地總名也。」蓺文五行志家有堪輿金匱十四卷。故爲奇辰。數從甲子始，子母相求，所合之處爲合。十日十二辰，周六十日，凡八合。合於歲前則死亡，合於歲後則無殃。甲戌，燕也；乙酉，齊也；丙午，越也；丁巳，楚也；庚申，秦也；辛卯，戎也；壬子，代也；○莊逵吉云：代，諸本皆作趙，惟藏本作代。癸亥，胡也；戊戌、己亥，韓也；己酉、己卯，魏也；戊午、戊子，○王念孫云：錢氏答問曰：「庚申當作庚辰，八合猶八會也。今依堪輿天老說推衍之，（天老說見周官占夢疏所引鄭志內。）正月陽建寅破於申，陰建戌破於辰，二月陽建卯破於酉，陰建酉破於卯，乙近卯，故二月乙酉爲八會之一。三月陽建辰破於戌，陰建申破於寅，甲近寅，故三月甲戌爲八會之二。四月陽建巳破於亥，陰建未破於丑，癸近丑，故四月癸亥爲八會之三。五月陰陽建俱在午而破於子，壬近子，故五月壬子爲八會之四。六月陽建未破於丑，陰建巳破於亥，七月陽建申破於寅，陰建辰破於戌，八月陽建酉破於卯，陰建卯破於酉，辛近酉，故八月辛卯爲八會之五。九月陽建戌破於辰，陰建寅破於申，庚近申，故九月庚辰爲八會之六。十月陽建亥破於巳，陰建丑破於未，丁近未，故十月丁巳爲八會之七。十一月陰陽建俱在子而破於午，丙近午，故十一月丙午爲八會之八。十二月陽建丑破於未，陰建亥破於巳，此建厭所在及八會之名也。淮南所列甲戌至癸亥，蓋大會之日。其下又有戊戌、己亥、己酉、己卯、戊午、戊子，當是小會之日，而尚缺其二。以例推之，當是戊辰、己巳也。」案：錢説是也。戊辰當在戊戌上，己巳當在己亥上。堪輿家所謂小會，三月戊辰、四月己巳、九月戊戌、十月己亥也。又戊辰、戊戌及戊午、戊子下，皆當有所主之國，而今脱之。地在天下之中者，韓、魏而外，更有趙、宋、衞、中山及周，未知以何國當之也。八合天下也。太陰、小歲、星、日、辰五神皆合，其日有雲氣風雨，國君當之。天神之貴者，莫貴於青龍，或曰天一，或曰太陰。太陰所居，不可背而可鄉。北斗所擊，不可與敵。

天地以設，分而爲陰陽。陽生於陰，陰生於陽。陰陽相錯，四維乃通。或死或生，萬物乃成。蚑行喙息，莫貴於人。孔竅肢體，皆通於天。天有九重，人亦有九竅。天有四時，以制十二月，人亦有四肢，以使十二節。天有十二月，以制三百六十日，人亦有十二肢，以使三百六十節。故舉事而不順天者，逆其生者也。

以日冬至數來歲正月朔日，五十日者，民食足；不滿五十日，日減一斗；有餘日，日益一升。〇王念孫云：太平御覽時序部十三、十四引此，數下有至字，（數，色主反。）五十日上有滿字，一斗作一升，皆是也。有其歲司也：〇王引之云：此本作「其爲歲司也」，今本衍有字，（因上文「有餘日」而衍。）脱爲字。太平御覽時序部十三引此，正作「其爲歲伺也」。又引注曰：「伺，候也。」（司，古伺字。）「爲歲司」者，爲歲候豐凶也。尋繹文義，「其爲歲司也」，乃起下之詞。下文「攝提格之歲，歲早水晚旱」云云，正謂候歲也，當直接此句下。作圖者誤列圖於此句之後，（點校者按：爲排版方便，今將圖移至下頁。）隔絶上下文義，遂使此句成不了之語。且自上文「以日冬至」至下文「民食一升」，皆言占歲之事，中間不應有圖。圖蓋後人所爲，故置之非其所耳。劉績不能是正，又移上文「帝張四維」一段於此句之下，大誤。〇文典謹按：北堂書鈔百五十三引，作「爲祈歲也」。攝提格之歲，格，起。言萬物承陽而起也。歲早水晚旱，稻疾，蠶不登，登，成也。菽麥昌，民食四升。寅。在甲曰閼蓬。言萬物鋒芒欲出，擁遏未通，故曰閼蓬也。單閼之歲，單，盡。閼，止也。陽氣推萬物而起，陰氣盡止也。歲和，稻菽麥蠶昌，民食五升。卯。在乙曰旃蒙。在乙，言萬物遏蒙甲而出，故曰旃蒙也。執徐之歲，執，蟄。徐，舒也。伏蟄之物皆散舒而出也。歲早旱晚水，小饑，蠶閉，麥熟，民食三升。辰。在丙曰柔兆。在丙，言萬物皆生枝布葉，故曰柔兆也。大荒落之歲，荒，大也。方萬物熾盛而大出，霍然落落大布散。歲有小兵，蠶小登，麥昌，菽疾，民食二升。巳。在丁曰強圉。在丁，言萬物剛盛，故曰強圉也。敦牂之歲，敦牂，敦，盛；牂，壯也。言萬物皆盛壯也。歲大旱，蠶登，稻疾，菽麥昌，禾不爲，民食二升。午。在戊曰著雍。在戊，言位在中央，萬物繁養四方，故曰著雍也。協洽之歲，協，和。洽，合也。言陰欲化萬物和合。歲有小兵，蠶登，稻昌，菽麥不爲，民食三升。未。在己曰屠維。在己，言萬物各成其性，故曰屠維。屠，別。維，離也。涒灘之歲，涒，大。灘，修也。言萬物皆修其精氣也。○桂馥云：兩修字寫誤，並當爲循。高注呂氏春秋序意篇「歲在涒灘」云：「涒，大也。灘，循也。萬物皆大循其情性也。」李巡説爾雅云：「萬物皆循精氣，故曰涒灘。」歲和，小雨行，蠶登，菽麥昌，民食三升。申。在庚曰上章。在庚，言陰氣上升，萬物畢生，故曰上章也。作鄂之歲，作鄂，零落也。萬物皆陊落。歲有大兵，民疾，蠶不登，菽麥不爲，禾蟲，民食五升。酉。在辛曰重光。在辛，言萬物就成熟。其煌煌，故曰重光也。掩茂之歲，掩，蔽。茂，冒也。言萬物皆蔽冒。歲小饑，有兵，蠶不登，麥不爲，菽昌，民食七升。戌。在壬曰玄黓。在壬，言歲終包任萬物，故曰玄黓也。大淵獻之歲，淵，藏。獻，迎也。言萬物終于亥，大小深藏窟伏以迎陽。歲有大兵，大饑，蠶開，

丙　巳　金生
午　火壯　土生
丁　未　木老
井東鬼輿柳星七張翼軫
庚　申　水生
酉　金壯
辛　戌　火老　土壯
奎婁胃昴畢觜參
亥　木　生
子　水　壯
丑　金　老
斗牛牽女須虛危室壁
甲　寅　火生　土老
卯　木壯
辰　水老
角亢氐房心尾箕

菽麥不爲，禾蟲，民食三升。困敦之歲，困，混。敦，沌也。言陽氣皆混沌，萬物牙蘖也。歲大霧起，大水出，蠶稻菽麥昌，民食三斗。○王念孫云：蠶下脱登字，稻下脱疾字，「蠶登」爲句，「稻疾」爲句，「菽麥昌」爲句。「民食三斗」，斗當爲升。開元占經引此，正作「蠶登，稻疾，菽麥昌，民食三升」。子。在癸曰昭陽。在癸，言陽氣始萌，萬物合生，故曰昭陽。赤奮若之歲，奮，起也。若，順也。言陽奮物而起之，無不順其性也。赤，陽色。歲有小兵，早水，蠶不出，稻疾，菽不爲，麥昌，民食一升。

正朝夕，先樹一表東方，操一表卻去前表十步，以參望日始出北廉。日直入，又樹一表於東方，因西方之表以參望日，方入北廉則定東方。兩表之中，與西方之表，則東西之正也。日冬至，日出東南維，入西南維。至春、秋分，日出東中，入西中。夏至，出東北維，入西北維，至則正南。欲知東西、南北廣袤之數者，立四表以爲方一里歫，先春分若秋分十餘日，從歫北表參望日始出及旦，以候相應，相應則此與日直也。輒以南表參望之，以入前表數爲法，除舉廣，除立表袤，以知從此東西之數也。假使視日出，入前表中一寸，是寸得一里也。一里積萬八千寸，得從此東萬八千里。視日方入，入前表半寸，則半寸得一里。半寸而除一里積寸，得三萬六千里，除則從此西里數也。并之東西里數也，則極徑也。未春分而直，已秋分而不直，此處南也。未秋分而直，已春分而不直，此處北也。分、至而直，此處南北中也。從中處欲知中南也，未秋分而不直，此處南北中也。從中處欲知南北極遠近，從西南表參望日，日夏至始出與北表參，則是東與東北表等也，正東萬八千里，則從中北亦萬八千里也。倍之，南北之里數也。其不從中之數也，以出入前表之數益損之，表入一寸，寸減日近一里，表出一寸，寸益遠一里。欲知天之高，樹表高一丈，正南北相去千里，同日度其陰，北表一〔二〕尺，南表尺九寸，是南千里陰短寸，南二萬里則無景，是直日下也。陰二尺而得高一丈者，南一而高五也，則置從此南至日下里數，因而五之，爲十萬里，則天高也。若使景與表等，則高與遠等也。

〔二〕「一」疑當爲「二」。日本諸子大成改正淮南鴻烈解作「二」。

淮南鴻烈集解卷四

墬形訓

紀東西南北山川藪澤，地之所載，萬物形兆所化育也，故曰「地形」，因以題篇。

墬形之所載，六合之間，四極之内，四極，四方之極。無復有外，故謂之内也。○王念孫云：此篇皆言地之所載，地下不當有形字，此因篇名而誤衍耳。高釋篇名云：「紀東西南北山川藪澤，地之所載，萬物形兆所化育也。」則正文本作「地之所載」明矣。海外南經云：「地之所載，六合之間，四海之内」云云，此卽淮南所本。○陶方琦云：爾雅釋文釋地序目引許注：「地，丽也。」按：楊泉物理論：「地，著也。」説文：「丽，附著也。」易离「百穀艸木丽乎土」，王肅作「丽乎地」。地、丽諧聲之訓。**照之以日月，經之以星辰，紀之以四時，要之以太歲。**要，正也。以太歲所在正天時也。**天地之間，九州八極，**八極，八方之極也。○王念孫云「八極」當爲「八柱」。柱與極草書相近，故柱誤爲極。初學記地部上、太平御覽地部一及白帖一引此，並作「天有九部八紀，地有九州八柱」，又太平御覽州郡部三引作「天地之間，九州八柱」，楚辭天問曰：「八柱何當？東南何虧？」初學記引河圖括地象曰：「地下有八柱，柱廣十萬里。」皆其證也。又案：文選張協雜詩注云：「淮南子曰：『八紘之外有八極。』高誘曰：『八極，八方之極也。』」是高注云云，本在下文「八紘之外，乃有八極」下，後人不知此處八極爲八柱之譌，又移彼注於此，以曲爲附會，甚矣其謬也。**土有九山，山有九塞，澤有九藪，風有八等，水有六品。何謂九州？東南神州曰農土，**東南辰爲農祥，后稷之所經緯也，故曰農土。**正南次州曰沃土，**沃，盛也。五月建午，稼穡盛張，故曰沃土也。**西南戎州曰滔土，**滔，大也。七月建申，五穀成大，故曰滔土也。**正西弇州曰并土，**并，猶成也。八月建酉，百穀成熟，故曰并土也。**正中冀州曰中土，**冀，大也。四方之主，故曰中土也。**西北台州曰肥土，正北泲州曰成土，**未聞。**東北薄州曰隱土，**薄，猶平也。氣所隱藏，故曰隱土也。**正東陽州曰申土。**申，復也。陰氣盡於北，陽氣復起東北，故曰申土。**何謂九山？會稽、泰山、王屋、首山、太華、岐山、太行、羊腸、孟門。**會稽山在會稽郡。泰山今在泰山郡，是爲東嶽。王屋山在今河東垣縣東北，沇水所出也。首山在蒲坂縣南河曲之中，伯夷所隱。太華，今弘農華陰山也，是爲西嶽。岐山，今扶風美陽縣北，周家所邑也。太行在今上黨太行關，直河内野王縣是也。羊腸，山名也。説苑曰：「桀之居，左河、泲，右太華，伊闕在其南，羊腸在其北。」今太原晉陽西北九十里，通河西、上郡，關曰羊腸坂，是孟門、太行之限也。**何謂九塞？曰太汾、澠阨、荊阮、方城、殽阪、井陘、令疵、句注、居庸。**太汾在晉。澠阨，今弘農澠池是也。荊阮、方城皆在楚。殽阪，弘農郡澠池殽欽吟是也。井陘在常山，通太原關是也。令疵在遼西。句注在鴈門，陰館句注是也。居庸在上谷沮陽之東，通渾都關是也。○孫詒讓云：注「欽」當作「嶔」。鹽鐵論險固篇云：「敗秦師崤嶔崟。」公羊傳作嶔巖，穀梁作巖唫，釋文云：「唫，本作崟。」吟、唫字同，欽吟即嶔崟也。○文典謹按：初學記州郡部引，作「大汾、冥阸、荆苑、方城、豪阪、井陘、令疵、句注、居庸也」。**何謂九藪？**藪，澤也。**曰越之具區，**具區在吴、越之間也。**楚之雲夢，**雲夢在南郡華容也。**秦之陽紆，**陽紆蓋在馮翊池陽，一名具圃。○莊逵吉云：具圃，左傳作具囿，疑字誤。**晉之大陸，**大陸，魏獻子所游，焚焉而死者是也。**鄭之圃田，**圃田在今河南中牟。傳曰「鄭有原圃，猶秦之具圃也，吾子取其麋鹿，以閒敝邑」是也。**宋之孟諸，**孟諸在今梁園，睢陽東北澤是也。**齊之海隅，**海隅猶崖，蓋近海濱是也。**趙之鉅鹿，**今鉅鹿黄阿澤是也。○莊逵吉云：黄阿澤即廣阿，古字黄、廣通用。**燕之昭余。**昭余，今太原郡是，古者屬燕也。**何謂八風？東北曰炎風，**艮氣所生，一曰融風也。**東方曰條風，**震氣所生也，一曰明庶風。**東南曰景風，**巽氣所生也，一曰清明風。**南方曰巨風，**離氣所生也，一曰愷風。○俞樾云：「巨」乃「豈」之壞字，豈讀爲愷。高注云「一曰愷風」，愷正字，豈借字，巨誤字耳。説詳吕氏春秋。**西南曰涼風，**坤氣所生也。**西方曰飂風，**兑氣所生也。○文典謹按：北堂書鈔一百五十一引，「飂」作「飇」，又有注云「一曰閶闔風」。**西北曰麗風，**乾氣所生也，一曰閶闔風。○文典謹按：書鈔引注「閶闔」作「不周」。**北方曰寒風。**坎氣所生也，一曰廣莫風。

何謂六水？曰河水、赤水、遼水、黑水、江水、淮水。河水出昆侖東北陬。赤水出其東南陬。遼水出碣石山，自塞北東流，直遼東之西南入海。黑水在雝州。江水出岷山，在蜀西徼外。淮水出桐柏山南平陽也。闔四海之内，東西二萬八千里，南北二萬六千里，子午爲經，卯酉爲緯，言經短緯長也。水道八千里，通谷其名川六百，○陳觀樓云：吕氏春秋有始篇作「通谷六，名川六百」，此「其」字當爲「六」之譌。陸徑三千里。陸徑，邪徑也。陸，地也。

禹乃使太章步自東極，至于西極，二億三萬三千五百里七十五步；使豎亥步自北極，至于南極，二億三萬三千五百里七十五步。太章、豎亥，善行人，皆禹臣也。海内東西長，南北短，極内等也。凡鴻水淵藪，自三百仞以上，二億三萬三千五百五十里，有九淵。○王念孫云：三百仞之百，五十里之里，九淵之淵，皆衍文。此言鴻水淵藪自三仞以上者共有二億三萬三千五百五十九也。廣雅曰：「漳、潭，淵也，自三仞以上，二億三萬三千五百五十有九。」即用淮南之文。禹乃以息土填洪水以爲名山，息土不耗減，掘之益多，故以填洪水。名山，大山也。掘昆侖虚以下地，掘猶平也。地或作池。中有增城九重，其高萬一千里百一十四步二尺六寸。中，昆侖虚中也。增，重也。有五城十二樓，見括地象。此乃誕，實未聞也。○俞樾云：萬一千里言城之高，則百一十四步二尺六寸當言城之厚，然其數奇零，疑有脱誤。○文典謹按：文選遊天台山賦注、前緩聲歌注引，「增」並作「層」。藝文類聚八十三引同，惟六十五引作「曾」，曾亦即層也。增、層古通用。上有木禾，其修五尋，上，昆侖虚上也。五尋長三十五尺。○文典謹按：文選思玄賦注引作「其穗長五尋」，海內西經：「海內崑崙之墟在西北，帝之下都。崑崙之墟方八百里，高萬仞，上有木禾，長五尋，大五圍。」郭璞曰：「木禾，穀類也。生黑水之阿，可食。」**珠樹、玉樹、琁樹、不死樹在其西，**在木禾之西也。**沙棠、琅玕在其東，**皆玉名也。在木禾之東也。一説：沙棠，木名也。呂氏春秋曰：「果之美者，沙棠之實也。」**絳樹在其南，**絳，赤色。**碧樹、瑤樹在其北。**碧，青玉也。木禾之北。**旁有四百四十門，門間四里，里間九純，純丈五尺，**純，量名也。○俞樾云：「門間四里」，言每門相距之數也。「里間九純」，義不可通，疑本作「門九純」，言門之廣也。門誤爲間，後人遂妄加里字耳。**旁有九井玉橫，維其西北之隅，**橫，猶光也。橫或作彭。彭，受不死藥器也。○文典謹按：御覽七百五十六引作「旁有九井玉橫受不死藥」，又引注云「橫或作彭，器名也」，今高注亦云「彭，受不死藥器也」。疑「玉橫」下舊有「受不死藥」四字，而今本脱之。**北門開以內不周之風。傾宮、旋室、**傾宮，宮滿一頃。旋室，以旋玉飾室也。一説：室旋機關，可轉旋，故曰旋室。**縣圃、涼風、樊桐在昆侖閶闔之中，**閶闔，昆侖虛門名也。縣圃、涼風、樊桐，皆昆侖之山名也。樊，讀如麥飯之飯。**是其疏圃。疏圃之池，浸之黃水，黃水三周復其原，**原，本也。**是謂丹水，飲之不死。**○王念孫云：丹水本作白水，此後人妄改之也。水經河水注引此作丹水，亦後人依俗本改之。楚辭離騷：「朝吾將濟於白水兮」，王注曰：「淮南言白水出崑崙之原，飲之不死。」文選思玄賦「斞白水以爲漿」，李善卽引王注。太平御覽地部二十四亦云淮南子曰：「白水出崑崙之原，飲之不死。」則舊本皆作白水明矣。又案：楚辭惜誓「涉丹水而馳騁兮」，王注曰：「丹水，猶赤水也，淮南言赤水出崑崙也。」此是引下文赤水出東南陬之語，若此文本作丹水，則王注當引以爲證，何置此不引，而別指赤水以當之乎？

河水出昆侖東北陬，貫渤海，入禹所導積石山。渤海，大海也。河水自昆侖由地中行，禹導而通之，至積石山。書曰：「道河積石。」入，猶出也。**赤水出其東南陬，西南注南海丹澤之東。赤水之東，弱水出自窮石，**窮石，山名也，在張掖。北塞水也。**至于合黎，餘波入于流沙，絶流沙南至南海。**絶，猶過也。流沙，流行也。○王引之云：崑崙四隅爲四水所出，説本海内西經。上文言東北陬、東南陬，下文又言西北陬，無獨缺西南陬之理。此處原文當作「弱水出其西南陬，絶流沙南至南海」。其「弱水出窮石，入於流沙」及注「窮石，山名」云云，則當在下文「江出岷山」諸條閒。王逸注離騷引淮南子「弱水出於窮石，入於流沙」，郭璞注海内西經引淮南子「弱水出窮石」，正與「江出岷山」諸條文義相同也。蓋弱水本出窮石，而海内西經言出崑崙西南陬，故兩存其説。（此文言河出崑崙東北陬，下文又言河出積石，亦是兩存其説。）後人病其不合，則從而合併之，於是取下文之「弱水出窮石，入於流沙」及注文，皆移置於此處，而刪去「弱水出其西南陬」七字，又妄加「赤水之東」四字，（「弱水出」下又加一「自」字。）「至於合黎餘波」六字，而淮南原文遂錯亂不可復識矣。今案：上文赤水次於河水，而不言在河水之某方，下文洋水次於弱水，而不言在弱水之某方，則「弱水」二字前，安得有「赤水之東」四字乎？括地志曰：「蘭門山，一名合黎，一名窮石山。」引淮南子「弱水源出窮石山」。（見史記夏本紀正義。）使淮南原文「弱水出窮石」下有「至於合黎」之文，則合黎非窮石矣，志何得言合黎一名窮石山乎？其爲後人取禹貢之文附入，較然甚明。況既言「絶流沙」，則弱水入其中可知，何必又言「入於流沙」？區區餘波，又安能絶流沙而過乎？後人但知取下文「入於流沙」句增入「餘波」二字，而不知其與本文相抵牾也。高注「絶流沙」曰：「絶，猶過也。流沙，流行也。」（流行下當有之沙二字。）如有「餘波入於流沙」句在前，則注當先釋流沙，後釋絶字，不當先釋絶字，後釋流沙也。然則「絶流沙」前本無「餘波入於流沙」句，而「弱水出窮石，入於流沙」，當在「江出岷山」諸條間，明矣。**洋水出其西北陬，入于南海羽民之南。**洋水經隴西氐道，東至武都爲漢陽，或作養水也。○莊逵吉云：洋或作養，養應作瀁，亦作漾，即漢水也。「東至武都爲漢陽」，陽字疑衍。**凡四水者，帝之神泉，以和百藥，以潤萬物。昆侖之丘，或上倍之，**假令高萬里，倍之二萬里。**是謂涼風之山，登之而不死。或上倍之，是謂懸圃，**○王念孫云：上文「縣圃、涼風、樊桐」，高注云「皆崑崙之山名」，上文又云「崑崙之丘，或上倍之，是謂涼風之山」，則此「縣圃」下亦當有「之山」二字。水經河水注引此作「是謂玄圃之山」，是其證。（洪興祖楚辭補注引此亦有「之山」二字。）**登之乃靈，能使風雨。或上倍之，乃維上天，登之乃神，是謂太帝之居。**太帝，天帝。○孫詒讓云：「倍」之爲言，乘也，登也。「或」者，又也。「或上倍之」，謂又登其上也。莊子逍遥遊篇云：「故九萬里，則風斯在下矣，而後乃今培風。」此倍與莊子之培義正同。莊子釋文云：「培，重也。本或作陪。」倍、培、陪字並通。高訓倍爲加倍，陸訓培爲重，皆未得其義。涼風，穆天子傳郭注引作閶風。閶、涼一聲之轉。**扶木在陽州，日之所曊。**扶木，扶桑也，在湯谷之南。曊，猶照也。陽州，東方也。曊，讀無枝攢之攢也。**建木在都廣，**建木，其狀如牛，引之有皮，若瓔黄蛇，葉若羅。都廣，南方山名也。○文典謹按：御覽四都廣下引注云「南方山名」，與今本合。九百六十一引注云「廣都，方都南山也」，疑是許注。**衆帝所自上下，日中無景，呼而無響，蓋天地之中也。**衆帝之從都廣山上天還下，故曰上下。日中時，日直人上，無景晷，故曰蓋天地之中。**若木在建木西，**○莊逵吉云：御覽引作「弱水在東，建木在西」。**末有十日，其華照下地。**末，端也。若木端有十日，狀如蓮華。華，猶光也，光照其下也。○莊逵吉云：蓮華，御覽作連珠。○文典謹按：北堂書鈔百四十九，及初學記天部上引注，「蓮華」亦並作「連珠」。

九州之大，純方千里。純，緣也。亦曰量名也。**九州之外，乃有八殥，亦方千里：**殥，猶遠也。殥，讀胤嗣之胤。○文典謹按：初學記地理部上引，殥作埏，下同。**自東北方曰大澤，曰無通；**大澤、無通，皆藪名也。○俞樾云：此當作「自東北方曰無通，曰大澤」，方與下文「東方曰大渚，曰少海」，「東南方曰具區，曰元澤」，「南方曰大夢，曰浩澤」，「西南方曰渚資，曰丹澤」，「西方曰九區，曰泉澤」，「西北方曰大夏，曰海澤」，「北方曰大冥，曰寒澤」，文義一律。蓋無通也，大渚也，具區也，大夢也，渚資也，九區也，大夏也，大冥也，所謂八殥也；大澤也，少海也，元澤也，浩澤也，丹澤也，泉澤也，海澤也，寒澤也，所謂八澤也。故下文總之曰「凡八殥八澤之雲，是雨九州」。今無通、大澤傳寫誤倒，則先澤而後殥，與下不一律矣。高注「大澤、無通，皆藪名也」，本作「無通，藪名也」，蓋無通是藪，大澤是澤，澤名已顯，故不必注；藪名未顯，故必注之。因無通、大澤傳寫誤倒，遂增大澤於無通之上，而以爲皆澤名矣。其注少海曰：「東方多水，故曰少海，亦澤名也。」上注無「澤名」之文，而此云「亦」者，亦大澤也。大澤是澤名，少海亦是澤名，特因東方多水，故從大稱而曰「海」耳，實亦澤也，故言「亦」也。卽此可見大澤與少海同在八澤之數。然則大澤不應在無通之上，其證一矣。下文浩澤注曰：「浩亦大也。」上注無「大」文，而此云「亦」者，亦大澤也。大澤以大得名，浩澤亦以大得名，故言「亦」也。卽此可見大澤與浩澤同在八澤之數。然則大澤不應在無通之上，其證二矣。○文典謹按：文選吳都賦注引淮南子曰：「九州外有八澤，方千里；八澤之外有八紘，亦方千里。」兩見八澤二字，今本唯下文「凡八殥八澤之雲，是雨九州」句，疑古有而今敓失之也。選注所引，亦足與俞説互相參證。**東方曰大渚，曰少海；**水中可居者曰渚。東方多水，故曰少海，亦澤名也。○文典謹按：初學記地理部上引，少作沙。**東南方曰具區，曰元澤；**元，讀常山人謂伯爲穴之穴也。○莊逵吉云：古讀元爲兀，故説文解字元從一，從兀爲聲，又髡一作髨，其從兀、從元皆爲聲，是此讀元爲穴之證。古聲兀、穴相同也。○王念孫云：莊説非也。元澤當爲亢澤，字之誤也。亢與沆同。（水經巨馬河注曰：督亢時水東逕督亢澤。」風俗通曰：「沆，漭也，言平望漭漭無崖際也。」是沆、亢古字通。）爾雅：「沄，沆也。」郭璞曰：「水流漭沆。」説文曰：「沆，莽沆，大水，一曰大澤。」風俗通義引傳曰：「沆者，莽也，言其平望莽莽無涯際也。」（舊本沆譌作沉，今據水經注改。）此言亢澤，亦取大澤之義。初學記地部上、太平御覽地部一引此竝作沆澤，是其證也。高注「常山人謂伯爲亢」，亢亦亢字之誤。伯，古阡陌字也。（管子四時篇曰：「脩封疆，正千伯。」史記酷吏傳「置伯格長」，徐廣曰：「街陌屯落皆設督長也。」又漢書食貨志、地理志阡陌字並作仟伯。）亢與䀎同。（廣雅曰：「䀎陌，道也。」釋名曰：「鹿兔之道曰亢，行不由正，亢陌山谷草野而過也。」是䀎、亢古字通。）説文曰：「趙、魏謂伯爲䀎。」漢之常山郡，戰國時趙地也。此云「常山人謂伯爲亢」，正與説文相合。沆、䀎古同聲而並通作亢，故曰「亢，讀常山人謂伯爲亢之亢」。**南方曰大夢，曰浩澤；**夢，雲夢也。浩亦大也。**西南方曰渚資，曰丹澤；**蓋近丹水，因其名，故曰丹澤也。**西方曰九區，曰泉澤；西北方曰大夏，曰海澤；北方曰大冥，曰寒澤。**北方多寒水，故曰寒澤也。**凡八殥八澤之雲，是雨九州。八殥之外，而有八紘，**紘，維也。維落天地而爲之表，故曰紘也。○陶方琦云：文選歐陽堅石臨終詩注、答賓戲注引許注：「紘，維也。」此許、高並用舊訓，故同。或即羼入之許説。説文：「紘，冠卷維也。」説正合。原道訓「紘宇宙而章三光」，高注：「紘，綱也，若小車蓋四維謂之紘繩之類也。」**亦方千里：自東北方曰和丘，曰荒土；**鳳所自歌，鸞所自舞，名曰和丘，曰荒土也。○莊逵吉云：「鳳所自歌，鸞所自舞」八字，出山海經。東方曰棘林，曰桑野；東南方曰大窮，曰衆女；○莊逵吉云：御覽下有注云：「民少男多女。」南方曰都廣，曰反戶；都廣，國名也。山在此國，因復曰都廣山。言其在鄉日之南，皆爲北鄉戶，故反其戶也。西南方曰焦僥，曰炎土；焦僥，短人之國也，長不滿三尺。○莊逵吉云：御覽注作「焦僥人長三尺，衣冠帶劍」。西方曰金丘，曰沃野；西方，金位也，因爲金丘。沃，猶白也。西方白，故曰沃野。西北方曰一目，曰沙所；國人一目，在面中央。沙所，蓋流沙所出也。一曰：澤名也。北方曰積冰，曰委羽。北方寒，冰所積，因以爲名。委羽，山名，在北極之陰，不見日也。凡八紘之氣，是出寒暑，以合八正，必以風雨。八正，八風之正也，以風雨八紘之内。

八紘之外，乃有八極：自東北方曰方土之山，曰蒼門；東北木將用事，青之始也，故曰蒼門。東方曰東極之山，曰開明之門；明者，陽也，日之所出也，故曰開明之門。東南方曰波母之山，曰陽門；東南月建在巳，純陽用事，故曰陽門。據天下諸城，東南角門皆陽門，是其類也。南方曰南極之山，曰暑門；南方盛陽，積溫所在，故曰暑門。西南方曰編駒之山，曰白門；西南月建在申，金氣之始也。金氣白，故曰白門。西方曰西極之山，曰閶闔之門；西方八月建酉，萬物成濟，將可及收斂。閶，大也。闔，閉也。大聚萬物而閉之，故曰閶闔之門也。西北方曰不周之山，曰幽都之門；幽，闇也。都，聚也。玄冥將始用事，順陰而聚，故曰幽都之門。北方曰北極之山，曰寒門。積寒所在，故曰寒門。凡八極之雲，是雨天下；八門之風，是節寒暑；八紘、八殥、八澤之雲，以雨九州而和中土。中土，冀州。東方之美者，有醫毋閭之珣玗琪焉。醫毋閭，山名，在遼東屬國。珣玗琪，玉名也。東南方之美者，有會稽之竹箭焉。會稽山在今會稽山陰縣之南，禹所葬。竹箭，今會稽郡出好竹箭是也。南方之美者，有梁山之犀象焉。梁山在會稽。長沙湘南，有犀角，象牙，皆物之珍也。西南方之美者，有華山之金石焉。金，美金也。石，含玉之石也。華山，今弘農華陰南山是也。西方之美者，有霍山之珠玉焉。出夜光之珠，五色之玉也。今河東永安縣也。西北方之美者，有昆侖之球琳、琅玕焉。球琳，琅玕，皆美玉也。北方之美者，有幽都之筋角焉。古之幽都在雁門以北，其畜宜牛羊馬，出好筋角，可以爲弓弩。東北方之美者，有斥山之文皮焉。斥，讀斥丘之斥。文皮，虎豹之皮也。傳曰「無終子使孟樂因魏莊子納虎豹之皮也，以請和諸戎」是也。中央之美者，有岱嶽，以生五穀桑麻，魚鹽出焉。岱嶽，泰山也。王者禪代所祠，因曰岱嶽也。五穀、桑麻、魚鹽，所養人者。出，猶生也。

凡地形：東西爲緯，南北爲經；山爲積德，川爲積刑；山仁，萬物生焉，故爲積德。川水智，智制斷，故爲積刑也。論語曰「仁者樂山，知者樂水」是也。高者爲生，下者爲死；高者陽，主生；下者陰，主死。丘陵爲牡，谿谷爲牝；丘陵高敞，陽也，故爲牡。谿谷污下，陰也，故爲牝。**水圓折者有珠，方折者有玉；**圓折者，陽也。珠，陰中之陽。方折者，陰也。玉，陽中之陰也。皆以其類也。**清水有黄金，龍淵有玉英。**清水澂，故黄金出焉。龍淵，龍所出游淵也。玉英轉化，有精光也。**土地各以其類生，**○王念孫云：此本作「土地各以類生人」，今本衍其字，脱人字。（陳祥道禮書引此已誤。）史記天官書正義、藝文類聚水部上、白帖六、太平御覽天部十五、地部二十三、疾病部一、疾病部三引此，並無其字，有人字。**是故山氣多男，澤氣多女，障氣多喑，風氣多聾，**○王念孫云：障氣本作水氣，後人以水與澤相複，故妄改爲障耳。（禮書引此已誤。）不知凡水皆謂之水，而水鍾乃謂之澤，（見周官大司徒注。）且澤氣與山氣相對，水氣與風氣相對，義各有取。改水爲障，則義不可通矣。太平御覽天部十五、疾病部一、疾病部三，（此篇内兩引。）引此並作水氣。酉陽雜俎廣知篇同。**林氣多癃，木氣多傴，**自此上至「山氣多男」，皆生子多有此病也。**岸下氣多腫，**○王念孫云：腫本作尰，此亦後人妄改之也。（禮書引此已誤。）腫音諸勇反，尰音市勇反。凡腫疾皆謂之腫，而腫足則謂之尰。尰字從尢，尢，讀若汪，跛曲脛也，（見下條。）故尰字從之。岸下氣下溼，故有腫足之疾。小雅巧言篇「居河之麋，既微且尰」，鄭箋曰：「居下溼之地，故生微尰之疾。」爾雅曰「既微且尰，骭瘍爲微，腫足爲尰」是也。若作腫，則非其指矣。太平御覽天部十五引此正作尰，又引高注云：「岸下下溼，腫足曰尰。」（今脱此注。）又疾病部一、疾病部三引此並同。**石氣多力，**象石堅也。**險阻氣多癭，**上下險阻，氣衝喉而結，多癭咽也。**暑氣多夭，**夭折不終也。**寒氣多壽，谷氣多痹，丘氣多狂，**○王念孫云：狂當爲尪。說文：「尣，跛曲脛也。從大，象偏曲之形。古文作尪。」一切經音義十八引蒼頡篇曰：「痹，手足不仁也。」痹與尪皆肢體之疾，故連類而及之，若狂則非其類矣。篆書尪、狂二字相似，隸書亦相似，故尪誤爲狂。天官書正義、太平御覽引此作狂，亦傳寫之誤。酉陽雜俎正作尪。呂氏春秋盡數篇「輕水所多禿與癭人，重水所多尰與躄人，苦水所多尪與傴人」，癭、尰、尪、傴四字皆與此篇同。**衍氣多仁，**下而污者爲衍也。○莊逵吉云：御覽衍作廣，注云：「下而平者爲廣也。」**陵氣多貪，輕土多利，重土多遲，**利，疾也。**清水音小，濁水音大，**音，聲也。**湍水人輕，遲水人重，**湍，急流悍水也。**中土多聖人。皆象其氣，皆應其類。故南方有不死之草，北方有不釋之冰，**南方温，故草有不死者。北方寒，故冰有不泮釋者。○文典謹按：御覽六十八引，南方作淮海。意林引注云：「寒温異也。」疑皆據許本也。**東方有君子之國，**東方木德仁，故有君子之國。其人衣冠帶劍食獸，使二文虎也。○莊逵吉云：說文解字曰：「東夷從大，大人也。夷俗仁，仁者壽，有君子不死之國。」卽與此解同。**西方有形殘之尸。寢居直夢，人死爲鬼，**西方金，金斷割攻戰之事，有形殘之尸也。寢，寐也。居，處也。金氣方剛，故其寢寐處夢，悟如其夢，故曰直夢。不終其命，死而爲鬼，能爲祅怪病人也。一說曰：形殘之尸于是以兩乳爲目，腹臍爲口，操干戚以舞，天神斷其手，後天帝斷其首也。以無夢，故曰寢居直夢。○莊逵吉云：一説卽山海經之形天也。古聲天、殘相近。**磁石上飛，雲母來水，土龍致雨，燕鴈代飛，**湯遭旱，作土龍以象龍。雲從龍，故致雨也。燕，玄鳥也，春分而來，鴈春分而北詣漠中也；燕秋分而去，鴈秋分而南詣彭蠡也，故曰代飛。代，更也。○莊逵吉云：御覽引許沓注：「湯遭旱，作土龍以象雲龍。」卽此注而小異。○陶方琦云：初學記一、白帖二、御覽十一、歲華紀麗二注引許注「湯遭旱，作土龍以象雲從龍也。」按：此亦疑許説羼入高注本，故同。桓子新論：「問求雨所以爲土龍者，何也？曰：龍見者，輒有風雨興起以送迎之，故緣其象類而爲之。」論衡亂龍篇：「董仲舒申春秋之雩，謂土龍以招雨，其意以雲龍相致。易曰：『雲從龍。』以類求之，故設土龍。」許注謂湯時事，必係古説。又御覽九百四十二引「燕雁代飛」許注云：「燕春南而雁秋北。」文選江淹雜體詩注引敚一秋字，義固未足，然御覽加一雁字，義又未安。當是「燕春南而秋北，雁春北而秋南。」管子：「桓公曰：鴻雁春北而秋南，不失其時。」文亦相類。**蛤蟹珠龜，與月盛衰。**與，猶隨也。**是故堅土人剛，弱土人肥；**○俞樾云：下文「壚土人大，沙土人細；息土人美，秏土人醜」，大與細對，美與醜對。剛與肥則不對矣。肥當作脃。廣雅釋詁：「脆，弱也。」脆卽脃之俗體。堅土人剛，弱土人脃，正相對成義。家語執轡篇作「堅土之人剛，弱土之人柔」，柔亦脃也。**壚土人大，沙土人細；**壚，讀纑繩之纑。細，小也。**息土人美，秏土人醜。食水者善游能寒，**魚鼈鷖鶩之屬是也。○陶方琦云：意林引許注：「魚是也。」當是高承許注。○文典謹按：

能，讀曰耐。漢書趙充國傳「漢馬不能冬」，師古曰「能，讀曰耐」，是其比也。家語執轡篇正作耐。**食土者無心而慧，**蚯蚓之屬是也。〇俞樾云：蚯蚓之屬，何慧之有？大戴記易本命篇作「無心而不息」，盧辯注曰：「蚯蚓之屬不氣息也。」此文慧字疑亦不息二字之誤。〇文典謹按：家語執轡篇與大戴禮同。御覽九百四十四引作「食土者無心不惠」。（惠、慧古通。）俞說近塙。〇陶方琦云：意林引許注：「蚯蚓是也。」此高承用許注。**食木者多力而奰，**熊羆之屬是也。奰，煩腸黃理也。奰，讀「内奰于中國」之奰，近鼻也。〇陶方琦云：意林引許注：「熊羆是也。」此亦高承用許注。〇文典謹按：御覽九百五十二引奰作惡，引注羆作犀。**食草者善走而愚，**麋鹿之屬是也。〇陶方琦云：意林引許注：「麋鹿是也。」亦是高承用許注。**食葉者有絲而蛾，**蠶是也。〇王念孫云：食葉本作食桑。後人以蟲之食葉者多化爲蛾，故改食桑爲食葉。不知正文本作食桑，故高注專訓爲蠶。若作食葉，則與高注不合矣。爾雅「蛓羅」，郭璞曰蠶蛾。説文蛓蠶化飛蟲，或作蛾。是古人言蛾者，多專指蠶蛾言之，故曰「食桑者有絲而蛾」，故高注專訓爲蠶也。大戴禮易本命篇、家語執轡篇並作食桑，太平御覽資産部五蠶下引淮南亦作食桑，意林及藝文類聚蟲豸部並同。〇文典謹按：上文「食木者」、「食草者」，下文「食肉者」、「食穀者」，木也，草也，肉也，穀也，皆共名也，此似不應獨舉專名曰「食桑者」。蟲之食葉者多化爲蛾，此生民之所共見，且據藝文類聚高注實作「蠶屬是也」，此「蠶是也」乃許注也。既曰「蠶屬」，則非專訓爲蠶可知，王説泥矣。**食肉者勇敢而悍，**虎豹鷹鸇之屬是也。〇陶方琦云：意林引許注作「虎豹是也」。**食氣者神明**

而壽，仙人松、喬之屬是也。○陶方琦云：意林引許注：「龜蛇之類，王喬、赤松是也。」食穀者知慧而夭，○陶方琦云：意林引許注：「人是也。」高無注，乃敚文也。不食者不死而神。凡人民禽獸萬物貞蟲，各有以生，貞蟲，諸細要之屬也。或奇或偶，或飛或走，莫知其情。唯知通道者，能原本之。

天一地二人三，一，陽；二，陰也。人生於天地，故曰三也。三三而九。九九八十一，一主日，日數十，十，從甲至癸也。日主人，人故十月而生。八九七十二，二主偶，偶以承奇，奇主辰，辰主月，月主馬，馬故十二月而生。七九六十三，三主斗，斗主犬，犬故三月而生。六九五十四，四主時，時主彘，彘故四月而生。五九四十五，五主音，音主猿，猿故五月而生。四九三十六，六主律，律主麋鹿，○莊逵吉云：大戴禮記作禽鹿。麋鹿故六月而生。三九二十七，七主星，星主虎，虎故七月而生。二九十八，八主風，風主蟲，蟲故八月而化。

鳥魚皆生於陰，陰屬於陽，○王念孫云：下陰字蒙上而衍。此謂鳥魚皆屬於陽，非謂陰屬於陽也。大戴禮、家語並作「鳥魚皆生於陰而屬於陽」，盧辯曰：「生於陰者，謂卵生也。屬於陽者，謂飛游於虛也。」則無下陰字明矣。文選辯命論注、太平御覽羽族部一引淮南皆無下陰字。故鳥魚皆卵生。魚游於水，鳥飛於雲，故立冬燕雀入海，化爲蛤。○莊逵吉云：大戴禮記蛤作蚧。萬物之生而各異類：蠶食而不飲，蟬飲而不食，蜉蝣不飲不食，○莊逵吉云：盧辯注大戴禮記引本書云：「蠶食而不飲，三十二日而化。蟬飲而不食，三十日而死。蜉蝣不飲不食，三日而終。」介鱗者夏食而冬蟄。介，甲，龜鼈之屬也。鱗，魚龍之屬。齕吞者八竅而卵生，鳥魚之屬。嚼咽者九竅而胎生。四足者無羽翼，戴角者無上齒；無角者膏而無前，膏，豕也，熊猿之屬。無前，肥從前起也。有角者指而無後。指，牛羊麋之屬。無後，肥從後起也。○莊逵吉云：指應作脂，見周禮注，所謂「戴角者脂，無角者膏」是也。又王肅家語注引本書，正作脂。○文典謹按：莊校是也。御覽八百六十四、八百九十九引，指並作脂。説文肉部：「戴角者脂，無角者膏。」一切經音義引三倉：「有角曰脂，無角曰膏。」皆其證。又「無前」、「無後」，義不可通，無疑當作兑，始譌爲无，傳寫又爲無耳。御覽八百九十九引，正作「兑前」、「兑後」，又引注云：「豕馬之屬前小，牛羊後小。」是其證矣。前小即兑前，後小即兑後也。晝生者類父，夜生者似母。至陰生牝，至陽生牡。夫熊羆蟄藏，飛鳥時移。是故白水宜玉，黑水宜砥，砥則皁石也。青水宜碧，赤水宜丹，黄水宜金，清水宜龜；汾水濛濁而宜麻，濟水通和而宜麥，河水中濁而宜菽，○王念孫云：中濁二字，義不相屬。濁本作調，中調猶中和也。上文曰「濟水通和而宜麥」，義與此相近，今作中濁者，涉上文「汾水濛濁」而誤。（禮書引此已誤。）後漢書馮衍傳注引此作「河水調宜菽」，太平御覽百穀部五引此作「河水中調而宜菽」。雒水輕利而宜禾，渭水多力而宜黍，漢水重安而宜竹，○王念孫云：太平御覽地部二十三、二十七引此，竹下皆有箭字，今本脱之。（禮書引此已無箭字。）古人言物産者多並稱竹箭，故曰「漢水重安而宜竹箭」。周官職方氏曰：「其利金錫竹箭。」楚語曰：「楚有藪曰雲連、徒洲，金木竹箭之所生。」皆是也。江水肥仁而宜稻。平土之人，慧而宜五穀。

東方川谷之所注，日月之所出，其人兑形小頭，隆鼻大口，鳶肩企行，竅通於目，筋氣屬焉，蒼色主肝，長大早知而不壽；其地宜麥，多虎豹。南方陽氣之所積，暑濕居之，其人修形兑上，大口決胔，○王念孫云：胔當爲眦，字之誤也。説文：「眥，目厓也。」鄭注鄉射禮曰：「決，猶開也。」開眦謂大目也。大口、決眦意相近。（曹植鼙舞歌曰：「張目決眥。」）太平御覽人事部四引此正作眦。竅通於耳，血脉屬焉，赤色主心，早壯而夭；其地宜稻，多兕象。西方高土，川谷出焉，日月入焉，其人面末僂，修頸卬行，竅通於鼻，末，猶脊也。○俞樾云：高注曰：「末，猶脊也。」然則末僂者，謂其脊句僂也。末上不當有面字，疑是衍文。又按莊子外物篇「末僂而後耳」，釋文引李云：「末，上，謂頭前也。」蓋訓末爲上，又以上爲頭，故以末僂爲頭前。此説末字之義較合。説文木部「木上爲末」，故人亦以上爲末矣。皮革屬焉，白色主肺，勇敢不仁；其地宜黍，多旄犀。旄，讀近綢繆之繆，急氣言乃得之。○莊逵吉云：何休注公羊傳、劉熙釋名並有急氣籠口讀字之説，蓋當時有其法，卽開魏音反語、周沈切韻之漸矣。**北方幽晦不明，天之所閉也，寒水之所積也，**○王念孫云：寒水當爲寒冰，字之誤也。上文「北方曰積冰」，高注曰「北方寒，冰所積，因名爲積冰」是也。太平御覽引此，正作寒冰。**蟄蟲之所伏也，其人翕形**翕，讀脅榦之脅。**短頸，大肩下尻，竅通於陰，骨幹屬焉，黑色主腎，其人惷愚，**惷，讀人謂惷然無知之惷也，籠口言乃得。**禽獸而壽；**○王念孫云：自「翕形短頸」以下六句，皆承上「其人」二字言之，則「惷愚」上不當更有「其人」二字。上文東方、南方、西方皆無此二字，此卽因上文「其人翕形」而誤衍也。（太平御覽引此已誤。）又按：禽獸二字，妄人所加也。「惷愚而壽」與上文「早知而不壽」，文正相對，加入禽獸二字，則文不成義矣。太平御覽引無此二字。**其地宜菽，**菽，豆也。**多犬馬。**傳曰：「冀之北土，馬之所生。」言燕、代出馬也。**中央四達，風氣之所通，雨露之所會也，其人大面短頤，美須惡肥，竅通於口，膚肉屬焉，黃色主胃，慧聖而好治；其地宜禾，多牛羊及六畜。**

木勝土，土勝水，水勝火，火勝金，金勝木，故禾春生秋死，禾者木，春木王而生，秋金王而死。**菽夏生冬死，**豆，火也，夏火王而生，冬水王而死。**麥秋生夏死，**麥，金也，金王而生，火王而死也。**薺冬生中夏死。**薺，水也，水王而生，土王而死也。○王念孫云：此本作「薺冬生而夏死」，後人以薺死於中夏，因改爲中夏。不知上文「禾春生秋死」，「菽夏生冬死」，「麥秋生夏死」，皆但言其時而不言其月，薺亦然也。藝文類聚草部下、太平御覽百穀部一、菜部五引此，並作「薺冬生而夏死」。木壯水老火生金囚土死，火壯木老土生水囚金死，土壯火老金生木囚水死，金壯土老水生火囚木死，水壯金老木生土囚火死。音有五聲，宮其主也。五聲，宮、商、角、徵、羽也。在中央，故爲主。色有五章，黄其主也。味有五變，甘其主也。位有五材，土其主也。是故鍊土生木，鍊木生火，鍊火生雲，雲，金氣所生也。鍊雲生水，鍊水反土。○文典謹按：御覽八百六十九引，作「鍊水生土」。鍊甘生酸，鍊酸生辛，鍊辛生苦，鍊苦生鹹，鍊鹹反甘。鍊，猶治也。變宮生徵，變徵生商，變商生羽，變羽生角，變角生宮。變，猶化也。是故以水和土，以土和火，以火化金，以金治木，木復反土。五行相治，所以成器用。土，本也，故曰五行相生，以成器用。

凡海外三十六國：○王引之云：論衡無形、談天二篇並作三十五國，今厤數下文，自脩股民至無繼民，實止三十五國，六字誤也。自西北至西南方，有修股民、天民、肅慎民、修，長也。股，脚也。天民、肅慎，皆有國名也。傳曰：「肅慎、燕、亳吾北土。」是云西方，黨獨西方之國自復有之耶？一曰：肅，敬也。慎，畏也。白民、沃民、女子民、丈夫民、白民，白身民，被髮，髮亦白。女子民，其貌無有須，皆如女子也。丈夫民，其狀皆如丈夫，衣黄衣冠帶劍。皆西方之國也。奇股民、一臂民、三身民。奇，隻也。股，脚也。言其人一臂一手一鼻孔也。三身民，蓋一頭有三身。皆西方之國也。自西南至東南方，結匈民、羽民、讙頭國民、裸國民、三苗民、交股民、不死民、穿胷民、反舌民、三苗，國名也，在豫章之彭蠡。交股民，脚相交切。不死民，不食也。穿胷，胷前穿孔達背。反舌民，語不可知而自相曉。一説：舌本在前，反向喉，故曰反舌也。南方之國名也。豕喙民、鑿齒民、三頭民、修臂民。豕喙民，其喙如豕。鑿齒民，吐一齒出口下，長三尺也。三頭民，身有三頭也。修臂民，一國民皆長臂，臂長於身。皆南方之國也。自東南至東北方，有大人國、君子國、東南墟土，故人大也。君子國，已説在上章也。黑齒民、玄股民，其人黑齒，食稻啖蛇，在湯谷上。玄股民，其股黑，兩鳥夾之，見山海經也。○陶方琦云：文選海賦注引許注：「其民不衣也，其民黑齒也。」按：「其人黑齒」，此許與高同本海外東經之説，或許注羼入高注中者。海外東經黑齒國，郭注引東夷傳曰：「倭國東四十餘里有裸國，裸國東南有黑齒國，船行一年可至。」王逸楚辭招魂注：「黑齒，齒牙盡黑。」齊俗訓（無「題篇」字，乃許注本。）「雖之夷狄徒倮之國」，許注：「徒倮，不衣也。」與此注同。毛民、勞民。其人體半生毛，若矢鏃也。勞民，正理躁擾不定也。皆東方國也。自東北至西北方，有跂踵民、句嬰民、跂踵，民踵不至地，以五指行也。句嬰，讀爲九嬰。北方之國也。○莊逵吉云：古句、九同聲，故齊桓公九合卽糾合，此讀句爲九之證。深目民、無腸民、柔利民、皆北方之國也。一目民、無繼民。一目民，目在面中央。無繼民，其人蓋無嗣也。北方之國也。○莊逵吉云：無繼卽無脅，脅與繼通用字。

雒棠、武人在西北陬，皆日所入之山名也。**硥魚在其南。**硥魚，如鯉魚也，有神聖者乘行九野，在無繼民之南。硥，讀如蚌也。**有神二人連臂爲帝候夜，在其西南方。**連臂大呼夜行。**三珠樹在其東北方，有玉樹在赤水之上。昆侖、華丘在其東南方，**在無繼民之東南也。**爰有遺玉、**○莊逵吉云：遺玉，説文解字作瑿玉。**青馬、視肉、**其人不知言也。**楊桃、甘櫨、甘華，百果所生。**皆異物也。在木曰果，在地曰蓏。○劉績云：萃丘疑髊丘之誤。髊音嗟。山海經：「髊丘，爰有遺玉、青鳥、視肉、楊柳、甘柤、甘華，百果所生。」○王念孫云：此海外東經文也。髊與萃，形聲皆不相近，若本是髊字，無緣誤爲萃。今案：萃字當是苹字之誤。苹與平古字通。（堯典「平秩東作」，馬融本平作苹。周官車僕「苹車之萃」，故書苹作平。説文「蒻，蒲子，可以爲平席」，王肅注顧命作苹席。）海外北經曰：「平丘在三桑東，爰有遺玉、青鳥、視肉、楊柳、甘柤、甘華，百果所生。」此淮南所本也。隸書萃字或作華，（見漢北海相景君碑陰。）又作華，（見桐柏淮源廟碑。）並與苹相似，故苹誤爲萃矣。（説文「蒻，蒲子，可以爲平席」，文選秋興賦注引作「萃席」，亦是平通作苹，因誤爲萃也。史記禮書「大路越席」，正義：「越席謂蒲爲萃席。」亦是苹席之誤。）○陶方琦云：此許注羼入高注中者。時則訓「果實蚤成」，高注：「有覈曰果，無覈曰蓏。」其注呂覽本味篇説亦同。説文蓏字下云：「在木曰果，在地曰蓏。」説正同。幸有左證，方能別而出之。**和丘在其東北陬，**四方而高曰丘。鸞所自歌，鳳所自舞，故曰和丘。在無繼民東北陬也。

三桑、無枝在其西，夸父、耽耳在其北方。耽耳，耳垂在肩上。耽，讀褶衣之褶。或作攝，以兩手攝耳，居海中。〇王念孫云：褶、攝二字，聲與耽不相近，耽字無緣讀如褶，亦無緣通作攝也。耽皆當爲耴。今作耽者，後人以意改之耳。説文：「耴，耳垂也。從耳下垂，象形。春秋傳曰秦公子耴。耴者，其耳下垂，故以爲名。」玉篇豬涉切。是耳下垂謂之耴。故高注云「耴耳，耳垂在肩上」。廣韻「耴耳，國名」，正謂此也。（春秋鄭公子輒字子耳，義與耴亦相近。）字或作聶，海外北經云：「聶耳之國在無腸國東，爲人兩手聶其耳，縣居海水中。」卽高注所云「以兩手聶耳，居海中」者也。耴與聶聲相近，故海外北經作聶。耴與褶、攝聲亦相近，故高讀耴如褶，而字或作攝。後人多見耽，少見耴，又以説文云「耽，耳大垂也」，故改耴爲耽，而不知其與高注大相抵牾也。**夸父棄其策，是爲鄧林。**夸父，神獸也，飲河、渭不足，將飲西海，未至，道渴死。見山海經。策，杖也，其杖生木而成林。鄧，猶木也。一曰：仙人也。〇陶方琦云：文選潘岳西征賦注引許注：「策，杖也。」按：此亦許注羼入高注中者。莊子齊物論司馬注：「策，杖也。」**昆吾丘在南方。**昆吾，楚之祖祝融之孫，陸終之子，爲夏伯也。詩云「昆吾夏桀」也。**軒轅丘在西方。**軒轅，黄帝有天下之號也。**巫咸在其北方，**巫咸，知天道，明吉凶。**立登保之山。暘谷、榑桑在東方。**暘谷，日之所出也。榑桑，在登保之山東北方也。**有娀在不周之北，長女簡翟，少女建疵。**有娀，國名也。不周，山名也。娀，讀如嵩高之嵩。簡翟、建疵姊妹二人在瑶臺，帝嚳之妃也。天使玄鳥降卵，簡翟吞之以生契，是爲玄王，殷之祖也。詩云「天命玄鳥，降而生商」也。**西王母在流沙之瀕。**地理志曰：西王母石室，在金城臨羌西北塞外。**樂民、拏閭在昆侖弱水之洲。**水中可居曰洲。**三危在樂民西。**三危，西極之山名也。**宵明、燭光在河洲，所照方千里。**洲，水中所居者。燭光所照者方千里。**龍門在河淵。湍池在昆侖。**龍門在河中馮翊夏陽界。**玄燿、不周、**玄燿，水名。一曰山名。**申池在海隅。**海隅，藪也。**孟諸在沛。**孟諸，宋澤也，在睢陽東北。**少室、太室在冀州。**少室、太室在陽城，嵩高山之別名。冀，堯都冀州，冀爲天下之號也。**燭龍在雁門北，蔽于委羽之山，不見日，其神人面龍身而無足。**蔽，至也。委羽，北方山名也。一曰：龍銜燭以照太陰，蓋長千里，視爲晝，瞑爲夜，吹爲冬，呼爲夏。○陶方琦云：初學記三、御覽九百二十九引許注：「不見日，故龍以目照之，蓋長千里。開爲晝，（御覽引開仍作視字。）瞑爲夜，吹爲冬，呼爲夏。」按：許注亦本海外北經說也。海外北經作：「鍾山之神名燭陰，視爲晝，瞑爲夜，吹爲冬，呼爲夏。」御覽引括地志亦同。又大荒北經章尾山「是燭九陰，是謂燭龍。」郭注引「詩含神霧：『天不足西北，無有陰陽消息，故有龍銜精以照天門。』淮南子曰『蔽于委羽之山，不見天日』也。」○文典謹按：文選謝靈運擬魏太子鄴中集詩注引，蔽作第，注同。**后稷壠在建木西，**建木在都廣。都廣，南方澤名。說其山，說其澤。壠，冢也。**其人死復蘇，其半魚，在其間。**南方人死復生，或化爲魚，在都廣建木間。**流黃、沃民在其北方三百里，狗**

國在其東。雷澤有神，龍身人頭，鼓其腹而熙。雷澤，大澤也。鼓，擊也。熙，戲也。地理志曰：禹貢雷澤在濟陰城陽西北，城陽有堯塚。

江出岷山，東流絶漢入海，左還北流，至于開母之北，右還東流，至于東極。岷山在蜀西徼外。絶，猶過也。開母，山名，在東海中。河出積石。河原出昆侖，伏流地中方三千里，禹導而通之，故出積石。積石山在金城郡河關縣西南。睢出荆山。荆山在左馮翊懷德縣之南，下有荆漂原，雝州浸也。○莊逵吉云：「睢出荆山」，「睢」字誤，當爲「洛」。古字作雒，故誤爲睢也。荆漂原當卽彊梁原，古字荆、彊相通，漂、梁則字之誤也。孫編修謂：梁古文作漆，形與漂近，後人多見漂，少見漆，因之而亂耳。○王念孫云：水經沮水注曰：「沮水出東汶陽郡沮陽縣西北景山，卽荆山首也。（中山經：「荆山之首曰景山，睢水出焉，東南流注于江。」）故淮南子曰：沮出荆山。高誘云：荆山在左馮翊懷德縣。蓋以洛水有漆、沮之名故也。斯繆證耳。」案：此所謂沮水，乃江、漢、睢、漳之睢，非漆、沮之沮，所謂荆山，乃禹貢南條荆山，非北條荆山，故酈氏以高注爲繆證。莊伯鴻欲改睢爲洛，以合高注，不知洛水過荆山入渭，（地理志：左馮翊懷德，禹貢北條荆山在南，下有彊梁原，洛水東南入渭。）則不得言洛出荆山，且下文明言洛出獵山，何不察之甚也！淮出桐柏山。睢出羽山。桐柏山在南陽。清漳出楬戾。濁漳出發包。楬戾山在上黨治。發包山一名鹿苦山，亦在上黨長子。二漳合流，經魏郡入清河也。○莊逵吉云：錢別駕云：鹿苦，地理志作鹿谷，苦字誤，應作谷。清漳，説文解字以爲出沾山大要谷，地理志以爲出大黽谷，要、黽亦形近亂也。山海經云：「謁戾之山，沁水出焉。」水經同。蓋沁、漳下流互受，故以沁水所出之山爲清漳所出耳。發包，水經作發鳩，古字鳩或爲勼，勼與包形近，亦聲同，因字因聲，故亦通用。楬、謁亦同。**濟出王屋。時、泗、沂出臺、台、術。**王屋山在河東垣縣東北。時、泗、沂皆水名，臺、台、術皆山名，處則未聞也。**洛出獵山。**獵山在北地西北夷中，洛東南流入渭，詩「瞻彼洛矣，維水泱泱」是也。**汶出弗其，西流合於濟。**弗其山在北海朱虛縣東。○莊逵吉云：弗其，地理志作不其，弗、不通用。○王引之云：水經汶水注曰：「按誘說是乃東汶，非經所謂入濟者也，蓋其誤證爾。」今案：漢書地理志琅邪郡朱虛「有東泰山，汶水所出，東至安丘入維」，此高注所本也。其水入維不入濟，故酈氏以爲誤證。地理志又曰：「泰山郡萊蕪有原山，禹貢汶水出西南，（句。）入泲，（古濟字。）」此則淮南之汶矣。汶出原山，而此云出弗其者，弗其蓋原山之別名。淮南與地理志似異而實同也。禹貢錐指因高注誤證，而並以淮南爲誤，則過矣。弗其卽是原山，在萊蕪縣，與不其縣之不其山名相似而地則不同，莊氏伯鴻以爲卽不其山，謬矣。○俞樾云：說文水部汶水「出琅琊朱虛東泰山，東入濰」，又曰：「桑欽說，汶水出泰山萊蕪，西南入泲。」是汶水有二，一入濰，一入泲，泲卽濟也。高注曰：「弗其山在北海朱虛縣東。」是誤以入濰之汶說入濟之汶，王氏讀書雜志已辯正矣。惟弗其之名，未能塙指。漢書地理志曰：「泰山郡萊蕪有原山，禹貢汶水出西南入泲。」今原山在山東泰安府萊蕪縣東北七十里，亦名馬耳山。弗其二字，疑卽馬耳之誤。弗與馬，其與耳，字形皆相似。○文典謹按：西流合於濟，各本皆作流合於濟，敓西字，今據水經注所引補。**漢出嶓冢。涇出薄落之山。**嶓冢山，漢陽縣西界，漢水所出，南入廣漢，東南至雝州入江。薄落之山，一名笄頭山，安定臨涇縣西，禹貢涇水所出，東南至陽陵入渭。**渭出鳥鼠同穴。伊出上魏。**鳥鼠同穴山在隴西首陽西南，渭水所出，東會于灃，又入河，雝州川也。上魏，山名，處則未聞。○莊逵吉云：渭水，諸書皆作雍州浸，唯此書與周書作川。**雒出熊耳。**熊耳山在京師上雒西北也。**浚出華竅。維出覆舟。汾出燕京。**燕京，山名也，在太原汾陽，汾水所出，西南至汾陽，冀州浸。○莊逵吉云：山海經、水經皆云汾出管涔山，古字燕管、京涔聲近通用。**衽出濆熊。淄出目飴。**目飴，山名。**丹水出高褚。**高褚一名冢嶺山，在京兆上雒，丹水所出，東至均入沔也。○劉績云：冢領山在陝西西安府商縣南，丹水出於此，東流至河南内鄉縣，與淅水合流入漢江，非此所謂丹水也。高褚恐高都之譌，漢上黨高都縣莞谷，丹水所出，東南入絶水。（見地理志。）今山西澤州高平即高都，有丹水源出仙公山，南流合白水入沁河，此丹水是。○王念孫云：劉説是也。北山經曰：「沁水之東有林焉，名曰丹林，丹水出焉。（舊本作「丹林之水」，衍「林之」二字，今依水經注删。）南流注于沁。（舊本作「注于河」，涉上文「沁注于河」而誤，今依水經注改。）水經沁水注曰：「丹水出上黨高都縣故城東北阜下，東會絶水，又東南流，白水注之，又東南流注於沁。」竹書紀年「晉出公五年，丹水三日絶不流」，皆謂此丹水也。漢高都故城在今澤州府鳳臺縣東北，此作高褚，豈都字古通作諸，因誤爲褚與？**殷出嶕山。**○王引之云：偏考地理書，無股水之名。股疑當爲般。隸書舟字多作月，故般誤爲股。（漢巴郡太守張納功德敍「般桓弗就」，司隸校尉魯峻碑陰「平原般」，並作股，與股相似。爾雅釋水「鉤般」，釋文：「般，李本作股。」）漢書地理志濟南郡般陽，應劭曰：「在般水之陽。」水經濟水注曰：「般水出般陽縣東南龍山，俗亦謂之爲左阜。」龍山葢嶕山也，古今異名耳。**鎬出鮮于。涼出茅盧、石梁。**鮮于、茅盧、石梁，皆山名也。○莊逵吉云：郭璞山海經注引此，作「薄出鮮于」。○劉績云：鎬、薄必有一誤。○王引之云：北山經薄水注引此文，則薄非誤字可知。鎬與薄形聲皆不相似，薄字亦無緣誤爲鎬。葢鎬字下有出某山之文，而今脱之，「薄出鮮于」又脱薄字，故混爲一條耳。**汝出猛山。淇出大號。**猛山一名高陵山，在汝南定陵縣，汝水所出，東南至新蔡入淮。大號山在河内共縣北。或曰在臨慮西。○莊逵吉云：河内共縣，諸本及藏本皆作卭，攷河内無卭縣，當作共，故改之。**晉出龍山結給，合出封羊。**結給合一名也龍山，在晉陽之西北，晉水所出，東入汾。封羊，山名。○王引之云：「晉出龍山結給」當作「晉出結紐」。龍山二字，因注而衍。紐字右畔作合，則因下句「合出封羊」而誤。注當作「結紐山一名龍山」。今本作結給，亦隨正文而誤，又脱山字，衍合字、也字耳。水經晉水注曰：「晉書地道記及十三州志並言晉水出龍山，一云出結紐山，在晉陽縣西北。」太平御覽地部十引郡國志曰：「懸甕山一名龍山，亦名結紐山，晉水出焉。」是結紐山乃晉水所出，故曰「晉出結紐」，結紐叠韻字，（結古讀若吉。）若作結給，則失其韻矣。且龍山即是結紐，不得並言「龍山結紐」也。注言「結紐山一名龍山」者，猶上注言「發包山一名鹿谷山」，

「薄落之山一名笲頭山」，「猛山一名高陵山」。其云一名某山，乃高以當時山名釋之，不得闌入正文。**遼出砥石。**砥石，山名，在塞外，遼水所出，南入海。**釜出景。**景山在邯鄲西南，釜水所出，南澤入漳，其原浪沸湧，正勢如釜中湯，故曰釜，今謂之釜口。**岐出石橋。呼沱出魯平。**魯平，山名。呼沱，并州之浸也，今中山漢昌呼沱河是。○莊逵吉云：孫編修云：「魯平疑當作魯乎，此山亦名武夫，古聲武魯、夫乎相近。又攷山海經名之爲泰戲，戲聲亦與乎夫近，皆通用字。」**泥塗淵出樠山。**樠，讀人姓樠氏之樠。**維濕北流出於燕。**流於北燕，北塞外也。○莊逵吉云：錢別駕云：「維濕」，濕字當作㶟。㶟水出右北平浚靡縣，東南至無終入庚，庚水至雍奴入海。出地理志。即經流燕京之水也。若濕出平原、高唐，與此不涉，非是。

諸稽、攝提，條風之所生也；諸稽、攝提，天神之名也。艮爲條風。**通視，明庶風之所生也；**通視，天神也。明庶風，震卦之所生也。**赤奮若，清明風之所生也；**赤奮若，天神也。巽爲清明風也。**共工，景風之所生也；**共工，天神也，人面蛇身。離爲景風。**諸比，涼風之所生也；**諸比，天神也。坤爲涼風。**皐稽，閶闔風之所生也；**皐稽，天神也。兑爲閶闔風。**隅强，不周風之所生也；**隅强，天神也。乾爲不周風。**窮奇，廣莫風之所生也。**窮奇，天神也，在北方道，足乘兩龍，其形如虎。坎爲廣莫風。

穾生海人，穾，人之先人。○俞樾云：下文又曰「凡穾者生於庶人」，兩穾字皆胅字之誤。

史記司馬相如傳「躬腠胝無胈」，韋昭曰：「胈，戚中小毛也。」漢書相如傳注引孟康曰：「胈，毳膚皮也。」然則「凡胈者生於庶人」與下「凡羽者生於庶鳥」、「凡毛者生於庶獸」、「凡鱗者生於庶魚」、「凡介者生於庶黿」一律。人以胈言，猶鳥獸魚黿以羽毛鱗介言也。其字本从肉，傳寫誤从穴，後人以从穴之字多上形下聲，因變爲窔矣。管子侈靡篇有䳄字，即窵字之誤。墨子備城門篇有臏字，即竇字之誤。說見本書。彼蓋先誤穴爲肉，後人以从肉之字多左形右聲，因變爲䳄、爲臏，與此正可互證也。道藏本作「凡容者生於庶人」，則與「窔生海人」不相應，即與下文羽毛鱗介不一律矣。又按：「窔生海人」，窔下脫一字，說詳下條。**海人生若菌，**菌，讀羣下之羣。**若菌生聖人，聖人生庶人，凡窔**〇莊逵吉云：此字藏本作容，恐非，是故從各本仍作窔。**者生於庶人。**

羽嘉生飛龍，飛龍、羽嘉，飛蟲之先。飛龍有翼。〇文典謹按：御覽九百十四引注「飛龍有翼」作「蜚龍，龍之有羽者」。**飛龍生鳳皇，鳳皇生鸞鳥，鸞鳥生庶鳥，凡羽者生於庶鳥。毛犢生應龍，應龍生建馬，建馬生麒麟，麒麟生庶獸，凡毛者生於庶獸。介鱗生蛟龍，**介鱗，鱗蟲之先。蛟龍，有鱗甲之龍也。〇俞樾云：蛟龍乃鱗蟲，非介蟲也，不當兼言介。上文「羽嘉生飛龍」，「毛犢生應龍」，下文「介潭生先龍」，曰羽嘉，曰毛犢，曰介潭，是羽、毛、介各有一字以配之，使成二名，則此文鱗下亦當有一字，傳寫脫去，又涉下文「介潭」而誤衍介字耳。以此推之，上文「窔生海人」，窔下亦必脫一字矣。**蛟龍生鯤鯁，鯤鯁生建邪，建邪生庶魚，凡鱗者**

生於庶魚。介潭生先龍，介，國也，鼀之先。潭，讀譚國之譚。先龍生玄黿，玄黿生靈龜，靈龜生庶龜，凡介者生於庶龜。煖濕生容，煖，一讀暵，當風乾燥之貌也。煖濕生於毛風，毛風生於濕玄，濕玄生羽風，羽風生㬮介，㬮介生鱗薄，鱗薄生煖介。五類雜種興乎外，肖形而蕃。肖，像也，言相代象而蕃多也。日馮生陽閼，日馮，木之先也。陽閼生喬如，喬如生幹木，幹木生庶木，凡根拔木者生於庶木。〇王念孫云：根拔二字，涉下文「根茇草」而誤衍也。下文言「根茇草」者，對後「浮生不根茇者」而言。若木則皆有根茇，不必別言之曰「根拔木」也。「凡木者生於庶木」，與上文「凡羽者生於庶鳥」、「凡毛者生於庶獸」、「凡鱗者生於庶魚」、「凡介者生於庶龜」，文同一例，不當有根拔二字也。又下文「根拔生程若，程若生玄玉，玄玉生醴泉，醴泉生皇辜，皇辜生庶草，凡根茇草者生於庶草」，高注「根拔生程若」曰：「根拔，根生草之先也。」（今本草之二字誤倒，據下注「浮生草之先」改。）案：根拔皆當作招搖，今作根拔者，亦因下文「根茇草」而誤。根茇草生於庶草，由庶草而上溯之，至於程若，是程若爲根茇草之先，不得言「根拔生程若」也。酉陽雜俎廣動植篇作「招搖生程若」，以下六句皆本淮南，則根拔爲招搖之誤，明矣。根拔生程若，根拔，根生之草先也。程若生玄玉，玄玉生醴泉，醴泉生皇辜，皇辜生庶草，凡根茇草者生於庶草。海閭生屈龍，海閭，浮草之先也。屈龍，游龍，鴻也。詩云「隰有游龍」，言屈，字之誤。屈龍生容華，容華，芙蓉草花。容華生蔈，蔈，流也，無根水中草。**蕈生萍藻，萍藻生浮草，凡浮生不根茇者生於萍藻。**○王念孫云：三萍字皆後人所加。（埤雅引此已誤。）蕈一作藫，萍一作苹，吕氏春秋季春篇注曰：「苹，水藫也。」（今本藫誤作藻。）爾雅釋草注曰：「水中浮苹，江東謂之藫。」則蕈即是苹，不得言「蕈生萍藻」。且苹、藻爲二物，又不得言「萍藻生浮草」也。酉陽雜俎正作「蕈生藻，藻生浮草」。

正土之氣也御乎埃天，○莊逵吉云：御覽御作仰，下同。下有注云：「正土，中土也。其氣上曰埃。央，中天也。」○王念孫云：也字衍。下文「偏土之氣」四段，氣下皆無也字。太平御覽地部三十五引此亦無。**埃天五百歲生缺，**○莊逵吉云：御覽作砄，注云：「砄，石名也。中央數五，故五百歲而一化。」似與「黄金」下注語相亂。**缺五百歲生黄埃，黄埃五百歲生黄澒，**○王念孫云：此本作「埃天五百歲生缺缺，五百歲生黄澒」，其「生黄埃，黄埃五百歲」八字皆因上下文而誤衍也。（上文有「埃天」，下文有「黄泉之埃」。）下文「青天八百歲生青曾，青曾八百歲生青澒」，與此文同一例，（後二段並同。）則不當有「生黄埃」以下八字明矣。初學記寶器部、太平御覽珍寶部九引此，並云「玦五百歲生黄澒」。（又引注云：「玦，石也。」）御覽地部三十五引此云「埃天五百歲生砄，（又引注云：「砄，石名也。」玉篇：「砄音決，石也。」）砄五百歲生黄澒」，是其證。**黄澒五百歲生黄金，**黄金，石名也。中央數五，故五百歲而一化。澒，水銀也。**黄金千歲生黄龍，黄龍入藏生黄泉，**○莊逵吉云：御覽下有注云：「黄泉，黄龍之汋也。」**黄泉之埃上爲黄雲，陰**

陽相薄爲雷，激揚爲電，上者就下，流水就通，而合于黄海。黄海，中央之海。偏土之氣御乎清天，○莊逵吉云：御覽下有注云：「偏土，方土也。」清天八百歲生青曾，○莊逵吉云：御覽下有注云：「青曾，青石也。東方數八，故八百歲而一化。」亦與下注語相亂。○王念孫云：清天當爲青天，謂東方天也。下清泉同。太平御覽地部引此正作青天、青泉。青曾八百歲生青澒，青澒八百歲生青金，青金八百歲生青龍，東方木，色青，其數八，故八百歲而一化。○王念孫云：八百歲當爲千歲。上文「黄金千歲生黄龍」，卽其證也。（後二段並同。）高注云：「東方木色青，其數八，故八百歲而一化。」此注本在上文「青澒八百歲生青金」之下，後誤入此句下，讀者因改千爲八百耳。太平御覽引此正作「青金千歲生青龍」。青龍入藏生青泉，青泉之埃上爲青雲，陰陽相薄爲雷，激揚爲電，上者就下，流水就通，而合于青海。東方之海。壯土之氣御于赤天，○莊逵吉云：御覽引此，下有注云：「壯土，南方之土。」○王念孫云：壯土當爲牡土。此對下文「北方土爲牝土」而言。壯字俗書作壮，與牡相似而誤。赤天七百歲生赤丹，○莊逵吉云：御覽注云：「赤丹，砂也。南方數七，故七百歲而一化。」赤丹七百歲生赤澒，赤澒七百歲生赤金，南方火，其色赤，其數七，故七百歲而一化。○莊逵吉云：御覽此下注云：「丹砂不化爲沙，而可以爲金，故氣赤澒也。」當有誤字，而無攷。赤金千歲生赤龍，赤龍入藏生赤泉，赤泉之埃上爲赤雲，陰陽相薄爲雷，激揚爲電，上者就下，流水就通，而合于赤海。南方之海。弱土之氣御于白天，○莊逵吉云：御覽下有注云：「弱土，西方土也。」白天九百歲生白礜，白礜九百歲生白澒，白澒九百歲生白金，白礜，礜石也。白澒，水銀也。西方金，色白，其數九，故九百歲而一化。白金千歲生白龍，白龍入藏生白泉，白泉之埃上爲白雲，陰陽相薄爲雷，激揚爲電，上者就下，流水就通，而合于白海。西方之海。牝土之氣御于玄天，○莊逵吉云：御覽下有注云：「牝土，北方土也。」玄天六百歲生玄砥，玄砥，黑石也。玄砥六百歲生玄澒，玄澒六百歲生玄金，北方水，其色黑，其數六，故六百歲而一化。玄金千歲生玄龍，玄龍入藏生玄泉，玄泉之埃上爲玄雲，陰陽相薄爲雷，激揚爲電，上者就下，流水就通，而合于玄海。北方之海。上者就下，天氣復從天流下也。其通流之水皆入于海也。

淮南鴻烈集解卷五

時則訓

則，法也，四時、寒暑、十二月之常法也，故曰「時則」，因以題篇。

孟春之月，招搖指寅，招搖，斗建。**昏參中，旦尾中。**參，西方白虎之宿也，是月昏時中於南方。尾，東方蒼龍之宿也，是月將旦時中於南方。**其位東方，其日甲乙，盛德在木，**太皞之神治東方也。甲乙，木日也。盛德在木，木王東方也。○莊逵吉云：「太皞之神治東方也」八字，藏本無之，明葉近山本有。據下孟夏、孟秋、孟冬注語，則有者是也，因從之。**其蟲鱗，其音角，**東方少陽，物去太陰。甲散，散爲鱗，鱗蟲龍爲之長。角，木也，位在東方也。○陶方琦云：文選宋玉對楚王問注引許注：「鱗，龍之屬也。」按：周禮大司徒「其動物宜鱗物」，鄭注：「鱗物，魚龍之屬。」**律中太蔟，其數八，**律，管音也。陰衰陽發，萬物太蔟地而生，故曰太蔟。其數八，五行數五，木第三，故曰八也。○文典謹按：注「萬物太蔟地而生」，太字疑衍。本書天文訓「音比太蔟」，注言「陰衰陽發，萬物蔟地而生，故曰太蔟」也。呂氏春秋孟春紀，高氏彼注：「太陰氣衰，少陽氣發，萬物動生，蔟地而出，故曰『律中太蔟』。」曰「蔟地而生」，曰「蔟地而出」，並無太字，是其證矣。**其味酸，其臭羶，**木味酸，酸之言鑽也，萬物鑽地而生。羶，木香羶。**其祀户，祭先脾。**蟄伏之類始動，生出由户，故祀户也。脾屬土，陳設俎豆，脾在前也。春木勝土，言常食所勝也。一曰：脾屬木，自用其藏也。○莊逵吉云：錢别駕云：説文解字肉部曰：「腎，水藏也。」「肺，金藏也。」「脾，土藏也。」「肝，木藏也。」皆無異義。唯心部曰：「人心，土藏，在身之中。博士説以爲火藏。」攷五經異義曰：「今尚書歐陽説：肝，木也。心，火也。脾，土也。肺，金也。腎，水也。古尚書説：脾，木也。肺，火也。心，土也。肝，金也。腎，水也。」案：月令春祭脾，夏祭肺，季夏祭心，秋祭肝，冬祭腎，與古尚書説同。鄭康成駁之曰：「月令祭四時之位與五藏上下之次，冬位在後腎在下，夏位在前而肺在上，春位小前故祭先脾，秋位小却故祭先肝。腎也、脾也，俱在鬲下，肺也、心也、肝也，俱在鬲上，祭者必三，故有先後焉，不與五行之氣同也。今醫病之法，以肝爲木，心爲火，脾爲土，肺爲金，則有瘳也。若反其説，不死爲劇。」鄭説與素問合，與古尚書異。説文解字既以心爲土藏，而與肉部不侔者，疑後人以博士説改之。博士者，漢之醫官也。誘注此訓一説，卽許君之義也。知未必是許注矣。**東風解凍，蟄蟲始振蘇，**東方木，火母也。氣温，故東風解冰凍。振，動。蘇，生也。**魚上負冰，獺祭魚，**是月之時，魚應陽而動，上負冰也。獺，獱也。是月之時，獺祭鯉魚於水邊，四面陳之，謂之祭魚也。**候鴈北。**是月時候之應鴈從彭蠡來，北過周、洛，至漢中孕卵鷇也。**天子衣青衣，乘蒼龍，**周禮馬八尺已上曰龍也。**服蒼玉，建青旗，**服，佩也。熊虎曰旗。**食麥與羊，**麥，金穀也。羊，土畜也。是月金土以老，食所勝，先食麥，以麥爲主也。**服八風水，爨萁燧火，**取銅槃中露水服之，八方風所吹也。取萁木燧之火炊之。萁，讀該備之該也。○莊逵吉云：易「箕子之明夷」，劉向曰：「今易箕子作荄茲。」是箕有荄音。因之萁亦有該音耳。**東宮御女青色，衣青采，鼓琴瑟，**春王東方，故處東宮也。琴瑟，木也，春木王，故鼓之也。**其兵矛，**矛有鋒鋭，似萬物鑽地生。**其畜羊，**羊土，木之母，故畜之也。**朝于青陽左个，以出春令。**是月之朔，天子朝日于青陽左个。東向堂，故曰青陽。北頭室，故曰左个。个猶隔也。春令，寬和之令也。○莊逵吉云：各本此下雜用吕氏春秋注語，唯藏本如是，知藏本爲準。**布德施惠，行慶賞，省傜賦。**布陽德、施柔惠也。慶，善。賞，賜予也。省減傜役之勞，輕其賦歛也。**立春之日，天子親率三公九卿大夫以迎歲于東郊，**率，使也。迎歲，逆春也。東郊，郭外八里之郊也。○陶方琦云：魏書五十五劉芳傳、北史四十二引許注：「東郊，八里郊也。」按：劉芳傳引賈逵曰：「東郊，木帝太昊八里。」盧植：「東郊，八里郊也。」賈爲許之師，盧爲高之師。並用先師舊訓，故自同。**修除祠位，幣禱鬼神，犧牲用牡。**祠位，壇埸屏攝之位也。幣，圭璧也。禱鬼神，求福祥也。人神曰鬼，天神曰神。犧牲用牡，尚蠲潔也。**禁伐木，**春木王，當長養，故禁之也。**毋覆巢、殺胎夭，毋麛，毋卵，**胎，獸胎，懷妊未育者也。麇子曰夭，鹿子曰麛，卵未㲉者，皆禁民不得取，蕃庶物也。**毋聚衆置城郭，掩骼薶骴。**毋聚合大衆，建置城郭，以妨害農功也。骼，骨有肉。掩覆薶藏之，慎生氣也。**孟春行夏令，則風雨不時，**○俞樾云：月令作「雨水不時」，是也。仲春之月始雨水，則孟春之月而雨水，即爲雨水不時矣。漢太初以後，更改氣名，以雨水爲正月中，則正月雨水不復爲異，於是改「雨水不時」爲「風雨不時」，非淮南之舊矣。呂氏春秋孟春紀亦作「風雨不時」，並太初以後人所追改。草木旱落，國乃有恐。孟春木德用事，法當寬仁，而用火氣動于上，故草木旱落，國惶恐也。○俞樾云：月令作「草木蚤落」，呂氏春秋作「草木早槁」，此旱字卽早字之誤。行秋令，則其民大疫，飄風暴雨總至，黎莠蓬蒿竝興。孟春寬仁，而秋正金鐵之令，氣不和，故民疫疾，風雨猥至，故黎莠蓬蒿疏薉之草並興盛也。行冬令，則水潦爲敗，雨霜大雹，首稼不入。冬，陰也，水泉涌起，而春行之，故爲敗。氣不和，故雨霜大雹，植稼不熟也。正月官司空，其樹楊。司空主土，春土受嘉穡，故官司空也。爾雅曰：「楊，蒲柳也。」楊木春光，故其樹楊也。

仲春之月，招搖指卯，昏弧中，旦建星中。弧星在輿鬼南，是月昏時中于南方。建星在斗上，是月平旦時中于南方也。其位東方，其日甲乙，其蟲鱗，其音角，律中夾鍾，是月萬物去陰夾陽，聚地而生，故曰夾鍾也。其數八，其味酸，其臭羶，其祀户，祭先脾。始雨水，桃李始華，自冬氷雪至此春分穀雨，故曰始雨水，桃李于是皆秀華也。蒼庚鳴，鷹化爲鳩。蒼庚，爾雅曰：「商庚、黎黄，楚雀也。」齊人謂之搏黍，秦人謂之黄流離，幽、冀謂之黄鳥。一說：斲木也，至此月而鳴。鷹化爲鳩，喙正直不鷙搏也。鳩謂布穀也。○王引之云：次句内本無始字，今本有者，後人據月令旁記始字，因誤入正文也。高注曰「自冬氷雪至此春分穀雨」，案：

「春分穀雨」四字乃後人所改。逸周書時訓篇「雨水之日桃始華」，則非春分穀雨時也。呂氏春秋注作「自冬氷雪至此土發而耕，故曰始雨水」，是首句有始字也。又曰「桃李於是皆秀華」，是次句無始字也。月令「桃始華，倉庚鳴」，皆三字爲句，若無始字，則句法參差矣。此文「桃李華，倉庚鳴」，亦三字爲句。若加一始字，則句法又參差矣。故桃李華不言始，而桃華則言始；倉庚鳴不言始，而蟬鳴則言始；蟬鳴言始，而寒蟬鳴則不言始；皆變文協句也。呂氏春秋仲春篇正作「桃李華」。**天子衣青衣，乘蒼龍，服蒼玉，建青旗，食麥與羊，服八風水，爨萁燧火，東宮御女青色，衣青采，鼓琴瑟，其兵矛，其畜羊，朝于青陽太廟。**太廟，東向堂，中央室。**命有司，省囹圄，去桎梏，毋笞掠，止獄訟，**囹圄，法室也。省之，赦輕微也。在足曰桎，在手曰梏。毋笞掠，言不用也。止，猶禁也。**養幼小，存孤獨，以通句萌。**順春陽，長養幼小，使繁茂也。無父曰孤，無子曰獨。皆存之，所以慎陽氣也。故草木不句萌者，以通達也。**擇元日，令民社。**元者，善之長也。日，從甲至癸也。社所以爲民祈穀，嫌日不吉，故言擇元也。**是月也，日夜分，雷始發聲，蟄蟲咸動蘇。**分，等也。冬陰閉固，雷伏不發，是月陽升，雷始發聲也。咸，皆。動蘇，生也。**先雷三日，振鐸以令於兆民曰：「雷且發聲，**鐸，木鈴也，金口木舌爲鐸，所以振告萬民也。兆，大數。且，猶將也。**有不戒其容止者，生子不備，必有凶災。」**以雷電合房室者，生子必有瘖聾通精癡狂之疾，故曰不備必有凶災也。**令官市，同度量，鈞衡石，角斗稱，**

度，丈尺也。量，釜鍾也。鈞，等也。衡石，稱也。百二十斤爲石。角，平也。斗稱，量器也。○王念孫云：稱皆當爲桶。桶、稱字相近，又涉注内「衡石，稱也」而誤。説文：「桶，木方受六升。」廣雅曰：「方斛謂之桶。」斗、桶爲一類，故高注以桶爲量器。若作稱，則非量器矣。月令作「角斗甬」，鄭注曰：「甬，今斛也。」呂氏春秋作「角斗桶」，高彼注與此注同。史記商君傳「平斗桶」，義亦同也。下文仲秋之月「角斗桶」，桶字亦誤作稱。○沈濤云：呂氏春秋仲春紀作「角斗桶」，高氏彼注：「斗桶，量器也。」稱非量器，當爲桶字之誤。禮記作「角斗甬」，史記商君傳作「平斗桶」，甬正字，桶別字，稱誤字。仲秋紀作甬，疑後人據禮記改。**端權槩。**端，正也。稱錘曰權。槩，平斗斛者。**毋竭川澤，毋漉陂池，毋焚山林，毋作大事，以妨農功。**大事，戎旅征伐之事，妨害農民之功也。**祭不用犧牲，用圭璧，更皮幣。**是月尚生育，故不用犧牲也。更，代也，以圭璧皮幣代犧牲也。皮謂鹿皮也。幣謂玄纁束帛也。禮記曰「幣帛圭皮告于祖禰」者也。**仲春行秋令，則其國大水，寒氣總至，寇戎來征。**仲春，陽中也。陽氣長養，而行秋節殺戮之令，故寒氣猥至，寇兵來征伐其國也。**行冬令，則陽氣不勝，麥乃不熟，民多相殘。**仲春行冬陰之令，陰氣勝陽，故陽不勝，則麥不升熟，民相殘賊也。**行夏令，則其國大旱，煖氣早來，蟲螟爲害。**仲春行夏太陽之令，故大旱；陽氣熱，故煖極；陽生陰，故蟲螟作害也。食心曰螟。**二月官倉，其樹杏。**二月興農播穀，故官倉也。杏有竅在中，竅在中，象陰布散在上，故其樹杏。

○莊逵吉云：御覽注云：「杏有核在中，象陰在内，陽在外也，故其樹杏。」此稍異。○孫詒讓云：杏不可言有竅，竅當作覈，覈、核古今字。後三月「其樹李」，注云「李亦有核」，説與杏同，正冡此注而言。御覽是也。

季春之月，招摇指辰，昏七星中，旦牽牛中。七星，南方朱鳥之宿，是月昏時中于南方。牽牛，北方玄武之宿，是月平旦時中于南方也。其位東方，其日甲乙，其蟲鱗，其音角，律中姑洗，姑，故也。洗，新也。是月陽氣養生，去故就新，故曰姑洗。○文典謹按：注「陽氣養生」，初學記歲時部引，作「陽氣發生」。其數八，其味酸，其臭羶，其祀户，祭先脾。桐始華，田鼠化爲鴽，桐，梧桐也，是月生華。田鼠，鼢鼶鼠也。鴽，鶉也，青、徐謂之鴾，幽、冀謂之鶉。虹始見，萍始生。虹，螮蝀也。詩云：「螮蝀在東，莫之敢指。」萍，水藻也，是月始生也。天子衣青衣，乘蒼龍，服蒼玉，建青旗，食麥與羊，服八風水，爨萁燧火，東宫御女青色，衣青采，鼓琴瑟，其兵矛，其畜羊，朝于青陽右个。東向堂，南頭室，故曰右个。舟牧覆舟，五覆五反，乃言具于天子。舟牧，主舟之官也。是月天子將乘舟而漁，故反覆而視之，恐有穿漏也。五覆五反，慎之至也。天子烏始乘舟，薦鮪於寢廟，乃爲麥祈實。烏，猶安也。自冬至此而安乘舟，故曰始乘也。薦，進也。鮪，魚似鯉而大。進此魚於寢廟，祈於宗祖，求麥實。前曰廟，後曰寢。詩云「寢廟奕奕」，言相連。○莊逵吉云：「烏始乘舟」，各本烏皆作焉，注

「烏，猶安也」，各本皆作「焉，猶於也」。**是月也，生氣方盛，陽氣發泄，**發泄，猶布散也。**句者畢出，萌者盡達，不可以內。天子命有司，發囷倉，助貧窮，振乏絶，**無財曰貧，鰥寡孤獨曰窮。振，救也。**開府庫，出幣帛，使諸侯，**府庫，幣帛之藏也。使人聘問諸侯。**聘名士，禮賢者。**有名德之士，大賢之人，聘問禮之，將與爲治也。**命司空，時雨將降，下水上騰，循行國邑，周視原野，**司空，主水土之官也。是月下水上騰，恐有浸漬，傷害五穀，故循行偏視之也。廣平曰原，郊外曰野也。**修利隄防，導通溝瀆，達路除道，從國始，至境止。田獵畢弋，罝罘羅罔，餧毒之藥，毋出九門。**畢，掩罔也。弋，繳射也。詩曰：「弋鳧與鴈。」罝，兔罟也。詩曰：「肅肅兔罝。」畢，羅鳥罟也。詩曰：「鴛鴦于飛，畢之羅之。」罘，麋鹿罟。罔，其總名也。天子城門十二，東方三門，王氣所在，餧獸之毒藥所不得出，尚生育也。兼餘九門得出，故特戒之，如其毋出。**乃禁野虞，毋伐桑柘。**桑、柘皆可養蠶，故禁民伐之也。**鳴鳩奮其羽，戴勝降于桑，**鳴鳩，奮迅其羽，直刺上飛入雲中者是也。戴勝，戴勝鳥也。詩曰「鳴鳩在桑，其子在梅」是也。**具撲曲筥筐，**撲，持也，三轉謂之撲。撲，讀南陽人言山陵同。曲，薄也，青、徐謂之曲。員底曰筥，方底曰筐，皆受桑器。○莊逵吉云：「三轉謂之撲」，錢别駕云：當作「三輔謂之撲」。孫編修云：撲卽曲簿。説文解字曰：「專，六寸簿也。」三轉或當作三專，三專者，一尺有八寸。兩説無可定從，姑附之俟攷。○王念孫云：呂氏春秋季春篇作「挾曲」，高注曰：「挾，讀曰朕，三輔謂之挾，關東謂之得。」月令作「曲植」，鄭注曰：「植，槌也。」案：撲與挾皆栚字之誤。（栚字本作栚，形與撲相近。挾字隸書作挾，形與栚亦相近。）栚，讀若朕，架蠶薄之木也。持，陟革反。吕氏春秋注「關東謂之得」，乃㝵字之誤，㝵與持同。（見玉篇廣韻。）説文：「栚，槌之横者也。」方言作㯖，云：「槌，宋、魏、陳、楚、江、淮之間謂之植，自關而西謂之槌。其横，關西曰㯖，齊部謂之持。」郭璞曰：「槌，縣蠶薄柱也。」朕字古音本在蒸部，讀若澄清之澄。（説文賸、幐、賸、䐕、勝、媵、騰、滕、勝、縢、謄、塍、勝十一字竝從朕聲。淮南要略「形埒之朕」與應爲韻，又兵略篇「凡物有朕，唯道無朕」，文子自然篇朕作勝。）説文勝字從仌，朕聲；或作凌，從仌，夌聲。是朕、夌古同聲。故吕氏春秋注云「栚，讀曰朕」，此注云「栚，讀南陽人言山陵同」。◯陶方琦云：史記索隱十六、漢書周勃傳注引許注：「曲，葦薄也。」按：説文曲作凵，「象器曲受物之形。或曰：曲，蠶薄也。」又苗字下云：「苗，蠶薄也。从艸，曲聲。」蓋以萑葦爲之，故字从艸。莊子大宗師「或編曲」，釋文引李注：「曲，蠶薄也。」方言：「薄，宋、衛、陳、楚、江、淮之間謂之苗，或謂之麴。自關而西謂之薄。南楚謂之蓬薄。」蓬薄即葦薄。詩「八月萑葦」，毛傳：「豫畜萑葦，可以爲曲也。」**后妃齋戒，東鄉親桑，省婦使，勸蠶事。**◯文典謹按：御覽八百二十五引，親作就，省作者，勸作觀。**命五庫，令百工審金鐵皮革、筋角箭幹、脂膠丹漆，無有不良。**◯桂馥云：幹，借字，正作稈。長笛賦作箭槀是也。周禮夏官有槀人，掌弓弩之事。考工記「矢人爲矢，以其笴厚，爲之羽深」，鄭注：「笴，讀爲槀，謂矢幹。」**擇下旬吉日，大合樂，致歡欣。**樂所以移風易俗也，故擇吉日大合之，以致歡和也。**乃合犦牛騰馬，游牝于牧。**犦牛，特牛也。騰馬，騰駒跳踶，善將羣者也。游從牝於所牧之地風合之。犦，讀葛藟之藟也。**令國儺，九門磔攘，以畢春氣。**儺，散。宮室中區隅幽闇之處，擊鼓大呼，以逐不祥之氣，如今驅疫逐除是也。九門，三方九門也。磔犬，陽氣盡之，故曰畢春之氣也。**行是月令，甘雨至三旬。季春行冬令，則寒氣時發，草木皆肅，國有大恐。**季春行冬寒殺之氣也，故寒氣時起。草木上竦曰肅也。**行夏令，則民多疾疫，時雨不降，山陵不登。**季春行夏亢陽之令，氣不和，故民疾疫；雨澤不降，故草木不登成也。**行秋令，則天多沈陰，淫雨早降，兵革竝起。**秋，金氣用事，水之母也。季春行之，故多沈陰爲雨也。金爲兵革，故竝起也。**三月官鄉，其樹李。**三月科民户口，故官鄉也。李亦有核，説與杏同。李後杏熟，故三月李也。○孫詒讓云：注科當作料，形近而誤。料民，見國語周語。

孟夏之月，招搖指巳，昏翼中，旦婺女中。翼，南方朱鳥之宿，是月昏時中于南方。婺女，一曰須女，北方玄武之宿，是月平旦中于南方。**其位南方，其日丙丁，盛德在火，**炎帝之神治南方也。丙丁，火日也。盛德在火，火王南方也。**其蟲羽，其音徵，**盛陽用事，鱗散。羽，羽蟲，鳳爲長。徵，火也。**律中仲呂，其數七，**是月陽散在外，陰實在中，所以旅陽成功，故曰仲呂。其數七，五行數五，火第二，故曰七也。**其味苦，其臭焦，**火味苦也。焦，火香焦。**其祀竈，祭先肺。**祝融吳回爲高辛氏火正，死爲火神，託祀於竈。是月火王，故祀竈。肺，金也，祭祀之肉先用所勝也。一曰：肺火，自用其藏也。**螻蟈鳴，丘螾出，**螻，螻蛄。蟈，蝦蟇也。四月陰氣始動於下，故類應鳴也。丘螾，蠢螾也。**王瓜生，苦菜秀。**王瓜，括樓也。爾雅曰「不榮而實曰秀」，苦菜宜言榮也。**天子衣赤衣，乘赤騮，服赤玉，建赤旗，**順火色也。**食菽與雞，**菽，豆連皮也。雞、豆皆屬火之所養也。**服八風水，爨柘燧火，南宮御女赤色，衣赤采，吹竽笙，**火王南方，故處南宮也。竽笙空中，像陽，故吹之。〇文典謹按：北堂書鈔五十四引，南宮上有處字。**其兵戟，**戟有枝榦，象陽布散也。戟或作弩也。**其畜雞，朝于明堂左个，以出夏令。**南向堂，當盛陽，故曰明堂。東頭室，故曰左个。居是室，行是月之令也。雞，羽蟲，陽也，故畜之。**立夏之日，天子親率三公九卿大夫以迎歲於南郊。**迎歲，迎夏也。南郊，七里之郊也。〇陶方琦云：魏書五十五劉芳傳、北史四十二引許注：「南郊，七里郊也。」按：劉芳傳引賈逵云：「南郊火帝七里。」（疑敓祝融二字。）盧植云：「南郊，七里郊。」並用先師舊訓，故同。**還，乃賞賜，封諸侯，修禮樂，饗左右。**還，從南郊還也。賞賜有功，割土封爵。傳曰「賞以春夏，刑以秋冬」也。修治禮樂，所以安上治民，移風易俗。左右，近臣也。**命太尉，贊傑俊，選賢良，舉孝悌，**太尉，卿官也。命，使也。贊，白也。才過千人爲傑。選擇賢良孝弟，舉而用之，蓋非太尉之職，故特命之也。**行爵出祿，佐天長養。繼修增高，無有隳壞，毋興土功，毋伐大樹。令野虞，行田原，勸農事，驅獸畜，勿令害穀。天子以彘嘗麥，先薦寢廟。**是月麥始升，故以豕嘗麥。豕，水畜，宜麥。先薦寢廟，孝之至也。**聚畜百藥，靡草死，**是月陽氣極，藥草成，故聚積之也。靡草，則葶歷之屬。**麥秋至，決小罪，斷薄刑。**四月陽氣盛于上，及五月陰氣作于下，故曰麥秋至。決小罪，斷薄刑，順殺氣也。**孟夏行秋令，則苦雨數來，五穀不滋，四鄰入保。**孟夏盛陽，當助長養，而行金氣殺戮之令，故苦雨殺穀，不得滋長也。四方之民來入城郭自保守也。**行冬令，則草木早枯，後乃大水，敗壞城郭。**行冬寒閉固之令，故草木早枯，大水敗壞其城郭。奸時違行之應也。**行春令，則螽蝗爲敗，暴風來格，秀草不實。**孟夏當繼修增高，助陽長養，而行春時啟蟄之令，故致螽蝗之敗。春，木氣，多風，故言暴風來至，使當秀之草不長茂也。**四月官田，其樹桃。**四月勉農事，故官田也。桃，説與杏同。後李熟，故曰四月桃也。

仲夏之月，招搖指午，昏亢中，旦危中。亢，東方蒼龍之宿，是月昏時中于南方。危，北方玄武之宿，是月平旦時中于南方也。**其位南方，其日丙丁，其蟲羽，其音徵，律中蕤賓，其數七，**是月陰氣萎蕤在下，象主人也，陽氣在上，象賓客也，故曰蕤賓。**其味苦，其臭焦，其祀竈，祭先肺。小暑至，螳蜋生，**螳蜋，世謂之天馬，一名齕肬，沇、豫謂之巨斧也。○文典謹按：注齕肬，呂氏春秋仲夏紀注作齕疣，初學記歲時部引高注同，月令正義鄭答王瓚問作食肬。又沇、豫，呂氏春秋注作兗州，巨斧作拒斧。初學記引高注，沇亦作兗。**鵙始鳴，反舌無聲。**

鵙，伯勞鳥也。五月陰氣生於下，伯勞夏至應陰而鳴，殺蛇于木。傳曰：「伯趙氏司至者。」反舌，百舌鳥也，能辨變其舌，反易其聲，以效百鳥之鳴，故謂百舌。無聲者，五月陽氣極於上，微陰起於下，百舌無陰，故無聲也。○文典謹按：鵙，吕氏春秋仲夏紀作鶪。又注「能辨變其舌，反易其聲」，辨變即偏變。辨、偏古通用。**天子衣赤衣，乘赤騮，服赤玉，載赤旗，食菽與雞，服八風水，爨柘燧火，南宮御女赤色，衣赤采，吹竽笙，其兵戟，其畜雞，朝于明堂太廟。**太廟，南向堂，中央室也。**命樂師，修鞀鞞琴瑟管簫，調竽篪，飾鐘磬，**管，一孔，似笛。簫，今之歌簫是也。篪，讀池澤之池。**執干戚戈羽。**干，盾也。戚，斧也。戈，戟屬也。羽，舞者所持翿也。**命有司，爲民祈祀山川百源，大雩帝，用盛樂。**國之山川百源能興雲雨者，皆祈祀之也。雩，旱祭也。帝，上帝也。爲民祈雨，故用盛樂。盛樂，六代之樂也。**天子以雉嘗黍，**雉，新雞也。不言嘗雞而言嘗黍者，以穀爲主也。○王念孫云：古無謂新雞爲雉者，雉皆當爲難，字之誤也。廣雅釋言云：「難，雡也。」（曹憲音而絹、而緣二反。郭注爾雅釋言云：「今呼少雞爲鷚。」（鷚與雡同。）少雞即新雞，故高注云「難，新雞也」。月令作「以雛嘗黍」，其義一也。左思蜀都賦「巖穴無豣豵，翳薈無麢鷚」，麢，鹿子也，義與難亦相近。茅一桂不知雉爲難之誤而改雉爲雛，（莊本同。）義則是，而文則非矣。**羞以含桃，先薦寢廟。**羞，進也。含桃，鶯所含食，故言含桃。是月而熟，故進之。**禁民無刈藍以染，**爲藍青未成故。**毋燒灰，**是月草木未成，不夭物也。**毋**

暴布，火盛日猛，暴布則脆傷也。門閭無閉，關市無索，門，城門也。閭，里門也。民順陽氣，散布在外，當出入，故不閉也。關，要塞也。市，人聚也。無索，不征税也。挺重囚，益其食，挺，緩也。存鰥寡，振死事，老無妻曰鰥，老無夫曰寡也，皆存之。有先人爲死難，振起其子孫也。游牝別其羣，執騰駒，班馬政。是月牝馬懷胎已定，故別其羣。不欲騰駒踶傷其胎育，故執之。班，告也。馬政，掌馬官也。騰駒，騰馬也。馬五尺以下曰駒也。○王念孫云：馬政本作馬正，（注同。）故高以爲掌馬官。吕氏春秋仲夏篇「班馬正」，高彼注亦云「馬正，掌馬之官」，是其證。月令作馬政，鄭注云：「馬政，謂養馬之政教。」引周官廋人職曰：「掌十有二閑之政教。」鄭説是也。高不知正爲政之借字，故訓爲掌馬之官。若字本作政，則亦當訓爲政教矣。後人依月令改正爲政，而不知其戾於高注也。日長至，陰陽争，死生分，君子齋戒，慎身無躁，節聲色，薄滋味，百官静，事無徑，以定晏陰之所成。事無徑，當先請詳而後行也。晏陰，微陰也。鹿角解，蟬始鳴，夏至鹿角解墮也。蟬鼓翼始鳴也。半夏生，木堇榮。半夏，藥草也。木堇，朝榮莫落，樹高五六尺，其葉與安石榴相似也。是月生榮華，可用作烝也。雜家謂之朝生，一名蕣，詩云「顔如蕣華」也。禁民無發火，發，起也。可以居高明，遠眺望，登丘陵，處臺榭。積土四方而高曰臺也。臺有屋曰榭也。順陽宣明也。一曰：望雲物，占氛祥也。仲夏行冬令，則雹霰傷穀，道路不通，暴兵來至。冬水凍，故雹霰傷害五穀也。冬氣閉藏，又多雨水，故道陷壞不通利，暴害之兵横來至也。**行春令，則五穀不孰，百螣時起，其國乃饑。**行春木王好生育之令，故五穀晚熟。百螣，動股蝗屬也，時起害穀，故國饑也。**行秋令，則草木零落，果實蚤成，民殃於疫。**有核曰果，無核曰蓏。仲夏行秋成熟之令，故草木零落，果實蚤成。非其時氣，故民有疾疫也。○陶方琦云：「齊民要術收種篇引許注：「在樹曰果，在地曰蓏。」按：説文蓏字下云：「在木曰果，在地曰蓏。」與注淮南説同。地形訓「百果所生」下注云：「在木曰果，在地曰蓏。」當是許注羼入高注中。**五月官相，其樹榆。**是月陽氣長養，故官相。相，佐也。榆，説未聞也。○文典謹按：御覽二十三引注，陽氣作養氣。

季夏之月，招摇指未，昏心中，旦奎中。心，東方蒼龍之宿，是月昏時中于南方。奎，西方白虎之宿，是月平旦時中于南方也。**其位中央，其日戊己，盛德在土，**黄帝之神治中央也。戊己，土日也。盛德在土，土王中央。**其蟲蠃，其音宫，**羽落而爲蠃，蠃蟲麟爲之長。宫，土也，位中央，五音之主也。**律中百鐘，其數五，**百鐘，林鐘也。是月陽盛陰起，生養萬物，故曰百鐘。其數五，五行數土第五也。**其味甘，其臭香，**土味甘也，土臭香也。**其祀中霤，祭先心。**土用事，故祀中霤。中霤，室中之祭，祀后土也。心，火也，用所勝也。一曰：心，土也，自用其藏也。**涼風始至，蟋蟀居奥，**蟋蟀，蜻蛚，趣織也。詩曰「七月在野」，此曰居奥，不與經合。奥或作壁也。**鷹乃學習，腐草化爲蚈。**秋節將至，鷹自習撃也。蚈，馬蚿也，幽、冀謂之秦渠。蚈，讀奚徑之徑也。○陶方琦云：御覽九百四十八引許注：「草得陰而死，極陰中反陽，故化爲蚈。蚈，馬蠸也。」按：兵略訓「若蚈之足」，許注：「蚈，馬蠸也。」正與此同。說文：「蠲，馬蠲也。」引明堂月令「腐艸爲蠲」。（郭璞注爾雅「馬䗃」云：「馬蠲，蚐也。」）廣雅釋蟲：「蛆蟝、馬𧍱，馬蚿也。」又曰：「馬䗃，蠽蛆也。」蚈、蠸、蚿、蠲、䗃皆一聲之轉。高注呂覽及說林訓皆作「蚈，馬蚿」。**天子衣黃衣，乘黃騮，服黃玉，建黃旗，**黃，順土色也。黃謂登飴之登也。**食稷與牛，**稷、牛皆屬土也。**服八風水，爨柘燧火，中宮御女黃色，衣黃采，其兵劍，**季夏中央也。劍有兩刃，諭無所生也。一曰：諭無所主，皆主之也。○莊逵吉云：御覽引作「無所不主」。**其畜牛，朝于中宮。**是月天子朝于中宮。中宮，大室。**乃命漁人，伐蛟取鼉，登龜取黿。**漁人，掌漁官。漁，讀相語之語也。蛟、鼉、黿皆魚屬也。鼉可作鼓，詩云：「鼉鼓洋洋。」黿可作羹，傳曰「楚人獻黿于鄭靈公，靈公不與公子宋黿羹，公子怒，染指于鼎，嘗之而出」是也。皆不害人，易得，故言取。蛟有鱗甲，能害人，難得，故言伐。龜神，可決吉凶，入宗廟，尊之，故言登。○莊逵吉云：「鼉鼓洋洋」，詩異本也。古登有升義，三字疏解爲精。**令滂人，入材葦。**滂人，掌池澤官也。入材葦，供國用也。○俞樾云：池澤之官，不聞謂之滂人，高注非也。滂人當作榜人。月令「命漁師伐蛟」，鄭注曰：「今月令漁師爲榜人。」文選司馬相如子虛賦「榜人歌」，張揖曰：「榜，船也。月令曰『命榜人』，榜人，船長也。」張所據月令，卽鄭君所謂今月令；船長之義，亦必月令舊說也。淮南書用榜人字，正本月令。高氏以爲掌池澤官，蓋據月令作「命澤人納材葦」，故云然耳，非榜人之本義也。後人因高注池澤之文，疑榜字從木無義，改榜爲滂，而古義湮矣。命四監大夫，令百縣之秩芻以養犧牲，周制，天子地方千里，分爲百縣，縣有四郡。故春秋傳言「上大夫受縣，下大夫受郡」。秦初置三十六郡以監縣耳。此云百縣者，謂周制畿内之縣也。四監，監四郡大夫也。秩，常也，常所當出芻，聚之以養犧牲也。以供皇天上帝、名山大川、四方之神、宗廟社稷，爲民祈福行惠。令弔死問疾，存視長老，行稃鬻，厚席蓐，○莊逵吉云：説文解字葬字「從死在茻中，一其中，所以薦之」。此云「厚席蓐」者，蓋言葬義，故下云「以送萬物歸也」。以送萬物歸也。命婦官染采，黼黻文章，青黄白黑，莫不質良，婦人能別五色，故染采。白與黑爲黼，青與赤爲黻，黑與赤爲文，赤與白爲章。質，美也。良，善也。以給宗廟之服，必宣以明。宣，偏也。明，鮮明也。是月也，樹木方盛，勿敢斬伐；不可以合諸侯，起土功，動衆興兵，必有天殃。殃，罰。土潤溽暑，大雨時行，利以殺草糞田疇，以肥土疆。是月大暑，土潤溽，暑溼重也。又有時雨，可以殺草爲糞，美土疆。疆，土分畔者也。季夏行春令，則穀實解落，多風欬，民乃遷徙。春木王，木性墮落，陽發多風，而行其令，故穀實解落，民疾病風，欬嗽上氣，象春陽布散，民遷徙者也。行秋令，則丘隰水潦，稼穡不孰，乃多女災。丘，高也。隰，卑也。言高下皆有水潦，故殺稼令不熟也。陰氣過差，故多女災。女災，生子不育也。○莊逵吉云：女災，鄭康成以爲敗任，是卽生子不育之義也。**行冬令，則風寒不時，鷹隼蚤摯，四鄙入保。**冬陰肅殺，而行其令，故寒風不節，鷹隼蚤摯擊，四界之民皆入城郭自保守也。**六月官少内，其樹梓。**六月植稼成熟，故官少内也。梓，説未聞也。

孟秋之月，招摇指申，昏斗中，旦畢中。斗，北方玄武之宿，是月昏時中于南方。畢，西方白虎之宿，是月平旦時中于南方也。**其位西方，其日庚辛，盛德在金，**少昊之神治西方也。庚辛，金日也。盛德在金，金王西方也。**其蟲毛，其音商，**金氣寒，倮者衣毛。毛蟲虎爲之長。商，金也，位在西方。**律中夷則，其數九，**夷，傷也。則，法也。是月陽衰陰盛，萬物凋傷，應法成性，故曰夷則也。其數九，五行數五，金第四，故曰九也。**其味辛，其臭腥，**金味辛也，金臭腥也。**其祀門，祭先肝。**孟秋始内，入由門，故祀門也。肝，木也，祭先之，用所勝也。一曰：肝沈金，自用其藏也。**涼風至，白露降，寒蟬鳴，鷹乃祭鳥，用始行戮。**是月鷹搏鷙，殺鳥於大澤之中，四面陳之，世謂之祭鳥。用是時，乃始行殺戮刑罰，順秋氣也。**天子衣白衣，乘白駱，服白玉，建白旗，**白，順金色也。白馬黑毛曰駱。○莊逵吉云：黑毛之毛讀曰旄，謂尾及鬣也。爾雅曰：「白馬黑鬣，駱。」**食麻與犬，服八風水，爨柘燧火，西宮御女白色，衣白采，撞白鐘，**金王西，故處西宮也。○王念孫云：白鐘之白，因上文而衍。春鼓琴瑟，夏吹竽笙，秋撞鐘，冬擊磬石，鐘上不宜有白字。而北堂書鈔歲時部二、藝文類聚歲時部上、太平御覽時序部九引此，皆有白字，則其誤久矣。○王紹蘭云：白鐘之白非衍文。春言鼓琴瑟，夏言吹竽笙，冬言擊磬石，皆三字爲句。若此文無白字，但言撞鐘，則句法參差，非其例矣。且石卽磬也，磬下加石以足句，猶鐘上加白以足句耳。管子五行篇：「昔者黄帝以其緩急作五聲，以政五鐘。令其五鐘，一曰青鐘大音，二曰赤鐘大心，三曰黄鐘灑光，四曰景鐘昧其明，五曰黑鐘隱其常。」景鐘與青鐘、赤鐘、黄鐘、黑鐘並列，則白鐘卽景鐘也。説文：「顥，白貌。从頁，从景。」是景爲白之證。○文典謹按：王紹蘭説是也。本篇「撞白鐘」句凡三見，豈得盡爲衍文。**其兵戈，**○王念孫云：戈當爲戉，字之誤也。説文：「戉，大斧也。從戈，乚聲。（乚音厥。）司馬法曰：『夏執玄戉，殷執白戚，周左杖黄戉，右把白髦。』」徐鍇曰：「今作鉞。」（説文：「鉞，車鑾聲也。從金，戉聲。詩曰：『鑾聲鉞鉞。』」今詩作噦。）藝文類聚、太平御覽引此，並作其兵鉞，是其證也。四時之兵，春用矛，夏用戟，季夏用劍，秋用戉，冬用鎩，五者皆不同類。戈與戟同類，夏用戟，則秋不用戈矣。莊二十五年穀梁傳：「天子救日陳五兵。」徐邈曰：「矛在東，戟在南，鉞在西，楯在北，弓矢在中央。」彼言「鉞在西」，正與此秋用戉同義。又案：説文引司馬法作戉，今經傳皆作鉞，未必非後人所改。此戉字若不誤爲戈，則後人亦必改爲鉞矣。（史記周本紀「斬以玄鉞」，太平御覽皇親部一引作玄戈，戈亦戉之誤。）

其畜狗，朝于總章左个，以出秋令。總章，西向堂也。西方總成萬物而章明之，故曰總章。左个，南頭室也。居是室，行是月之令。狗，金畜也。**求不孝不悌、戮暴傲悍而罰之，以助損氣。**損氣，陰氣。**立秋之日，天子親率三公九卿大夫以迎秋于西郊。**西郊，九里之外郊也。○王念孫云：迎秋本作迎歲，後人依月令改之耳。上文孟春、孟夏及下文孟冬並作迎歲，高注曰：「迎歲，迎春也。」又曰：「迎歲，迎夏也。」則此亦當云：「迎歲，迎秋也。」後人既改迎歲爲迎秋，又删去高注，斯爲妄矣。○陶方琦云：魏書五十五劉芳傳、北史四十二引許注：「西郊，九里郊也。」按：劉芳傳引賈逵曰：「西郊，金帝少昊，九里。」盧植云：「西郊，九里。」許、高並用先師舊訓，故同。還，乃賞軍率武人於朝。軍率，軍將也。武勇者，功名也。命將率，選卒厲兵，簡練桀俊，專任有功，以征不義，詰誅暴慢，順彼四方。順，循也。四方，天下也。命有司，修法制，繕囹圄，禁姦塞邪，審決獄，平詞訟。決，斷也。平，治也。天地始肅，不可以贏。肅，殺也，殺氣始行也。贏，盛也，故曰不可也。是月農始升穀，天子嘗新，先薦寢廟。升，成。薦，進也。命百官，始收斂，孟秋始内也。完隄防，謹障塞，以備水潦，修城郭，繕宫室，是月「月麗于畢，俾滂沱矣」，故備水潦也。毋以封侯，立大官，行重幣，出大使。封侯，列土封邑也。大官，九命之爵也。重幣，金帛之幣也。大使，命卿使之。金氣收斂，皆所不宜行也，故言毋也。行是月令，涼風至三旬。孟秋行冬令，則陰氣大勝，介蟲敗穀，戎兵乃來。孟秋，陰也，復行冬水王之令，故陰氣勝也，其介蟲敗穀也。陰氣并，故戎兵來也。行春令，則其國乃旱，陽氣復還，五穀無實。春陽亢燥，而行其令，故旱也。陽氣還者，此月涼風，而反行温風之令，故敗穀，令無實也。行夏令，則冬多火災，寒暑不節，民多瘧疾。夏

火王，而行其令，故多火災。寒暑相干，故不節，多瘧疾。瘧疾，寒暑所生也。**七月官庫，其樹楝。**庫，兵府也。秋節整兵，故官庫也。其樹楝，楝實，鳳皇所食也，今雒城旁有樹。楝實秋熟，故其樹楝也。楝，讀練染之練也。

仲秋之月，招摇指酉，昏牽牛中，旦觜嶲中。牽牛，北方玄武之宿，是月昏時中于南方。觜嶲，西方白虎之宿，是月平旦時中于南方也。**其位西方，其日庚辛，其蟲毛，其音商，律中南吕，其數九，**南，任也，言陽氣吕旅而志助陰，陰任成萬物也。庚辛，金日也。**其味辛，其臭腥，其祀門，祭先肝。涼風至，候鴈來，玄鳥歸，羣鳥翔。**候時之鴈從北漠中來，過周、雒，南至彭蠡也。玄鳥歸，秋分後歸蟄所也。羣鳥翔，寒氣至，羣鳥肥盛，試其羽翼而高翔。翔者，六翮不動也。或作養，養育其羽毛也。○莊逵吉云：諸家釋翔，皆曰回飛，唯高氏以爲大飛不動，亦曰六翮不動，又曰翼一上一下曰翔，義更精。○沈濤云：吕氏春秋紀作「羣鳥養羞」，高氏彼注曰：「寒氣將至，羣鳥養進其毛羽御寒也。」雖訓羞爲進，與禮記鄭注訓爲所食者不同，而其爲養羞則同，疑淮南注本作「或作養羞，養進其羽毛也」，淺人不知羞有進義，遂删去羞字，改進爲育耳。又淮南注許、高二家每相亂，恐作翔者爲許慎本。**天子衣白衣，乘白駱，服白玉，建白旗，食麻與犬，服八風水，爨柘燧火，西宮御女白色，衣白采，撞白鐘，其兵戈，其畜犬，朝于總章太廟。**總章，西向堂也。太廟，中央室也。**命有司，申嚴百刑，斬殺必當，無或枉撓。**

枉，曲也。撓，弱也。言平直也。決獄不當，反受其殃。反，還。是月也，養長老，授几杖，行稃鬻飲食。乃命宰祝，行犧牲，案芻豢，草養曰芻，穀養曰豢。案其簿書閱租之。豢，讀宦學之宦。視肥臞全粹，全，無虧缺也。粹，毛色純也。粹，讀禍祟之祟。察物色，課比類，量小大，視少長，莫不中度。天子乃儺，以御秋氣。儺，猶除也。御，止也。止秋氣，不使爲害。儺，讀躁難之難。氣或作兵。以犬嘗麻，先薦寢廟。是月可以築城郭，建都邑，國有先君之宗廟曰都，無曰邑。都曰城，邑曰築。穿竇窖，修囷倉。穿竇，所以通水，不欲地溼也。穿窖，所以盛穀也。窖，讀窖藏人物之窖。乃命有司，趣民收斂畜采，多積聚，勸種宿麥，若或失時，行罪無疑。是月也，雷乃始收，蟄蟲培户，殺氣浸盛，陽氣日衰，水始涸，涸，凝竭。涸或作盛。盛，言陰勝也。日夜分。一度量，平權衡，正鈞石，角斗稱，理關市，來商旅，理，通也。入貨財，以便民事。四方來集，遠方皆至，財物不匱，上無乏用，百事乃遂。遂，成也。仲秋行春令，則秋雨不降，草木生榮，國有大恐。春陽氣，而行其令，故雨不降。又温煦之仁，故草木生榮華也。氣相干，必有災咎，故國大惶恐。行夏令，則其國乃旱，蟄蟲不藏，五穀皆復生。行炎陽之令，故旱涸。氣熱，故蟄蟲不藏，使五穀復生。行冬令，則風災數起，收雷先行，草木蚤死。行冬寒氣激之令，故有風災。又冬閉藏，故收雷先行，草木蚤死也。八月官尉，其樹柘。尉，戎官。是月治兵，故官尉。傳曰：「羊舌大夫爲中軍尉。」柘，説未聞也。

季秋之月，招摇指戌，昏虚中，旦柳中。虚，北方玄武之宿，是月昏時中于南方。柳，南方朱雀之宿，是月平旦中于南方也。其位西方，其日庚辛，其蟲毛，其音商，律中無射，陰氣上升，陽氣下降，萬物隨陽而藏，無射出見也。其數九，其味辛，其臭腥，其祀門，祭先肝。候鴈來，賓雀入大水爲蛤，是月時候之雁從北漠中來，南之彭蠡。蓋以爲八月來者，其父母也，是月來者，蓋其子也。羽翼稺弱，故在後爾。賓雀者，老雀也，栖宿人堂宇之間，如賓客者也，故謂之賓。大水，海水也。傳曰「雀入海爲蛤」也。○陶方琦云：御覽九百四十一引許注：「雀，依屋之雀，本飛鳥也，隨陽下藏，故爲蛤。」高作賓雀，與注吕覽同。今月令鄭注：「來賓，言其客止未去。」屬上鴻雁解，與許合也。説文：「雀，依人小鳥也。」故注淮南亦曰「依屋之雀，本飛鳥」。菊有黄華，豺乃祭獸戮禽。豺，似狗而長尾，其色黄。是月時，豺殺獸，四面陳之，世謂之祭獸。戮，猶殺也。天子衣白衣，乘白駱，服白玉，建白旗，食麻與犬，服八風水，爨柘燧火，西宫御女白色，衣白采，撞白鐘，其兵戈，其畜犬，朝于總章右个。西向堂，北頭室，故謂右个也。命有司，申嚴號令，百官貴賤，無不務入，以會天地之藏，無有宣出。乃命冢宰，農事備收，舉五穀之要，冢，大也。宰，治也。卿官也。要，簿書也。藏帝籍之收於神倉。天子籍田千畝，故曰「帝籍之收」，籍田所收之穀也。神倉，倉也。是月也，霜始降，百工休。霜降天寒，朱漆難成，故百工休止，不復作器也。乃命有司曰：寒氣總至，民力不堪，其皆入室。詩曰「入此室處」是也。上丁入學習吹，大饗帝，嘗犧牲，合諸侯，制百縣，是月上旬丁日，入學宮，吹笙竽，習禮樂，饗上帝，用犧牲。合諸侯之制，度車服之差，各以其命數也。百縣，圻内之縣，言百，舉全數爾。五家爲鄰，五鄰爲里，四里爲酇，五酇爲鄙，五鄙爲縣，然則縣二千五百家也。○莊逵吉云：注「學宮」本或作「學官」。爲來歲受朔日，與諸侯所税於民，輕重之法，貢歲之數，以遠近土地所宜爲度。來歲，明年。受朔日，如今計吏朝賀，豫明年之曆日也。度者，職貢多少有常也。乃教於田獵，以習五戎。戎，兵也。刀、劍、矛、戟、矢曰五戎。命太僕及七騶，咸駕戴荏，○劉績云：戴荏，記作載旌旐，疑荏乃旌字之誤。○王念孫云：劉說是也。隸書旌字或作栍，與荏相似而誤。載、戴古字通。○文典謹按：御覽八百九十六引，戴荏作載旗。授車以級，皆正設于屏外。級，等也。授當車者以高下各隨其等級。正，立。設，陳也。天子外屏。屏，樹垣也。爾雅曰「門内之垣謂之樹垣」者也。司徒搢朴，北嚮以贊之。搢，插也。朴，以教導也，插置帶間，贊相威儀也。司徒主衆，教導之也。天子乃厲服廣飾，執弓操矢以獵。是月天子尚武，乃服猛厲之服，廣其所佩之飾，以取禽。命主祠，祭禽四方。命，教也。主祠，典祀之官也。祭禽四方，祀始設禽獸者于四方，報其功，不知其神所在，故博求之於四方也。是月草木黄落，乃伐薪爲炭，蟄蟲咸俛，乃趨獄刑，毋留有罪，俛，伏也。

青州謂伏爲俛。無留，言當斷也。收禄秩之不當，供養之不宜者。不當，謂無德受禄也。不宜，謂不孝也。一曰：所養者無勳於國，其先人又無賢德，所不宜養，故收也。通路除道，從境始，至國而后已。○王念孫云：后字後人所加。季春言「從國始，至境止」，季秋言「從境始，至國而已」，已亦止也，無庸加后字。是月，天子乃以犬嘗麻，先薦寢廟。孝之至也。季秋行夏令，則其國大水，冬藏殃敗，民多鼽窒。季秋陰氣，而行夏月霖雨之令，故大水。火氣熱，故冬藏殃敗也。火金相干，故民鼽窒，鼻不通利也。鼽，讀怨仇之仇也。行冬令，則國多盜賊，邊竟不寧，土地分裂。冬水純陰，奸謀所生，故多盜賊，使邊竟之民不安寧也。則土地見侵削，爲鄰國所分裂也。行春令，則煖風來至，民氣解隋，師旅竝興。春氣陽温，故煖風至，民氣解隋也。木干金，故師旅並興也。二千五百人爲師，五百人爲旅也。九月官候，其樹槐。候，望也。是月繕修守備，故曰官候也。槐，懷也，可以懷來遠人也。

孟冬之月，招摇指亥，昏危中，旦七星中。危，北方玄武之宿，是月昏時中于南方。七星，南方朱雀之宿，是月平旦時中于南方。其位北方，其日壬癸，盛德在水，顓頊之神治北方也。壬癸，水日也。盛德在水，水王北方也。其蟲介，其音羽，介，甲也。象冬閉固，皮漫胡也。甲蟲黿爲之長。羽，屬水也。律中應鐘，其數六，陰應于陽，轉成其功，萬物聚成，故曰應鐘。其數六，五行數五，水第一，故曰六也。其味鹹，其臭腐，水味鹹也，水臭腐也。其祀井，祭先腎。井水給人，故祀也。井或作行。行，門内地。冬守在内，故祀也。腎，水，自用其藏也。水始冰，地始凍，雉入大水爲蜃，虹藏不見。蜃，蛤也。大水，淮也。傳曰：「雉入于淮爲蜃。」虹，陰中之陽也。是月陰盛，故不見也。天子衣黑衣，乘玄驪，服玄玉，建玄旗，順水德也。熊與虎曰旗也。食黍與彘，服八風水，爨松燧火，○文典謹按：御覽二十七引注云：「改火也。」北宮御女黑色，衣黑采，擊磬石，水王北方，故處北宮。其兵鎩，其畜彘，鎩者却内，象陰閉。彘，水畜。朝于玄堂左个，以出冬令。北向堂，西頭室，故曰左个。居是室，行此月令也。命有司，修羣禁，順陰閉，諸所當禁，皆使有司禁也。禁外徙，閉門閭，大搜客，傳曰：「禁舊客，爲露情也。有新客，搜出之，爲觀釁也。」門，城門也。閭，里門也。嚴閉之，守備也。斷罰刑，殺當罪，諸罰刑當決也。當罰正罪，故殺之也。阿上亂法者誅。阿意曲從，取容於上，以亂法度也。誅，治也。立冬之日，天子親率三公九卿大夫以迎歲于北郊。○陶方琦云：魏書五十五劉芳傳、北史四十二引許注：「北郊，六里郊也。」又引高注：「北郊，六里之郊也。」按：劉芳傳引賈逵曰：「北郊水帝顓頊，六里。」盧植云：「北郊，六里郊也。」許、高並用先師舊訓，故同。還，乃賞死事，存孤寡。有忠節蹈義死王事者，賞其子孫也。幼無父曰孤，無夫曰寡，皆存慰矜恤之。是月，命太祝禱祀神位，占龜策，審卦兆，以察吉凶。於是天子始裘，命百官謹蓋藏，命司徒行積聚，修城郭，警門閭，修楗閉，慎管籥，固封璽，封璽，印封也。○文典謹按：禮記月令楗作鍵，璽作疆，鄭注云：「今月令疆或作璽。」吕覽孟冬紀、御覽六百八十二載應劭漢官儀引月令、蔡邕獨斷皆作「固封璽」，北堂書鈔百五十六引此文璽作疆，與古月令合。**修邊境，**○文典謹按：書鈔引，脩作備。**完要塞，絶蹊徑，飭喪紀，審棺槨衣衾之薄厚，**飾，治也。紀，數也。二十五月之數也。棺槨衣衾薄厚各有差等，故審之。**營丘壠之小大高痺，使貴賤卑尊各有等級。**營，度也。丘壠，冢也，小大高下各有度量也。**是月也，工師效功，陳祭器，案度程，堅致爲上。**案，視也。度，法也。堅致，功牢也。爲，故也。上，盛也。○莊逵吉云：堅致，禮記作功致，故注云「功牢也」。致即密緻之緻，古無緻字。**工事苦慢，作爲淫巧，必行其罪。**苦，惡也。慢，不牢也。淫巧，非常之巧也。故行其罪。苦，讀盬會之盬。**是月也，大飲蒸，天子祈來年於天宗，**蒸，冬祭也。于是時，大飲酒而祭，求明年之福祥也。凡屬天上之神，日月星辰皆爲天宗也。**大禱祭于公社，畢，饗先祖。**禱，求也。公社，后土之祭也。生爲上公，死爲貴神，故曰公也。畢，饗先祖，先公後私之義也。**勞農夫，以休息之。命將率講武，肄射御，角力勁。**肄，習也。勁，强貌。**乃命水虞漁師，收水泉池澤之賦，**虞，掌水官也。師，長也。賦，税也。**毋或侵牟。**牟，多。**孟冬行春令，則凍閉不密，地氣發泄，民多流亡。**春陽氣散越，故凍閉不密，地氣發泄也。民多流亡，象陽氣布散。**行夏令，則多暴風，方冬不寒，蟄蟲復出。**冬當閉藏，反行夏盛陽之令，故多暴疾。陽氣温，故盛冬不寒，令蟄伏之蟲復出也。行秋令，則雪霜不時，小兵時起，土地侵削。秋氣干冬，大寒，不當雪而雪，不當霜而霜，故曰不時也。小兵數起，鄰國來伐，侵削其土地。十月官司馬，其樹檀。冬閒講武，故官司馬也。檀，陰木也。

仲冬之月，招摇指子，昏壁中，旦軫中。東壁，北方玄武之宿，是月昏時中于南方。軫，南方朱鳥之宿，是月平旦時中于南方也。其位北方，其日壬癸，其蟲介，其音羽，律中黄鐘，其數六，黄鐘者，陽氣聚于下，陰氣盛于上，萬物黄，萌于地中，故曰黄鐘也。其味鹹，其臭腐，其祀井，祭先腎。冰益壯，地始坼，鴠鳴不鳴，虎始交。鴠鳴，山鳥。是月陰盛，故不鳴也。虎，陽中之陰也，陰氣盛，以類發也。交，讀將校之校也。天子衣黑衣，乘鐵驪，服玄玉，建玄旗，食黍與彘，服八風水，爨松燧火，北宫御女黑色，衣黑采，擊磬石，其兵鎩，其畜彘，朝于玄堂太廟。北向堂，中央室，故曰太廟也。命有司曰：土事無作，無發室居，及起大衆，是謂發天地之藏，諸蟄則死，民必疾疫，有隨以喪。○莊逵吉云：有，諸本皆作又。急捕盜賊，誅淫泆詐僞之人，命曰暢月。陰氣在上，民人空閒，故命曰暢月。命奄尹，申宫令，奄，官〔一〕也。尹，正也。申宫令，重戒敕也。審門閭，謹房室，必重閉，助陰

〔一〕「官」，疑當爲「宦」，形近而誤。日本諸子大成改正淮南鴻烈解作「宦」。

氣也。省婦事。乃命大酋，秫稻必齊，麴蘗必時，酋，主酤酒官也，醞釀米麴，使化熟，故謂之酋。酋，讀酋豪之酋，齊，讀齊和之齊也。作麴蘗當得其時，不時則不成也。湛熺必潔，水泉必香，湛，漬也。熺炊必令主潔也。水泉香則酒善也。湛，讀審釜之審。熺，炊熾火之熾也。○桂馥云：熺，借字，當爲饎。特牲饋食禮「主婦視饎，爨於西堂下」，鄭注：「炊黍稷曰饎。」陶器必良，火齊必得，無有差忒。陶器，瓦器也。炊亨必得其適，故曰無有差忒也。天子乃命有司，祀四海大川名澤。能興雲雨，故祀之也。是月也，農有不收藏積聚、牛馬畜獸有放失者，取之不詰。詰，呵問也。山林藪澤，有能取疏食、田獵禽獸者，野虞教導之。其有相侵奪，罪之不赦。大加刑也。是月也，日短至，陰陽爭，君子齋戒，處必掩，身欲靜，去聲色，禁嗜欲，聲，絲竹金石之聲也。色，美色也。有貪欲濫求者禁之。寧身體，安形性。閉情欲也。是月也，荔挺出，芸始生，丘螾結，麋角解。荔，馬荔草也。芸，芸蒿，菜名。丘螾，蟲也。結，屈結也。麋角解墮，皆應微陽氣也。○陶方琦云：説文艸部芸字下、爾雅釋草疏、御覽九百八十二引許注：「芸，艸，可以死復生。」按：説文：「芸，艸也。似苜蓿。」與鄭君月令注「芸，香艸」説亦合。高注呂覽皆訓作菜，芸生於冬至一陽初生之月，故云死復生。水泉動則伐樹木，取竹箭，罷官之無事、器之無用者，罷，省。涂闕庭門閭，築囹圄，所以助天地之閉。仲冬行夏令，則其國乃旱，氛霧冥冥，雷乃發聲。夏氣炎陽，故其國旱也。清濁相干，故氛霧冥冥也。十一月雷發聲，非其時，故言乃也。行秋令，則其時雨水，瓜瓠不成，國有大兵。秋金氣，水之母也，故雨水。水、金用事，故有大兵也。行春令，則蟲螟爲敗，水泉咸竭，民多疾癘。春陽氣，蟄伏生，故蟲螟敗穀，水泉竭也。陽干陰，氣不和，故多疾癘也。十一月官都尉，其樹棗。冬成軍師，故官都尉。棗，取其赤心也。

季冬之月，招摇指丑，昏婁中，旦氐中。婁，西方白虎之宿，是月昏時中于南方。氐，東方蒼龍之宿，是月平旦時中于南方也。其位北方，其日壬癸，其蟲介，其音羽，律中大呂，呂，旅也。萬物萌動于黄泉，未能達見，所以旅旅去陰卽陽，助其成功，故曰大呂。其數六，其味鹹，其臭腐，其祀井，祭先腎。鴈北鄉，雁在彭蠡之水，皆北嚮，將至北漠中也。鵲加巢，鵲感陽而動，上加巢也。○王念孫云：加，讀爲架，謂搆架之也。召南鵲巢箋曰：「鵲之作巢，冬至架之，至春乃成。」釋文：「架之，俗本或作加功。」（案：之作功者，非。架作加，則古字通用。劉昌宗讀加爲架，是也。匡謬正俗謂「加功力作巢」，非是。）本經篇「大夏曾加」，高注謂「以材木相乘架」，是加、架古字通。此言「鵲加巢」，卽鄭箋所謂「冬至架之」者，非謂增加其巢也。天文篇曰：「日冬至，鵲始加巢。」月令曰：「季冬之日，鵲始巢。」義並與此同。召南正義引推度災云「鵲以復至之月始作室家」是也。雉雊，雞呼卵。詩云「雉之朝雊，尚求其雌」是也。雞呼鳴求卵也。天子衣黑衣，乘鐵驪，服玄玉，建玄旗，食麥與彘，服八風水，爨松燧火，北宮御女黑色，衣黑采，擊磬石，其兵鍛，其畜彘，朝于玄堂右个。右个，東頭室也。命有司，大儺旁磔，出土牛。大儺，令之逐陰驅疫，爲陽導也。旁磔，四面皆磔犬羊，以禳四方之疾疫也。出土牛，今鄉縣出勸農耕之土牛於外是也。命漁師始漁，是月將捕魚，故命其長也。漁，讀論語之語。天子親往射漁，先薦寢廟。令民出五種，令農計耦耕事，修耒耜，具田器。耦，合。命樂師大合吹而罷。乃命四監，收秩薪，以供寢廟及百祀之薪燎。是月也，日窮于次，月窮于紀，星周于天，歲將更始，十二次窮于牽牛中也。紀道窮於故宿也。星周于天者，謂二十八舍更見南方，至是月周帀也。令静農民，無有所使。天子乃與公卿大夫飭國典，論時令，以待嗣歲之宜。乃命太史，次諸侯之列，賦之犧牲，賦，布。以供皇天上帝社稷之芻享。乃命同姓之國，供寢廟之芻豢；卿士大夫至于庶民，供山林名川之祀。季冬行秋令，則白露早降，介蟲爲祆，四鄙入保。秋節白露，故白露早降。介甲之蟲爲祆災。金氣爲兵，故四竟之民入城郭自保守也。行春令，則胎夭傷，國多痼疾，命之曰逆。季冬大寒，而行春温之令，氣不和，故胎養夭傷，國多篤疾。逆風氣之由也，故命之曰逆也。行夏令，則水潦敗國，時雪不降，冰凍消釋。夏氣炎陽，又多霖雨，故水潦敗國也。時雪當降而不降，冰凍不當消釋而消釋，皆干時之徵也。十二月官獄，其樹櫟。十二月歲盡刑斷，故官獄也。櫟可以爲車轂，木不出火，惟櫟爲然，亦應除氣也。

五位：東方之極，自碣石山過朝鮮，貫大人之國，碣石在遼西界海水西畔。朝鮮，樂浪之縣也。貫，通也。大人國在其東。○莊逵吉云：御覽引無山字，注云：「碣石在東北海中。朝鮮，東夷。東方有大人之國也。東至日出之次，榑木之地，青土樹木之野，榑木，榑桑。○莊逵吉云：御覽此下有注云：「皆日所出之地也。」○王引之云：青土當爲青丘，字之誤也。（御覽引此已誤。）本經篇「繳大風於青丘之野」，（今本野誤作澤，辯見本經。）高注曰：「青丘，東方之丘名。」即此所云「東至青丘之野」也。呂氏春秋求人篇亦云：禹東至榑木之地，日出之野，青丘之鄉。」海外東經云：「青丘國在朝陽北。」逸周書王會篇「青丘狐九尾」，孔晁曰：「青丘，海東地名。」服虔注漢書司馬相如傳云：「青丘國在海東三百里。」太皞、句芒之所司者，萬二千里。太皞，伏羲氏，東方木德之帝也。句芒，木神。司，主也。其令曰：挺羣禁，開閉闔，通窮窒，達障塞，行優游，棄怨惡，解役罪，免憂患，休罰刑，開關梁，宣出財，和外怨，撫四方，行柔惠，止剛强。剛强侵陵人，不循軌度者，禁止之也。南方之極，自北户孫之外，北户孫，國名也，日在其北，皆爲北向户，故曰北户孫。○莊逵吉云：御覽作北户烏孫，注云：「北户，日在其北，向以爲户。」○文典謹按：文選思玄賦注引高注作「北户，孤竹國名也」。貫顓頊之國，南至委火炎風之野，赤帝、祝融之所司者，萬二千里。赤帝，炎帝少典之子，號爲神農，南方火德之帝也。祝融，顓頊之孫，老童之子吴回也。一名黎，爲高辛氏火正，號爲祝融，死爲火神也。

○莊逵吉云：御覽此下有注云：「赤帝，著明審諟也。祝，屬。融，工也。萬物盛長，屬而工也。」程文學云：「此亦古注，宜存，然未定卽是高、許二家耳。」其令曰：爵有德，賞有功，惠賢良，救飢渴，舉力農，振貧窮，惠孤寡，憂罷疾，出大祿，行大賞，起毁宗，立無後，封建侯，立賢輔。應陽施也。中央之極，自昆侖東絶兩恆山，自，從也。絶，猶過也。恆山，常山。言兩，未聞也。○莊逵吉云：御覽無兩字，注云：「恆山，北岳。」日月之所道，江、漢之所出，日月昭其所經過之道。江出岷山，漢出番冢也。衆民之野，五穀之所宜，龍門、河、濟相貫，以息壤堙洪水之州，○莊逵吉云：御覽此下有注云：「禹以息土湮洪水，以爲中國九州。州，水中可居也。」東至於碣石，黄帝、后土之所司者，萬二千里。黄帝，少典之子，以土德王天下，號爲軒轅氏，死爲中央土德之帝。后土者，句龍氏之子，名曰后土，能平九土，死祀爲土神也。○莊逵吉云：御覽此注有云：「黄，中色，地道載物，故稱名也。」其令曰：平而不阿，明而不苛，包裹覆露，露，潤。無不囊懷，溥氾無私，正静以和，行稃鬻，養老衰，弔死問疾，以送萬物之歸。土，四方之主也，故曰萬物之歸。西方之極，自昆侖絶流沙、沈羽，西至三危之國，流沙，蓋在昆侖之西南爾。○莊逵吉云：御覽此注有云：「沈羽，弱水，弱沈羽毛也。」石城金室，飲氣之民，不死之野，少皞、蓐收之所司者，萬二千里。少皞，黄帝之子青陽也，名摯，以金德王天下，號爲金天氏，死爲西方金德之帝也。蓐收，金天氏之裔子曰修禮，死祀爲金神也。○莊逵吉云：御覽此注有云：「少皞，白帝之號。少皞，用物浩成也。」其令曰：審用法，誅必辜，備盜賊，禁姦邪，飾羣牧，謹著聚，修城郭，補決竇，塞蹊徑，遏溝瀆，止流水，雝谿谷，守門閭，陳兵甲，選百官，誅不法。應金斷也。北方之極，自九澤窮夏晦之極，北至令正之谷，九澤，北方之澤。夏，大也。晦，暝也。○莊逵吉云：御覽令正作令止，注云：「令止，丁令北海胡地。」有凍寒積冰、雪雹霜霰、漂潤羣水之野，顓頊、玄冥之所司者，萬二千里。顓頊，黃帝之孫也，以水德王天下，號高陽氏，死爲北方水德之帝也。其神玄冥者，金天氏有適子曰昧，爲玄冥師，死而祀爲主水之神也。○莊逵吉云：御覽此下有注云：「顓頊，黑帝號。頊，大。言陰用事，振翕而寒也。陰閉不視，故神爲玄冥也。」其令曰：申羣禁，固閉藏，修障塞，繕關梁，禁外徙，斷罰刑，殺當罪，閉關閭，大搜客，○王念孫云：古書無以關閭二字連文者，關當爲門，此涉上二「關梁」而誤也。上文及天文篇並云：「閉門閭，大捜客。」春秋繁露五行順逆篇云：「閉門閭，大捜索。」太平御覽時序部十二引此作「守門閭」。止交游，禁夜樂，蚤閉晏開，以塞姦人，已德，執之必固。○王念孫云：塞本作索，此後人以意改之也。「蚤閉晏開，以索姦人」，卽上文所謂「閉門閭，大捜客」也。下句「姦人已得」，正謂索而得之，若改索爲塞，則與下句義不相屬矣。姦人下當更有姦人二字。德，讀爲得。「蚤閉晏開，以索姦人，姦人已得，執之必固」，皆以四字爲句。若第三句無姦人二字，則文不成義矣。太平御覽時序部十

二、地部二引此，塞作索，德作得，是也。但無姦人二字，則所見本已誤。天節已幾，○莊逵吉云：御覽此下注云：「幾，終也。」刑殺無赦，雖有盛尊之親，斷以法度。毋行水，毋發藏，毋釋罪。應陰殺也。○莊逵吉云：御覽作「毋釋刑罪」。

六合：孟春與孟秋爲合，仲春與仲秋爲合，季春與季秋爲合，孟夏與孟冬爲合，仲夏與仲冬爲合，季夏與季冬爲合。孟春始贏，孟秋始縮；贏，長也。縮，短也。仲春始出，仲秋始内；出，二月播種。内，八月收斂。○文典謹按：御覽十七引注，播種作播植，十九引，與今本合。季春大出，季秋大内；孟夏始緩，孟冬始急；緩，四月陽安。急，十月寒肅。○文典謹按：御覽十七引注，作「緩，四月陽炎也。急，十月寒肅也」。二十四引同。仲夏至修，仲冬至短；夏至北極，冬至南極，短、修皆在至前也。季夏德畢，季冬刑畢。德畢，陽施結。刑畢，刑獄盡。○莊逵吉云：御覽引注，作「德畢，陽始窮也。刑畢，陰殺盡也」。故正月失政，七月涼風不至；二月失政，八月雷不藏；三月失政，九月不下霜；四月失政，十月不凍；五月失政，十一月蟄蟲冬出其鄉；六月失政，十二月草木不脱；不脱，葉槁著樹，不零落也。七月失政，正月大寒不解；東風不解凍也。八月失政，二月雷不發；不發聲也。九月失政，三月春風不濟；濟，止。十月失政，四月草木不實；實，長。十一月失政，五月下雹霜；十二月失政，六月五穀疾狂。疾狂，不華而實也。春行夏令泄，象盛陽發泄也。○俞樾云：下云「冬行春令泄」，不當重複。且上文云「仲春始出」、「季春大出」，則春日發泄，不足爲咎也。管子幼官篇作「春行夏政闇」，當從之。蓋發泄太過，故奄然而息也。方言及廣雅並曰：「奄，息也。」闇與奄通，因脱闇字，而寫者以泄字補之，殊非其義。高注曰：「象盛陽發泄也。」是其所據本已誤。夫下文「冬行春令泄」，高注曰：「象春氣布散發泄也。」然則布散發泄，自是春氣所固然，豈行夏令所致乎？即此可知其非矣。行秋令水，水生于申，故水也。行冬令肅。象氣肅急。夏行春令風，象春木氣多風。行秋令蕪，象秋氣蕪穢生。行冬令格。格，跂也。象冬斷刑，恩澤跂格不流下。○王引之云：高説非也。格，讀爲落，謂夏行冬令，則草木零落也。格字從木，各聲，古讀如各。（説見唐韻正。）格與落聲相近，字相通。史記酷吏傳「置伯格長」，徐廣曰：「古村落字亦作格。」村落之落通作格，猶零落之落通作格也。月令云：「仲夏行秋令，則草木零落。」管子幼官篇「夏行冬政落」，（四時篇同。）尹知章曰：「寒氣肅殺，故凋落也。」春秋繁露五行五事篇云：「秋行冬政則落。」又云：「夏行冬政則落。」皆其明證矣。秋行夏令華，象夏氣樹華茂。行春令榮，象春氣生榮華。行冬令耗。耗，零落也。冬行春令泄，象春氣布散發泄也。行夏令旱，旱象陽炎。行秋令霧。秋氣陰亂，故霧。

制度陰陽，大制有六度：天爲繩，地爲準，春爲規，夏爲衡，秋爲矩，冬爲權。繩者，所以繩萬物也。繩，正。準者，所以準萬物也。規者，所以員萬物也。衡者，所以平萬物也。矩者，所以方萬物也。權者，所以權萬物也。繩之爲度也，直而不爭，○俞樾云：争，讀爲綪。儀禮士喪禮鄭注曰：「綪，屈也。江、沔之間謂縈收繩索爲綪。」故此曰「繩之爲度也，直而不綪」。脩而不窮，久而不弊，遠而不忘，與天合德，與神合明，所欲則得，所惡則亡，自古及今，不可移匡，○俞樾云：移之言迆也。説文辵部：「迆，衺行也。」移亦有衺義。禮記玉藻篇「手足毋移」，正義曰：「移，謂靡迆摇動也。」是其證也。匡與軭通。説文車部：「軭，車戾也。」考工記「輪雖敝不匡」，匡即軭字。不移匡，言不衺曲也。厥德孔密，廣大以容，○莊逵吉云：廣大以容，明本作廣下以容衆，非。是故上帝以爲物宗。宗，本。準之爲度也，平而不險，均而不阿，廣大以容，寬裕以和，柔而不剛，鋭而不挫，鋭，利也。挫，折也。流而不滯，流，行也。滯，止也。易而不穢，發通而有紀，紀，道也。周密而不泄，準平而不失，萬物皆平，民無險謀，怨惡不生，是故上帝以爲物平。平，正，讀評議之評。規之爲度也，轉而不復，員而不垸，復，遏也。垸，轉也。優而不縱，廣大以寬，感動有理，發通有紀，優優簡簡，百怨不起，優簡，寬舒之貌。規度不失，生氣乃理。氣類理達。衡之爲度也，緩而不後，平而不怨，施而不德，弔而不責，○莊逵吉云：御覽引作「匝而不責」。當平民禄，以繼不足，敎敎陽陽，唯德是行，養長化育，萬物蕃昌，以成五穀，以實封疆，其政不失，天地乃明。明，理。矩之爲度也，肅而不悖，剛而不慣，取而無怨，内而無害，威厲而不慑，令行而不廢，殺伐既得，仇敵乃克，矩正不失，百誅乃服。權之爲度也，急而不贏，殺而不割，充滿以實，周密而不泄，敗物而弗取，罪殺而不赦，誠信以必，堅慤以固，糞除苛慝，不可以曲，故冬正將行，必弱以强，必柔以剛，權正而不失，萬物乃藏。明堂之制，静而法準，動而法繩，春治以規，秋治以矩，冬治以權，夏治以衡，是故燥溼寒暑以節至，甘雨膏露以時降。

淮南鴻烈集解卷六

覽冥訓

覽觀幽冥變化之端，至精感天，通達無極，故曰「覽冥」，因以題篇。

昔者，師曠奏白雪之音，而神物爲之下降，風雨暴至，平公癃病，晉國赤地。白雪，太乙五十弦琴瑟樂名也。神物，卽神化之物，謂玄鶴之屬來至，無頭鬼類操戈以舞也。平公，晉悼公之子彪也。癃病，篤疾。赤地，旱也。唯聖君能御此異，使無災耳。平公德薄，不能堪，故篤病而大旱也。庶女叫天，雷電下擊，景公臺隕，支體傷折，海水大出。庶賤之女，齊之寡婦，無子，不嫁，事姑謹敬。姑無男有女，女利母財，令母嫁婦。婦益不肯，女殺母以誣寡婦。婦不能自明，寃結叫天，天爲作雷電下擊景公之臺。隕，壞也。毀景公之支體，海水爲之大溢出也。○陶方琦云：文選詣建平王上書注引許注云：「庶女，齊之少寡，無子，養姑。姑無男有女，女利母財而殺母，以誣告寡婦。婦不能自解，故寃告天。」此高承用許注。○文典謹按：上文「昔者，師曠奏白雪之音，而神物爲之下降」，則此「庶女叫天」下亦當有而字，文乃一律。北堂書鈔百五十二、初學記一、藝文類聚二引，「叫天」下皆有而字，此必古有而今本敚之也。又按：叫天，御覽六十引作告天；雷電，白帖二、御覽六十引竝作雷霆。御覽引「景公臺隕」下有注云：「景公，齊景公也。雷擊景公臺，隕壞之也。」「枝體傷折」下有注云：「景公爲雷霆所傷折。」「庶女告天」下所引注，與文選詣建平王上書注所引許注略同。則此二注，亦必許君注也。**夫瞽師、庶女，位賤尚葈，權輕飛羽，**尚，主也。葈者，葈耳，菜名也。幽、冀謂之檀菜，雒下謂之胡葈。主是官者，至微賤也。瞽師、庶女復賤於主葈之官，故曰「權輕飛羽」也。○王引之云：主枲耳之官，書傳未聞。尚枲，蓋卽周官「典枲下士二人」者，典亦主也。（見周官典婦功注。）言典枲本賤官，瞽師、庶女則又賤於典枲。枲謂麻枲，非謂枲耳也。○洪頤煊云：周禮天官「典枲掌布緦縷紵之麻草之物」，是庶女爲之。賈疏：「枲，麻也。」葈卽枲字。**然而專精厲意，委務積神，上通九天，激厲至精。**九天，八方、中央也。以精誠感之。**由此觀之，上天之誅也，雖在壙虛幽閒，遼遠隱匿，重襲石室，界障險阻，其無所逃之，亦明矣。**上天，上帝也。上帝神明。言人有罪惡，雖自隱蔽竄藏，猶見誅害也。故曰「無所逃」也。**武王伐紂，渡于孟津，陽侯之波，逆流而擊，疾風晦冥，人馬不相見。**陽侯，陵陽國侯也。其國近水，溺水而死。其神能爲大波，有所傷害，因謂之陽侯之波。○俞樾云：陽陵自是漢侯國，史記高祖功臣侯表有陽陵侯傅寬是也。高注以說古之陽侯，殆失之矣。春秋閔二年「齊人遷陽」，杜注曰「國名」。正義曰：「世本無陽國，不知何姓。杜世族譜土地名，闕不知所在。」古之陽侯當卽此陽國之侯。水經「沂水南逕陽都縣故城東，縣故陽國城」，是其所在矣。○文典謹按：北堂書鈔二、御覽八十四、博物志異聞篇引，孟津皆作盟津。**於是武王左操黄鉞，右秉白旄，瞋目而撝之，曰：「余任，天下誰敢害吾意者！」於是風濟而波罷。**○王念孫云：「右秉白旄」，秉本作執，此後人依牧誓改之也。論衡感虚篇引此正作執。（論衡稱「傳書言武王伐紂，渡孟津」云云，共十二句，皆與此同，是所引卽淮南之文也。）太平御覽地部二十六、三十六、皇王部九引此，亦作執。泰族篇亦云：「武王左操黄鉞，右執白旄。」執與秉同義，無煩據彼以改此也。任當爲在，字之誤也。（道應篇「本在於身」，在字亦誤作任。）「余在」爲句，「天下誰敢害吾意者」爲句。孟子引書曰：「四方有罪無罪，惟我在，天下曷敢有越厥志！」句法與此相似。論衡感虚篇、藝文類聚儀飾部、太平御覽地部二十六、三十六、皇王部九、儀式部一引此，竝作「余在」。害，讀爲曷。（古字以害爲曷，通見詩、書。）曷，止也。言誰敢止吾意也。爾雅：「曷、遏，止也。」商頌長發篇「則莫我敢曷」，荀子議兵篇引作「則莫我敢遏」。

魯陽公與韓搆難，戰酣日暮，援戈而撝之，日爲之反三舍。魯陽，楚之縣公，楚平王之孫，司馬子期之子，國語所稱魯陽文子也。楚僭號稱王，其守縣大夫皆稱公，故曰魯陽公。今南陽魯陽是也。酣，對戰合樂時也。撝日令反，却行三舍。舍，次宿也。○陶方琦云：文選郭璞遊仙詩注引許注：「二十八宿，一宿爲一舍也。」按：論衡感虚篇：「星之在天也，爲日月舍，猶地有郵亭，爲長吏廨也。」二十八宿有分度，一舍十度，或增或減。言日反三舍，乃三十度也。廣雅釋詁：「宿，舍也。」○文典謹按：文選吴都賦注、郭璞遊仙詩注、弔魏武帝文注引，搆竝作遘，疑是許本。又吴都賦注引，魯陽公下有「楚將也」三字，疑亦許注之羼入正文者也。**夫全性保真，不虧其**

身，遭急迫難，精通于天。若乃未始出其宗者，何爲而不成！精通于天者，謂聖人質成上通，爲天所助。宗者，道之本也。謂性不外逸，生與道同也。**夫死生同域，不可脅陵，勇武一人，爲三軍雄。**武，士也。江、淮間謂士爲武。○莊逵吉云：意林引作「勇士一人」，是竟改武爲士，非異本也。**彼直求名耳，而能自要者尚猶若此，又況夫宫天地，懷萬物，**以天地爲宫室。懷，猶囊也。**而友造化，**造化，陰陽也。與之相朋友。**含至和，直偶于人形，**外直偶與人同形，而内有大道也。○俞樾云：「偶與寓通，言特寄寓於人之形耳。」高注曰「外直偶與人同形」，則增出「同」字矣。**觀九鑽一，知之所不知，**九，謂九天。一，竈也。觀九天之變，鑽竈占兆，所不知事亦云然也。○俞樾云：高説迂曲。九、一皆以數言也。數始於一而極於九，至十則復爲一矣。素問三部九候論曰：「天地之至數，始於一，終於九焉。」是其義也。故古人之言，凡至少者，以一言之，如孟子「一杯水」、「一鉤金」是也；至多者，以九言之，如公羊傳「叛者九國」是也。觀九鑽一，言所觀覽者多，而所鑽穿者少也。精神篇曰：「能知一，則無一之不知也。不能知一，則無一之能知也。」是其義。**而心未嘗死者乎！**心未嘗死者，謂心生與道同者也，不與觀九鑽一等也。**昔雍門子以哭見於孟嘗君，**雍門子，名周，善彈琴，又善哭。雍門，齊西門也。居近之，因以爲氏。哭，猶歌也。見，猶感也。孟嘗君，齊相田文。**已而陳辭通意，撫心發聲，孟嘗君爲之增欷歍唈，流涕狼戾不可止。**增，重也。歍唈，失聲也。狼戾，猶交横也。歍，讀鴛鴦之鴦也。唈，讀左傳嬖人婤姶之姶。精神形於内，而外諭哀於人心，此不傳之道。言能以精神哀悲感傷人心，不可學而得之，故曰不傳之道也。使俗人不得其君形者而效其容，必爲人笑。君形者，言至精爲形也。○曾國藩云：君形，主宰乎形骸者也。故蒲且子之連鳥於百仞之上，蒲且子，楚人善弋射者。七尺曰仞。而詹何之鶩魚於大淵之中，此皆得清浄之道，太浩之和也。詹何，楚人知道術者也。言其善釣，令魚馳鶩來趨鉤餌，故曰鶩魚。得其精微，故曰太浩之和也。

夫物類之相應，玄妙深微，知不能論，○俞樾云：論者，知也。説山篇「以小明大，以近論遠」，高注曰：「論，知也。」此論字不訓爲知，蓋以正文已有知字故耳。不知正文知字當讀爲智，「知不能論」，謂智者不能知也。説文心部：「惀，欲知之貌。」論與惀通。下文曰：「心意之論，不足以定是非。」論亦知也。○文典謹按：俞説非也。下文「得失之度，深微窈冥，難以知論，不可以辯説也」，正與此文一例。論與説爲對文，非作知解明矣。辯不能解。故東風至而酒湛溢，東風，木風也。酒湛，清酒也。米物下湛，故曰湛。木味酸，酸風入酒，故酒酢而湛者沸溢，物類相感也。○王念孫云：如高説以酒湛爲清酒，則當言「湛酒溢」，不當言「酒湛溢」，故又申之曰「酒酢而湛者沸溢」，殆失之迂矣。今案：湛、溢二字當連讀，湛與淫同。（爾雅「久雨謂之淫」，論衡明雩篇「久雨爲湛」，湛卽淫也。湛字或作沈，微子「我用沈酗于酒」，沈酗卽淫酗。史記宋世家「紂沈湎于酒」，太史公自序「帝辛湛湎」，楊雄光禄勳箴「桀、紂淫湎」，淫湎卽湛湎。樂書「流沔沈佚」，沈佚卽淫泆。淫與湛、沈義同而字亦相通。考工記帪氏「淫之以蜃」，杜子春云：「淫當爲湛。」齊語「擇其淫亂者而先征之」，管子小匡篇淫作沈。莊子天下篇「禹沐甚雨」，崔譔本甚作湛，音淫。淮南修務篇作「禹沐淫雨」。）淫溢猶衍溢也。酒性温，故東風至而酒爲之加長。春秋繁露同類相動篇曰：「水得夜益長數分，東風而酒湛溢，故陽益陽而陰益陰。」義與此同也。○陶方琦云：太平廣記百九十一、事類賦風部引許注：「東方，震方也。酒汎，清酒也。木味酸，相感故也。」御覽九引略同，惟「酒汎，清酒也」作「清酳酒也」。太平廣記引許注後，又引高注云：「酒汎，爲米麪麴之汎者，風至而沸動。」此乃高注，故與許注文異，益知今高注本中羼入許注不少。汎字今高本作湛，蓋汎字乃沉字之誤文，沈、湛古通。○文典謹按：文選七啓注引此文及高注，湛亦作汎。**蠶咡絲而商弦絶，或感之也。**老蠶上下絲於口，故曰咡絲。新絲出，故絲脆。商於五音最細而急，故絶也。咡或作珥。蠶老時，絲在身中正黄，達見于外如珥也。商，西方金音也。蠶，午火也。火壯金困，應商而已，或有新故相感者也。**畫隨灰而月運闕，鯨魚死而彗星出，或動之也。**運，讀連圍之圍也。運者，軍也。將有軍事相圍守，則月運出也。以蘆草灰隨牖下月光中令圜畫，缺其一面，則月運亦缺於上也。鯨魚，大魚，蓋長數里，死于海邊。魚之身賤也，彗星爲變異，人之害也，類相動也。○莊逵吉云御覽引許昚注云：「有軍事相圍守，則月暈。以蘆灰環，闕其一面，則月暈亦闕于上。」○陶方琦云：「運者，軍也」以下，或卽許注羼入高注中者。許作暈，說文：「暈，日月气也。」漢書天文志如淳曰：「暈，讀曰運。」則高本作運亦合也。呂覽明理篇「有暈珥」，高注：「气圍繞日周帀，有似軍營相圍守，故曰暈也。」運作圍解，與此注同。博物志引：「凡月暈隨灰畫之，隨所畫而闕，淮南子云。未詳其法。」〇文典謹按：暈，說文新坿古作煇，作運。則高本作運是也。北堂書鈔百五十引作暈。**故聖人在位，懷道而不言，澤及萬民。**聖人行自然無爲之道，故澤及萬民也。**君臣乖心，則背譎見於天。神氣相應，徵矣。**日旁五色氣，在兩邊外出爲背，外向爲譎，內向爲珥，在上外出爲冠。**故山雲草莽，水雲魚鱗，**山中氣出雲似草莽，水氣出雲似魚鱗。**旱雲煙火，涔雲波水，各象其形類，所以感之。**旱雲，亢陽氣，似煙火。涔，大涔水也。雲出於涔，似波水也。〇王引之云：煙當爲熛，字之誤也。（高注同。）說文：「熛，火飛也。讀若標。」一切經音義十四引三倉曰：「熛，迸火也。」「旱雲熛火，涔雲波水」，猶言旱雲如火，涔雲如水耳。熛火與波水對文。若作煙火，則與下句不類矣。又齊俗篇「譬若水之下流，煙之上尋也」，煙亦當爲熛。「熛之上尋」，猶言火之上尋，故與「水之下流」對文。天文篇曰：「火上尋，水下流。」是其證也。若以煙、水相對，則非其旨矣。藝文類聚火部煙下引此作「煙之上尋」，則此字之誤已久。**夫陽燧取火於日，方諸取露於月，**夫，讀大夫之夫，已說在上。一說：水火從太極來，在人手中，非人所能說知。〇王念孫云：「夫陽燧」本作「夫燧」，今本有陽字者，後人所加也。彼蓋誤以夫爲語詞，又以天文篇「陽燧見日則然而爲火，方諸見月則津而爲水」，故加入陽字。不知夫燧卽陽燧也。夫燧與方諸相對爲文。周官司烜氏「掌以夫遂取明火於日，（遂與燧同。）」鄭注曰：「夫遂，陽遂也。」下文云「夫燧之取火，慈石之引鐵」，並以夫燧二字連文，故高注云「夫，讀大夫之夫」，則夫非語詞明矣。**天地之間，巧曆不能舉其數，**巧，工也。天地之間，物類相感者衆多，雖工爲曆術者，不能悉舉其數也。**手徵忽怳，不能覽其光。**言手雖覽得微物，不能得其光。一説：天道廣大，手雖能徵其忽怳無形者，不能覽得日月之光也。**然以掌握之中，引類於太極之上，**太極，天地始形之時也。上，猶初也。**而水火可立致者，陰陽同氣相動也。**動，猶化也。○俞樾云：高氏注「太極之上」曰：「太極，天地始形之時也。上，猶初也。」此説殊失其義。周易繫辭傳「易有太極」，釋文曰：「太極，天也。」然則「太極之上」，言天之上也。上文曰「夫陽燧取火於日，方諸取露於月」，此云取類於太極之上，而水火可立致，卽以取火於日、取露於月而言。日月麗乎天，故曰「太極之上」也。注以爲天地始形之初，則與上義不相屬矣。**此傳説之所以騎辰尾也。**言殷王武丁夢得賢人，使工寫其象，旁求之，得傳説于傅巖，遂以爲相，爲高宗成八十一符，致中興也。死託精於辰尾星，一名天策。**故至陰飂飂，至陽赫赫，兩者交接成和，而萬物生焉。衆雄而無雌，又何化之所能造乎！所謂不言之辯，不道之道也。**

故召遠者使無爲焉，遠者，四夷也。欲致化四夷者，當以無爲。無爲，則夷荒自至也。**親近者使無事焉，**近者，諸夏也。欲親近者，當以無事。無事，則近人自親附之。○王念孫云：高説非也。「親近者使無事焉」，使當作言。無爲、無事，猶今人言無用也。此言使不足以召遠，言不足以親近，惟誠足以動之耳。今本言作使者，涉上句使字而誤。高云「欲親近者，當以無事」，以字正釋使字，則所見本已誤作使。管子形勢篇曰：「召遠者使無爲焉，親近者言無事焉，唯夜行者獨有之也。」（形勢解曰：「民利之則來，害之則去，故欲民者，先起其利，雖不召而民自至。設其所惡，雖召之而民不來也。故曰『召遠者使無爲焉』。道之純厚，遇之有實，雖不言曰『吾親民』，而民親矣。道之不厚，遇之無實，雖言曰『吾親民』，民不親也。故曰『親近者言無事焉』。所謂夜行者，心行也。能心行，行德天下，莫能與之爭矣。故曰『唯夜行者獨有之』也。」）此卽淮南所本。文子精誠篇曰：「夫召遠者使無爲焉，親近者言無事焉，唯夜行者能有之。」又本於淮南也。（或謂文子所用乃管子之文，非淮南之文。今知不然者，淮南唯此五句與管子同，其上下文皆管子所無也。文子上下文皆與淮南同，則皆本於淮南明矣。又管子作「唯夜行者獨有之」，淮南作「惟夜行者爲能有之」，文子與淮南同。是此五句亦本於淮南，非本於管子也。）**惟夜行者爲能有之。**夜行，喻陰行也。陰行神化，故能有天下也。一說：言入道者如夜行幽冥之中，爲能有召遠親近之道也。**故却走馬以糞，而車軌不接於遠方之外，**「卻走馬以糞」，老子詞也。止馬不以走，但以糞糞田也，行至德之效也。一說：國君無道，則戎馬生于郊；無事，止走馬以糞田也，故兵車之軌不接遠方之外。兩輪之間爲軌。**是謂坐馳陸沈，晝冥宵明，**言坐行神化，疾于馳傳，沈浮冥明，與道合也。**以冬鑠膠，以夏造冰。**

夫道者，無私就也，無私去也，能者有餘，拙者不足，言以非時鑠膠造冰，難成之也。

天道無私就去，能行道，功有餘也。○文典謹按：「夫道者，無私就也，無私去也」，夫本作天，形近而譌也。高注作天道，御覽二十七引此文及文子精誠篇竝作天道，皆其證也。又御覽引注作「能行道者有餘，不能者不足」。順之者利，逆之者凶。譬如隋侯之珠，和氏之璧，得之者富，失之者貧。隋侯，漢東之國，姬姓諸侯也。隋侯見大蛇傷斷，以藥傅之，後蛇于江中銜大珠以報之，因曰隋侯之珠，蓋明月珠也。楚人卞和得美玉璞于荆山之下，以獻武王，王以示玉人，玉人以爲石，刖其左足。文王即位，復獻之，以爲石，刖其右足。抱璞不釋而泣血。及成王即位，又獻之。成王曰：「先君輕刖而重剖石。」遂剖視之，果得美玉，以爲璧，蓋純白夜光。文王在春秋前，成王不以告，故不書也。○莊逵吉云：「文王」至「不書」十四字，葉近山、茅一桂二本皆有，藏本無，今增入。○文典謹按：文選西都賦注、南都賦注、劉越石荅盧諶詩注、夏侯常侍誄注引，並作「得之而富，失之而貧」。又按：西都賦注、南都賦注引高注，漢東皆作漢中，「以藥傅」下有「而塗」二字，（夏侯常侍誄注同。）江中作夜中。惟夏侯常侍誄注作大江中，與今注合，疑後人所改也。得失之度，深微窈冥，難以知論，不可以辯説也。何以知其然？今夫地黄主屬骨，而甘草主生肉之藥也，以其屬骨，責其生肉，以其生肉，論其屬骨，是猶王孫綽之欲倍偏枯之藥而欲以生殊死之人，亦可謂失論矣。王孫綽，蓋周人也。一曰，衛人王孫賈之後也。言一劑藥愈偏枯之病，欲倍其劑，以生已死之人。○王念孫云：下欲字因上欲字而衍。「欲倍偏枯之藥而以生殊死之人」作一句讀，不當更有欲字。高注曰：「欲倍其劑，以生已死之人。」則無下欲字明矣。○文典謹按：御覽九百八十四引注云：「王孫綽，魯人也。」疑許君注也。若夫以火能焦木也，因使銷金，則道行矣；若以慈石之能連鐵也，而求其引瓦，則難矣，○文典謹按：連鐵，御覽七百六十七引作運鐵。物固不可以輕重論也。夫燧之取火於日，○王念孫云：於日二字，因上文「取火於日」而衍。夫燧之取火，慈石之引鐵，蟹之敗漆，葵之鄉日，各相對爲文，則此處不當有於日二字。慈石之引鐵，蟹之敗漆，以蟹置漆中，則敗壞不燥，不任用也。葵之鄉日，雖有明智，弗能然也。然，猶明也。○文典謹按：御覽九百四十二引，「雖有明智」作「雖在明知」。故耳目之察，不足以分物理；心意之論，不足以定是非。故以智爲治者，難以持國，唯通于太和而持自然之應者，爲能有之。能有持國之術。故嶢山崩，而薄落之水涸；嶢山在雍州也，薄落水在馮翊臨晉山，窮相通也。一曰：薄落，涇水也。○文典謹按：初學記地部中引，嶢作碣。區冶生，而淳鉤之劍成；區，讀歌謳之謳。區，越人，善治劍工也。淳鉤，古大鋭劍也。紂爲無道，左强在側；左强，紂之諛臣也。教紂無道，勸以貪淫也。太公竝世，故武王之功立。立，成。由是觀之，利害之路，禍福之門，不可求而得也。言其門户不可豫求而得知也。忽然來至，無形兆也。

夫道之與德，若韋之與革，遠之則邇，近之則遠，革之質象道，韋之質象德。欲去遠之，道反在人側；欲以事求之，去人已遠也。無事者近人，有事者遠人。不得其道，若觀鯈魚。

鯈魚，小魚也，在水中可觀見，見而不可得。道亦如之。○王念孫云：「近之則遠」，遠當作疏，此涉上句遠字而誤也。德、革爲韻，疏、魚爲韻，若作遠，則失其韻矣。泰族篇「遠之則邇，延之則疏」，亦與除、虚、餘爲韻。泰族篇之延字當作近，今據泰族之疏字以正此篇遠字之誤，并據此篇之近字以正泰族延字之誤。文子精誠篇正作「近之即疏」。**故聖若鏡，不將不迎，應而不藏，**應，猶隨也。謂鏡隨人形好醜，不自藏匿者也。○王念孫云：聖下脱人字。意林及太平御覽人事部四十二、服用部十九引此，竝有人字。莊子應帝王篇「至人之用心若鏡」，文子精誠篇「是故聖人若鏡」，亦皆有人字。**故萬化而無傷。其得之乃失之，其失之非乃得之也。**自謂得，乃失道者也。自謂失道，未必不得道也。○王念孫云：非字義不可通，衍文也。高注云：「自謂失道，未必不得道也。」則無非字明矣。劉本作「其失之也，乃得之也」，此依文子精誠篇改。○俞樾云：非上脱未始二字，非下衍乃字，本作「其失之，未始非得之也」，故高注曰：「自謂得道，乃失道者也。自謂失道，未必不得道也。」各依正文爲説耳。文子精誠篇曰：「其得之也，乃失之也。其失之也，乃得之也。」雖用淮南文，然意同而字句固小異矣。不得據彼改此，而轉與高注不合也。**今夫調弦者，叩宫宫應，彈角角動，此同聲相和者也。**叩大宫則少宫應，彈大角則少角動，故曰同音相和。**夫有改調一弦，其於五音無所比，鼓之而二十五弦皆應，此未始異於聲，而音之君已形也。**一弦，宫音也，音之君也，故二十五弦皆和也。一説：改調一弦，不比五音，謂一聲宫音也，故曰未始異于聲也。五主于一聲，故曰音之君已形。君，主。形，見也。故通於太和者，惛若純醉而甘卧，以游其中，而不知其所由至也。太和，謂等死生之和，齊窮達之端。其中道之中也，不自知所至此也。純温以淪，鈍悶以終，若未始出其宗，純，一也。温，和也。淪，没也，喻潛伏也。鈍悶，無情也。欲終始于道。宗，本也。若未有其形。是謂大通。

今夫赤螭、青虯之游冀州也，赤螭、青虯，皆龍屬也。天清地定，毒獸不作，飛鳥不駭，入〔一〕榛薄，食薦梅，薦梅，草實也，狀如桑椹，其色赤，生江濱也。噆味含甘，步不出頃畝之區，而蛇鱓輕之，以爲不能與之争於江海之中。噆味，長美也。蛇鱓自以爲能勝赤螭、青虯。若乃至於玄雲之素朝，玄，黑。素，白也。黑雲升合於明朝也。○王念孫云："玄雲之素朝"，衍之字。高注曰："玄，黑。素，白也。"是玄雲、素朝相對爲文，雲下不當有之字。且兩句皆以四字爲句，加一之字，則句法參差矣。文選南都賦、魏都賦注引此，皆無之字。陰陽交争，降扶風，雜凍雨，扶摇而登之，降，下也。扶風，疾風也。凍雨，暴雨也。扶摇，發動也。登，上也。上風雨而去。威動天地，聲震海内，四海之内悉畏之也。蛇鱓著泥百仞之中，百仞，七

〔一〕"入"，原本作"人"，形近而誤，今改。

百尺也。度深曰仞，傳曰「仞溝洫」也。**熊羆匍匐丘山暫巖，虎豹襲穴而不敢咆，**襲，入。咆，嘷。**猨狖顛蹶而失木枝，**狖，讀中山人相遺物之遺。狖，猨屬，長尾而卬鼻。**又況直蛇鱓之類乎！**○王念孫云：下言「又況直蛇鱓之類」，則上文「著泥百仞之中」者，非謂蛇鱓也。且蛇鱓在淺水之中，亦不得言百仞。蛇當作蚖。蚖與黿同。（史記太史公自序「黿鱓與處」，索隱：「本作蚖鱓，卽黿鼉字也。」書大傳「河魭江鱓」，亦與黿鼉同。）鱓與鼉同。（說文：「鱓，魚也，皮可以爲鼓。」夏小正傳：「剥鱓，以爲鼓也。」呂氏春秋古樂篇：「鱓乃偃寢，以其尾鼓其腹。」）言蚖鱓（徒何反。）且伏於深淵而不敢出，況蛇鱓（音善。）之類乎？今本蚖作蛇者，涉上下文蛇鱓而誤。○王引之云：暫巖乃高峻貌。龍乘風雨而熊羆畏避，則當伏於幽隱之地，山巔高峻，非所以藏身也。暫巖當作之巖。王逸注七諫曰：「巖，穴也。」（莊子山木篇：「豐狐文豹，伏於巖穴。」）言熊羆匍匐於丘山之穴而不敢出也。下文「虎豹襲穴而不敢咆」，正與此同義。且蚖鱓著泥百仞之中，熊羆匍匐丘山之巖，二句相對爲文，若作暫巖，則義不明，而句亦不協矣。暫字蓋出後人所改。**鳳皇之翔至德也，**雄曰鳳，雌曰皇。爲至德之君而來翔也。**雷霆不作，風雨不興，川谷不澹，**澹，溢。**草木不搖，而燕雀佼之，以爲不能與之争於宇宙之間。**燕雀自以爲能佼健於鳳皇也。佼或作詨。宇，屋簷也。宙，棟梁也。易曰：「上棟下宇。」○莊逵吉云：說文解字：「宇，屋邊也。」義與此同。○王念孫云：高説非也。佼，讀爲姣。廣雅曰：「姣，侮也。」言燕雀輕侮鳳皇也。上文云：「赤螭、青虬之游冀州也，蛇鱓輕之，以爲不能與之争於江海之中。」是其證也。作佼者，借字耳。**還至其曾逝萬仞之上，翱翔四海之外，**曾，猶高也。逝，猶飛也，一曰，回也。翼一上一下曰翱，不摇曰翔。外，猶表也。○莊逵吉云：古曾與層通，此曾卽層字。○孫詒讓云：還字無義，當爲遝之誤。遝與逮同。墨子兼愛下篇云「遝至乎夏王桀」，今本遝亦誤還，是其證。**過昆侖之疏圃，飲砥柱之湍瀨，**疏圃在昆侖之上。過，猶歷也。砥柱，河之隘也，在河東大陽之東。湍，浫水，至疾。瀨，清。皆激浫急流。○文典謹按：御覽九百十五引，湍瀨作涔瀨。**邅回蒙汜之渚，**邅回，猶倘佯也。蒙汜，日所出之地。池決復入爲渚。渚，小洲也。**尚佯冀州之際，徑躡都廣，入日抑節，**躡，至也。都廣，東南之山名，衆帝所自上下也。言鳳皇過都廣之野，送日入于抑節之地，言其翔之廣也。躡或作絶。徑，過。絶，歷也。**羽翼弱水，暮宿風穴，**濯羽翼于弱水之上。風穴，北方寒風從地出也。○王念孫云：「羽翼弱水」四字文不成義，羽翼當爲濯羽，故高注云「濯羽翼於弱水之上」。今本作羽翼，卽涉注内羽翼而誤也。舊本北堂書鈔地部二六下引此，正作「濯羽弱水，暮宿風穴」。（陳禹謨本删去。）文選辯命論注、白帖九十四並同。説文「鳳濯羽弱水，莫宿風穴」，卽用淮南之文。○陶方琦云：文選辨命論注引許注：「風穴，風所从出。」按：博物志雜篇云：「風山之首方高三百里，風穴如電突，深三十里。」文選風賦注引十洲記曰：「玄洲在北海上，有風聲響如雷，上對天之西北門也。」説文鳳字下云「濯羽弱水，莫宿風穴」，卽淮南文。**當此之時，鴻鵠鶬鸛莫不憚驚伏竄，注喙江裔，**注喙，喙注地不敢動也。裔，邊也。○文典謹按：鶬鸛，藝文類聚九十、御覽九百十五引，並作蒼鶴。江裔，御覽作江介。**又況直燕雀之類乎！此明於小動之迹，而不知大節之所由者也。**

昔者，王良、造父之御也，王良，晉大夫郵無恤子良也，所謂御良也。一名孫無政。爲趙簡子御，死而託精于天駟星，天文有王良星是也。造父，嬴姓，伯翳之後，飛廉之子，爲周穆王御。**上車攝轡，馬爲整齊而斂諧，**整齊，不差也。斂諧，馬容體足調諧也。○文典謹按：初學記武部、御覽三百五十八引，竝作「上車攝轡，馬爲齊整」。**投足調均，勞逸若一，**一，同也。**心怡氣和，體便輕畢，**畢，疾也。**安勞樂進，馳騖若滅，**滅，没也。言疾也。**左右若鞭，周旋若環，**左右，謂騑驂也。步趨之力，若被鞭矣。一說：言掉鞭教諭其易也。周旋若環，如人志也。○俞樾云：鞭當讀爲緶。說文糸部：「緶，交枲也。」段氏玉裁曰：「謂以枲二股交辮之也。交絲爲辮，交枲爲緶。」此云「左右若緶」，言如枲之交辮也。「左右若緶」、「周旋若環」，兩句一律。高以本字讀之，故所列二說皆非。**世皆以爲巧，然未見其貴者也。**○文典謹按：御覽八百九十六引，作「世皆以爲工，然而未甚貴也」。**若夫鉗且、大丙之御也，**此二人，太乙之御也。一說：古得道之人，以神氣御陰陽也。○文典謹按：御下舊敚也字，與上文「昔者，王良、造父之御也」不一律，今據文選東京賦注、御覽三百五十九、七百四十六、八百九十六引補。**除轡銜，去鞭棄策，**

○文典謹按：「除轡銜」三字爲句，「去鞭棄策」四字爲句，文不一律。御覽三百五十九引，作「除轡舍銜，去鞭弃策」，多一舍字，是也。八百九十六引，作「除轡銜，去鞿鞅」，疑後人妄改，以就已誤之上句也。**車莫動而自舉，馬莫使而自走也。**但以車馬爲主爾，神氣扶之也。**日行月動，星燿而玄運，**燿，照〔一〕。玄，天也。運，行也。**電奔而鬼騰，進退屈伸，不見朕垠，**朕，兆朕也。垠，形狀也。**故不招指，不咄叱，過歸鴈於碣石，**言其御疾，到自息止，乃使北歸于碣石之山，而中之鴈得之過去也。過，讀責過之過。**軼鶤雞於姑餘，**自後過前曰軼。姑餘，山名，在吴。鶤鷄，鳳皇之别名。言其御疾，自碣石過歸雁，便復東南，軼過鶤鷄於姑餘山也。○文典謹按：鶤，文選魏都賦注引作鵾，御覽八百九十六引作昆。**騁若飛，騖若絶，縱矢躡風，追猋歸忽，**縱，履也。足疾及箭矢。躡，蹈也。一説：矢在後，不能及，故言縱。其行疾，能及矢〔二〕，言躡。追猋及之。猋，光中有影者。忽然便歸。皆極言疾也。○王念孫云：高謂猋爲光中有影者，於古無據。又言忽然便歸，亦失之。猋、忽，皆謂疾風也。爾雅「扶摇謂之猋」，郭璞曰：「暴風從下上也。」説文：「飈，扶摇風也。」「颮，疾風也。」飈颮通作猋忽。張衡思玄賦曰「乘猋忽兮馳虚無」是也。追猋歸忽，卽承上躡風而申言之，歸忽猶言歸風，説林篇曰「以兔之走，使大如馬，則逮日歸

〔一〕「照」，原本作「有」，據莊逵吉校本淮南子高注改。
〔二〕「矢」，疑當爲「風」，其下似脱「故」字。

風」是也。縱矢躡風，追猋歸忽，二句相對爲文。若以歸忽爲忽然便歸，則與上文不類矣。**朝發榑桑，日入落棠。**榑桑，日所出也。落棠，山名，日所入也。○王念孫云：日入當爲入日。今本作日入，蓋涉高注「日所入」三字而誤。不知高注自謂落棠山爲日所入，非正釋入日二字也。入日者，及日於將入也。「朝發榑桑」，謂與日俱出；「入日落棠」，謂與日俱入。上言追猋，此言入日，皆狀其行之疾也。若云「日入落棠」，則非其指矣。上文云鳳皇「徑躡都廣，入日抑節」，正與此「入日落棠」同意。海外北經：「夸父與日逐走，入日。」郭璞曰：「言及日於將入也。」意亦與此同。**此假弗用而能以成其用者也，**弗用，無爲。**非慮思之察，手爪之巧也；嗜欲形於胷中，而精神踰於六馬，此以弗御御之者也。**言藏嗜欲之形于胷臆之中。踰，和也。以弗御御之，以道術御也。○陳觀樓云：踰當爲喻，字之誤也。喻，曉也。言馬曉人意也。太平御覽獸部八引此，正作喻。

昔者，黃帝治天下，而力牧、太山稽輔之，力牧、太山稽，黃帝師，孟子曰「王者師」臣也。**以治日月之行律，**律，度也。**治陰陽之氣，節四時之度，**○陳觀樓云：律下本無治字，「律陰陽之氣」與上下相對爲文，讀者誤以律字上屬爲句，則陰陽之氣四字文不成義，故又加治字耳。高注「律，度也」三字本在「律陰陽之氣」下，傳寫誤在律字之下，陰陽之上，隔斷上下文義，遂致讀者之惑。○王念孫云：文子精誠篇作「調日月之行，治陰陽之氣」，此用淮南而改其文也。後人不知律字之下屬爲句，故依文子加治字耳。○文典謹按：北堂書鈔四引，作「理日月之行，治陰陽之氣」。正律曆之數，别男女，異雌雄，明上下，等貴賤，使强不掩弱，衆不暴寡，○文典謹按：北堂書鈔四、藝文類聚十一引，竝作「使强不得掩弱，衆不得暴寡」。人民保命而不夭，安其性命，不夭折也。歲時孰而不凶，不凶，無災害也。百官正而無私，皆在公也。上下調而無尤，君臣調和，無尤過也。法令明而不闇，輔佐公而不阿，卿士公正，不立私曲從也。○文典謹按：藝文類聚十一引，輔佐作輔弼。田者不侵畔，漁者不争隈，隈，曲深處，魚所聚也。道不拾遺，市不豫賈，城郭不關，關，閉也。邑無盜賊，鄙旅之人相讓以財，言所有餘。狗彘吐菽粟於路而無忿争之心，於是日月精明，星辰不失其行，風雨時節，五穀登孰，虎狼不妄噬，鷙鳥不妄搏，鳳皇翔於庭，翔，猶止也。麒麟游於郊，游，行也。郊，邑外也。青龍進駕，飛黃伏皁，飛黃，乘黃也，出西方，狀如狐，背上有角，壽千歲。皁，櫪也。○陶方琦云：占經百十五引許注：「飛黃出西方，狀如狐，背乘之，壽三千歲，伏皁櫪而食焉。」按：占經引皆許注，雖高注多同，或卽羼入之義也。御覽引符瑞圖：「騰黃，神馬也，一名乘黃，亦曰飛黃，或曰紫黃。狀如狐，背上有兩角。」海外西經：「白民國有乘黃，其狀如狐，背上有角。」漢書禮樂志作訾黃，卽符瑞圖之紫黃，故應劭注「訾黃卽乘黃」。○文典謹按：高注「壽千歲」，千上脱三字。文選赭白馬賦注引，正作「乘之，壽三千歲」也。藝文類聚十一引作「乘之，壽一千歲」，文雖小異，然足攷其脱誤之跡。**諸北、儋耳之國莫不獻其貢職。**皆北極夷國也。**然猶未及虙戲氏之道也。**

往古之時，四極廢，九州裂，廢，頓也。裂，分也。**天不兼覆，地不周載，火爁炎而不滅，水浩洋而不息，**息，消。○王念孫云：炎當爲焱，字之誤也。説文：「焱，火華也。」玉篇弋贍切。廣韻：「爁，力驗切。爁焱，火延也。」太平御覽皇王部三引此作「爁焱」，與廣韻合。洋當爲溔，亦字之誤也。玉篇：「溔，弋沼切。」司馬相如上林賦「灝溔潢漾」，郭璞曰：「皆水無涯際貌也。」左思魏都賦「河、汾浩涆而皓溔」，李善注引廣雅曰：「皓溔，大也。」灝、皓並與浩通。御覽地部二十四引此作浩溔，皇王部三引此作皓溔。爁焱、浩溔，皆疊韻，浩洋則非疊韻。蓋後人多見炎洋，少見焱溔，故焱誤爲炎，溔誤爲洋矣。○文典謹按：浩洋，初學記地部中引作浩瀚，藝文類聚八作浩漾，白帖三作浩蕩，是唐代已自數本各異。**猛獸食顓民，**顓，善。○文典謹按：藝文類聚十一引此文及下文「狡蟲死，顓民生」，顓並作精，又引注云：「精，善也。」**鷙鳥攫老弱。**攫，撮。

於是女媧鍊五色石以補蒼天，女媧，陰帝，佐虙戲治者也。三皇時，天不足西北，故補之。師説如是。**斷鼇足以立四極，**鼇，大龜。天廢頓，以鼇足柱之。楚詞曰「鼇載山下，其何以安之」是也。○文典謹按：初學記天部上引注，頓作傾。**殺黑龍以濟冀州，**黑龍，水精也。力牧、太稽殺之以止雨。濟，朝也。冀，九州中，謂今四海之內。**積蘆灰以止淫水。**蘆，葦也，生于水，故積聚其灰以止淫水。平地出水爲淫水。蒼天補，四極正，淫水涸，冀州平，狡蟲死，蟲，狩也。顓民生。背方州，抱圓天，方州，地也。和春陽夏，殺秋約冬，枕方寢繩，方，榘四寸也。寢繩，直身而卧也。陰陽之所壅沈不通者，竅理之；逆氣戾物、傷民厚積者，絕止之。逆氣，亂氣也。傷害民物之積財，故絕止之。◯王念孫云：「陰陽之所壅沈不通者」，當依文子精誠篇作「陰陽所擁，（擁、壅古字通。）沈滯不通者」。今本所上衍之字，沈下脱滯字，則句法參差，且與下文不對。（若以壅沈二字連讀，則文不成義。）當此之時，卧倨倨，興眄眄，倨倨，卧無思慮也。倨，讀虚田之虚。眄眄然視，無智巧貌也。◯王念孫云：眄眄當爲盱盱。盱字本作旴，形與眄相近，故誤爲眄。（脩務篇「以身解於陽盱之河」，今本盱誤作眄。晉書陸機傳豪士賦序「偃仰瞪盱」，文選盱作眄。）莊子應帝王篇「其卧徐徐，其覺于于」，司馬彪曰：「于于，無所知貌。」正與高注「無智巧」之意相合。盜跖篇曰：「卧居居，起于于。」于與盱聲近而義同也。説文：「盱，張目也。」俶真篇曰：「萬民睢睢盱盱然，莫不竦身而載聽視。」魯靈光殿賦「鴻荒朴略，厥狀睢盱」，張載曰：「睢盱，質朴之形。」劇秦美新曰：「天地末袪，睢睢盱盱。」故高云「盱盱然視，無智巧貌也」。若眄爲邪視，則與無智巧之意不合矣。且莊子以徐、于爲韻，居、于爲韻，此以倨、盱爲韻。若作眄，則失其韻矣。◯洪頤煊云：眄眄當是盱盱之譌。盱説文作旴，與眄字形相近。倨、盱合韻。莊子寓言篇：「老子曰：『而睢睢，而盱盱，而誰與居。』」廣雅釋訓：「睢睢、盱盱，氣也。」一自以爲馬，一自以爲牛，其行蹎蹎，其視瞑瞑，蹎，讀填寘之填。侗然皆得其和，莫知所由生，浮游

不知所求，魍魎不知所往。○文典謹按：北堂書鈔十五引，作「浮游不知所來，罔兩不知所往」，來、往對文，於義爲長。**當此之時，禽獸蝮蛇無不匿其爪牙，藏其螫毒，**○王念孫云：蝮蛇本作蟲蛇，此後人妄改之也。禽獸、蟲蛇，相對爲文，所包者甚廣。改蟲蛇爲蝮蛇，則舉一漏百，且與禽獸二字不類矣。文子精誠篇正作「禽獸蟲蛇」。韓子五蠹篇亦云「人民不勝禽獸蟲蛇」。**無有攫噬之心。考其功烈，上際九天，下契黃壚，**上與九天交接，下契至黃壚。黃泉下壚土也。壚，讀繩纑之纑。○文典謹按：注「黃泉下壚土也」，文選曹子建責躬詩注引，作「泉下有壚山」。**名聲被後世，光暉重萬物。**使萬物有煇光也。○王念孫云：重字義不可通。爾雅釋魚疏引此作「光煇熏萬物」，是也。熏猶熏炙也。謂光煇熏炙萬物。（韓詩外傳曰：「名聲足以薰炙之。」薰與熏同。）故高注曰「使萬物有煇光」也。**乘雷車，**○陶方琦云：御覽九百三十引，作乘雲車。又引許注云：「雲雷之車。」**服駕應龍，驂青虯，**駕應德之龍。在中爲服，在旁爲驂。有角爲龍，無角爲虯。一說：應龍，有翼之龍也。○王念孫云：「服應龍」、「驂青虯」，相對爲文，故高注曰「在中爲服，在旁爲驂」。服下不當有駕字。此後人據高注旁記駕字，因誤入正文也。不知高注「駕應德之龍」是解「服應龍」三字，非正文內有駕字也。一切經音義一、太平御覽鱗介部二及爾雅疏引此，俱無駕字。○陶方琦云：御覽九百三十引許注：「服，轅中也。應龍，有翼之龍。青虯，青龍。」按：高注所云一說，多爲許注，與御覽引正合。說文：「服，一曰車右騎。」衛策「拊驂無笞服」，韋注：「轅中曰服。」蓋與許注淮南同。廣雅：「有翼曰應龍。」大荒東經「應龍處南極」，郭注：「應龍，龍有翼者也。」説文：「虯，龍子有角者。」高作無角，説亦異。**援絶瑞，席蘿圖，**殊絶之瑞應，援而致之也。羅列圖籍，以爲席蓐。一説：蘿圖，車上席也。◯王念孫云：援絶瑞本作援絶應，此亦涉注文而誤也。案正文作「絶應」，故注釋之曰「殊絶之瑞應」，若正文本作「絶瑞」，則無庸加應字以釋之矣。爾雅疏引此作絶瑞，則所見本已誤。御覽引此正作絶應。◯陶方琦云：御覽九百三十引許注：「蘿圖，車上席也。」按：高注一説，卽許義也，與上同。蘿圖爲車上席，未詳，或疑席是飾字之誤。**黄雲絡，前白螭，後奔蛇，**絡，讀道路之路，謂車之垂絡也。黄雲之氣絡其車，白螭導在于前。奔蛇，騰蛇也，從在于後。皆瑞應也。◯陶方琦云：御覽九百三十引，黄雲絡作雲黄路，又引許注云：「雲黄所乘路車。」按：爾雅疏引作雲黄璐，璐卽路字。乘字疑作垂，謂所垂路車上也。續博物志引作震黄路。又按：御覽「前白螭」下引許注云：「白螭先道。」後奔蛇，御覽引作後賁蛇。賁與奔同。許注本作賁。爾雅釋蟲疏引許注：「奔蛇，馳蛇也。」許以馳字釋奔，與高注文略異。◯俞樾云：黄雲絡當作絡黄雲，方與上下文句法一律。高注曰：「黄雲之氣絡其車。」正説「絡黄雲」之義，猶下注曰「白螭導在于前」，是説正文「前白螭」之義，「奔蛇，騰蛇也，從在于後」，是説正文「後奔蛇」之義，非正文作「白螭前，奔蛇後」也。後人因注文絡字在黄雲之下，輒改正文作「黄雲絡」以合之，謬矣。**浮游消摇，道鬼神，登九天，**九天，八方、中央。**朝帝於靈門，**在朝于上帝靈門也。**宓穆休于太祖之下。**宓，寧也。穆，和也。休，息也。太祖，道之太宗也。然而不彰其功，不揚其聲，彰、揚皆明也。隱真人之道，以從天地之固然。隱，藏也。真人，真德之人。固然，自然也。何則？道德上通，而智故消滅也。智故，巧詐。逮至夏桀之時，○文典謹按：北堂書鈔百五十八引，夏桀作桀、紂。主闇晦而不明，道瀾漫而不修，仁義道不復修飾之，故曰瀾漫。棄捐五帝之恩刑，推蹶三王之法籍，○文典謹按：北堂書鈔四十一引，無捐字，推蹶作壞。是以至德滅而不揚，帝道揜而不興，興，舉也。舉事戾蒼天，發號逆四時，戾，反也。○文典謹按：北堂書鈔二十一引，蒼作倉。春秋縮其和，天地除其德，縮，藏也，言和氣不復行也。言其所施曰惡，不自知也，故曰除其德也。仁君處位而不安，大夫隱道而不言，不爲民所安。隱仁義之道，不正諫直言也。論語曰「國無道，危行言遜」也。羣臣準上意而懷當，準，望。懷，思。當，合也。取合主意，不復以道正諫也。○俞樾云：懷當二字，甚爲不辭，高注亦曲說耳。懷當乃壞常之誤，言羣臣皆準上意而敗壞其典常也。文子上禮篇作「羣臣推上意而壞常」，是其明證。疏骨肉而自容，邪人參耦比周而陰謀，陰謀，私謀也。居君臣父子之間，而競載驕主而像其意，像，猶隨也。亂人以成其事，是故君臣乖而不親，骨肉疏而不附，植社槁而⿰土雩裂，言不禋於神也。○王念孫云：説文、玉篇、廣韻、集韻皆無⿰土雩字，⿰土雩當爲㙤，隸書之誤也。（隸書虖字或作雩，雩字或作雩，二形相近，故虖誤爲雩。漢書王子侯表虖葭康侯澤，史記作雩殷；又匈奴傳郎中係虖淺，史記作係雩淺。

說文：「榑，木也。」今作欂。玉篇：「媷，胡故切，好皃。或作嫮。」皆其例也。）說文：「鏬，裂也。」又曰：「墲，坼也。」墲、鏬古字通。賈子耳痺篇作「置社槁而分裂」。**容臺振而掩覆**，容臺，行禮容之臺。言不能行禮，故天文振動而敗也。**犬羣嘷而入淵**，言將滅壞，犬失其主，故嘷而入淵也。一說：言犬禍也。**豕銜蓐而席澳**，豕銜其蓐席入之澳，言豕禍也。一說：銜蓐自藏。**美人挐首墨面而不容**，挐首，亂頭也。草與髮并編爲挐首。不修容飾也。**曼聲吞炭內閉而不歌**，曼聲，善歌也。見世亂衰將滅，故吞炭自敗音聲，閉氣不復動也。**喪不盡其哀，獵不聽其樂**，言時亂禮壞，不盡在哀。樂崩，故不復聽田獵之樂。○俞樾云：高注曰「樂崩，故不復聽田獵之樂」，是此樂字是喜樂字，而非音樂字，乃言不聽，於義未安。聽疑德字之誤。家語本命篇「効匹夫之聽」，王注曰：「聽宜爲德。」是其例也。德與得通，「不德其樂」，即不得其樂，言雖田獵而不得其樂也，正與上句「喪不盡其哀」文義一律。後人不知德爲得之叚字，遂臆改爲聽耳。**西老折勝，黃神嘯吟**，西王母折其頭上所戴勝，爲時無法度。黃帝之神傷道之衰，故嘯吟而長嘆也。○孫詒讓云：老當作姥。廣韻十姥云：「姥，老母。」古書多以姥爲母，故西王母亦稱西姥。○陶方琦云：占經七十四引許注：「鬼神失其臨。」按：臨者，或卽鑒臨之意。○文典謹按：北堂書鈔四十二引，折勝作折膝。**飛鳥鎩翼，走獸廢脚**，鎩翼，縱翼也。廢脚，跛蹇也。言桀無道，田獵煩數，鳥獸悉被創夷也。○文典謹按：北堂書鈔百五十八引，廢脚作廢足。文選於安城答靈運詩注、江文通雜體詩注引許君注：「鎩，殘羽也。」**山無峻榦，澤無洼水，**峻榦，美材也。洼水，渟水。言山澤不以時故也。**狐狸首穴，馬牛放失，田無立禾，路無莎薠，**莎，草名也。莎薠，讀猿猴蹯噪之蹯。狀如葴，葴如葮也。○王引之云：莎薠本作薠莎，故高注先釋薠，後釋莎。道藏本誤作莎薠，（洪興祖楚辭九歌補注引此已誤。）注內薠上又衍一莎字，劉績不能是正，反移莎字之注於前，以就已誤之正文，斯爲謬矣。（莊本同。）莎與禾、蠃、施爲韻。（各本蠃作理，乃後人所改，辯見下。）施字古讀若婆娑之娑，説見唐韻正。）若作莎薠，則失其韻矣。**金積折廉，璧襲無理，**金氣積聚，折其鋒廉也。璧，文。襲，重。言用之煩數，皆鈍，無復文理也。璧，讀辟也。○孫詒讓云：王充論衡量知篇云：「銅未鑄鑠曰積石。」是積爲礦樸之名。金積卽金樸也。高釋爲「金氣積聚」，望文生訓，與「折廉」之文不相貫矣。○王引之云：高解「璧襲無理」曰：「璧，文。襲，重。言用之煩數，皆鈍，無復文理也。」文子上禮篇無理作無蠃。案：蠃當作蠃。淮南原文當亦是蠃字，非理字。本經篇「冠無觚蠃之理」，高彼注云：「蠃，讀指端蠃文之蠃。」（今本蠃亦皆誤爲蠃，莊本改爲蠃，是也。晏子春秋諫篇觚蠃作觚蠃，蠃字古亦讀若蠃，故與蠃通也。本經篇又曰：「蠃鏤雕琢，詭文回波。」蠃鏤亦謂轉刻如蠃文也，故彼注云：「蠃鏤，文章鏤。」今本蠃字亦誤爲蠃。）「指端蠃文」，今人猶有此語，謂其文之旋轉如蠃也。璧形圓，故謂其文曰蠃。久而漫滅，故曰無蠃。此注「璧文」上當有蠃字，「蠃，璧文」，是釋蠃字之義；「襲，重」，是釋襲字之義。「言用之煩數，皆鈍，無復文理也」，是統釋「璧襲無蠃」四字之義。文子作無蠃，而此注言無文理，故知其字之本作蠃也。

後人不解贏字之義，又見注内有無文理之語，遂改贏爲理，而不知注内「璧文」二字正釋贏字也。且贏與禾、莎、施爲韻，改贏爲理，則失其韻矣。**磬龜無腹，**磬，空也。象磬，數鑽以卜，故空盡無腹也。言桀爲無道，不修仁德，但數占龜，莫得吉兆也。詩曰「握粟出卜，自何能穀」，又曰「我龜既厭，不我告猶」是也。**蓍策日施。**易曰「再三瀆，瀆則不告」也。

晚世之時，七國異族，諸侯制法，各殊習俗，晚世，春秋之後，戰國之末。七國，齊、楚、燕、趙、韓、魏、秦也。齊姓田，楚姓芈，燕姓姚，趙姓趙，韓姓韓，魏姓魏，秦姓嬴，故異族也。**縱横間之，舉兵而相角，**蘇秦約縱，張儀連横。南與北合爲縱，西與東合爲横。故曰「縱成則楚王，横成則秦帝」也。**攻城濫殺，覆高危安，掘墳墓，揚人骸，大衝車，高重京，**衝車，大鐵著其轅端，馬被甲，車被兵，所以衝于敵城也。古者伐不敬，取其鯨鯢，收其骸尸，聚土而瘞之，以爲京觀，故曰「高重壘」，京觀也。○王念孫云：「高重京」，京當爲壘。注云「故曰『高重壘』」，即其證也。注「京觀也」上，當更有一壘字，「壘，京觀也」四字即承上注言之。今本正文壘作京，涉注文京觀而誤；注内又脱一壘字。文子上禮篇作「高重壘」，是其明證矣。高以上文言濫殺，故謂重壘爲京觀。今案：衝車所以攻，重壘所以守，此二句别爲一義。「高重壘」即所謂「深溝高壘」，非京觀之謂也。**除戰道，便死路，犯嚴敵，殘不義，百往一反，名聲苟盛也。**言百人行戰皆死，一人得還反也。一説：百人行伐，一反得勝爾。○文典謹按：注「一説：百人行伐，一反得勝爾」，人當作往，涉上「百人」而誤也。蓋前説以人數言之，後説以往反之次數言之也。若作百人，則非其指矣。**是故質壯輕足者爲甲卒**甲，鎧也。在車曰士，步曰卒。**千里之外，家老羸弱悽愴於內，廝徒馬圉，輂車奉饟，**廝，役。徒，衆也。牛曰牧，馬曰圉。輂，推也。饟，資糧也。輂，讀楫拊之拊也。**道路遼遠，霜雪亟集，短褐不完，**短褐，處器物之人也。褐，毛布，如今之馬衣也。不完，言民窮也。○陶方琦云：後漢書王望傳注引，短作裋。後漢書注、列子釋文又引許注：「楚人謂袍曰裋。」按：説文：「裋，豎使布長襦也。从衣，豆聲。」徐廣曰：「裋，一作短，小襦也。」廣雅：「袍，長襦也。」説文以襦爲短衣，兹曰長襦，乃稍長于襦，因別言之。袍與裋皆長于襦，故漢書貢禹傳注：「裋者，謂僮豎所著布長襦也。」與説文裋訓長襦同。○文典謹按：裋本字，短叚字也。史記孟嘗君列傳「而士不得短褐」，索隱：「短音豎，豎褐，謂褐衣而豎裁之，以其省而便事也。」文選王命論「思有短褐之襲」，漢書短作裋，蓋短、裋皆從豆得聲，故得通用也。**人羸車獘，泥塗至膝，相攜於道，奮首於路，**攜，引也。奮首，民疲于役，頓仆于路，僅能摇頭耳。言疲困也，故曰奮首。○俞樾云：高説極爲迂曲。原文本作「奮於首路」，首猶嚮也。漢書司馬遷傳「北首争死敵」，師古曰：「首，嚮也。」是其義也。「相攜於道，奮於首路」，言不得已，自奮勉而嚮路也。兵略篇曰：「百姓之隨逮肆刑，挽輅首路死者，一旦不知千萬之數。」正以首路連文，可證此篇之誤。**身枕格而死。**格，搒牀也。言收民役賦不畢者，搒之於格上，不得下，故曰「枕格而死」也。

○王念孫云：高説枕格之義非也。格，音胡格反，與輅同，謂輓車之横木也。晏子春秋外篇曰：「擁轅執輅。」漢書婁敬傳「敬脱輓輅」，應劭曰：「輅謂以木當胸以輓輦也。」（見文選西京賦注。）孟康音胡格反。「身枕格而死」，謂困極而仆，身枕輓車之木而死也。兵略篇曰：「百姓之挽輅首路死者，一旦不知千萬之數。」高彼注曰：「輅，輓輦横木也。」挽輅首路而死，即此所謂「奮首於路，身枕格而死」也。人閒篇又曰：「羸弱服格於道，病者不得養，死者不得葬。」兵略篇作輅，此及人閒篇作格，字異而義同也。奮首於路，身枕格而死，皆承上「人羸車弊」而言。若以「身枕格」句爲死於搒掠，則與上文全不相屬矣。所謂兼國有地者，伏尸數十萬，破車以千百數，傷弓弩矛戟矢石之創者扶舉於路，故世至於枕人頭，食人肉，葅人肝，飲人血，甘之于芻豢。甘，猶嗜也。○文典謹按：御覽三百三十九引，芻豢下有牛羊二字。又引注云：「芻，牛肉。豢，豕肉。」故自三代以後者，天下未嘗得安其情性，而樂其習俗，保其脩命，天而不夭於人虐也。虐，害。所以然者何也？諸侯力征，天下合而爲一家。○王念孫云：「天而不夭於人虐也」，天字與上下文義不相屬，此因上文「天下」而誤衍也。太平御覽兵部七十引此，無天字。「天下合而爲一家」，合上脱不字，太平御覽引此有不字。文子上禮篇同。

逮至當今之時，天子在上位，天子，漢孝武皇帝。持以道德，輔以仁義，近者獻其智，遠者懷其德，拱揖指麾而四海賓服，春秋冬夏皆獻其貢職，天下混而爲一，混，同。

子孫相代，此五帝之所以迎天德也。夫聖人者，不能生時，時至而弗失也。輔佐有能，黜讒佞之端，息巧辯之説，除刻削之法，去煩苛之事，屏流言之迹，塞朋黨之門，消知能，消除知巧之能。脩太常，隳肢體，絀聰明，去其小聰明並大利欲者也。大通混冥，解意釋神，漠然若無魂魄，使萬物各復歸其根，則是所脩伏犧氏之迹，而反五帝之道也。反，復。

夫鉗且、大丙不施轡銜而以善御聞於天下，伏戲、女媧不設法度而以至德遺於後世，何則？至虛無純一，而不嘤喋苛事也。嘤喋，猶深算也。言不采取煩苛之事。周書曰：「掩雉不得，更順其風。」言掩雉雖不得，當更從其上風，順其道理也。言可行與不，猶當以道德爲本，喻申、韓之法失之也。今若夫申、韓、商鞅之爲治也，申，申不害也。韓，韓非也。商鞅，公孫鞅。三子之術，皆爲刻削之法也。挬拔其根，蕪棄其本，而不窮究其所由生。何以至此也？鑿五刑，爲刻削，乃背道德之本，而爭於錐刀之末，錐刀之末，謂小利。言盡爭之也。斬艾百姓，殫盡太半，斬艾百姓，以草木喻也，不養之也。殫，病也。太半，通半也。○莊逵吉云：凡數三分有二爲太半，有一爲少半，韋昭説也。而忻忻然常自以爲治，忻忻，猶自喜得意之貌也。是猶抱薪而救火，鑿竇而出水。○王念孫云：出當爲止，字之誤也。欲止水而鑿竇，則水從竇入而愈不可止。若鑿竇而出水，則固其宜耳。文子精誠篇「鑿渠而止水，抱薪而救火」，卽用淮南之文。又説林篇「若被蓑而救火，毁瀆而止水」，毁當爲鑿。（太平御覽火部一引此已誤。）俗書鑿字或作鑿，因誤而爲毁。（顔氏家訓書證篇説俗字云：「鼓外設皮，鑿頭生毁。」）瀆與竇同。意林引此，正作「被蓑救火，鑿瀆止水」。今據説林之止水，以正出字之誤，并據此篇之鑿竇，以正説林毁字之誤。**夫井植生梓而不容甕，溝植生條而不容舟，不過三月必死。**植謂材也，椽杙于溝邊，因生爲條木也。以喻申、韓、商鞅之所爲法，比于梓條也。○王念孫云：梓當爲⿰木羍。⿰木羍，古櫱字也。説文：「巘，伐木餘也。商書曰：『若顛木之有甹巘。』或作櫱，古文作⿰木羍。」（⿰木羍字從木，羍聲。説文：「羍，小羊也。從羊，大聲。或省作羍。」）爾雅：「枿，餘也。」李巡曰：「枿，槁木之餘也。」釋文：「枿，本或作⿰木羍。」盤庚「若顛木之有由櫱」，釋文：「櫱，本又作枿。馬云：顛木而肄生曰枿。」魯語「山不槎櫱」，韋注曰：「以株生曰櫱。」櫱、枿、巘並與⿰木羍同。是⿰木羍爲伐木更生之名，故本經篇高注曰：「⿰木羍，滋生也。」又説文：「甹，木生條也。商書曰：『若顛木之有甹枿。』」是條與⿰木羍義相近，故此篇云「井植生⿰木羍」，「溝植生條」。俶真篇「百事之莖葉條⿰木羍」，高注云：「⿰木羍，讀詩頌『苞有三櫱』同。」是其明證矣。又俶真篇「十人養之，一人拔之，（今本十誤作一，一誤作十，辯見俶真。）則必無餘⿰木羍」，高注亦讀⿰木羍爲櫱。⿰木羍字篆文作⿰木羍，隸變作梓，形與梓相似，因誤爲梓矣。**所以然者何也？皆狂生而無其本者也。河九折注於海而流不絶者，昆侖之輸也。**折，曲。○王念孫云：藝文類聚水部上、初學記地部中、太平御覽地部二十六及文選海賦注引此，並云「河水九折，注海而流不絶者，有崑崙之輸也」，較今本爲長。○文典謹按：白帖六引，河下亦有水字。**潦水不泄，瀇瀁極望，旬月不雨則涸而枯澤，受瀷而無源者。**瀷，雨瀆疾流者，故曰無源。瀷，讀燕人强春言「敕」同也。○莊逵吉云：强春疑當作强秦。○俞樾云：者當作也，澤字絶句。如、而古通用，「涸而枯澤」者，涸如枯澤也。此言潦水雖瀇瀁極望，然旬月不雨，則涸如枯澤矣。所以然者，以其受瀷而無源也。與上文「河九折注於海而流不絶者，昆侖之輸也」，正相對成義。句末也字誤作者，則文義轉似不了矣。○陶方琦云：文選江賦郭璞注引作「潦水旬月不雨，則涸而枯澤，受瀷而無源者也」，又引許注：「瀷，湊漏之流也。」按：管子宙合「泉踰瀷而不盡」，注：「瀷，湊漏之流也。」江賦「磴之以瀿瀷」，皆同許義。**譬若羿請不死之藥於西王母，姮娥竊以奔月，**姮娥，羿妻。羿請不死之藥於西王母，未及服之，姮娥盜食之，得仙，奔入月中，爲月精也。奔月或作坌肉。藥坌肉，以爲死畜之肉復可生也。○莊逵吉云：姮娥，諸本皆作恆，唯意林作姮，文選注引此作常。淮南王當諱恆，不應作恆，疑意林是也。○洪頤煊云：歸藏云：「昔常娥以不死之藥服之，遂奔，爲月精。」恒改爲常，是漢人避諱字。張衡靈憲作姮娥。説文無姮字，後人所造。○陶方琦云：文選郭璞遊仙詩注、初學記引許注：「常娥，羿妻也。逃月中，蓋上虚夫人是也。」初學記引正文，尚有「託身於月，是謂蟾蜍，而爲月精」十二字，許、高異本也。許作常，常與恆義同。淮南王當諱恆字，許本是也。初學記、文選補亡詩注、御覽皆引淮南注，有「月一名夜光，月御曰望舒，亦曰纖阿」，疑卽此處許氏注文。**悵然有喪，無以續之。**言羿悵然失志，若有所喪亡，不能復得不死藥以續之也。**何則？不知不死之藥所由**

生也。羿不知不死之藥所由生也。申、韓、商鞅之等不得治之根本，如乞藥矣。一説：羿謂命在藥，不知命自在天也，故或欲得知不死藥之所由出生也。是故乞火不若取燧，寄汲不若鑿井。

淮南鴻烈集解卷七

精神訓

精神訓精者，人之氣；神者，人之守也。本其原，説其意，故曰「精神」，因以題篇。

古未有天地之時，惟像無形，惟，思也。念天地未成形之時無有形。生有形，故天地成焉。○俞樾云：惟乃惘字之誤。隸書罔字或作罓，故惘與惟相似而誤也。惘像，卽罔象也。文選思玄賦：「䫄汩飂淚〔一〕，沛以罔象兮。」亦作象罔。莊子天地篇「乃使象罔，象罔得之」是也。罔象乃疊韻字，與下文「澒濛鴻洞」一律，皆無形之象，故曰「罔象無形」。今作「惟像無形」，義不可通。乃高注訓惟爲思，則其誤久矣。窈窈冥冥，芒芠漠閔，澒濛鴻洞，莫知其門。皆未成形之氣也。芒，讀王莽之莽。芠，讀枚滅之枚。閔，讀閔子騫之閔。澒，讀項羽之項。鴻，讀子贛之贛。洞，讀同游之同也。皆無形之象，故曰「莫知其門」也。○文典謹按：御覽一引，作「幽幽冥冥，茫茫昧昧，幕幕閔閔」，三百六十引，與今本合。蓋許、高本各異也。有二神混生，經天營地，二神，陰陽之神也。混生，俱生也。孔乎莫知其所終極，滔乎莫知其所止息，孔，深貌。滔，大

〔一〕「淚」，原本作「戾」，據文選改。

貌。於是乃別爲陰陽，離爲八極，剛柔相成，萬物乃形，離，散也。八極，八方之極。剛柔，陰陽也。煩氣爲蟲，煩，亂也。精氣爲人。是故精神，天之有也；而骨骸者，地之有也。精神入其門，而骨骸反其根，精神無形，故能入天門。骨骸有形，故反其根歸土也。我尚何存？言人死各有所歸，我何猶常存。是故聖人法天順情，不拘於俗，不誘於人，誘，猶惑也。以天爲父，以地爲母，陰陽爲綱，四時爲紀。天靜以清，地定以寧，萬物失之者死，法之者生。夫靜漠者，神明之宅也；虛無者，道之所居也。是故或求之於外者，失之於內；有守之於內者，失之於外。譬猶本與末也，從本引之，千枝萬葉莫不隨也。

夫精神者，所受於天也；而形體者，所禀於地也。故曰：「一生二，二生三，三生萬物。一謂道也，二曰神明也，三曰和氣也。或說：一者，元氣也。生二者，乾坤也。二生三，三生萬物。天地設位，陰陽通流，萬物乃生。萬物背陰而抱陽，沖氣以爲和。」萬物以背爲陰，以腹爲陽，身中空虛，和氣所行。爲陰，故腎雙；爲陽，故心特。陰陽與和，共生物形；君臣以和，致太平也。故曰一月而膏，始育如膏也。○文典謹按：御覽三百六十三引，膏作氣。二月而胅，○文典謹按：御覽胅作血。三月而胎，四月而肌，○王念孫云：文子九守篇作「一月而膏，二月而脈，三月而肧，四月而胎」，廣雅釋親作「一月而膏，二月而脂，三月而胎，四月而胞」，與此或同或異。又爾雅釋詁釋文及文選江賦注引此，並作「三月而肧」，亦與今本異。○文典謹按：御覽肌作胞。**五月而筋，六月而骨，七月而成，八月而動，九月而躁，十月而生。形體以成，五藏乃形，是故肺主目，**肺象朱雀，朱雀，火也，火外景，故主目。**腎主鼻，**腎象龜，龜，水也，水所以通溝，鼻所以通氣，故主鼻。**膽主口，**膽，勇者決所以處，故主口。**肝主耳。**肝，金也，金內景，故主耳。○王念孫云：文子作「肝主目，腎主耳，脾主舌，肺主鼻，膽主口」，說肝腎肺之所主與此互異，而多「脾主舌」一句。案：此言五藏之主五官，不當獨缺脾與舌，下文「膽爲雲，肺爲氣，脾爲風，腎爲雨，肝爲雷」，卽承此文言之，則此當有「脾主舌」一句，但未知次於何句之下耳。白虎通義亦曰「脾繫於舌」。**外爲表而內爲裏，開閉張歙，各有經紀。**歙，讀脅也。**故頭之圓也象天，足之方也象地。天有四時、五行、九解、**四時，春夏秋冬。五行，金木水火土也。九解，謂九十爲一解。一說：九解，六一之所解合也。一說：八方、中央，故曰九解。○俞樾云：高注九解有三說，當以「八方、中央」之義爲塙。天文篇「天有九野，中央曰鈞天，東方曰蒼天，東北曰變天，北方曰玄天，西北方曰幽天，西方曰顥天，西南方曰朱天，南方曰炎天，東南方曰陽天」，卽此九解矣。解者，分也，謂分周天三百六十五度四分度之一而爲九也。○文典謹按：高注之一說，多卽許注。御覽三百六十引注云：「九解者，八方、中央也。」與高注第三說正同，卽許君注也。**三百六十六日，人亦有四支、五藏、九竅、三百六十六節。**○王念孫云：「三百六十六日」、「三百六十日」、「三百六十節」。後人以堯典言「朞三百有六旬有六日」，故於上句加六字，因併下句而加之也。不知三百六十日，但舉大數言之。繫辭傳曰「乾坤之策凡三百有六十，當期之日」是也。若人之骨節，則諸書皆言三百六十。呂氏春秋本生篇曰：「則三百六十節皆通利矣。」達鬱篇曰：「三百六十節，九竅五藏六府。」太平御覽人事部一引公孫尼子曰：「人有三百六十節，當天之數也。」皆其證矣。春秋繁露人副天數篇曰：「天以終歲之數成人之身，故小節三百六十分，（今本分作六，亦是後人所改。上文云：「人有三百六十節，偶天之數也。」即其證。今依上文改。）副日數也；大節十二分，副月數也。」淮南天文篇亦曰：「天有十二月，以制三百六十日，人亦有十二肢，以使三百六十節。」此皆以十二統三百六十，猶十二律之統三百六十音也，（見天文篇。）不得言三百六十六，明矣。太平御覽引此已誤。文子九守篇正作「三百六十日」、「三百六十節」。**天有風雨寒暑，人亦有取與喜怒。故膽爲雲，**膽，金也，金石，雲之所出，故爲雲。**肺爲氣，**肺，火也，故爲氣。**肝爲風，**肝，木也，木爲風生，故爲風。○王念孫云：「肝爲風」本作「脾爲風」，注「肝，木也」本作「脾，木也」，「脾爲雷」本作「肝爲雷」，皆後人改之也。上注曰：「肝，金也。」是高不以肝爲木也。時則篇「春祭先脾」，注引一說曰：「脾屬木，自用其藏也。」是脾爲木也。（説詳經義述聞月令。）脾屬木而木爲風生，故曰「脾爲風」。脾爲風，則肝爲雷矣。五行大義論人配五行篇及御覽人事部一引此，並作「脾爲風，肝爲雷」。文子九守篇同。**腎爲雨，**腎，水也，因水故雨。雨或作雹。腎，水也，水爲光，故爲雹。**脾爲雷，以與天地**

相參也，而心爲之主。心，土也，故爲四行之主。是故耳目者日月也，血氣者風雨也。日中有踆烏，踆，猶蹲也，謂三足烏。踆，讀踆巍之踆。◯文典謹按：藝文類聚一引注云：「踆，趾也，謂三足烏也。」北堂書鈔百四十九引，趾作止，餘同。（趾、止古通用。）疑亦許君注也。而月中有蟾蜍。蟾蜍，蝦蟆。日月失其行，薄蝕無光；薄者，迫也。薄，讀享薄之薄。◯莊逵吉云：享薄，御覽作厚薄。古字厚與享形近而誤。◯文典謹按：傳寫宋本享正作厚。風雨非其時，毀折生災；五星失其行，州國受殃。五星，熒惑、太白、歲星、辰星、鎮星也。今熒犯角、亢，則州國受其殃也。餘準此。夫天地之道，至紘以大，尚猶節其章光，愛其神明，人之耳目曷能久熏勞而不息乎？息，止。◯俞樾云：熏當爲勳。勳勞二字連文，古人常語。主乎勳而言之，則勞亦勳也。禮記明堂位篇「成王以周公爲有勳勞於天下」，言有勳於天下也。主乎勞而言之，則勳亦勞也。此文曰「曷能久熏勞而不息乎」，言不能久勞而不息也。文子九守篇作「何能久燻而不息」，蓋由後人不達古語而改之。◯孫詒讓云：熏勞無義，熏當作勤。勤挩其半爲堇，又譌作熏，遂不可通。文子九守篇襲此文作「何能久燻而不息」，亦非。御覽三百六十三引文子作「人之耳目何能久勤而不愛」，文亦有譌，而勤字可正文子及淮南此文之誤。精神何能久馳騁而不既乎？既，盡。是故血氣者，人之華也；而五藏者，人之精也。夫血氣能專於五藏，專，一。而不外越，則胷腹充而嗜欲省矣。胷腹充而嗜欲省，則耳目清、聽視達矣。耳目清、聽視達，謂之明。五藏能屬於心而無乖，則悖志勝而行不僻矣。教志勝，言己之教志也。僻，邪也。勝或作遯。教志勝而行之不僻，則精神盛而氣不散矣。精神盛而氣不散則理，理則均，均則通，通則神，神則以視無不見，以聽無不聞也，以爲無不成也。是故憂患不能入也，而邪氣不能襲。襲，猶因也，亦入。故事有求之於四海之外而不能遇，遇，得。或守之於形骸之內心無欲也。而不見也。○俞樾云：守當作得。言求之於四海之外而不能遇者，或得之於形骸之內也。求與得文義相應。下文曰「故所求多者所得少」，正承此而言。今作守之，失其義矣。一切經音義一引衞宏古文官書曰：「㝵、得二字同體。」㝵與守相似，故誤爲守耳。故所求多者所得少，所見大者所知小。

夫孔竅者，精神之户牖也；而氣志者，五藏之使候也。○王念孫云：氣可言五藏之使候，志不可言五藏之使候。氣志當爲血氣，此涉下文氣志而誤也。上文曰：「血氣能專於五藏而不外越，則胷腹充而嗜欲省矣。」下文曰：「五藏摇動而不定，則血氣滔蕩而不休矣。」故曰：「血氣者，五藏之使候。」文子九守篇正作血氣。耳目淫於聲色之樂，則五藏摇動而不定矣。○莊逵吉云：不定，本亦作不寧。下同。五藏摇動而不定，則血氣滔蕩而不休矣。血氣滔蕩而不休，則精神馳騁於外而不守矣。多情欲，故神不内守。精神馳騁於外而不守，則禍福之至，雖如丘山，無由識之矣。丘山諭大。識，知也。使耳目精明玄達而無誘慕，氣志虛靜恬愉而省嗜慾，五藏定寧充盈而不泄，精神內守形骸而不外越，則望於往世之前，而視於來事之後，猶未足爲也，猶，尚也。爲，治也。豈直禍福之間哉！故曰：「其出彌遠者，其知彌少。」言難以道故也。以言夫精神之不可使外淫也。是故五色亂目，使目不明；不明，視而昏也。五聲譁耳，使耳不聽；不聽，聽無聞也。五味亂口，使口爽傷；爽，病。病傷滋味也。○王念孫云：「使口爽傷」本作「使口厲爽」，注本作「厲爽，病傷滋味也」。大雅思齊箋曰：「厲，病也。」逸周書謚法篇曰：「爽，傷也。」（廣雅同。）故云：「厲爽，病傷滋味也。」後人以韻書爽在上聲，與明、聰、揚三字音不相協，故改厲爽爲爽傷。不知爽字古讀若霜，正與明、聰、揚爲韻。（衛風氓篇「女也不爽」，與湯、裳、行爲韻。小雅蓼蕭篇「其德不爽」，與瀼、光、忘爲韻。楚辭招魂「厲而不爽」，與方、粱、行、芳、羹、漿、鶬、餭、觴、涼、妨爲韻。案：爽字古皆讀若霜，毛詩、楚辭而外，不煩覼縷。）故老子「五味令人口爽」，亦與盲、聾、狂、妨爲韻。而莊子天地篇「五色亂目，使目不明；五聲亂耳，使耳不聽；五味濁口，使口厲爽；趣舍滑心，使性飛揚」，卽淮南所本也。且爽卽是傷，若云「使口爽傷」，則是使口傷傷矣。（文子九守篇作「使口生創」，亦是後人所改。）乃既改正文之厲爽爲爽傷，又改注文之厲爽爲爽病，甚矣其謬也。（諸書無訓爽爲病者。又高注「不明，視而昏也」，「不聽，聽無聞也」，「厲爽，病傷滋味也」，「飛揚，不從軌度也」，皆先列正文而後釋其義，今改厲爽爲爽病，則與上下注文不類矣。）趣舍滑心，使行飛揚。滑，亂也。飛揚，不從軌度也。此四者，天下之所養性也，性，生也。然皆人累也。故曰：嗜欲者使人之氣越，而好憎者使人之心勞，弗疾去，則志氣日秏。越，失。勞，病。秏，猶亂也。夫人之所以不能終其壽命而中道夭於刑戮者，何也？以其生生之厚。言生生之厚者，何必極嗜欲，淫濫無猒，以傷耳目情性，故不終其壽命，中道夭殞，以刑辟之戮也。夫惟能無以生爲者，則所以脩得生也。無以生爲者，輕利害之鄉，除情性之欲，則長得生矣。○俞樾云：脩得生本作得脩生。得脩生者，得長生也。淮南以父諱長，故變長言脩耳。文子九守篇正作得長生，是其證。今作脩得生，則文不成義矣。高注曰：「無以生爲者，輕利害之鄉，除情性之欲，則長得生矣。」長得生亦當作得長生，後人依既倒之正文而改之耳。

夫天地運而相通，萬物總而爲一。總，合。一，同也。萬物合同，統於一道。能知一，則無一之不知也；不能知一，則無一之能知也。上一，道也。下一，物也。譬吾處於天下也，亦爲一物矣。不識天下之以我備其物與？與，邪，詞也。且惟無我而物無不備者乎？然則我亦物也，物亦物也。物之與物也，又何以相物也？物亦物也，何相名爲物也？雖然，其生我也，將以何益？言生我，自然之道，亦當以何益乎。其殺我也，將以何損？損，減。夫造化者既以我爲坯矣，將無所違之矣。言既以我爲人，無所離之。吾安知夫刺灸而欲生者之非惑也？又安知夫絞經而求死者之非喻不求亦不避也。

福也？或者生乃徭役也，而死乃休息也？天下茫茫，孰知之哉！○王念孫云：孰知下有脱文。劉本作「孰知之哉」，此以意補，不可從。其生我也不彊求已，已，止也。言不惡生也。其殺我也不彊求止。言不畏死。欲生而不事，事，治。憎死而不辭，唯義所在，故不辭也。賤之而弗憎，貴之而弗喜，人有惡賤己者，己不憎也。人有尊己者，己不喜也。隨其天資而安之不極。資，時也。一曰：性也。極，急也。喻道人不急求生也。吾生也有七尺之形，吾死也有一棺之土。○文典謹按：北堂書鈔九十二引，棺作槨。意林引，作「生有七尺之形，死爲一棺之土」。吾生之比於有形之類，猶吾死之淪於無形之中也。然則吾生也物不以益衆，吾死也土不以加厚，吾又安知所喜憎利害其間者乎！不知喜生之利，不知憎死之害，守其正性也。夫造化者之攫援物也，攫，撮也。援，引也。譬猶陶人之埏埴也：○陶方琦云：文選長笛賦注引，作「陶人之克埏埴」，又引許注「埏，杼也」，杼當是揉之壞文。説文作煣，云「屈申木也」。揉之本字即柔，説文：「柔，木曲直也。」字林：「埏，柔也。」聲類：「埏，柔也。」蕭該漢書音義引許注作「挻，抑也」，抑亦揉之譌文。埴之訓土，説文：「埴，黏土也。」老子河上注：「埴，土也。」釋文引杜弼曰：「埴，黏土也。」司馬曰：埴，土可以爲器。」字林：「埴，土也。黏土爲埴。」兵略訓「陶人之化埴」，許注：「陶人復變爲埴土，不能化埴土也。」亦以土訓埴。文選注引許注作「埴，土爲也」，恐即「黏土爲埴」之敚文。其取之地而已爲盆盎也，與其未離於

地也無以異；其已成器而破碎漫瀾而復歸其故也，陶人，作瓦器之官也。頓泥坯取之于地巳爲器，無以異于土也。明人不當惡死，死，復歸其未生之故耳。譬猶瓦器之破，而復反於土也。**與其爲盆盎亦無以異矣。夫臨江之鄉，居人汲水以浸其園，江水弗憎也；**○文典謹按：藝文類聚六十五引，浸作溉，憎作減。**苦洿之家，決洿而注之江，洿水弗樂也。是故其在江也，無以異其浸園也；其在洿也，亦無以異其在江也。**道尚空虛，貴無形。江水大，去不可消，就易，故不憎也。窊水小，去易小消，就不消，故不樂也。洿水，猶澮水也。苦，猶疾也。一說：言各自安其處也。及其轉易，亦無憎樂也。○陶方琦云：御覽三百七十一引許注：「洿，澮也。」按：此高承許說，或卽羼入之許注。說文：「洿，濁水不流也。一曰：窊下也。」廣雅：「洿，深也。」與洼同字，或作窪。說文：「洼，深池也。」又：「窪，一曰窊也。」與洿之訓窊同。澮水之訓，澮乃窪之誤字。澮或作濊，與窪相似。方言：「洿，洼也。」大戴禮少閒篇「洿池土察」，注：「洿，窪也。」老子釋文顧注：「窪，洿也。」並作窪。御覽所引亦據誤本。**是故聖人因時以安其位，當世而樂其業。**業，事也。

夫悲樂者，德之邪也；而喜怒者，道之過也；好憎者，心之暴也。○王念孫云：暴，當依文子九守篇作累，字之誤也。上文曰「好憎者使人之心勞」，故曰「好憎者心之累也」。作暴，則非其指矣。原道篇曰：「喜怒者，道之邪也；憂悲者，德之失也；好憎者，心之過也；嗜欲者，性之累也。」語意略與此同。故曰：「其生也天行，似天氣也。其死也物化，如物之變化也。靜則與陰俱閉，動則與陽俱開。」○王念孫云：「與陰俱閉」、「與陽俱開」，本作「與陰合德」、「與陽同波」，後人以原道篇云「與陰俱閉，與陽俱開」，故據彼以改此也。不知波與化爲韻，（自「其生也天行」至「不敢越也」，皆隔句用韻。）若如後人所改，則失其韻矣。文子九守篇「靜卽與陰合德，動卽與陽同波」，卽用淮南之文。莊子天道篇「其生也天行，其死也物化，靜而與陰同德，動而與陽同波」，（刻意篇同。）又淮南所本也。精神澹然無極，不與物散，而天下自服。極，盡也。散，雜亂貌。自服，服於德也。故心者，形之主也；而神者，心之寶也。形勞而不休則蹶，蹶，顛。精用而不已則竭，是故聖人貴而尊之，不敢越也。夫有夏后氏之璜者，匣匱而藏之，寶之至也。半璧曰璜，珍玉也。夫精神之可寶也，非直夏后氏之璜也。直，猶但也。是故聖人以無應有，必究其理；以虛受實，必窮其節；恬愉虛靜，以終其命。是故無所甚疏，而無所甚親，抱德煬和，以順于天。煬，炙也。向火中炙和氣，以順天道也。煬，讀供養之養。與道爲際，與德爲鄰；際，合也。鄰，比也。不爲福始，不爲禍先。魂魄處其宅，而精神守其根，死生無變於己，故曰至神。變，動。

所謂真人者，性合于道也。真人者，伏羲、黄帝、老聃是也。故有而若無，實而若虛，處其一不知其二，治其内不識其外，治其内，守精神也。不識其外，不好憎也。明白太素，無爲復樸，體本抱神，以游于天地之樊，樊，崖也。樊，讀麥飯之飯也。芒然仿佯于塵垢之外，芒，讀王莽之莽。而消搖于無事之業。浩浩蕩蕩乎，機械知巧弗載於心。是故死生亦大矣，而不爲變；不爲變者，同死生也。雖天地覆育，亦不與之抮抱矣。抮抱，猶持著也。言不以天地養育萬物，故强與持著，守其純熟也。審乎無瑕，而不與物糅；瑕，猶釁也。其見利欲之來也，能審順之，故不與物相雜糅。見事之亂，而能守其宗。見事亂者止之，亂不能眩惑，故能守其宗。宗，本也。若然者，正肝膽，遺耳目，言精神内守也。◯王念孫云：正當爲亡，字之誤也。亡與忘同。「忘肝膽，遺耳目」，遺亦忘也。若云「正肝膽」，則義與下句不類矣。莊子大宗師篇「忘其肝膽，遺其耳目」，即淮南所本。俶真篇又云「忘肝膽，遺耳目」。心志專于内，通達耦于一。一者，道也。居不知所爲，行不知所之，言志意無所繫。渾然而往，逯然而來。渾，轉行貌。逯，謂無所爲。忽然往來也。逯，讀詩緑衣之緑。渾，讀大珠渾渾之渾也。◯莊逵吉云：説文解字：「逯，行謹逯逯也。」與此義近。别本或誤作逮，非是。形若槁木，心若死灰，槁木無氣，死灰無熱，喻無爲也。忘其五藏，損其形骸。不學而知，不視而見，不爲而成，不治而辯。感而應，迫而動，迫切不得不動，然後乃動也。不得已而往，如光之燿，如景之放，◯王念孫云：劉績依文子九守篇改放爲效，案：劉改是也。「如景之效」，謂如景之效形也。效與燿爲韻，若作放，則失其韻矣。◯王紹蘭云：放當爲斅字之壞也。説文放部：「敫，光景流也。从白，从放。讀若龠。」敫从白，故爲光景；从放，故爲流。然則淮南本作「如景之敫」，謂如景之流。許解敫爲光景流，正取此文爲義也。文子九守篇亦本作敫，傳寫者多見效，寡見敫，又以效與燿韵，因誤敫爲效。不知敫讀若龠，正與耀爲韵。邶風簡兮篇「左手執籥，右手秉翟」，卽其明證矣。是知劉本放爲效，放固失之，而效亦未爲得也。以道爲紃，有待而然。紃者，法也。以道待萬物，故曰有待，而默默如是。抱其太清之本而無所容與，無所容與於情欲也。而物無能營，營，惑也。一曰亂。廓惝而虛，清靖而無思慮，不勞精神。大澤焚而不能熱，河、漢涸而不能寒也，大雷毁山而不能驚也，大風晦日而不能傷也。言體道之人，閉情守虛，雖此四者之大，不能惑也。是故視珍寶珠玉猶石礫也，視至尊窮寵猶行客也，視毛嬙、西施猶頬醜也。至尊，謂帝王也，故曰窮寵也。行客，猶行路過客。毛嬙、西施，皆古之美人。頬，頬頭也。方相氏黄金四目，衣赭，稀世之頬貌，非生人也。但其像耳目頬醜，言極醜也。○莊逵吉云：「頬頭」見周禮。説文解字有頬，云「醜也」，又有娸，杜林亦以爲醜。○王引之云：石礫本作礫石。説文：「礫，小石也。」逸周書文傳篇云：「礫石不可穀。」楚辭惜誓「相與貴夫礫石」，王注云：「相與貴重小石也。」韓詩外傳云：「太山不讓礫石，江海不辭小流。」皆其證也。石與客、魄爲韻，若作石礫，則失其韻矣。（古韻石在鐸部，礫在藥部，兩部絶不相通。此非精於三代、秦、漢之音者，不能辯也。）頬醜本作倛魄。此魄誤爲醜，（醜與魄草書相似。）

後人又改倛爲顛耳。後人以荀子非相篇「面如蒙倛」，楊倞曰：「倛，方相也」，周官方相氏注云「如今魌頭」，（魌與顛、倛同。）遂誤以倛爲倛頭之倛，又以説文倛頭字作顛，故改倛爲顛。不知倛醜本作倛魄，乃請雨之土人，非逐疫之顛頭也。倛魄一作欺魄，又作欺䫜。列子仲尼篇「若欺魄焉而不可與接」，張湛曰：「欺魄，土人也。」釋文曰：「魄，片各反。字書作欺䫜。」文選應璩與岑文瑜書注曰：「淮南子曰：『視西施、毛嬙猶倛魄也。』高誘曰：『倛魄，請雨土人也。』」皆其明證矣。視毛嬙、西施如倛魄者，謂視如土偶，非謂視如顛頭也。且魄與石、客爲韻，若作顛醜，則失其韻矣。集韻倛字注云：「淮南祈雨土偶人曰倛。」但言倛而不言倛魄，似所見本魄字已誤作醜，然倛字尚未改作顛。且高氏請雨土人之注，亦未嘗改也。今則正文既改，而高注亦非其舊矣。**以死生爲一化，以萬物爲一方，**方，類也。○俞樾云：文子九守篇作「以千生爲一化」，當從之。言生之數雖有千，而以爲一也。以千生爲一化，以萬物爲一方，兩文相儷，而意亦相準。若作死生，則不類矣。且以死生爲一化，義亦未安。當據文子訂正。**同精於太清之本，而游於忽區之旁。**忽區，忽怳無形之區旁也。**有精而不使，有神而不行，**不濁其精，不勞其神，此之謂也。**契大渾之樸，而立至清之中。**樸，猶質也。渾，不散之貌。渾，讀揮章之揮。**是故其寢不夢，其智不萌，其魄不抑，其魂不騰。**其寢不夢，神內守也。其智不萌，無思念也。魄，陰神；魂，陽神。陰不沈抑，陽不飛騰，各守其宅也。**反覆終始，不知其端緒，甘瞑太宵之宅，而覺視于昭**

昭之宇，〇文典謹按：甘暝下當有于字，始與下句「覺視于昭昭之宇」一律。文選辛丑歲七月赴假還江陵夜行塗口詩注引，作「甘暝于大霄之宅」，文雖小異，然足補今本敚失。**休息于無委曲之隅，而游敖于無形埒之野。**太宵，長夜之中也。言其直暝于大道之處，冥視昭昭矣。無委曲之隅，無形埒之野，冥冥無形象之貌也。**居而無容，處而無所，**言其人居無形容可得見也。處無常所。**其動無形，其靜無體，**無形無體，道之容也。**存而若亡，生而若死，出入無間，役使鬼神，**言耐化也。人不與鬼同形，而耐使之者，道也。天神曰神，人神曰鬼也。**淪於不測，入於無間，以不同形相嬗也，**嬗，傳也。萬物之形不同，道以相傳生也。**終始若環，莫得其倫。**倫，理也，道也，人莫能得焉。**此精神之所以能登假於道也，**假，至也。上至于道也。或作蝦蟇雲氣。**是故真人之所游。**〇俞樾云：「是故真人之所游」本作「是真人之游也」，乃結上之辭。文子九守篇亦有此文，大略相同，結之曰「此真人之游也」，乃其明證也。下文曰：「若吹呴呼吸，吐故納新，熊經鳥伸，鳧浴蝯躩，鴟視虎顧，是養形之人也，不以滑心。」高注曰：「是非真人之道也。」若如今本作「是故真人之所游」，則下文云云，皆爲真人之道矣。其謬殊甚，不可不正。**若吹呴呼吸，吐故內新，熊經鳥伸，鳧浴蝯躩，鴟視虎顧，是養形之人也，不以滑心。**游，行也。經，動搖也。伸，頻伸也。若此養形之人，導引其神，屈伸跳踉，是非真人之道也。滑，亂也。言此養形者耳，不足以亂真人之心也。**使神滔蕩而不失其充，日夜無傷而與物爲**

春，充，實也。體道人同。日夜，喻賊害也。無傷，無所賊害也。與物爲春，言養物也。**則是合而生時于心也。**若是者，合于道，生四時化其心也。言不干時害物也。○劉績云：文子作「則是合而生時於心者也」，莊子作「是接而生時於心者也」，則干乃于字之誤。○王念孫云：高注「生四時化其心也」，當作「生四時之化于其心也」。此是釋「生時于心」之義。生時于心而與物爲春，則是順時以養物，故注又云「言不干時害物也」。今本正文于字作干，卽涉注文干時而誤。○文典謹按：劉、王說是也。宋本干正作于。

且人有戒形而無損於心，戒，備也。人形體備具。戒或作革。革，改也。言人形骸有改更而作化也。心喻神，神不損傷也。**有綴宅而無秏精。**綴宅，身也。精神居其宅則生，離其宅則死。言人雖死，精神終不秏滅，故曰無秏精也。○王念孫云：「無損於心」，於，衍字也。戒形與損心，綴宅與秏精，皆相對爲文，則損下不當有於字。莊子大宗師篇「且彼有駭形而無損心，有旦宅而無情死」，卽淮南所本。**夫癩者趨不變，狂者形不虧，神將有所遠徙，孰暇知其所爲！**言病癩者形生神在，故趨不變也。或作介，介，被甲者。禮，介者不拜而能趨于步，故曰不變也。狂體具存，故曰不虧，但精神散越耳，故曰神有所遠徙也。○莊逵吉云：錢別駕云：癩或作介者，介卽兀字，莊子有兀者王駘，或作介，是也。雖于高注之外闢一解，與本文義更覺切近。**故形有摩而神未嘗化者，以不化應化，千變萬抮而未始有極。**摩，滅，猶死也。神變歸於無形，故曰未嘗化。化，猶死也。不化者精神，化者形骸。死者形爲灰土，爲日化也。化者，復歸於無形也；不化者，與天地俱生也。夫木之死也，青青去之也。夫使木生者豈木也？使木生者天地，故曰「豈木也」。猶充形者之非形也。充形者氣也，故曰非形也。故生生者未嘗死也，其所生則死矣；生生者道。喻道之人若天氣，未嘗死也。下所生者，萬物矣。化物者未嘗化也，其所化則化矣。化物者道也。道不化，故未嘗化也。所化者萬物也。萬物有變，故曰則化。輕天下，則神無累矣；輕薄天下寵勢之權者，許由是也，故其精神無留累于物也。細萬物，則心不惑矣；以萬物爲小事而弗欲，故心不惑物也。齊死生，則志不懾矣；齊，等也。不畏義死，不樂不義生，其志意無所懾懼，故曰等也。同變化，則明不眩矣。眩，惑。衆人以爲虛言，吾將舉類而實之。實，明。

人之所以樂爲人主者，以其窮耳目之欲，而適躬體之便也。○文典謹按：藝文類聚十一引，人主作天子。今高臺層榭，人之所麗也，四方而高曰臺，加木曰榭。麗，美也。而堯樸桷不斲，素題不枅。樸，采也。桷，椽也。不斲削，加宓石之。素題者，不加采飾。不枅者，不施欂櫨。枅，讀雞枅，或作刮也。○王念孫云：如高注，則樸爲樸之誤也。隸書樸或作樸，樣或作樣，二形相近，故樣誤爲樸。樣即今橡栗字也。說文曰：「樣，栩實。」又曰：「栩，柔也。其實草。（今借用早字，俗作皁。）一曰樣。」又曰：「草斗，櫟實。一曰樣斗。」高注呂氏春秋恃君篇曰：「橡，早斗也，其狀似栗。」應劭注漢書司馬相如傳曰：「櫟，采木也。」韓子五蠹篇曰：「堯之王天下也，茅茨不翦，采椽不斲。」史記太史公自序索隱引韋昭漢書注曰：「采椽，櫟榱也。」合觀諸說，櫟一名栩，一名柔，一名采。其實謂之早，亦謂之樣。是樣爲采實，而非采也。然司馬彪注莊子齊物論篇云：「芧，橡子也。」（芧與柔同。）則采亦謂之樣矣。故韓子言「采椽不斲」，此言「樣桷不斲」，而高注亦訓樣爲采也。又案：說文樣字，今書傳皆作橡，蓋後人所改也。此樣字若不誤爲橡，則後人亦必改爲橡矣。○文典謹按：文選魯靈光殿賦注引，素題作桁題。**珍怪奇異，**○莊逵吉云：奇異，本皆作奇味，唯藏本作異。○王念孫云：作味者是也。上文「高臺層榭」，指宮室言之，與樣桷素題相對。下文「文繡狐白」，指衣服言之，與布衣鹿裘相對。此文「珍怪奇味」，指飲食言之，與糲粢藜藿相對。若云「珍怪奇異」，則不專指飲食，失其指矣。藝文類聚帝王部一、太平御覽皇王部五、百穀部六、文選劉琨荅盧諶詩注引此，並作奇味。○文典謹按：王說是也。北堂書鈔百四十二引，作「怪味，人之所美」，文雖小異，而作味則同也。**人之所美也，而堯糲粢之飯，藜藿之羹。**糲，粗也。粢，稷也。糲，讀賴恃之賴。粢，讀齊衺之齊。○王紹蘭云：粢當爲秶。說文米部無粢字，禾部：「𪗉，稷也。从禾，齊聲。秶，𪗉或从次。」是秶卽𪗉之或字，於穀爲稷，故高注「秶，稷也」。古者以稷食爲疏食，故秶與粗糲之糲對文。說文：「糲，粟重一秳爲十六斗大半斗，舂爲米一斛，曰糲。从米，萬聲。」作糲者，今字也。經典齍盛之齍通作粢，其字从米，非糲秶之義。此文粢字，據注訓稷，知高誘所據舊本原作从禾之秶，後人多見粢，寡見秶，遂併注文皆改从米耳。注中裦亦衰之譌也。文繡狐白，人之所好也，而堯布衣揜形，鹿裘御寒。養性之具不加厚，而增之以任重之憂，任，讀任俠之任。故舉天下而傳之於舜，傳，禪。若解重負然。○文典謹按：藝文類聚十一引「若解重負然」作「若釋負然」。非直辭讓，誠無以爲也。此輕天下之具也。禹南省方，濟于江，巡狩爲省，省視四方也。濟，渡也。黄龍負舟，舟中之人五色無主，禹乃熙笑而稱曰：「我受命于天，竭力而勞萬民。勞，憂也。生寄也，死歸也，何足以滑和！」視龍猶蝘蜓，人壽蓋不過百年，故曰寄。死滅没化不見，故曰歸。滑，亂也。和，適也。蝘蜓，蜥蜴也，或曰守宫。東方朔射覆，對武帝曰「謂爲龍，無有角。謂爲蛇，而有足。騤騤脈脈，喜緣壁，非守宫」，即蜥蜴是也。顔色不變，龍乃弭耳掉尾而逃。逃，去。禹之視物亦細矣。鄭之神巫相壺子林，見其徵，神在男曰覡，在女曰巫。巫能占骨法吉凶之氣，故見其兆徵。徵，應也。告列子。列子行泣報壺子。列子，鄭之隱士壺子弟子也。報，白也。壺子持以天壤，言精神天之有也，形骸地之有也，死自歸其本，故曰持天壤矣。名實不入，機發於踵。名，爵號之名。實，幣帛貨財之實。不入者，心不恤也。機，喻疾也。謂命危殆，不旋踵而至，猶不恐懼。○陶方琦云：列子釋文引許注「機發不旋踵」。按：所引非全文。説文：「主發謂之機。从木，幾聲。」壺子之視死生亦齊矣。齊，等。子求行年五十有四而病傴僂，脊管高于頂，腸下迫頤，兩脾在上，燭營指天，子求，楚人也。僂，脊管下竅也。高于頂，出頭上也。膈，肝胷也。迫，薄至于頤也。兩脾下在上，軀正員也。膈，讀精神歇越無之歇也。燭，陰華也。營，其竅也。上指天也。燭營，讀曰括撮也。○俞樾云：子求當作子來，字之誤也。子來事見莊子大宗師篇，其文曰：「子祀、子輿、子犂、子來四人相與友。」又曰：「俄而子輿有病，子祀往問之。曰：『偉哉！夫造物者將以予爲此拘拘也！』曲僂發背，上有五管，頤隱於齊，肩高於頂，句贅指天。」又曰：「俄而子來有病，喘喘然將死。」淮南所見莊子，其「子輿有病」、「子來有病」兩文，蓋與今本互易，故以傴僂之病屬之子來也。莊子釋文引崔譔云：「淮南作子永。」抱朴子博喻篇亦云：「子永歎天倫之偉。」顧氏千里以作永爲是。誠知其當爲子來，則求與永並屬形似之誤，求固非，而永亦未是也。說互詳莊子。○孫詒讓云：注「膈，肝胷也」，古無此訓。膈肝當作髃骬。廣雅釋親云：「髃骬，䞬也。」靈樞經骨度篇云：「結喉以下至缺盆長四寸，缺盆以下至髃骬長九寸。」是髃骬正當胷間，故高云「髃骬，胷也」。但據靈樞，則缺盆、髃骬並雙字爲名，不當單舉髃言之。且頤在髃骬上，而云「下迫」，於義亦乖。竊疑正文本作「髃肝迫頤」，注「髃肝」即述正文也。肝或挩肉形作于，又譌爲下，遂不可通耳。**匍匐自闚於井曰：「偉哉造化者！其以我爲此拘拘邪？」**偉哉，猶美哉也。造化，謂天也。拘拘，好貌。**此其視變化亦同矣。故覩堯之道，乃知天下之輕也；**以其禪舜。**觀禹之志，乃知天下之細也；**以其視龍猶蝘蜓也。○王念孫云：「天下之細」，天下當爲萬物，此涉上「天下之輕」而誤也。上文云：「輕天下，則神無累矣；細萬物，則心不惑矣。」又云：「堯舉天下而傳之於舜，若解重負然。此輕天下之具也。禹視龍猶蝘蜓，龍乃弭耳掉尾而逃。禹之視物亦細矣。」此文「知天下之輕」承上堯輕天下而言，「知萬物之細」則承上禹細萬物而言。今本萬物作天下，則與上文不合。**原壺子之論，乃知死生之齊也；**論「持以天壤」也。**見子求之行，乃知變化之同也。**行，匍匐窺于井，此之謂也。**夫至人倚不拔之柱，行不關之塗，**倚于不可拔搖之柱，行于不可關閉之塗，言無不通。**稟不竭之府，學不死之師，無往而不遂，**往而遂也。**無至而不通。**至而通也。**生不足以挂志，死不足以幽神，屈伸俛仰，抱命而婉轉。**抱天命而婉轉，不離違也。**禍福利害，千變萬紾，**紾，轉。**孰足以患心！若此人者，抱素守精，蟬蛻蛇解，游於太清，輕舉獨住，忽然入冥。**○王念孫云：住當爲往，謂輕舉而獨行也。若作住，則與「忽然入冥」句義不相屬矣。隸書從彳從亻、從㞷從主之字多相亂，故往誤爲住。**鳳凰不能與之儷，而況斥鷃乎！**儷，偕也。斥澤之鷃雀，飛不出頃畮，喻弱也。○陶方琦云：文選七啓注引，斥作尺。又引許注：「鷃雀飛不過一尺，言其劣弱也。」按説文：「鴳，雀也。从鳥，安聲。」許注飛不過一尺，正釋尺之義，與高本作斥異。文選宋玉對楚王問「尺澤之鯢」，注：「尺澤，言小也。」夏侯湛抵疑「尺鷃不能陵桑榆」，亦作尺。然尺、斥古字通。莊子釋文「斥鷃笑〔一〕之」司馬注：「小澤也。本亦作尺。」一切

〔一〕「笑」，原本作「关」，據莊子改。

經音義二十二「尺鷃」下云：「鷃長惟尺，卽以名焉。一作斥，小澤也。」**勢位爵禄何足以槩志也！**不足以槩至人之志。

晏子與崔杼盟，臨死地而不易其義。晏子名嬰，字平仲，齊大夫也。崔杼殺齊莊公，盟諸侯曰：「不唯崔慶是從者，如此盟。」晏子曰：「嬰所不唯忠於君而利社稷者是從，亦如之。」故曰臨死地而不易其義者也。**殖、華將戰而死，莒君厚賂而止之，不改其行。**殖，杞梁；華，華周，皆齊士，爲君伐莒。莒人圍之，壯其勇力，厚賂而止之。不可，遂戰而死。故曰不改其行也。**故晏子可迫以仁，而不可劫以兵；**晏子不從崔杼之盟，將見殺。晏子曰：「句戟何不句，直矛何不摧，不撓不義。」故曰不可劫以兵也。**殖、華可止以義，而不可縣以利。**縣，視也。言不爲利動也。**君子義死，而不可以富貴留也；義爲，而不可以死亡恐也。彼則直爲義耳，而尚猶不拘於物，又況無爲者矣！堯不以有天下爲貴，故授舜；公子札不以有國爲尊，故讓位；**札，吴壽夢之少子，延州來季子也。讓位不受兄國，春秋賢之。諸侯之子稱公子也。**子罕不以玉爲富，故不受寶；**子罕，宋戴公六世之孫，西卿士之子，司城樂喜也。宋人或得玉，以獻子罕，子罕不受。獻玉者曰：「以示玉人，玉人以爲寶，故敢獻之。」子罕曰：「我以不貪爲寶，子以玉爲寶。若與我，是皆喪寶也。不如人有其寶。」稽首告曰：「小人懷寶，不可以越鄉。納此以請死。」子罕置諸其里，使玉人爲之攻之，富而後使復其所。故曰不受寶也。**務光不**

以生害義，故自投於淵。務光，湯時隱士也。湯伐桀，讓天下於務光。人謂務光曰：「湯殺其君，將歸不義之名於子。」務光因抱石自投於深淵而死。**由此觀之，至貴不待爵，**以至德見貴，許由、務光是也，故曰不待爵也。**至富不待財。**以至德見富，若楚狂接輿是也，王聞其賢，使使者齎金百溢聘之，欲以爲相，而不受，故曰至富不待財也。**天下至大矣，而以與佗人；**堯是也。**身至親矣，而棄之淵。**務光是也。**外此，其餘無足利矣。**外，猶除也。利，猶貪利。或作私。私，獨受也。**此之謂無累之人。無累之人，不以天下爲貴矣。**

上觀至人之論，深原道德之意，以下考世俗之行，乃足羞也。攷，觀。**故通許由之意，金縢、豹韜廢矣；**金縢、豹韜，周公、太公陰謀圖王之書。許由輕天下不受，焉用此書爲，故曰廢矣。**延陵季子不受吴國，而訟閒田者慙矣；**訟閒田者，虞、芮及暴桓公、蘇信公是也。**子罕不利寶玉，而爭券契者媿矣；務光不污於世，而貪利偷生者悶矣。故不觀大義者，不知生之不足貪也；不聞大言者，不知天下之不足利也。**大義，死君親之難也。大言，體道無欲之言。**今夫窮鄙之社也，叩盆拊瓴，相和而歌，自以爲樂矣。**窮鄙之社，窮巷之小社也。盆瓴瓦器，叩之有音聲，故曰自以爲樂也。○文典謹按：窮鄙，北堂書鈔八十七、一百十一、藝文類聚三十九、御覽五百三十二、五百八十四引，並作窮鄉。唯四百八十六、七百五十八引，作窮鄙，與今本合。疑古本作窮鄉，後人據已誤之本改御覽而未能遍耳。**嘗試爲之**

擊建鼓，撞巨鐘，乃性仍仍然，知其盆瓴之足羞也。仍仍，不得志之貌。仍仍或作聆聆，猶聞也。○莊逵吉云：「乃性仍仍然」，性本皆作始。○王念孫云：性字義不可通，性當爲始。古人多以乃始二字連文。（俶真篇曰：「乃始昧昧楙楙，皆欲離其童蒙之心，而覺視於天地之間。」又曰：「儒墨乃始列道而議，分徒而訟。」管子版法篇曰：「外之有徒，禍乃始牙。」莊子馬蹄篇曰：「民乃始踶跂好知，争歸於利。」在宥篇曰：「之八者，乃始臠卷傖囊而亂天下也，而天下乃始尊之惜之。」荀子儒效篇曰：「狂惑戇陋之人，乃始率其羣徒，辯其談説，明其辟稱。」韓子外儲説右篇曰：「王自聽之，亂乃始生。」吕氏春秋禁塞篇曰：「雖欲幸而勝，禍乃始長。」乃始猶然後也。藝文類聚禮部中、太平御覽人事部一百二十七、禮儀部十一、樂部二十二、器物部三引此，並作乃始。又本經篇：「愚夫惷婦皆有流連之心，悽愴之志，乃使始爲之撞大鐘，擊鳴鼓，吹竽笙，彈琴瑟，失樂之本矣。」案：乃始二字之間不當有使字，此因始使聲相亂而誤衍也。主術篇曰：「故民至於焦脣沸肝，有今無儲，而乃始撞大鐘，擊鳴鼓，吹竽笙，彈琴瑟，失樂之所由生矣。」是其證。**藏詩、書，修文學，而不知至論之旨，則拊盆叩瓴之徒也。夫以天下爲者，學之建鼓矣。**建鼓，樂之大者。○王念孫云：「夫以天下爲者」，以上當有無字。「無以天下爲者」，承上文許由而言；建鼓「學之」，對「拊盆叩瓴」而言。言無以天下爲者，其於世俗之學者，猶建鼓之於盆瓴也。今本「以天下」上脱無字，則義不可通。文子九守篇正作「無以天下爲者」。

尊勢厚利，人之所貪也。尊勢，窮位。厚利，重禄。**使之左據天下圖而右手刎其**

喉，愚夫不爲。由此觀之，生尊於天下也。天下至大，非手所據，故不言手也。使得據天下之圖籍，行其權勢，而刎喉殺身，雖愚者不肯爲也，故曰生貴于天下矣。○王念孫云：尊本作貴，此涉上文「尊埶厚利」而誤也。此言生貴而天下賤，非言生尊而天下卑。高注「故曰生貴於天下」，卽其證。呂氏春秋知分篇注引此，亦作貴。泰族篇亦云「身貴於天下」。聖人食足以接氣，衣足以蓋形，適情不求餘，接，續也。蓋，覆也。餘，饒也。無天下不虧其性，有天下不羨其和。虧，損。羨，過。和，適也。有天下，無天下，一實也。實，等。今贛人敖倉，予人河水，贛，賜也。敖，地名。倉者，以之常滿倉也，在今滎陽縣北。飢而餐之，渴而飲之，其入腹者不過簞食瓢漿，則身飽而敖倉不爲之減也，減，少。腹滿而河水不爲之竭也。竭，盡。有之不加飽，無之不爲之飢，與守其篅笔、有其井，一實也。篅笔，受穀器。井，家人之井水也。篅讀顓孫之顓也。○莊逵吉云：說文解字：「笔，篅也。」「篅，以判竹圜以盛穀也。」急就篇所云「笔篅箯筥籅箅篝」是也。與注義合。人大怒破陰，大喜墜陽，已說在原道訓。大憂內崩，大怖生狂。除穢去累，莫若未始出其宗，乃爲大通。清目而不以視，清，明。靜耳而不以聽，鉗口而不以言，委心而不以慮，棄聰明而反太素，休精神而棄知故，覺而若眜，以生而若死，眜，暗也，厭也。楚人謂厭爲眜，喻無知也。○王引之云：眜與厭義不相近，眜皆當爲眯，（音米。）字之誤也。注中「暗也」二字乃後人所加。說文：「𥧌，寐而厭也。」字通作眯。西山經「鵸鵌，服之使人不眯」，郭璞曰：「不厭夢也。」引周書王會篇云：「服者不眯。」莊子天運篇「彼不得夢，必且數眯焉」，司馬彪曰：「眯，厭也。」是眯與厭同義，故高注亦云：「眯，厭也，楚人謂厭爲眯。」後人不知眛爲眯之譌，而誤讀爲暗昧之昧，遂於注内加「暗也」二字，何其謬也！且眯與死、體爲韻，若作眛，則失其韻矣。**終則反本未生之時，而與化爲一體。**言人之未生時。欲同死生也，故曰與化爲一體也。**死之與生，一體也。**

今夫繇者，揭钁臿，負籠土，繇，役也。今河東謂治道爲繇道。揭，舉也。钁，斫也。臿，鏵也。青州謂之鏵，有刃也。三輔謂之鍋也。籠，受土籠也。○莊逵吉云：鏵，説文解字作茉。鍋即䥯字。解字又曰：「䥯，相屬。讀若嫣。」蓋因讀䥯爲嫣，因之誤爲鍋也。○文典謹按：御覽三百八十七引，钁作錢。説文：「錢，銚也。古田器。」詩周頌「庤乃錢鎛」，傳：「錢，銚也。」**鹽汗交流，喘息薄喉。**白汗鹹如鹽，故曰鹽汗。薄，迫也，氣衝喉也。**當此之時，得茠越下，則脱然而喜矣。**茠，蔭也。三輔人謂休華樹下爲茠也。楚人樹上大本小，如車蓋狀爲越，言多蔭也。脱，舒也。言繇人之得小休息，則氣得舒，故喜也。越，讀經無重越之越也。○文典謹按：北堂書鈔百五十八引許君注云：「楚謂兩樹交會其陰曰越。」玉篇：「楚謂兩木交陰之下曰樾。」即用此注也。越、樾古同字。（孫輯許注未收此條。）**巖穴之間，非直越下之休也。病疵瘕者，捧心抑腹，膝上叩頭，**抑，按也。叩或作跔，跔，讀車軥之軥。○孫詒讓云：疵與病義複，疑是疝之誤。急就篇云：「疝瘕顛疾狂失響。」蹺踊而諦，通夕不寐。〇文典謹按：文選長笛賦「通旦忘寐，不能自禦」注引，夕作旦。當此之時，噲然得卧，則親戚兄弟歡然而喜。夫脩夜之寧，非直一噲之樂也。謂得安卧極夜者。樂于一噲之樂，然不得比長夜之樂也。故知宇宙之大，則不可劫以死生；劫，迫。知養生之和，則不可縣以天下；養生之和，謂正道也。已脩正道不惑，故不可示以天下之窮勢而移也。知未生之樂，則不可畏以死；樂其未生之時，雖懼之以死，不能使之畏死。言不畏死。知許由之貴於舜，則不貪物。言不貪利欲之物也。牆之立，不若其偃也，又況不爲牆乎！冰之凝，不若其釋也，又況不爲冰乎！不如未爲牆、冰之時，偃、凝能變也。自無蹠有，自有蹠無，自無蹠有，從無形至有形也。自有蹠無，從有形至無形也。至無形，謂死生變化也。終始無端，莫知其所萌。非通於外內，孰能無好憎？好憎，情欲。無外之外，至大也；無内之内，至貴也；言天無有垠外，而能爲之外，喻極大也。無内，言其小，小無内，而能爲之内。道尚微妙，故曰至貴也。能知大貴，何往而不遂！大貴，謂無内之内也。言道至微，能出入于無間，故曰何往而不遂。遂，通也。

衰世湊學，不知原心反本，湊，趨也。趨其末，不脩稽古之典，苟徼名號耳，故曰不知原心反本也。直雕琢其性，矯拂其情，以與世交，直，猶但也。雕琢其天性，拂戾其本情，以合流俗，與世人交接也。故目雖欲之，禁之以度，心雖樂之，節之以禮，趨翔周旋，詘節卑拜，肉凝而不食，酒澄而不飲，外束其形，内總其德，○王念孫云：總字義不可通，總當爲愁，愁與揫同。（鄉飲酒義「秋之爲言愁也」，鄭注：「愁讀爲揫。揫，斂也。」）説文：「揫，束也。」外束其形，内揫其德，其義一也。俶真篇「内愁五藏，外勞耳目」，義亦與此同。俗書總字或作揔，又作捴，與愁相似，愁誤爲捴，後人因改爲總耳。文子上禮篇正作「外束其形，内愁其德」。鉗陰陽之和，而迫性命之情，故終身爲悲人。悲，哀也。謂衰世之學。達至道者則不然，理情性，治心術，養以和，持以適，樂道而忘賤，安德而忘貧，性有不欲，無欲而不得，言其守虚，執持不欲之情性，則無有所欲而不得也。心有不樂，無樂而不爲，言其志正，不樂邪淫之樂，則無有正樂而不爲樂。言皆爲之樂也。無益情者不以累德，而便性者不以滑和，滑，亂。○莊逵吉云：諸本作「無益於情者不以累德，不便於性者不以滑和」。○王念孫云：「便於性」二句義不可通，且與上文不對。劉績依文子九守篇改爲「無益於情者不以累德，不便於性者不以滑和」，當是也。故縱體肆意，而度制可以爲天下儀。縱，放也。肆，緩也。儀，法也。今夫儒者，不本其所以欲而禁其所欲，本所以欲，謂正性恬漠也。所欲，謂情欲驕奢權勢也。不原其所以樂而閉其所樂，是猶決江河之源而障之以手也。障，蔽也。言不能掩也。夫牧民者，猶畜禽獸也，不塞其囿垣，使有野心，系絆其足，以禁其動，而欲脩生壽終，豈可得乎！夫顔回、季路、子夏、冉伯牛，孔子之通學也。然顔淵夭死，季路葅於衛，顏淵十八而卒，孔子曰：「回不幸短命死矣！」故曰夭也。季路仕于衛，衛君父子爭國，季路死，孔子曰：「若由不得其死然。」言不得以壽命終也，故曰然。衛人醢之以爲醬，故曰葅。子夏失明，冉伯牛爲厲。子夏學于西河，喪其子而失明，曾子哭之。伯牛有疾，孔子自牖執其手，曰：「斯人也，而有斯疾也！」此皆迫性拂情而不得其和也。○文典謹按：文選王康琚反招隱詩注引，作「顏回夭死，季由葅於衛，皆迫性命之情而不得天和者也。」故子夏見曾子，一臞一肥，曾子問其故，曰：「出見富貴之樂而欲之，入見先王之道又説之，兩者心戰，故臞。先王之道勝，故肥。」道勝，不惑縣于富貴，精神内守無思慮，故肥也。推此志，非能貪富貴之位，不便侈靡之樂，此志，子夏之志。直宜迫性閉欲，以義自防也。直，猶但也。○王念孫云：貪上當有不字，直下不當有宜字，宜卽直之誤而衍者也。高注宜字亦當爲直。直之言特也。言子夏非能不貪富貴，不樂侈靡，特以義自强耳。特、但一聲之轉，故云「直猶但也」。雖情心鬱殪，形性屈竭，猶不得已自强也，故莫能終其天年。義以自防，故情心鬱殪不通，形性屈竭也。以不得止而自勉强，故無能終其天年之命也。

若夫至人，量腹而食，度形而衣，容身而游，適情而行，餘天下而不貪，委萬物而不利，委，棄也。不以萬物爲利矣。處大廓之宇，游無極之野，廓，虛也。極，盡也。登太皇，馮太一，玩天地於掌握之中，太皇，天也。馮，依也。太一，天之形神也。玩，弄也。夫豈爲貧富肥臞哉！故儒者非能使人弗欲，而能止之；言不能使人無情欲也。己雖欲之，能以義自已也。非能使人勿樂，而能禁之。言不能使人無樂富貴，能以禮自禁止之。論語曰「不義而富且貴，于我如浮雲」也。夫使天下畏刑而不敢盜，豈若能使無有盜心哉！越人得髯蛇，以爲上肴，中國得而棄之無用。髯蛇，大蛇也，其長數丈，俗以爲上肴。〇文典謹按：御覽九百三十三引，髯作蚺，注同。故知其無所用，貪者能辭之；不知其無所用，廉者不能讓也。夫人主之所以殘亡其國家，損棄其社稷，身死於人手，爲天下笑，未嘗非爲非欲也。夫仇由貪大鐘之賂而亡其國，仇由，近晉之狄國。晉智襄子欲伐之，先賂以大鐘。仇由之君貪，開道來受鐘，爲和親。智伯因是以兵滅取其國也。仇，讀仇餘之仇也。〇陶方琦云：史記集解七十一引許注：「仇猶，夷狄之國。」按：説文厹字下云：「臨淮有厹猶縣。」字亦作猶，與此注作猶正合。國策作厹由，高誘注曰：「厹由，狄國。」亦同作由。吕覽權動作内繇，注云：「或作仇酋。」酋即猶字，故高注云或作也。虞君利垂棘之璧而擒其身，晉大夫荀息謀于獻公，以屈産之馬、垂棘之璧假道於虞以伐虢。虞公貪璧馬，假晉道。既滅虢，還館于虞，遂襲虞，滅之。君死位曰滅，故曰擒其身也。獻公豔驪姬之美而亂四世，晉獻公伐驪戎，得驪姬及其娣。好色曰美。好體曰豔。豔其色而嬖之，生奚齊，其娣生卓子，遂爲殺太子申生而立奚齊。殺適立庶，故曰亂。四世者，奚齊、卓子、惠公夷吾、懷公圉也。桓公甘易牙之和而不以時葬，齊桓好味，易牙蒸其首子而進之，遂見信用，專任國政，亂嫡庶。桓公卒，五公子争立，六十日而殯，蟲流出户，五月不葬，故曰不以時葬也。胡王淫女樂之娱而亡上地。胡，西戎之君也。秦穆公欲伐之，先遺女樂以淫其志。其臣由余諫，不從，去戎來適秦。秦伐戎，得其上地。上地，美地也。使此五君者，適情辭餘，以己爲度，不隨物而動，豈有此大患哉？五君，仇由、虞公、晉獻、齊桓、胡王也。適，猶節也。動，猶惑也。故射者非矢不中也，學射者不治矢也；不治矢，言不爲而得用之。然則爲者不得用之。御者非轡不行，學御者不爲轡也。知冬日之箑、夏日之裘無用於己，則萬物之變爲塵埃矣。箑，扇也。楚人謂扇爲箑。故以湯止沸，沸乃不止；誠知其本，則去火而已矣。已，止也。

淮南鴻烈集解卷八

本經訓

本，始也。經，常也。本經造化出于道，治亂之由，得失有常，故曰「本經」，因以題篇。

太清之始也，和順以寂漠，清，静也。太清，無爲之始者。謂三皇之時和順，不逆天暴物也。寂漠，不擾民。○王念孫云：「太清之始」，始當爲治，字之誤也。自「和順以寂漠」以下二十三句，皆言太清之治如此也。高注當云：「太清，（句。）無爲之治也。」（句。）今本作「太清，無爲之始者」，文不成義，後人所改也。文選東都賦注、後漢書班固傳注引此，並作「太清之化」，又引高注曰：「太清，無爲之化也。」治字作化，避高宗諱也。則其字之本作治，明矣。太平御覽天部十五引，作「太清之始」，亦後人依誤本改之。其竹部一引，正作「太清之治」。文子下德篇作「清静之治者，和順以寂寞，質真而素樸」，是其明證矣。○文典謹按：王説是。宋本始正作治。**質真而素樸，閑静而不躁，推移而無故，**質，性也。真，不變也。素樸，精不散也。閑静，言無欲也。不躁擾。故，常也。**在内而合乎道，出外而調于義，**在内者，志在心。平欲，故能合于道。出于外者，身所履行也。行不越規矩，故能調義。義或作德也。**發動而成於文，行快而便於物，**

發，作也。動，行也。文，文章也。便，利也。物，事也。○俞樾云：快當爲決。周易文言傳鄭注謂古書傳作立心，與水相近。決、快相亂，正由此矣。說文水部：「決，行流也。」是決有行義。上句曰「發動而成於文」，發亦動也。此云「行決而便於物」，決亦行也。**其言略而循理，其行悅而順情，**略，約要也。悅，簡易也。悅，讀射悅取不覺之悅。○莊逵吉云：「悅取不覺」義當是敚字。敚，今之奪字也。**其心愉而不僞，其事素而不飾，**愉，和也。僞，虛詐也。素，樸也。飾，巧也。**是以不擇時日，不占卦兆，**擇，選也。卦，八卦也。兆，契龜之兆也。世所以占吉凶也。**不謀所始，不議所終，安則止，激則行，通體於天地，同精於陰陽，一和于四時，**一，同也。**明照於日月，與造化者相雌雄。**造化，天地也。雌雄，猶和適也。**是以天覆以德，地載以樂，**樂，生也。**四時不失其敘，風雨不降其虐，日月淑清而揚光，**光，明也。**五星循軌而不失其行。**五星，熒惑、太白、鎮、辰、歲星也。軌，道也。循，順也。**當此之時，玄元至碭而運照，**玄，天也。元，氣也。碭，大也。言盛德之君，恩仁廣大，徧照四海也。○王紹蘭云：說文石部：「碭，文石也。」無大誼。口部：「唐，大言也。啺，古文唐，从口易。」是淮南假碭爲啺也。○俞樾云：高注曰：「玄，天也。元，氣也。」分兩字爲兩義，殊不可通。疑正文及注均誤。正文本曰「玄光至碭而運照」，注文本曰「玄，天也。光，氣也。」俶真篇曰：「弊其玄光而求知之於耳目。」此玄光二字見於本書者。高彼注曰：「玄光，内明也。一曰：玄，天也。」然則此曰「玄，天也」，正與彼注同。疑彼亦有「光，氣也」三字，而今脱之也。鳳麟至，著龜兆，鳳麟聖德之世至于門庭。著，四十九策。兆，信也。善言臧否也。甘露下，竹實滿，流黄出，而朱草生，滿，成也。流黄，玉也。朱草生于庭。皆瑞應也。機械詐僞莫藏於心。莫，無也。逮至衰世，鐫山石，鐫，猶鑿也，求金玉也。鍥金玉，擿蚌蜃，鍥刻金玉以爲器也。擿，猶開也，開以求珠也。○桂馥云：擿當爲摘。説文摘有拓義。增韵：「拓，㢋開也。」揚雄甘泉賦：「拓迹開統。」拓亦借字，當爲袥。字書：「袥，張衣令大也。」太玄：「天地開闢，宇宙袥袓。」消銅鐵，而萬物不滋。不滋長也。言盡物類也。刳胎殺夭，麒麟不游，胎，獸胎也。夭，麋子也。爲類見害，故不來游。覆巢毁卵，鳳凰不翔，鳥未𣪊曰卵也。鑽燧取火，構木爲臺，焚林而田，竭澤而漁，田，獵也。竭澤，漏池也。人械不足，畜藏有餘，械，器用也。畜藏餘，府庫實也。而萬物不繁兆，萌牙卵胎而不成者，處之太半矣。積壤而丘處，糞田而種穀，掘地而井飲，疏川而爲利，疏，通。築城而爲固，拘獸以爲畜，則陰陽繆戾，四時失敍，雷霆毁折，雹霰降虐，○王念孫云：雹霰不同類，且雹亦不得言降虐，雹當爲雹，草書之誤也。雷霆爲一類，雹霰爲一類。吕氏春秋仲夏篇云「雹霰傷穀」，故言降虐也。文子上禮篇作「雹霜爲害」，是其證。○文典謹按：王説是，今正。氛霧霜雪不霽，霽，止也。而萬物燋夭。霜雪之害不止，則萬物燋夭不繁茂也。菑榛穢，聚埒畝，茂草曰菑，木聚曰榛，積之於疆畝。○俞樾云：高此注殊失其義。菑者，殺草之名。爾雅釋地「田一歲曰菑」，孫炎曰：「菑，始災殺其草木也。」榛、穢連文，其義相同，漢書楊雄傳注曰「榛榛，梗穢貌」是也。「菑榛穢，聚埒畝」，皆三字爲句，言榛穢之區，皆災殺之，而集成埒畝也。下云「芟野莢，長苗秀」，是此四句皆言治田之事，菑榛穢故芟野莢，聚埒畝故長苗秀也。下文曰「草木之句萌、銜華、戴實而死者不可勝數」，正見殺草之多。若從高注，則與下文不貫矣。**芟野莢，長苗秀，**芟，殺也。莢，草也。苗，稼也。不榮而實曰秀也。○王引之云：野草多矣，不應獨言莢。莢當爲莽。隸書莽字作美，與莢極相似，故誤爲莢。說文作茻，「衆艸也」，故野草謂之野莽。下文「野莽白素」，楚辭九歎「遵壄莽以呼風」是也。（壄與野同。）注「莢，草也」亦當作「莽，草也」。泰族篇注「莽，草也」，正與此同。**草木之句萌、銜華、戴實而死者，不可勝數。乃至夏屋宮駕，縣聯房植，**夏屋，大屋也。縣聯，聯受雀頭著桷者。一曰，辟帶也。房，室也。植，户植也。○莊逵吉云：縣聯，縣卽櫋字。辟帶之義，見楚詞九歌。○王念孫云：縣皆當爲緜，字之誤也。（隸書緜、縣二字相似，説見原道「旋縣」一條下。）説文：「櫋，屋櫋聯也。」又曰：「梠，秦名屋櫋聯也。齊謂之檐，楚謂之梠。」方言：「屋梠謂之櫺。」郭璞曰：「卽屋檐也。亦呼爲連緜。」（連緜猶緜聯，語之轉耳。）釋名：「梠，旅也。連旅旅也。或謂之櫋。櫋，緜也。緜連榱頭，使齊平也。上入曰爵頭，形似爵頭也。」皆足與高注相證。櫋與緜，聯與連，並字異而義同。太平御覽人事部一百三十四引此，正作緜聯。○孫詒讓云：駕當爲架之誤。後文云「大搆駕，興宮室」，注云：「駕，材木相乘駕也。」文選鮑照蕪城賦李注引彼文駕作架，此宮駕字誤與彼同。**橑檐**

榱題，橑，椽橑也。檐，屋垂也。榱，桷也。題，頭也。**雕琢刻鏤，喬枝菱阿，夫容芰荷**，阿，曲屋。夫容，蕅華也。芰，菱角交苕也。荷，夫渠也。○俞樾云：高注曰「阿，曲屋」，不說菱字之義，疑高氏所據本菱字作淩，言橑檐榱題之上雕刻樹木，故其喬枝上淩於曲阿也。淩字之義易明，故不煩訓釋。後人因下句言芰荷，遂改淩作菱以配之，則義不可通矣。**五采爭勝，流漫陸離**，流漫，采色相參和也。陸離，美好貌。**脩掞曲挍，夭矯曾橈，芒繁紛挐**，皆屋飾也。芒，讀麥芒之芒。挐，讀上谷茹縣之茹。○陶方琦云：文選吴都賦注引許注：「挐，亂也。」按：說文：「挐，牽引也。」牽引即有亂義。**以相交持，公輸、王爾無所錯其剞剧削鋸**，公輸，巧者。一曰，魯班之號也。王爾，古之巧匠也。剞，巧刺畫盡頭黑邊箋也。剧，鋸尺。削，兩刃句刀也。剞，讀技尺之技。剧，讀詩「蹶角」之蹶。削，讀綃頭之綃也。○莊逵吉云：原道訓注云：「剞，巧工鉤刀也。剧者，規度刺畫墨邊箋也，所以刻鏤之具也。」與此注異。錢別駕云：剞、剧二字，古無定解。說文解字以剞剧爲曲刀。應劭曰：「剞，曲刀。剧，曲鑿。」又與許君不同。淮南書高、許二家注本相溷，故多前後互異歟？**然猶未能澹人主之欲也。是以松柏箘露夏槁**，松柏根茂，箘露竹筦，皆冬生難殺之木，當是時夏槁死也。刺君作事不時，陰陽失序。箘，讀似綸。露，讀南陽人言道路之路。○莊逵吉云：箘露之露當作簬。○王念孫云：「藝文類聚治政部上引此，夏槁上有宛而二字。案「松柏箘露，宛而夏槁；江河三川，絶而不流」，四句相對爲文，則有宛而二字者是也。宛與菀同。俶真篇「形傷於寒暑燥溼之虐者，形苑而神壯」，高注曰：「苑，枯病也。」苑，讀南陽宛之宛。」莊子天地篇釋文云：「苑，本亦作宛。」是苑、宛古字通。素問四氣調神大論「惡氣不發，風雨不節，白露不下，則菀槁不榮」，菀亦與苑同。唐風山有樞篇「宛其死矣」，毛傳曰：「宛，死貌〔一〕。」義與此宛字亦相近。**江、河、三川絶而不流，**三川，涇、渭、汧也，出于岐山。絶，竭也，故曰不流。國語曰「河竭而商亡」也。**夷羊在牧，**夷羊，土神。殷之將亡，見於商郊牧野之地。○陶方琦云：占經一百十九引許注：「夷羊，大羊也，時在商牧野。」按：説文：「夷，平也。从大，从弓。」夷之訓大，从形而得義。**飛蛩滿野，**蛩，蟬，蟣蠓之屬也。一曰：蝗也。沇州謂之螣。螣，讀近殆，緩氣言之。蛩，讀詩小珙之珙。○陶方琦云：御覽九百四十五引，蛩作蟲。御覽及占經一百二十又引許注：「飛蟲，蟣蠓。」按：高注「蛩蟬」下「蟣蠓之屬」四字乃許注羼入。爾雅釋蟲「蠓，蟣蠓」，孫炎注：「蟣蠓細小于蚉。」説文：「蠓，蟣蠓也。」史記周紀「飛鴻滿野」，索隱又引高注：「蜚鴻，蟣蠓也。言飛蟲盈田蔽野，故爲災。」此卽許注，誤爲高本也。唐宗聖觀碑作「飛蛬滿野」，亦因蛩而誤。**天旱地坼，**坼，燥裂也。**鳳皇不下，句爪、居牙、戴角、出距之獸於是鷙矣。**句爪，鷹鸇之屬也。居牙，熊虎之屬也。距，讀拒守之拒。○文典謹按：居牙，文選吴都賦注、七命注引，並作鋸牙。鷙並作摯。**民之專室蓬廬，無所歸宿，**專特小室也。蓬廬，籧篨覆也。言小，有賓客歸之，無所庇宿也。**凍餓飢寒死者，相枕席也。**言其衆也。**及至分山川谿谷使**

〔一〕「貌」，原本作「號」，據詩毛傳改。

有壤界，計人多少衆寡使有分數，築城掘池，設機械險阻以爲備，飾職事，制服等，等，差也。異貴賤，差賢不肖，經誹譽，行賞罰，經，書也。誹惡譽善，賞可賞，罰可罰也。○王念孫云：「差賢不」下本無肖字。不與否同。貴賤、賢不、誹譽、賞罰皆相對爲文。後人不知不爲否之借字，故又加肖字耳。則兵革興而分争生，民之滅抑夭隱，虐殺不辜而刑誅無罪，於是生矣。抑，没也。言民有滅没夭折之痛。

天地之合和，陰陽之陶化萬物，皆乘人氣者也。天地合和其氣，故生陰陽，陶化萬物。○莊逵吉云：「乘人氣」本作「乘一氣」，唯藏本作人。是故上下離心，氣乃上蒸，離者，不和也。君臣不和，五穀不爲。不爲，不成也。距日冬至四十六日，天含和而未降，地懷氣而未揚，自立冬到冬至皆未動也。陰陽儲與，呼吸浸潭，包裹風俗，儲與，猶尚羊，無所主之貌。一曰：褒大貌。浸潭，廣衍也。故曰包裹風俗。斟酌萬殊，旁薄衆宜，旁，並。薄，近也。衆物宜適也。以相嘔咐醖釀，而成育羣生。醖釀，猶和調也。是故春肅秋榮，冬雷夏霜，皆賊氣之所生。由此觀之，天地宇宙，一人之身也；六合之内，一人之制也。○王念孫云：制字義不可通，制當爲刑，字之誤也。刑與形同。「一人之形」即承「一人之身」言之。文子下德篇正作「一人之形」。又主術篇「是故任一人之力者，則烏獲不足恃；乘衆人之制者，則天下不足有也」，制亦當爲刑，刑與形同。文子自然篇作「乘衆人之勢」，勢亦形也。劉績依文子改制爲勢，義則是而文則非矣。是故明於性者，天地不能脅也；脅，恐也。審於符者，怪物不能惑也。審，明也。符，驗也。怪物非常，人所疑惑也。故聖人者，由近知遠，而萬殊爲一。殊，異也。一，同也。

古之人，同氣于天地，與一世而優游。優游，猶委從也。○俞樾云：古之人三字，衍文也。四句一氣相屬，皆蒙「故聖人者」爲文。若有古之人三字，則文義不貫矣。此文本云：「故聖人者，由近而知遠，以萬殊爲一同，氣蒸於天地，與一世而優游。」今本而字脱去，校者誤補於遠字之下，遂誤删以字。一同與萬殊本相對爲文，今衍古之人三字，遂以同字下屬，而誤删蒸字，皆非其舊。文子下德篇作「聖人由近以知遠，以萬里爲一同，炁蒸乎天地」，宜據以訂正。彼云「由近以知遠」，卽「由近而知遠」也；「以萬里爲一同」，卽「以萬殊爲一同」也。彼云「炁蒸乎天地」，故知此脱蒸字矣。上文云「氣乃上蒸」，卽此蒸字之義也。當此之時，無慶賀之利，刑罰之威，○陳觀樓云：賀當爲賞，字之誤也。慶賞與刑罰相對，不當言慶賀。禮義廉耻不設，毁譽仁鄙不立，而萬民莫相侵欺暴虐，猶在于混冥之中。混，大也。大冥之中，謂道也。逮至衰世，人衆財寡，事力勞而養不足，於是忿争生，是以貴仁。仁鄙不齊，比周朋黨，設詐諝，懷機械巧故之心，而性失矣，諝，謀也。性失，失其純樸之性也。是以貴義。陰陽之情，莫不有血氣之感，男女羣居雜處而無别，是以貴禮。禮以别也。性命之情，淫而相脅，脅，迫。以不得已，則不和，是以貴樂。樂以和之。是故仁義禮樂者，可以救敗，而非通治之至也。

夫仁者所以救争也，義者所以救失也，禮者所以救淫也，樂者所以救憂也。神明定於天下而心反其初，心反其初而民性善，初者，始也，未有情也。未有情欲，故性善也。民性善而天地陰陽從而包之，則財足而人澹矣，貪鄙忿争不得生焉。由此觀之，則仁義不用矣。道德定於天下而民純樸，則目不營於色，營，惑。耳不淫於聲，坐俳而歌謡，被髮而浮游，雖有毛嬙、西施之色，不知説也，言尚德也。掉羽、武象，不知樂也，掉羽，羽舞也。武象，周武王樂也。淫泆無别，不得生焉。由此觀之，禮樂不用也。是故德衰然後仁生，行沮然後義立，沮，敗也。和失然後聲調，禮淫然後容飾。是故知神明然後知道德之不足爲也，知道德然後知仁義之不足行也，道德本，仁義末。知仁義然後知禮樂之不足脩也。仁義大也，禮樂小也。今背其本而求其末，釋其要而索之於詳，未可與言至也。至，至德之道也。

天地之大，可以矩表識也；矩，度也。表，影表。識，知也。星月之行，可以曆推得也；曆，術也。推，求也。○文典謹按：意林引，作「天地雖大，可以矩表知之；星月之形，可以律曆知之」。雷震之聲，可以鼓鐘寫也；寫，猶放斅也。○王念孫云：雷震當爲雷霆，字之誤也。天地、星月、雷霆、風雨相對爲文。太平御覽天部十三引此，正作雷霆。文子下德篇同。風雨之變，可以音律知也。律知陰陽。是故大可覩者，可得而量也；明可見者，可得而蔽也；蔽，或作察。聲可聞者，可得而調也；色可察者，可得而別也。夫至大，天地弗能含也；至微，神明弗能領也。領，理也。及至建律曆，別五色，異清濁，清商，濁宮。味甘苦，則樸散而爲器矣。立仁義，脩禮樂，則德遷而爲僞矣。脩，設也。遷，移也。及僞之生也，飾智以驚愚，設詐以巧上，巧欺上也。天下有能持之者，有能治之者也。有能持之者，桀、紂之民。有能治之者，湯、武之君也。○王念孫云：「有能治之者也」當作「未有能治之者也」。言詐僞並起，天下有能以法持之者，未有能以道治之者也。其能治之者，必待至人，下文「至人之治也」云云是也。文子下德篇作「天下有能持之，而未有能治之者也」，是其證。高所見本蓋脱未字。昔者蒼頡作書而天雨粟，鬼夜哭；蒼頡始視鳥迹之文，造書契，則詐僞萌生。詐僞萌生，則去本趨末，棄耕作之業而務錐刀之利。天知其將餓，故爲雨粟。鬼恐爲書文所劾，故夜哭也。鬼或作兔，兔恐見取豪作筆，害及其軀，故夜哭。○陶方琦云：意林引許注：「倉頡，黄帝史臣也。造文字則詐僞生，故鬼哭也。」按：説文敍云「黄帝之史倉頡」，與注淮南説同。伯益作井，而龍登玄雲，神棲昆侖；伯益佐舜，初作井，鑿地而求水。龍知將決川谷，漉陂池，恐見害，故登雲而去，棲其神于昆侖之山也。○文典謹按：高注「登雲而去，棲其神于昆侖之山」，據此，則神者龍之神也，殊失其義矣。龍登玄雲，神棲昆侖，相對爲文，謂龍登於玄雲，神棲於昆侖也。論衡感虚篇曰：「傳書又言伯益作井，龍登玄雲，神棲崑崙。言作井有害，故龍神爲變也。夫言龍登玄雲，實也。言神棲崑崙，又言爲作井之故，龍登神去，虚也。」又曰：「所謂神者，何神也？百神皆是。百神何故惡人爲井？」是神者百神，非龍之神也明矣。高注失之。**能愈多而德愈薄矣。**愈，益也。○王念孫云：太平御覽鱗介部一引此，「能愈多」作「智愈多」。案：當作「智能愈多」。智能二字總承上文言之，今本脱智字，御覽脱能字。文子下德篇作「智能彌多而德滋衰」，是其證。**故周鼎著倕，使銜其指，以明大巧之不可爲也。**倕，堯之巧工也。周鑄鼎，著倕像於鼎，使銜其指。假令倕在見之，伎巧不能復踰，但當銜齧其指，故曰以明巧之不可爲也。一説：周人鑄鼎畫象，鏤倕身于鼎，使自銜其指，以戒後世，明不當大巧爲也。**故至人之治也，心與神處，形與性調，靜而體德，動而理通，隨自然之性而緣不得已之化，洞然無爲而天下自和，憺然無欲而民自樸，無機祥而民不夭，不忿争而養足，兼包海内，澤及後世，不知爲之者誰何。**道無姓名，自當然也，故曰不知誰何也。**是故生無號，死無謚，實不聚而名不立，**實，財也。道不名，故名不立。**施者不德，受者不讓，**施者不以爲恩德，振不足而已。受者不讓之，則受之，不飾辭讓也。**德交歸焉而莫之充忍也。**忍，不忍也。○王念孫云：高蓋誤讀「充忍也」二字爲句，訓忍爲不忍，於正文無當也。今案：「充忍」二字當連讀，忍讀爲牣。大雅靈臺篇「於牣魚躍」，毛傳曰：「牣，滿也。」德交歸焉而莫之充滿，所謂「大盈若虛」也。鄭風將仲子、大雅抑及周官山虞釋文忍字並音刃，忍有刃音，故又與牣通。史記殷本紀「充仞宮室」，後漢書章八王傳「充牣其第」，牣、仞、忍並同聲而通用。故德之所總，道弗能害也；總，一也。○俞樾云：總字無義，乃利字之誤。利古文作𥝢，總俗作惣，其上半相似，因而致誤。周書大匡篇「及其利害」，今本利亦誤作總，是其證也。德之所利，道弗能害，利與害義相應。○文典謹按：下文「德之所總要」，注「總，凡也」，與此文及注誼皆相類。且高氏所據本已作總，安得有俗書之惣與古文之𥝢以形似致誤乎？俞說鑿矣。智之所不知，辯弗能解也。有智謀者尚不能知，但口辯者何能解也？不言之辯，不道之道，若或通焉，謂之天府。或，有也。有能通不言之辯，不道之道者，入天之府藏。取焉而不損，損，減。酌焉而不竭，酌，猶予。竭，盡也。莫知其所由出，是謂瑤光。瑤光者，資糧萬物者也。瑤光，謂北斗杓第七星也，居中而運，歷指十二辰，擿起陰陽，以殺生萬物也。一說：瑤光，和氣之見者也。

振困窮，補不足，則名生；名，仁名也。興利除害，伐亂禁暴，則功成。功，武功也。世無災害，雖神無所施其德；上下和輯，雖賢無所立其功。昔容成氏之時，道路鴈行列處，容成，黄帝時造曆術者。鴈行，長幼有差也。託嬰兒於巢上，置餘糧於晦首，虎豹可尾，虺蛇可蹍，而不知其所由然。虎豹攫人，無害人之心，故可牽尾。虺蛇不螫毒，故可蹍履也。時人謂自當然耳，故曰不知其所由然。○莊逵吉云：擾人之擾，當作獿，古柔字也。**逮至堯之時，十日竝出，焦禾稼，殺草木，而民無所食。猰貐、鑿齒、九嬰、大風、封豨、脩蛇皆爲民害。**猰，讀車軋履人之軋。貐，讀疾除瘉之瘉。猰貐，獸名也，狀若龍首。或曰：似貍，善走而食人，在西方也。鑿齒，獸名，齒長三尺，其狀如鑿，下徹頷下，而持戈盾。九嬰，水火之怪，爲人害。大風，風伯也，能壞人屋舍。封豨，大豕。楚人謂豕爲豨也。脩蛇，大蛇，吞象三年而出其骨之類。○王念孫云：漢書楊雄傳應劭注、文選辯命論注、太平御覽皇王部五、兵部三十六引此，鑿齒皆在封豨下，各本誤在猰貐下。又案：道藏本、劉本、朱本猰貐以下六者之注文，本分見於下文六句之下。（文選王融曲水詩序注、辯命論注、太平御覽皇王部五、兵部三十六、羽族部十四所引皆如是。）故「鑿齒，獸名」云云本在下文「誅鑿齒於疇華之澤」之下。自茅本始移六者之注於此文下，而次鑿齒之注於猰貐之下，九嬰之上，則是以已誤之正文改不誤之注文也。莊本從之，謬矣。○俞樾云：高注曰「大風，風伯也，能壞人屋舍」，此下當有「一曰鷙鳥」四字，而今脱之。文選劉孝標辨命論注引高誘曰：「大風，鷙鳥。」是其證也。下文「繳大風於青丘之澤」，注曰：「羿于青丘之澤繳遮，使不爲害也。一曰：以繳繫矢射殺之。」繳遮之説，以風言也；繳射之説，以鳥言也。**堯乃使羿誅鑿齒於疇華之野，**羿善射，堯使羿射殺之。疇華，南方澤名。○洪亮吉云：當即國語依疇、歷華二地。**殺九嬰於凶水之上，**北狄之地有凶水。**繳大風於青丘之澤，**羿于青丘之澤繳遮，使不爲害也。一曰：以繳繫矢射殺之。青丘，東方之澤名也。○王念孫云：「疇華之野，野本作澤，故高注云南方澤名。青丘之澤，澤本作野，時則篇云「東至青丘樹木之野」是也。高注本作「青丘，東方丘名也」。今本正文澤野二字互誤，高注「東方丘名」，丘字又誤作澤。文選王融三月三日曲水詩序注引此作「青丘之澤」，亦後人依誤本改之。辯命論注引此正作「疇華之澤」、「青丘之野」。又北堂書鈔地部一、太平御覽地部十八、皇王部五、兵部三十六、資産部十二引此，並作「疇華之澤」、「青丘之野」。又皇王部五、資産部十二引高注並作「青丘，東方丘」。論衡感類篇亦云「堯繳大風於青丘之野」。○俞樾云：王氏念孫謂「疇華之野」野本作澤，「青丘之澤」澤本作野，引北堂書鈔、太平御覽爲證。然劉孝標辨命論曰「鑿齒奮於華野」，華野者，疇華之野也。若本作「疇華之澤」，何不曰「華澤」而曰「華野」乎？然則古本自作「疇華之野」、「青丘之澤」，類書所引，殆不足據。**上射十日而下殺猰貐，**十日並出，羿射去九。○文典謹按：北堂書鈔百四十九引，作「命羿射十日，中九，烏皆死，墮羽翼」。藝文類聚一所引略同。**斷脩蛇於洞庭，禽封豨於桑林。**洞庭，南方澤名。桑林，湯所禱旱桑山之林。**萬民皆喜，置堯以爲天子。於是天下廣陝險易遠近始有道里。舜之時，共工振滔洪水，以薄空桑，**共工，水官名也，柏有之後。振，動也。滔，蕩也。欲壅防百川，滔高堙庳，以害天下者。薄，迫也。空桑，地名，在魯也。**龍門未開，呂梁未發，江、淮通流，四海溟涬，民皆上丘陵，赴樹木。**龍門，河之隘也，在左馮翊夏陽北，禹所鑿也。呂梁，在彭城呂縣，石生水中，禹決而通之，民所由得度也，故曰呂梁也。未發之時，水道不通，江、淮合流，四海溟涬，無岸畔也。○莊逵吉云：呂梁有兩說。一説在西河，司馬彪曰「吕梁在離石縣西」是也。水經注云：「河水左合一水出善無縣故城西南八十里，其水西流，歷于吕梁之山而爲吕梁洪。昔吕梁未闢，河出孟門之上，蓋大禹所闢以通河也。今離石縣西，歷山尋河，並無過峘，至是乃爲巨險，即吕梁矣。在離石北以東百有餘里。」道元雖駁正郡國志，然亦主西河之説矣。一説在彭城，即注是也。云「石在水中」者，説文解字：「砅，履石渡水也。」考詩「在彼淇梁」「在彼淇厲」，以例推之，厲亦即砅字。梁、砅俱置石水中以渡行旅之義。段國沙州記云：「吐谷渾於河上作橋，謂之河砅。」亦其事矣。毛、鄭注詩，恐未得其解。**舜乃使禹疏三江五湖，闢伊闕，導廛、澗，**伊闕，山名也。禹所開以通伊水，故曰闢。伊闕在洛陽西南九十里。廛、澗，兩水名。廛，讀裹纏之纏。○文典謹按：御覽八十一引，闢作決。**平通溝陸，流注東海。**○文典謹[一]按：御覽八十一引，作「通溝洫，注之東海」。**鴻水漏，九州乾，萬民皆寧其性。是以稱堯、舜以爲聖。晚世之時，帝有桀、紂，爲琁室、瑶臺、象廊、玉牀，**琁、瑶，石之似玉，以飾室臺也。用象牙飾廊殿，以玉爲牀。言淫役也。琁或作旋，瑶或作摇。言室施機關，可轉旋也；臺可摇動，極土木之巧也。○陶方琦云：文選班固西都賦注引許注：「廊，屋也。」後漢申屠剛傳注：「廊，殿下屋也。」漢書司馬相如傳「高廊四注」，注：「堂下四周屋也。」史記龜策傳「教爲象郎」，集解引許君注「象牙郎」，當亦是此處注文。○王念孫云：「爲

[一]「謹」，原本作「證」，形近而誤，今改。

琁室」上脱桀字。大戴禮少閒篇注、北堂書鈔帝王部二十、太平御覽皇王部七引此，爲上皆有桀字。**紂爲肉圃、酒池，**紂積肉以爲園圃，積酒以爲淵池。今河内朝歌，紂所都也。城西有糟丘酒池處是也。**燎焚天下之財，**○俞樾云：「天下之財」不當言「燎焚」，燎焚當作撩聚。古人書聚字或作取，漢書古今人表聚子，師古注曰：「取，聚字也。」俗書焚字作林，兩形相似而誤。聚誤爲焚，自然改撩爲燎矣。廣雅釋詁：「撩，取也。」聚與取古字通。周易萃彖傳「聚以正也」，釋文曰：「聚，荀作取。」漢書五行志「内取兹爲禽」，師古曰：「取，讀如禮記聚麀之聚。」並其證也。撩聚即撩取，謂撩取天下之財也。**罷苦萬民之力，刳諫者，剔孕婦，**王子比干，紂之諸父也，數諫紂之無道，紂剖其心而觀之，故曰刳諫者。孕婦，姙身將就草之婦也。紂解剔觀其胞裹，故曰剔孕婦也。**攘天下，虐百姓。於是湯乃以革車三百乘伐桀於南巢，放之夏臺，**革車，兵車也。南巢，今廬江巢縣是也。夏臺，大臺，故作宫也。**武王甲卒三千破紂牧野，殺之於宣室，**武王，周文王之子發也。在車曰士，步曰卒。牧野，南郊地名，在朝歌城外。宣室，殷宫名。一曰：宣室，獄也。**天下寧定，百姓和集，是以稱湯、武之賢。由此觀之，有賢聖之名者，必遭亂世之患也。今至人生亂世之中，含德懷道，拘無窮之智，鉗口寢説，遂不言而死者，衆矣，**至人，至德之人。○王念孫云：拘字義不可通，劉本作抱，是也。含、懷、抱三字同意。**然天下莫知貴其不言也。**無有貴鉗口不言而死也。**故道可道，非常道；**至道無名，不可道，故曰可道者非常道也。**名可名，非常名。**真人之名不可得名也。**著於竹帛，鏤於金石，可傳於人者，其粗也。五帝三王，殊事而同指，異路而同歸。**五帝，黄帝、顓頊、帝嚳、帝堯、帝舜。三王，夏禹、商湯、周文王。同歸，同歸修仁義也。**晚世學者，不知道之所一體，德之所總要，**總，凡也。要，約也。○陶方琦云：文選殷仲文桓公九井詩注、盧諶贈劉琨詩注、潘岳河陽詩注引許注：「猥，凡也。」當附此處。許本必作「德之所總猥」。廣雅：「猥，衆也。」漢書溝洫志「水猥盛」，注：「猥，多也。」董仲舒傳「勿猥勿并」，注：「猥，積也。」是猥又通委，委亦衆多義。凡，説文云：「冣括也。」三倉：「凡，數之總名也。」最括亦總其緐多之謂。凡義亦與緐近。小爾雅：「凡，多也。」廣雅：「緐，衆也。」人物志效難篇「相與分亂于總猥之中」，是總與猥正連訓。**取成之迹，相與危坐而説之，鼓歌而舞之，故博學多聞，而不免於惑。**○陳觀樓云：「取成之迹」，當依文子精誠篇作「取成事之迹」。**詩云：「不敢暴虎，不敢馮河。人知其一，莫知其他。」此之謂也。**無兵搏虎曰暴虎。無舟檝而渡曰馮河。言小人而爲政，不可不敬，不敬則危，猶暴虎馮河之必死。人皆知暴虎馮河立至害也，故曰「知其一」；而不知當畏脅小人危亡也，故曰「莫知其佗」。此不免于惑，此之謂也。

帝者體太一，體，法也。太一，天之刑神也。**王者法陰陽，霸者則四時，君者用六律。秉太一者，牢籠天地，彈壓山川，**牢，讀屋霤，楚人謂牢爲霤。彈山川，令出雲雨，復能壓止之也。**含吐陰陽，伸曳四時，**伸曳，猶伸引，和調之也。○文典謹按：藝文類聚十一引，伸曳作申洩。**紀綱八極，經緯六合，**○王念孫云：「秉太一者」，秉字後人所加。下文「體太一者」云云，是釋上文「體太一」之義；此文「太一者」云云，是專釋太一二字之義，「太一者」之上不當有秉字也。且下文「陰陽者」、「四時者」、「六律者」皆與此文同一例，加一秉字，則與下文不合矣。藝文類聚帝王部一引此作「體太一者」，亦與下文相複。文選魏都賦、文賦注引此，皆作「太一者」，無秉字，亦無體字。**覆露照導，普氾無私，**普，太也。氾，衆也。無私愛憎，言皆公也。○文典謹按：文選王元長三月三日曲水詩序注引，照導作昭道。又按：藝文類聚十一引，普氾下有而字。**蠉飛蠕動，莫不仰德而生。**○文典謹按：藝文類聚十一引，蠉飛作翾飛。集韻：「蠉，蟲行皃。」爾雅釋蟲「蜎蠉」，注：「井中小赤蟲也。」皆與飛字義不相屬。說文：「翾，小飛也。」當以作翾者爲是。卽原道篇「蠉飛蝡動」字，亦當作翾。**陰陽者，承天地之和，形萬殊之體，**○文典謹按：藝文類聚十一引，萬殊作萬類。**含氣化物，以成埒類，**埒，形也。**嬴縮卷舒，淪於不測，**嬴，長也。縮，短也。卷，屈也。舒，散也。淪，入也。測，深也。入于不可測盡之深。**終始虛滿，轉於無原。**轉化歸於無窮之原本也。○王念孫云：正文言無原，不言無窮之原，高說非也。原，度也，量也。言陰陽之化轉於無量也。廣雅：「量、謜，度也。」謜與原通。宋玉神女賦「志未可乎得原」，韓子主道篇「掩其跡，匿其端，下不能原」，皆謂不可量度也。漢書王莽傳「功亡原者賞不限」，言有無量之功則有不限之賞也。（顔師古注：「無原，謂不可測其本原。」失之。）是古謂無量爲無原。淪於不測，轉於無原，其義一也。**四時者，春生夏長，秋收冬藏，取予有節，出入有時，**○王念孫云：有時本作有量，此涉上文四時而誤也。取予有節，出入有量，量與節義相近。若作時，則非其指矣。且量與長、藏爲韻，若作時，則失其韻矣。文子正作「出入有量」。**開闔張歙，不失其敍，**歙，讀曰脅。敍，次也。○文典謹按：御覽十九引注，作「歙，讀曰翕」。又藝文類聚十一引，歙作斂，疑非。**喜怒剛柔，不離其理。**理，道也。**六律者，生之與殺也，賞之與罰也，予之與奪也，**予，布施也。奪，取收也。**非此無道也，**則四時用六律之君，非用此上事，其餘無他道也。**故謹於權衡準繩，審乎輕重，足以治其境內矣。**權衡，平也。準，法也。繩，直也。**是故體太一者，明於天地之情，通於道德之倫，聰明燿於日月，精神通於萬物，動静調於陰陽，喜怒和於四時，德澤施於方外，**施，延。延于遠方之外。**名聲傳于後世。**後世傳聞之也。**法陰陽者，德與天地參，明與日月竝，**竝，併也。**精與鬼神總，**總，合也。**戴圓履方，抱表懷繩，**圓，天也。方，地也。表，正也。繩，直也。**内能治身，外能得人，**能得人之歡心。**發號施令，天下莫不從風。**風，化也。○王念孫云：「外能得人」本作「外得人心」，高注「能得人之歡心」，正釋「得人心」三字。今本作「外能得人」，即涉注内「能得人」而誤。此文以繩、心、風爲韻。（蒸、侵二部古或相通。秦風小戎篇以膺、弓、縢、興、音爲韻，大雅大明篇以林、興、心爲韻，生民篇以登、升、歆、今爲韻，魯頌閟宮篇以乘、縢、弓、綅、增、膺、懲、承爲韻，管子小匡篇「子大夫受政，寡人勝任；子大夫不受政，寡人恐崩」，心術篇「專於意，一於心，耳目端，知遠之證」，淮南本經篇「上下離心，氣乃上蒸」，說山篇「欲學歌謳者必先徵羽樂風，欲美和者始於陽阿、采菱」，皆其證也。古音風字在侵部，弓字在蒸部，說見唐韻正。）若作「外能得人」，則失其韻矣。文子正作「内能治身，外得人心」。則四時者，柔而不脆，剛而不鞼，鞼，折也。寬而不肆，肆，緩。雖寬不緩，過齊非也。肅而不悖，肅，急也。雖急不促悖。優柔委從，以養羣類，類，物類也。其德含愚而容不肖，無所私愛。私，邪也。用六律者，伐亂禁暴，進賢而退不肖，扶撥以爲正，撥，任也。扶，治也。壞險以爲平，矯枉以爲直，矯，正也。枉，曲也。明於禁舍開閉之道，乘時因勢以服役人心也。役，使也。帝者體陰陽則侵，爲諸夏所侵陵。王者法四時則削，爲諸夏所侵削。傳曰「諸候侵犯王略」也。霸者節六律則辱，爲鄰國所侮辱。君者失準繩則廢。爲臣所廢，更立賢君。故小而行大，則滔窕而不親；滔窕，不滿密也。不爲下所親附也。大而行小，則陿隘而不容。行小則政陿隘，而不容包臣下。貴賤不失其體，而天下治矣。不失其體，大行大，小行小也。

天愛其精，地愛其平，精，光明也。平，正也。○俞樾云：詩黍苗篇「原隰既平」，毛傳曰：「土治曰平。」此平字之義也。高注曰「平，正也」，未得其旨。人愛其情。情，性也。天之精，日月星辰雷電風雨也；地之平，水火金木土也；人之情，思慮聰明喜怒也。故閉四關，止五遁，則與道淪。四關，耳、目、心、口。遁，逸也。淪，入也。是故神明藏於無形，精神反於至真，真，身也。○王念孫云：精神與神明意相複，神字卽涉上句而誤，精神當爲精氣。淮南一書多以神與氣對文也。文子下德篇正作「精氣反於至真」。則目明而不以視，耳聰而不以聽，心條達而不以思慮，委而弗爲，和而弗矜，矜，自大也。冥性命之情，而智故不得襍焉。襍，糅也。精泄於目則其視明，泄，猶通也。在於耳則其聽聰，留於口則其言當，當，合也。集於心則其慮通。故閉四關則身無患，百節莫苑，苑，病也。苑，讀南陽之宛也。○王念孫云：「身無患」當依文子下德篇作「終身無患」。終身無患，百節莫苑，相對爲文。下二句亦相對爲文。脱去終字，則句法參差不協矣。莫死莫生，莫虛莫盈，是謂真人。言守其常。

凡亂之所由生者，皆在流遁。流遁之所生者五：流，放也。遁，逸也。大構駕，興宮室，構，連也。駕，材木相乘駕也。○陶方琦云：文選蕪城賦注引，駕作架。蕪城賦注及謝朓銅雀臺詩注並引許注云：「皆屋搆飭也。」飾、飭古通，故文選引許注下云「飭一作飾」。○文典謹按：初學記居處部引，駕亦作架。延樓棧道，雞棲井幹，延樓，高樓也。棧道，飛閣複道相通。雞棲井幹，復屋熒井也，刻花置其中也。標株欂櫨，標株，柱類。欂，枅也。櫨，柱上拊，卽梁上短柱也。**以相支持，木巧之飾，盤紆刻儼，**盤，盤龍也。紆，曲屈。刻儼，浮首虎頭之屬。皆屋飾也。儼，讀儼然之儼也。**嬴鏤雕琢，詭文回波，**嬴鏤，文章鏤。雕，畫也。玉曰琢。皆巧飾也。詭文，奇異之文也。回波，若水波也。**淌游瀷淢，菱杼紾抱，**淌游瀷淢，皆文畫，擬象水勢之貌。菱，芰。杼，采實。紾，戾也。抱，轉也。皆壯采相銜持貌也。淌，讀平敞之敞。瀷，讀燕人强春言敕之敕。淢，讀郁乎文哉之郁。杼，讀楚言杼。紾，讀紾結之紾。抱，讀岐嶷之嶷。○王引之云：菱、杼皆水草也。杼讀爲芧，字亦作苧。漢書司馬相如傳上林賦「蔣芧青薠」，張揖曰：「芧，三棱也。」文選芧作苧。張衡南都賦曰：「其草則藨苧薠莞，蔣蒲蒹葭，藻茆菱芡，芙蓉含華。」是芧爲水草也。作苧者或字，作杼者借字耳。（莊子山木篇「食杼栗」，徐無鬼篇作「芧栗」，是芧與杼通。）畫爲菱杼在水波之中，故曰「淌游瀷淢，菱杼紾抱」也。高以杼爲采實，采實卽橡栗，與菱爲不類矣。**芒繁亂澤，巧僞紛挐，以相摧錯，此遁於木也。**皆采色形象文章貌。挐，讀人性紛挐不解之挐。**鑿汙池之深，肆畛崖之遠，**肆，極也。崖，垠也。**來谿谷之流，飾曲岸之際，積牒旋石，以純脩碕，**飾，治也。牒，累。純，緣也。以玉石致之水邊，爲脩碕。或作旋石，旋石切以牒累流水邊，爲脩碕。脩碕，曲中水所棠處也。○陶方琦云：文選吴都賦注、江賦注引許注：「碕，長邊也。」按：碕卽埼。漢書司馬相如傳：「激堆埼。」又通隑。相如傳「臨曲江之隑州」，注引張揖曰：「隑，長也。」與許注「長邊」義同。蓋碕从奇，奇羨、奇嬴皆有長義。説文垂下云

「遠邊也」，崖下云「高邊也」，碕爲長邊，訓義相類。○文典謹按：「積牒旋石」，文選吴都賦注引作「積疊琁玉」。**抑減怒瀨，以揚激波，**抑，止也。減，怒水也。瀨，急流也，而抑止，故激揚之波起也。○俞樾云：高注曰「減，怒水也」，減既爲怒水，何以又云怒瀨乎？高説非也。減者，逆也。言抑而逆之，以揚其波也。莊子天下篇「其風窢然」，郭注曰：「逆風所動之聲。」水逆謂之減，猶風逆謂之窢。**曲拂澶迴，以像湡、浯，**拂，戾也。澶迴，轉流也。湡，番隅；浯，蒼梧。之二國多水，江湖環之，故多象渠池以自澶迴，故法而象之也。湡，讀愚戇之愚也。○莊逵吉云：錢別駕云：浯，靈門水名。湡，邢國水名。亦通。○文典謹按：文選王元長三月三日曲水詩序注引，湡浯作偶語。又引高注，作「拂，戾。澶迴，水流也」。**益樹蓮菱，以食鼈魚，**樹，種也。蓮，藕實也；菱，芰也，皆可以養魚鼈。蓮，讀蓮羊魚之蓮也。**鴻鵠鸕鷀，稻粱饒餘，龍舟鷁首，浮吹以娱，此遁於水也。**鸕鷀，雁類。一曰：鳳之別類。龍舟，大舟也，刻爲龍文以爲飾也。鷁，大鳥也，畫其像著船頭，故曰鷁首。於舟中吹籟與竽以爲樂，故曰浮吹以娱。○文典謹按：北堂書鈔百三十七、藝文類聚七十一、文選西都賦注、江文通雜體詩注、顏延年三月三日曲水詩序注引，娱並作虞。**高築城郭，設樹險阻，崇臺榭之隆，**設，施也。樹，立也。一説：種樹木以爲險阻，令難攻易守也。積土高丈曰臺，加木曰榭也。**侈苑囿之大，以窮要妙之望，**侈，廣也。有牆曰苑，無牆曰囿，所以畜禽獸也。盡極要〔一〕之觀望也。魏闕之高，上際青雲，大厦曾加，擬於昆侖，門闕高崇嵬嵬然，故曰魏闕。大厦，大屋也。曾，重。架，材木相乘架也。其高與昆侖山相擬象。脩爲牆垣，甬道相連，甬道，飛閣複道也。甬，讀踊躍之踊。道，讀道布之道也。殘高增下，積土爲山，殘，墮也。增，益也。接徑歷遠，直道夷險，接，疾也。徑，行也。道之阨者正直之。夷，平也。終日馳騖，而無蹪蹈之患，此遁於土也。○王念孫云：「接徑歷遠」當在「直道夷險」之下。此以垣、連、山、遠、患爲韻，若移「直道夷險」於下，則失其韻矣。高注「接，疾也；徑，行也」，亦當在「夷，平也」之下。蓋正文爲寫者誤倒，後人又改注以從之耳。文選謝惠連秋懷詩注引此已作「接徑歷遠，直道夷險」，則其誤久矣。又案：蹪蹈當爲蹪陷，字之誤也。（俗書陷字作陥，又因蹪字而誤從足。）蹪與隤同。高注原道、説山、説林、脩務並云：「蹪，躓也。楚人謂躓爲蹪。」玉篇：「陷，隤也。」原道篇曰「先者隤陷，則後者以謀」，又曰「蹪陷（今本陷字亦誤作蹈。）於汚壑穽陷之中」，皆其證也。大鐘鼎，美重器，鐘，音之君也。重器，大器，蓋鐘鼎也。華蟲疏鏤，以相繆紾，書曰：「山龍華蟲藻火粉米。」繆紾，相纏結也。寢兕伏虎，蟠龍連組，兕，獸名。寢伏各有形也。蟠龍詰屈相連，文錯如織組文也。焜昱錯眩，照燿煇煌，錯，雜也。

〔一〕據正文，「要」下似脱「妙」字。

眩，惑也。照燿煇煌，焜光澤色貌也。偃蹇蓼糾，曲成文章，雕琢之飾，鍛錫文鐃，乍晦乍明，雕，畫也。緣錯錫鐃文，如脂膩不可刷，如連珠不可掇，故曰乍晦乍明也。○莊逵吉云：鐃，説文解字作「鐃，鐵文〔一〕也」。抑微滅瑕，霜文沈居，若簟籧篨，言劍理之美，没滅其瑕，文鐃如霜，皆没身中，故曰沈居。簟，竹席。籧篨，葦席。取其邪文次敍，劍鐃若此也。○孫詒讓云：「抑微」無注，以義審之，疑微當讀爲舋，聲近字通。周禮鬯人鄭司農注云：「舋讀爲徽。」此借微爲舋，與禮注讀舋爲徽正同。國語晉語韋注云：「舋，隙也。」抑微亦謂抑杜其舋隙，與滅瑕文相對也。纏錦經冗，似數而疏，劍文相句，連纏如綺，經冗如錦，似數如疏，文鐃美眩人目。此遁於金也。煎熬焚炙，○文典謹按：北堂書鈔百四十二引，焚作燔。調齊和之適，以窮荆、吴甘酸之變，荆，楚。言二國善酸鹹之和，而窮盡之。焚林而獵，燒燎大木，鼓橐吹埵，以銷銅鐵，鼓，擊也。橐，冶鑪排橐也。埵，銅橐口鐵筒，埵入火中吹火也，故曰吹埵。銷，鑠。靡流堅鍛，無猒足目，○莊逵吉云：盧詹事云：「無猒足目」，別本作足日。山無峻幹，林無柘梓，峻幹，長枝也。柘，桑。梓，滋生也。○孫詒讓云：王云：「梓當爲栙。栙，古櫱字也。」案：王説是也。惟柘栙與峻幹文不相對，柘疑當爲碩之叚字，（柘、碩聲類同。）碩栙謂萌櫱之大者。燎木以爲

〔一〕「文」字原本脱，據説文解字補。

炭，燔草而爲灰，野莽白素，不得其時，莽，草也。白，素也。上掩天光，下殄地財，此遁於火也。殄，盡也。殄，讀曰典也。此五者一，足以亡天下矣。五者之中有一，則足以滅亡也。是故古者明堂之制，下之潤溼弗能及，上之霧露弗能入，四方之風弗能襲，明堂，王者布政之堂。上圓下方，堂四出，各有左右房，謂之个，凡十二所。王者月居其房，告朔朝歷，頒宣其令，謂之明堂。其中可以序昭穆，謂之太廟。其上可以望氛祥，書雲物，謂之靈臺。其外圓，似辟雍。諸侯之制半天子，謂之泮宮，詩云「矯矯虎臣，在泮獻馘」是也。土事不文，質也。木工不斲，樸而已。斲或作琢，不雕畫也。金器不鏤，不錯鏤設文飾也。鏤，讀婁之婁。○莊逵吉云：婁之者，字從毌中女，卽婁處子義也。此讀從之。衣無隅差之削，隅，角也。差，邪也。古者質，皆全幅爲衣裳，無有邪角。邪角，削殺也。冠無觚嬴之理，觚嬴之理，謂若馬目籠相連干也。言「無」者，冠文取平直而已也。嬴，讀指端嬴文之嬴也。堂大足以周旋理文，堂，明堂。所以升降揖讓脩禮容，故曰周旋。理文，理政事文書也。靜潔足以享上帝，禮鬼神，以示民知儉節。孝經曰「宗祀文王于明堂，以配上帝」也。○文典謹按：藝文類聚三十八、初學記禮部上引，並作「示人知節也」。夫聲色五味，遠國珍怪，瓌異奇物，足以變心易志，搖蕩精神，感動血氣者，不可勝計也。夫天地之生財也，本不過五。不過五行之數。聖人節五行，則治不荒。五行，金、木、水、火、土也。水屬陰行，火爲陽行，木爲燠行，金爲寒行，土爲風行。五氣常行，故曰五行。

凡人之性，心和欲得則樂，心和，不喜不怒。欲得，無違耳。○文典謹按：羣書治要引，心和作心平。樂斯動，動斯蹈，蹈斯蕩，蕩斯歌，歌斯舞，歌舞節則禽獸跳矣。○王念孫云：「歌舞節」當作「歌舞無節」。○俞樾云：此本作「舞則禽獸跳矣」，與下文「動則手足不静」、「發怒則有所釋憾矣」文義一律，歌字、節字皆衍文也。下文曰：「故鐘鼓管簫，干鏚羽旄，所以飾喜也。」是此時所謂舞者，尚未有干鏚羽旄之飾，不過手之舞之，足之蹈之而已，其去禽獸跳踉無幾也。今衍歌字、節字，義不可通。王氏謂當作「歌舞無節」，不知節與不節，尚非所論於此也。人之性，心有憂喪則悲，悲則哀，有憂，艱難也。喪，亡也。亡失所離，愛則悲，悲則傷。哀斯憤，憤斯怒，怒斯動，動則手足不静。静，寧也。擗踊哭泣，哀以送之也。人之性，有侵犯則怒，怒則血充，人性有侵犯則怒盛，氣血充盈，以成其勢。○文典謹按：羣書治要引，侵犯上有所字。血充則氣激，氣激則發怒，發怒則有所釋憾矣。釋，解也。憾，恨也。故鐘鼓管簫，干鏚羽旄，所以飾喜也。衰絰苴杖，苴，麻之有實者。衰，讀曰崔杼之崔也。○陶方琦云：羣書治要引許注：「苴，艸。」按：説文：「苴，履中艸。」説正同。哭踊有節，所以飾哀也。爲哀所容，故曰飾也。兵革羽旄，金鼓斧鉞，所以飾怒也。必有其質，乃爲之文。古者聖人在上，○文典謹按：羣書治要引，聖人作聖王。宋本同。政教平，仁愛洽，上下同心，君臣輯睦，衣食有餘，家給人足，○文典謹按：羣書治要引，作「家足人給」。父慈慈，柔。子孝，兄良弟順，生者不怨，死者不恨，有道之世，人得其志，故生者不怨也。皆終其天命，故死者不恨。天下和洽，人得其願。夫人相樂，無所發貺，故聖人爲之作樂以和節之。夫人，衆人也。但中心相樂，無以發其恩賜也，故聖人爲之作樂以節之，猶通制也。○文典謹按：羣書治要引，樂上有禮字。末世之政，田漁重稅，關市急征，澤梁畢禁，網罟無所布，耒耜無所設，民力竭於徭役，財用殫於會賦，會，計。計人口數，責其稅斂也。○陶方琦云：羣書治要引許注：「會，計。」按：説文：「計，會也。」説正同。居者無食，行者無糧，老者不養，死者不葬，贅妻鬻子，以給上求，猶弗能澹，贅，從嫁也。或作賃妻。○文典謹按：羣書治要引，作「猶不能贍其用」。澹、贍古通用。愚夫惷婦皆有流連之心，悽愴之志，流連，猶瀾漫，失其職業也。悽愴，傷悼之貌。惷，讀近貯益之肚戇，籠口言之也。○文典謹按：羣書治要引，志作意。乃使始爲之撞大鐘，擊鳴鼓，吹竽笙，彈琴瑟，失樂之本矣。○文典謹按：「乃使始爲之」不辭。羣書治要引無使字，是也。主術篇「而乃始撞大鐘」云云，亦無使字。古者上求薄而民用給，給，足。君施其德，臣盡其忠，父行其慈，子竭其孝，竭，盡也。善事父母曰孝也。各致其愛而無憾恨其間。無憾恨，各得其願也。夫三年之喪，非强而致之，非强行致孝子之情也，情自發于中。○王念孫云：「非强而致之」，强下當有引字。高注當作「非强引致孝子之情」，今本正文脱引字，注内引字又誤作行。羣書治要引此，正作「非强引而致之」。聽樂不樂，食旨不甘，思慕之心未能絶也。三年之思，思慕之心未能自絶於哀慼也。○文典謹按：羣書治要引，絶作弛，於義爲長。晚世風流俗敗，嗜慾多，禮義廢，君臣相欺，父子相疑，怨尤充胷，思心盡亡，盡喪其忠孝思慕之心也。被衰戴絰，戲笑其中，雖致之三年，失喪之本也。本在哀慼。○文典謹按：羣書治要引，也作矣，當從之。古者天子一畿，諸侯一同，方千里爲畿，方百里爲同。○陶方琦云：羣書治要引許注：「畿，千里地。同，百里也。」按：説文：「畿，天子千里地。」與注淮南訓合。各守其分，不得相侵。分，猶界也。有不行王道者，暴虐萬民，争地侵壤，亂政犯禁，召之不至，令之不行，言不行上令者。行，讀行馬之行。禁之不止，誨之不變，誨，教也。變，更也。乃舉兵而伐之，戮其君，易其黨，封其墓，類其社，有賢者受惡君之誅，則封殖其墓。若武王伐紂，封比干之墓是也。祭社曰類。以事類祭之也。詩云「是類是禡」也。卜其子孫以代之。卜，擇立其子孫之賢也。天子不滅國，諸侯不滅姓，古之政也。○陶方琦云：羣書治要引許注：「天子不滅同姓，諸侯不滅國，自古之正也。」按：此許注羼入高注中者。古之政，蓋古禮也。論語「興滅國」，天子事也；公羊「衛侯燬，何以名？絶；曷爲絶之？爲滅同姓也」，諸侯事也。許注當乙轉。晚世務廣地侵壤，并兼無已，舉不義之兵，伐無罪之國，殺不辜之民，絶先聖之後，辜，罪也。民皆帝王之後，故曰絶先聖之後。大國出攻，小國城守，驅人之牛馬，傒人之子女，傒，繫囚之繫，讀曰雞。毁人之宗廟，遷人之重寶，血流千里，暴骸滿野，○王念孫云：血流當爲流血。流血與暴骸相對爲文。羣書治要引此，正作流血。兵略篇亦云「流血千里，暴骸盈場」。以澹貪主之欲，非兵之所爲生也。言兵爲禁暴整亂設，不爲作亂生也。○文典謹按：羣書治要引，生作主。故兵者，所以討暴，非所以爲暴也。言兵討人之暴亂，非所以自爲暴亂也。樂者，所以致和，非所以爲淫也。樂蕩人之邪志，存人之正性，致其中和而已，非所爲自淫過也。喪者，所以盡哀，非所以爲僞也。喪踊哭泣，所以盡孝子之哀情也，非所以爲詐僞、佯哀戚而已也。故事親有道矣，而愛爲務；道，孝道。務在愛敬其親。朝廷有容矣，而敬爲上；朝廷之容濟濟也。父子主愛，君臣主敬，故以敬爲上也。處喪有禮矣，而哀爲主；處，居也。喪禮，三年之禮也。論語曰「喪與其易也，寧戚」，故曰以哀爲主也。用兵有術矣，而義爲本。術，數也，陰陽天生〔一〕虛實之數也。傳曰：「天生五材，民並用之，廢一不可，誰能去兵。兵之所由來久矣，聖人以興，亂人以亡。廢興存亡，昏明之術也。」故曰以義爲本。本立而道行，本傷而道廢。本立，義立也。本傷，義喪也。故曰道廢。○文典謹按：羣書治要引，廢下有矣字。

〔一〕「生」字疑爲「地」之譌。

淮南鴻烈集解卷九

主術訓

主，君也。術，道也。君之宰國統御臣下，五帝三王以來，無不用道而興，故曰「主術」也，因以題篇。

人主之術，處無爲之事，而行不言之教，教，令也。謂不言而事辦也。**清靜而不動，一度而不搖，**○文典謹按：羣書治要引，度作動。**因循而任下，責成而不勞。**成辦而不自勞。**是故心知規而師傅諭導，**規，謀也。師者，所從取法則者也。傅，相也。諭導以正道也。○文典謹按：治要引，導作道。「諭道」與下文「稱辭」對文，於義爲長，當從之。今本作導者，涉下文「先導」而誤耳。**口能言而行人稱辭，足能行而相者先導，**相，儀也。**耳能聽而執正進諫。**諫，或作謀也。○孫詒讓云：正與政，聲同古通。後文「執正營事」同。○文典謹按：孫說是也。治要引，正作「耳能聽而執政者進諫」。**是故慮無失策，謀無過事，**過，猶誤也。○王念孫云：謀本作舉，此後人以意改之也。舉猶動也。「慮無失策」，以謀事言之；「舉無過事」，以行事言之。若改舉爲謀，則與「無過事」三字義不相屬，且與上句相複矣。羣書治要引此，正作「舉無過事」。賈子保傅篇「是以慮無失計，而舉無過事」，即淮南所本。（大戴禮保傅篇同。）文子自然篇

「謀無失策，舉無過事」，又本於淮南也。言爲文章，○文典謹按：治要引，爲作成。行爲儀表於天下，爲天下人所法則也。○俞樾云：「於天下」三字，衍文也。涉高注曰「爲天下人所法則也」，故誤衍此三字。進退應時，動静循理，不爲醜美好憎，不爲賞罰喜怒，名各自名，類各自類，事猶自然，○文典謹按：治要引，猶作由。猶、由古通用。莫出於己。故古之王者，冕而前旒所以蔽明也，冕，王者冠也。前旒，前後垂珠飾邃筵也。下自目，故曰蔽明也。天子玉縣十二，公侯挂珠九，卿點珠六，伯子各應隨其命數也。○陶方琦云：羣書治要引許注：「冕，冠也。前旒，冕前珠飾也。」按：説文「冕」下云：「冕，大夫以上冠也，邃延垂瑬紞纊。」又「瑬」下云：「垂玉也，冕飾。」黈纊塞耳所以掩聰，不欲其妄聞也。黈，讀而買黈蓋之黈也。○陶方琦云：羣書治要引許注：「黈纊，所以塞耳。」按：説文「冕」下作紞纊。「紞」下云：「冕冠塞耳者也。」説正同。天子外屏所以自障。屏，樹垣也。門内之垣謂之樹。論語曰：「國君樹塞門。」諸侯在内，天子在外，故曰所以自障也。故所理者遠則所在者邇，○文典謹按：治要引，邇作近。所治者大則所守者少。○王念孫云：少當爲小，字之誤也。羣書治要引此，正作小。夫目妄視則淫，耳妄聽則惑，○文典謹按：治要引，聽作聞。口妄言則亂。夫三關者，不可不慎守也。若欲規之，乃是離之；言嗜欲有所規合，乃是離散也。若欲飾之，乃是賊之。飾，好也。賊，敗也。天氣爲魂，地氣爲魄，反之玄房，各處其宅。守而勿失，上通太一。太一之精，通於天道。〇王念孫云：「通於天道」本作「通合於天」，今本脱合字，衍道字。（道字涉下句「天道玄默」而衍。）文子自然篇正作「通合於天」。天與精爲韻。（天字合韻讀若汀。小雅節南山篇「不弔昊天」與定、生、寧、醒、成、政、姓爲韻。大雅雲漢篇「瞻卬昊天」與星、嬴、成、正、寧爲韻。瞻卬篇「瞻卬昊天」與寧、定爲韻。乾彖傳「乃統天」、「時乘六龍以御天」與形、成、命、貞、寧爲韻。坤彖傳「乃順承天」與生爲韻。乾文言「時乘六龍，以御天也」與精、情、平爲韻。楚辭九章「瞭杳杳而薄天」，九辯「瞭冥冥而薄天」，並與名爲韻。凡周、秦用韻之文，天字多有入耕部者。詩、易、楚辭而外，不可枚舉。）若作「通於天道」，則失其韻矣。此文上下十八句皆用韻。天道玄默，無容無則，大不可極，深不可測，測，盡。尚與人化，知不能得。天道至大，非人智慮所能得也。

昔者神農之治天下也，神不馳於胷中，言釋神安静，不躁動也。智不出於四域，信身在中。懷其仁誠之心，懷，思。甘雨時降，〇文典謹按：御覽七十八引，「甘雨時降」作「甘雨以時」。五穀蕃植，蕃，茂。植，長。春生夏長，秋收冬藏。月省時考，歲終獻功，以時嘗穀，穀，新穀也。薦之明堂，嘗之也。〇文典謹按：北堂書鈔二十八引，獻功作報功。祀于明堂。明堂之制，有蓋而無四方，風雨不能襲，寒暑不能傷。〇文典謹按：御覽七十八引，寒暑作燥濕。遷延而入之，養民以公。遷延，猶倘佯也。已説在本經也。其民樸重端慤，端，直也。愨，誠也。不忿争而財足，不勞形而功成。因天地之資，而與之和同，是故威厲而不殺，○王念孫云：殺本作試，此後人以意改之也。荀子議兵、宥坐二篇及史記禮書並云「威厲而不試，刑錯而不用」，不試猶不用也。若云「不殺」，則非其指矣。太平御覽皇王部三引此，正作「不試」。文子精誠篇同。刑錯而不用，法省而不煩，省，約也。煩，多也。故其化如神。其地南至交阯，北至幽都，幽冥之都。東至暘谷，暘谷，日所出也。西至三危，三危，西極之山。莫不聽從。當此之時，法寛刑緩，囹圄空虚，而天下一俗，一同其俗。莫懷姦心。末世之政則不然，上好取而無量，下貪狼而無讓，民貧苦而忿争，事力勞而無功，智詐萌興，盗賊滋彰，上下相怨，號令不行。執政有司，不務反道矯拂其本，而事修其末，事，治。削薄其德，曾累其刑，而欲以爲治，無以異於執彈而來鳥，捭梲而狎犬也，亂乃逾甚。逾，益。○莊逵吉云：梲，説文解字云：「木杖也。」攷禰衡執梲以駡曹操，亦是杖。此捭梲義當從之。○陳觀樓云：説山篇作「執彈而招鳥，揮梲而呼狗」，則捭字當爲揮字之譌。説文：「揮，奮也。」○陶方琦云：意林、御覽九百五、事類賦引許注：「揮，挾。梲，杖也。」按：説文：「梲，木杖也。」説正同。説文：「挾，俾持也。」○文典謹按：御覽九百五引，捭作袖。

夫水濁則魚噞，魚短氣，出口於水，喘息之諭也。○文典謹按：文選吳都賦注、長笛賦注引，噞下皆有喁字。政苛則民亂。言無聊也。○莊逵吉云：説文解字：「喁，魚口上見。」論語素王受命讖曰：「莫不喁喁，延頸歸德。」蓋亦衆口上向之義。「水濁則魚喁，政苛則民亂」十字出韓詩外傳。淮南之文，博采通人，信而有證。此乃改喁爲噞，噞、喁古音相近，古字無卽異文與？

故夫養虎豹犀象者，爲之圈檻，供其嗜欲，適其飢飽，違其怒恚，然而不能終其天年者，形有所劫也。是以上多故則下多詐，故，詐。○洪頤煊云：原道訓「不設智故，而方圓曲直弗能逃也」，高注：「智故，巧飾也。」俶真訓「不以曲故是非相見」，高注：「曲故，曲巧也。」本經訓「懷機械巧故之心而性失矣」，俶真訓「巧故萌生」，吕氏春秋下賢篇「空空乎其不爲巧故也」，故當訓爲巧，不爲詐也。上多事則下多態，上煩擾則下不定，不定，不知所從也。上多求則下交争。不直之於本，而事之於末，譬猶揚堁而弭塵，抱薪以救火也。堁，塵塺也，楚人謂之堁。堁，動塵之貌。弭，止也。○陶方琦云：文選宋玉風賦注引許注：「堁，塵塺也。」按：此許注羼入高注本者。説文：「塺，塵也。」廣雅釋詁：「堁，塵也。」故聖人事省而易治，求寡而易澹，澹，給。不施而仁，不言而信，不求而得，不爲而成，塊然保真，抱德推誠，誠，實。天下從之，如響之應聲，景之像形，其所修者本也。詹何曰：「未聞身治而國亂。」故曰其所修者本也。刑罰不足以移風，殺戮不足以禁姦，唯神化爲貴。至精爲神。夫疾呼不過聞百步，志之所在，踰于千里。踰，猶過也。冬日之陽，夏日之陰，萬物歸之，而莫使之然。冬日仁物歸陽，夏日猛物歸陰，莫使之，自然如是也。故至精之像，弗招而

自來，不麾而自往，窈窈冥冥，不知爲之者誰，而功自成。智者弗能誦，辯者弗能形。

昔孫叔敖恬臥，而郢人無所害其鋒；郢，楚國都也。孫叔敖，楚大夫也。蓋乘馬三年，不知其牝牡，言其賢也。但恬臥養德，折衝千里之外，敵國不敢犯害，故郢人不舉兵出伐，無所害其鋒于四方也。○王念孫云：「害其鋒」三字義不相屬，害當爲用，字之誤也。（隸書害字作⿱丰口，其上半與用相似。）高注亦當作「故郢人不舉兵出伐，無所用其鋒於四方」。莊子徐無鬼篇作「孫叔敖甘寢秉羽，而郢人投兵」。投兵亦謂無所用之也。又繆稱篇「夜行瞑目而前其手，事有所至，而明有不害」。案：不害二字義不可通，害亦當爲用。夜行者瞑目而前其手，是不用目而用手，故曰「明有不用」也。說林篇曰：「夜行者掩目而前其手，涉水者解其馬載之舟，事有所宜而有所不施。」施亦用也。（見原道、脩務二篇注。）○俞樾云：害字無義。王氏念孫謂是用字之誤，然用與害字形不似，無緣致誤也。害蓋容字之誤，容亦用也。釋名釋姿容曰：「容，用也，合事宜之用也。」是其義也。無所容其鋒，即無所用其鋒。老子曰：「兵無所容其刃。」此淮南所本也。**市南宜遼弄丸，而兩家之難無所關其辭。**宜遼，姓也，名熊，勇士，居楚市南。楚平王太子建爲費無忌所逐，奔鄭，鄭人殺之。其子勝在吳，令尹子西召之，以爲白公。請伐鄭以報讎，子西許之，而未出師。晉人伐鄭，子西救之。勝怒曰：「鄭人在此，讎不遠矣。」欲殺子西。其臣石乞曰：「市南熊宜遼，得之可以當五百人。」乃往視之，告其故，不從。舉之以劍而不動，而弄丸不輟，心志不懼，曰：「不能從子爲亂，亦不泄子之事。」白公遂殺子西。故兩家雖有難，不怨宜遼。故曰無所關其辭也。○莊逵吉云：應云「宜遼，名也，姓熊」。鞅軩鐵鎧，○孫詒讓云：鞅爲馬頸靼，於甲義無取。此疑當爲韇。草書央、貴二形近，因而致誤。國語齊語云：「輕罪贖以韇盾一戟。」韋注云：「韇盾，綴革有文如繢也。」說文革部云：「韇，革繡也。」荀子議兵篇云：「楚人鮫革犀兕以爲甲，鞈如金石。」楊注云：「鞈，堅貌。」考工記有合甲，此韇軩亦言合綴革札爲甲也。瞋目扼掔，○莊逵吉云：掔卽腕字。本或作擘者非。其於以御兵刃，縣矣！縣，遠也。比于德，不及之遠。券契束帛，刑罰斧鉞，其於以解難，薄矣！薄于德也。待目而照見，待言而使令，其於爲治，難矣！蘧伯玉爲相，子貢往觀之，曰：「何以治國？」曰：「以弗治治之。」蘧伯玉，衛大夫蘧瑗也。子貢，衛人也，姓端木，名賜，孔子弟子也。簡子欲伐衛，使史黯往覿焉。簡子，晉卿趙鞅也。史黯，史墨也。覿，觀之也。○王念孫云：覿訓爲見，不訓爲觀。覿皆當爲靚。廣雅曰：「觀、靚，視也。」玉篇：「靚，七亦切，觀也。」義皆本於高注。後人多見覿，少見靚，故靚誤爲覿矣。還報曰：「蘧伯玉爲相，未可以加兵。」以其賢也。固塞險阻，何足以致之！致，猶勝也。故皋陶瘖而爲大理，天下無虐刑，有貴于言者也。雖瘖，平獄理訟能得人之情，故貴於多言者也。師曠瞽而爲太宰，晉無亂政，有貴于見者也。雖盲，而大治晉國，使無有亂政，故貴於有所見。故不言之令，不視之見，不言之令，皋陶瘖也。不視之見，師曠瞽也。此伏犧、神農之所以爲師也。故民之化也，○王念孫云：「民之化也」本作「民之化上也」。下句其字，正指上而言，脱上字，則義不相屬。文子精誠篇正作「民之化上」。不從其所言，而從所行。故齊莊公好勇，不使鬭争，而國家多難，其漸至于崔杼之亂。莊公，齊靈公之子光。崔杼，齊大夫也。亂，殺莊公也。頃襄好色，不使風議，而民多昏亂，其積至昭奇之難。楚頃襄王。昭奇，楚大夫也。故至精之所動，若春氣之生，秋氣之殺也，雖馳傳鶩置，不若此其亟。亟，疾。故君人者，其猶射者乎！於此豪末，於彼尋常矣。故慎所以感之也。夫榮啟期一彈，而孔子三日樂，感于和。鄒忌一徽，而威王終夕悲，感于憂。徽，鶩彈也。威王，齊宣王之父也，在春秋後。徽，讀紛麻縗車之縗也。○陶方琦云：文選陸機文賦注、劉孝標廣絶交論注、陸機弔魏武文注引許注：「鼓琴循絃謂之徽。悲雅俱有，所以成樂。直雅而無悲，則不成。」按：二注文異。漢書揚雄傳「高張急徽」，注：「徽，琴徽也。」然循絃之説，義與揮同。琴賦云「伯牙揮手」是也。悲雅下當有誤文，疑是「悲絃俱有，所以成樂。直絃而無悲，則不成樂」。雍門周善彈琴，以哭見孟嘗君，即此意也。齊俗訓：「徒絃則不能悲。故絃，悲之具也，而非所以爲悲。」許注即本此。動諸琴瑟，形諸音聲，而能使人爲之哀樂。哀，威王也。樂，孔子也。縣法設賞，而不能移風易俗者，其誠心弗施也。甯戚商歌車下，桓公喟然而寤，甯戚飯牛車下，叩角商歌。齊桓公悟之，用以爲相。○陶方琦云：王子淵四子講德論注、陶淵明夜行塗口詩注引許注：「甯越，衛人。聞齊桓公興霸，無因自達，將車自往。商，秋聲也。」按：二注文異，許本作甯越，甯越乃周威王師，非是。越當是戚。說文：「戚，戉也。」當是古本或作戉，遂加走爲越也。今道應訓亦作甯越，均誤。道應訓：「甯越欲干齊桓公，困窮無以自達，於是爲商旅，將任車以商于齊。」許即用此文。文選嘯賦注亦引淮南子注：「甯戚，衛人。商，金聲清，故以爲曲。」當並是許注。至精入人深矣！故曰：樂聽其音則知其俗，見其俗則知其化。○王念孫云：樂字與下文義不相屬，當有脱文。文子精誠篇作「聽其音則知其風，觀其樂卽知其俗，見其俗卽知其化」。孔子學鼓琴於師襄，師襄，魯樂太師也。而諭文王之志，見微以知明矣。諭，教。教之鼓文王操也。延陵季子聽魯樂而知殷、夏之風，論近以識遠也。作之上古，施及千歲而文不滅，況於竝世化民乎！湯之時，七年旱，○文典謹按：初學記天部下引，七年作九年。以身禱於桑林之際，而四海之雲湊，千里之雨至。湊，會也。或作蒸。蒸，升也。抱質效誠，感動天地，神諭方外，令行禁止，豈足爲哉！

古聖王至精形於內，而好憎忘於外，形，見。好憎，情欲以充。出言以副情，發號以明旨，陳之以禮樂，風之以歌謠，業貫萬世而不壅，貫，通。壅，塞也。○王念孫云：業當爲葉，聲之誤也。葉，聚也，積也。貫，累也。言積累萬世而不壅塞也。方言曰：「葉，聚也。（廣雅同。）楚通語也。」楚辭離騷「貫薜荔之落蘂」，王注曰：「貫，累也。」（廣雅同。）荀子王霸篇「貫日而治詳」，楊倞曰：「貫日，積日也。」是葉貫皆積累之意也。俶真篇曰：「枝解葉貫，萬物百族。」義與此葉貫同。原道篇曰：「大渾而爲一，葉累而無根。」葉累猶葉貫也。俶真篇曰：「橫廓六合，揲貫萬物。」揲貫猶葉貫也。（彼言橫廓六合，猶此言橫扃四方，彼言揲貫萬物，猶此言葉貫萬世。故廣雅云：「揲，積也。」）高注訓貫爲通，失之矣。橫扃四方而不窮，禽獸昆蟲與之陶化，化，從。昆蟲，或作鬼神。又況於執法施令乎！故太上神化，其次使不得爲非，其次賞賢而罰暴。暴，虐亂也。衡之於左右，無私輕重，故可以爲平。衡，銓衡也。繩之於內外，無私曲直，故可以爲正。人主之於用法，無私好憎，故可以爲命。夫權輕重不差蟁首，蟁首，猶微細也。扶撥枉橈不失鍼鋒，直施矯邪不私辟險，姦不能枉，讒不能亂，德無所立，立，見。怨無所藏，是任術而釋人心者也，故爲治者不與焉。治在道，不在智，故曰不與。○王念孫云：不與上當有智字。老子曰：「以智治國，國之賊。不以智治國，國之福。」故曰「爲治者智不與焉」。脱去智字，則文不成義。高注曰：「治在道，不在智，故曰不與焉。」則有智字明矣。文子下德篇正作「知不與焉」。夫舟浮於水，車轉於陸，此勢之自然也。木擊折轊，○文典謹按：意林引，轊作軸。水戾破舟，不怨木石而罪巧拙者，罪御者、刺舟者之巧拙也。○俞樾云：「水戾破舟」當作「石戾破舟」，故云「不怨木石」。今作水戾，則下句石字無著矣。巧字疑功字之誤。功與工通，周官肆師職「凡師不功」，故書功爲工是也。不罪木石而罪工拙，工卽工人之工，言不罪木石而罪作舟車者之拙也。高注曰：「罪御者、刺舟者之巧拙也。」是其所據本已誤。○文典謹按：意林引，巧拙者下有何也二字。知故不載焉。言木石無巧詐，故不怨也。○文典謹按：意林引作「智有不周」。是故道有智則惑，言道智則惑也。德有心則險，心有目則眩。眩於物也。兵莫憯於志而莫邪爲下，○陶方琦云：史記集解引許注：「莫邪，大戟也。」按：說文鏌字下云：「鏌鋣也。」集解引文當是許注淮南本，故作莫邪。漢書揚雄傳「杖鏌邪」，注亦云「鏌邪，大戟也」。脩務訓「而不期于墨陽、莫邪」，高注「美劍名」，正與許異。寇莫大於陰陽而枹鼓爲小。小，細。憯，猶利也。以智意精誠伐人爲利。老子曰：「重積德則無不克。」故以莫邪爲下也。寇亦兵也。推陰陽虛實之道爲大，故以枹鼓爲小也。今夫權衡規矩，一定而不易，不爲秦、楚變節，不爲胡、越改容，常一而不邪，方行而不流，一日刑之，萬世傳之，而以無爲爲之。言無所爲爲之，爲自爲之。故國有亡主，而世無廢道；亡主，桀、紂是也。湯、武以其民王，故曰無廢道也。人有困窮，而理無不通。理，道。由此觀之，無爲者，道之宗。宗，本。故得道之宗，應物無窮；任人之才，難以至治。才，智也。

湯、武，聖主也，而不能與越人乘幹舟而浮於江湖；幹舟，小船也，危險，越人習水，自能乘之，故湯、武不能也。一曰：大舟也。○王念孫云：古無謂小船爲幹者，幹當爲舲，字之誤也。軨與舲同字，或作䑢。廣雅曰：「䑢，舟也。」玉篇：「舲，與䑢同，小船有屋也。」楚辭九章：「乘舲船余上沅兮。」王注曰：「舲船，船有牕牖者。」俶真篇：「越舲蜀艇，不能無水而浮。」高注曰：「舲，小船也，越人所便習。」正與此注相同。藝文類聚舟車部、太平御覽舟部引此，並作舲舟。御覽又引高注：「舲舟，小船也。」皆其證矣。○文典謹按：王說是也。羣書治要引此文，幹作䑺，文雖小異，然幹之爲誤字，益明矣。**伊尹，賢相也，而不能與胡人騎騵馬而服駒騟；**黄馬白腹曰騵。詩云：「駟騵彭彭。」駒騟，野馬也，胡人所習。伊尹雖賢，不能與服也。○陶方琦云：羣書治要引許注：「原，國名，在益州西南，出千里馬。駒騟，北野馬。」按：二注正異。許作國名，卽隱十一傳「温、原、絺、樊」之原，與高作騵解異也。說文亦無騵字，騊下云：「騊騟，北野之良馬。」與此作北野馬正同。**孔、墨博通，而不能與山居者入榛薄險阻也。**孔，孔子也。墨，墨翟也。聚木爲榛，深草爲薄，山居者所習，故孔、墨者不能也。阻或作塗。○王念孫云：險阻上脱出字。「入榛薄，出險阻」與「騎騵馬，服駒騟」相對爲文。羣書治要引此有出字。**由此觀之，則人知之於物也，淺矣，而欲以偏照海内，存萬方，**○文典謹按：「照海内」、「存萬方」相對爲文，加一偏字，則句法參差不齊，偏字疑衍文也。羣書治要引此文無偏字。下文「如此而欲照海内，存萬方，是猶塞耳而聽清濁，掩目而視青黄也」，亦無偏字，皆其證也。**不因道之數，而專己之能，則其窮不達矣。**○王念孫云：「道之數」本作「道理之數」，此後人以意删之也。下文曰：「不循道理之數。」又曰：「拂道理之數，詭自然之性。」原道篇曰：「循道理之數，因天地之自然。」皆其證也。羣書治要引此正作道理之數。文子下德篇「同則其窮不達矣」，達當爲遠，字之誤也。「其窮不遠」謂其窮可立而待也。文子下德篇正作遠。汜論篇「人章道息，則危不遠矣」，語意略與此同。**故智不足以治天下也。桀之力，制觡伸鉤，索鐵歙金，椎移大犧，水殺黿鼉，陸捕熊羆，**觡，角也。索，絞也。歙，讀協。○陶方琦云：史記正義八、御覽八十二、又九百三十二引許注：「戲，大旗也。」按：高無注，今高本作大犧，亦小異。戲通麾。說文作摩，曰「旌旗，所以指麾也」。周禮「建大麾」，鄭注：「大麾不在九旗中。」孫氏晏子音義以謂大戲當是人名，此古說之互異。然淮南本義不作人名解。○文典謹按：御覽八十二引，制觡作剔觡。四百三十七引，歙金作揉金，捕作搏。九百三十二引，歙金作操金。**然湯革車三百乘，困之鳴條，擒之焦門。**焦或作巢。○莊逵吉云：焦與巢古字通。**由此觀之，勇力不足以持天下矣。**○王念孫云：力字因勇字而衍。「勇不足以持天下」，與上文「智不足以治天下」相對爲文，不當有力字。羣書治要及太平御覽人事部七十六引此，皆無力字。下文「勇不足以爲强」，亦無力字。**智不足以爲治，勇不足以爲强，則人材不足任，明也。**○文典謹按：羣書治要引，作「則人才不足以任，明矣」。**而君人者不下廟堂之上，而知四海之外者，因物以識物，因人以知人也。故積力之所舉，則無不勝也；衆智之所爲，則無不成也。埳井之無黿鼉，隘**

也；園中之無脩木，小也。夫舉重鼎者，力少而不能勝也，及至其移徙之，不待其多力者。故千人之羣無絶梁，萬人之聚無廢功。

夫華騮、緑耳，一日而至千里，然其使之搏兔，不如豺狼，伎能殊也。殊，異。○王引之云：太平御覽獸部八引此，豺狼作狼契。按：狼、契皆犬名也。廣雅曰「狼狐狂獖」，犬屬也。玉篇：「猰，公八切，雜犬也。」（廣韻同。）猰與契通。犬能搏兔而馬不能，故曰搏兔不如狼契也。後人不知狼契爲犬名，而改爲豺狼。豺狼可使搏兔，所未聞也。鴟夜撮蚤蚊，察分秋豪，晝日顛越，不能見丘山，形性詭也。鴟，鴟鵂也，謂之老菟，夜鳴人屋上也。夜則目明，合聚人爪以著其巢中，故曰察分秋豪。晝則無所見，故曰形性詭也。○王引之云：莊子秋水篇：「鴟夜撮蚤，察豪末。晝出，瞋目而不見丘山。」司馬本蚤作蚤，云「鴟夜取蚤食」。崔本作爪，云「鵂鶹夜聚人爪於巢中也」。爪、蚤通用，故崔本作爪。蚤、蚤字形相似，故司馬本作蚤。然則蚤蚤二字不得而並存矣。淮南作蚤，故高氏但言合聚人爪，而不言食蚤。後人乃取司馬本之蚤字增於此處蚤字之下，其失甚矣。秋水篇釋文曰：「淮南子：『鴟夜聚蚤，察分豪末。』許慎云：『鴟夜聚食蚤蝨不失也。』」李善注文選演連珠曰：「淮南子曰：『鴟夜撮蚤，察分豪末。晝出，瞋目而不見丘山。』高誘曰：『鴟鵂謂之老菟。』」據二書所引，則許、高本俱無蚤字，明矣。顛越二字，與「不見丘山」意不相屬，且高注但言晝無所見，而不言顛越。文選注引此，正作「瞋目而不見丘山」，與莊子同。疑瞋目二字譌作顛目，而後人遂改爲顛越也。撮蚤之説，許、高異義。揆之事理，則許注爲雅馴耳。○陶方琦云：莊子釋文引許注：「鵋夜聚食蚤蝨不失也。」按：二注文義並異。許本訓爲蚤蝨之蚤，高本作指爪解，是顯異也。說文：「蚤，跳蟲齧人也。」莊子司馬注曰：「鵋，鵂鶹，夜取蚤食。」崔譔本作爪。太平廣記四百八十二引感應經云：「鵂鶹食人遺爪。」非也。蓋鵂鶹夜能拾蚤蝨，爪、蚤音近，故誤云也。纂文云：「鵂鶹一名忌欺，白日不見人，夜能拾蚤蝨也。蚤、爪音相近，俗人云鵂鶹食人棄爪，相其吉凶，妄說也。」據纂文所云，則許本作蚤蝨解爲長。夫螣蛇游霧而動，應龍乘雲而舉，○王念孫云：上句本作「螣蛇游霧而騰」，後人以騰與螣同音，因妄改爲動耳。不知螣是蛇名，而騰爲升義，本不相複。騰與舉亦同義，故下句云「應龍乘雲而舉」。改騰爲動，則文不成義矣。太平御覽鱗介部一引此，正作騰。說苑說叢篇同。（說苑作「騰蛇遊霧而騰，龍乘雲而舉」。今本騰上有升字，此後人誤以騰字屬下句讀，因妄加升字也。）大戴禮勸學篇亦云「螣蛇無足而騰」。猨得木而捷，魚得水而鶩。鶩，疾也。故古之爲車也，漆者不畫，鑿者不斲，工無二伎，士不兼官，各守其職，不得相姦，姦，亂也。人得其宜，物得其安，是以器械不苦，而職事不嫚。苦，讀盬。嫚，捕器。嫚，讀慢緩之慢。夫責少者易償，○文典謹按：意林引，責作債。職寡者易守，寡，少也。任輕者易權。權，謀也。○俞樾云：文子下德篇作「任輕易勸也」，勸字之義，視權字爲長，言任輕則易舉，故人皆相勸而爲之也。高注曰：「權，謀也。」其所據本已誤。上操約省之分，下效易爲之功，是以君臣彌久而不相猒。猒，欺也。

君人之道，其猶零星之尸也，尸，祭主也。尸食飽，以知神之食亦飽。詩曰：「公尸燕飲，在宗載考。」儼然玄默，而吉祥受福。尸不言語，故曰玄默。○文典謹按：北堂書鈔九十引，零作靈，吉祥作翺而。是故得道者不爲醜飾，不爲僞善，不飾爲美，亦不枉爲善也。○王念孫云：此本作「不僞醜飾，不僞善極」，僞卽爲字也。（古爲字多作僞，説見史記淮南衡山傳「爲僞」下。）不僞醜飾，不僞善極，相對爲文，故高注云「不飾爲美，亦不極爲善也」。（道藏本、劉本、朱本、茅本皆如是。莊改不極爲不枉，謬甚。）後人誤讀僞爲詐僞之僞，而改上句僞字作爲，又改下句作「不爲僞善」，則既與上句不對，而又與高注不合矣。且極與飾爲韻，若作「不爲僞善」，則失其韻矣。一人被之而不褏，褏，大也。萬人蒙之而不褊。蒙，冒。褊，小也。是故重爲惠，若重爲暴，則治道通矣。通，猶順也。○王念孫云：「重爲惠若重爲暴」，本無若字，後人以詮言篇云「重爲善若重爲非」，故加若字也。不知彼文是言爲善者必生事，故曰「重爲善若重爲非」，此言惠暴俱不可爲，則二者平列，不得云「重爲惠若重爲暴」也。下文「爲惠者生姦」，「爲暴者生亂」，卽承此文言之，則惠暴平列，明矣。文子自然篇作「是故重爲惠，重爲暴，卽道達矣」，無若字。爲惠者，尚布施也。無功而厚賞，無勞而高爵，則守職者懈於官，而游居者亟於進矣。爲暴者，妄誅也。無罪者而死亡，行直而被刑，則修身者不勸善，而爲邪者輕犯上矣。言不可不慎也。故爲惠者生姦，而爲暴者生亂。姦亂之俗，亡國之風。風，化。是故明主之治，國有誅者而主無怒焉，因法而行，故不怒也。朝有賞者而君無與焉。因功而行，故不與也。誅者不怨君，罪之所當也；賞者不德上，功之所致也。民知誅賞之來，皆在於身也，故務功脩業，不受贛於君。贛，賜也。是故朝廷蕪而無迹，田野辟而無草，故太上下知有之。言太上之世，下知之人皆能有此術。

橋直植立而不動，俛仰取制焉；橋，桔皋上衡也。植，柱權衡者。行之俛仰，取制於柱也。以諭君也。人主靜漠而不躁，躁，動也。百官得脩焉。譬而軍之持麾者，○陶方琦云：宋蘇頌淮南校題序，許本如作而。按：蘇氏曰：「許于卷内多用叚借，如以而爲如之類。」此譬如作譬而，當是許本。高本當作譬如。御覽三百四十一引高本此注，正作譬如。古而、如通也。妄指則亂矣。慧不足以大寧，智不足以安危，與其譽堯而毀桀也，不如掩聰明而反脩其道也。不足以大寧者，小惠也。不足以安危者，小智也。如此人者，欲譽堯而毀桀，以成善善惡惡之名，人猶有强知之人爾，不如掩聰明而本脩大道成名之速也。人君之道亦如此也。清靜無爲，則天與之時；廉儉守節，則地生之財；人君德行如此，故天與之時，地生之財。天與之時，湯、武是也。地生之財，神農、后稷也。處愚稱德，則聖人爲之謀。若伊尹爲湯謀，傅説爲高宗謀是。孟子曰：「伊尹，聖之任。」國語曰「武丁以象旁求聖人，得傅説于傅巖」也。是故下者萬物歸之，虛者天下遺之。遺，與也。夫人主之聽治也，清明而不闇，虛心而弱志，是故羣臣輻湊竝進，無愚智賢不肖莫不盡其能。於是乃始陳其禮，建以爲基。建，立也。基，業也。是乘衆勢以爲車，御衆智以爲馬，雖幽野險塗，則無由惑矣。幽，深也。險，猶遠也。人主深居隱處以避燥溼，閨門重襲以避姦賊，○王念孫云：下避字當作備。俗讀備避聲相亂，又涉上避字而誤也。（呂氏春秋節喪篇「姦邪盜賊寇亂之患，慈親孝子備之者，得葬之情矣」，俗本備作避，亦因上文而誤。）重門所以防賊，故言備。作避，則義不可通矣。文選西京賦注引此，正作備。內不知閭里之情，外不知山澤之形，帷幕之外，目不能見十里之前，耳不能聞百步之外，天下之物無不通者，通，知。○文典謹按：治要作「然天下之物無所不通者」。其灌輸之者大，而斟酌之者衆也。是故不出户而知天下，不窺牖而知天道。乘衆人之智，則天下之不足有也。專用其心，則獨身不能保也。保，猶守也。○文典謹按：治要保作守。是故人主覆之以德，不行其智，而因萬人之所利。夫舉踵天下而得所利，故百姓載之上，弗重也；錯之前，弗害也；舉之而弗高也，推之而弗猒。尊重，舉之不自覺高也。推，求也，奉也。主道員者，運轉而無端，端，厓也。化育如神，虛無因循，常後而不先也。○文典謹按：治要先下有者字。臣道員者運轉而無方者，○王念孫云：「臣道員者運轉而無方者」，本作「臣道方者」。其「員者運轉而無」六字，則因上文而誤衍也。羣書治要引，無此六字。文子上義篇亦無。主道員，臣道方，方員不同道，故下文云

「君臣異道則治，同道則亂」也。呂氏春秋圜道篇亦云：「主執圜，臣執方。方圜不易，其國乃昌。」論是而處當，爲事先倡，守職分明，以立成功也。是故君臣異道則治，不易奪，言相和。同道則亂。君所謂可，臣亦曰可，君所謂否，臣亦曰否，是同也。莫相匡弼，故曰亂也。各得其宜，處其當，則上下有以相使也。君得君道，臣得臣道，故曰得其宜也。○文典謹按：治要處下有得字。夫人主之聽治也，虛心而弱志，清明而不闇，是故羣臣輻湊竝進，無愚智賢不肖莫不盡其能者，則君得所以制臣，臣得所以事君，治國之道明矣。文王智而好問，故聖。好問，欲與人同其功。武王勇而好問，故勝。勝殷也。夫乘衆人之智，則無不任也；用衆人之力，則無不勝也。○俞樾云：「無不任也」當作「無不聖也」。上文曰：「文王智而好問，故聖。武王勇而好問，故勝。」此卽承上文而言。說文耳部：「聖，通也。」無不聖卽無不通也。後人不達聖字之義，疑「無不聖也」於文難通，故臆改爲任字。不知任卽勝也。勇當言勝，智當言聖。若亦言任，則與勝義複，而無以爲智勇之別矣。千鈞之重，烏獲不能舉也；千鈞，三萬斤也。烏獲，秦武王之力士也。武王試其力，使舉大鼎，腕脱而不任，故曰不能舉也。衆人相一，則百人有餘力矣。是故任一人之力者，則烏獲不足恃；不能勝，故不恃也。乘衆人之制者，則天下不足有也。人衆力强，以天下爲小，故曰不足有也。

禹決江疏河，以爲天下興利，而不能使水西流。稷辟土墾草，以爲百姓力農，然不能使禾冬生。豈其人事不至哉？其勢不可也。夫推而不可爲之勢，而不脩道理之數，推，行。○王念孫云：「推而不可爲之勢」，而字涉下文而衍。雖神聖人不能以成其功，而況當世之主乎！夫載重而馬羸，雖造父不能以致遠。造父，周穆王之善御臣也。車輕馬良，雖中工可使追速。○文典謹按：車輕下當有而字，始與上文「載重而馬羸」一律。羣書治要及御覽七百四十六引，並作「車輕而馬良」。又按：致遠，御覽作追急。追速作致遠。是故聖人舉事也，○文典謹按：羣書治要引，聖人下有之字。豈能拂道理之數，詭自然之性，拂，戾也。詭，違也。以曲爲直，以屈爲伸哉？未嘗不因其資而用之也。是以積力之所舉，無不勝也；而衆智之所爲，無不成也。聾者可令嗺筋，○王紹蘭云：攷工記弓人曰：「筋欲敝之敝。」鄭司農云：「嚼之當孰。」是治筋有嚼之一法。説文：「噍，齧也。」重文作嚼，云「噍或从爵」。爵、雀古通用。魏、晉以後，俗趨簡易，書嚼爲⿰口雀。玉篇：「嚼，噬嚼也。⿰口雀，同上。」是其證。當時淮南子蓋有作⿰口雀者，傳寫之徒不知⿰口雀爲嚼之俗體，別作嗺字。玉篇：「嗺，撮口也。」淮南因作嗺筋。但撮筋於口不得爲嚼，寫易林者以嗺非正字，直改从手作摧。轉輾承譌，皆不足據也。由是覈之，⿰口雀俗字，嗺因⿰口雀而變，摧又因嗺而變，據先鄭注，漢時淮南、易林舊本當是噍筋。（此條不載讀書雜記，乃王紹蘭與王引之書中語也。）○孫詒讓云：玉篇口部云：「嗺，撮口也。」筋不可以言嗺，嗺當爲嚼之譌。考工記弓人云「筋欲敝之敝」，注：「鄭司農云：嚼之當孰。」

賈疏云：「筋之椎打嚼齧，欲得勞敝。」是嚼筋爲漢時常語，卽謂椎打之使柔熟，以纏弓弩也。嚼俗作嚾，與嚾形近，因而致誤。易林展轉傳寫，又誤作摧，益不可通矣。而不可使有聞也；瘖者可使守圉，而不可使言也。○王念孫云：「不可使言」本作「不可使通語」。今本語誤作言，又脱通字。筋、聞爲韻，圉、語爲韻。如今本，則失其韻矣。太平御覽疾病部三引此，正作「不可使通語」。形有所不周，而能有所不容也。是故有一形者處一位，有一能者服一事。力勝其任，則舉之者不重也；能稱其事，則爲之者不難也。○文典謹按：意林能稱作智能。毋小大修短，各得其宜，則天下一齊，無以相過也。聖人兼而用之，故無棄才。

人主貴正而尚忠，忠正在上位，執正營事，營，典。○王引之云：諸書無訓營爲典者。營當爲管，字之誤也。（隸書管字或作菅，俗書營字作菅，二形相似而誤。）管事與執政義相近。史記李斯傳曰「管事二十餘年」是也。管、典皆主也，故訓管爲典。秦策「淖齒管齊之權」，高彼注曰：「管，典也。」（見史記范睢傳索隱。）正與此注同。則讒佞姦邪無由進矣。譬猶方員之不相蓋，而曲直之不相入。入，中。夫鳥獸之不可同羣者，其類異也；○王念孫云：「不可同羣」，可字後人所加。「鳥獸不同羣」，「虎鹿不同游」，相對爲文，則上句内不當有可字。後人熟於「鳥獸不可與同羣」之文，因加可字耳。虎鹿之不同遊者，力不敵也。是故聖人得志而在上位，讒佞姦邪而欲犯主者，譬猶雀之見鸇而鼠之遇狸也，亦必無餘命矣。是故人主之一舉也，〇王念孫云：此謂舉賢不可不慎，舉上不當有一字。蓋因下文「一舉不當」而衍。不可不慎也。所任者得其人，則國家治，上下和，羣臣親，百姓附。附，從。所任非其人，則國家危，上下乖，羣臣怨，百姓亂。故一舉而不當，終身傷。傷，病也，亦敗也。得失之道，權要在主。是故繩正於上，木直於下，非有事焉，事，治也。非治之使直。所緣以修者然也。故人主誠正，則直士任事，而姦人伏匿矣。人主不正，則邪人得志，忠者隱蔽矣。夫人之所以莫抓玉石而抓瓜瓠者，何也？玉石堅，抓不耐入，故不抓。〇王念孫云：抓皆當爲𢪔，字之誤也。廣雅：「𢪔，裂也。」曹憲音必麥反。（字從手，𠂢聲。𠂢，匹卦反。）𢪔之言劈也。瓜瓠可劈，而玉石不可劈，故曰「玉石堅，𢪔不能入」也。方言：「鎃、摫，裁也。梁、益之間裁木爲器曰鎃，裂帛爲衣曰摫。」郭璞音劈歷之劈，義亦與𢪔同。若作抓，則非其義矣。（玉篇：「抓，古華切，引也，擊也。」字從瓜。）〇文典謹按：「夫人之所以莫抓〔一〕玉石」，莊本作「夫人主之所以莫抓玉石」。主字涉上下文「人主」而衍，今據宋本删。無得於玉石，弗犯也。使人主執正持平，如從繩準高下，則羣臣以邪來者，猶以卵投石，以火投水。故靈王好細要，而民有殺食自飢也；靈王，蓋楚靈王。殺食，省食。越王好勇，而民皆處危

〔一〕「抓」，原本作「抓」，形近而誤，據正文改。下同。

争死。越王，句踐。由此觀之，權勢之柄，其以移風易俗矣。〇王念孫云：「其以移風易俗矣」，文義未足。下文曰：「攝權勢之柄，其於化民易矣。」則此亦當曰「權勢之柄，其以移風易俗易矣」。蓋上易爲變易之易，下易爲難易之易。漢書禮樂志：「其感人深，其移風易俗易。」（今樂記脱下易字，辯見經義述聞。）顔師古曰：「易，音弋豉反。」是其證也。今本無下易字者，後人誤以爲複而删之耳。堯爲匹夫，不能仁化一里；桀在上位，令行禁止。由此觀之，賢不足以爲治，而勢可以易俗，明矣。書曰：「一人有慶，萬民賴之。」此之謂也。

天下多眩於名聲，而寡察其實，寡，少也。察，明也。實，真僞之實。是故處人以譽尊，處人，隱居也。以名譽見尊也。而游者以辯顯。游行之人，以辯辭自顯達。察其所尊顯，無他故焉，人主不明分數利害之地，而賢衆口之辯也。治國則不然，然，如是也。言事者必究於法，而爲行者必治於官。上操其名以責其實，臣守其業業，事。以效其功，效，致。言不得過其實，行不得踰其法，羣臣輻湊，莫敢專君。專，制。事不在法律中，而可以便國佐治，必參五行之。陰考以觀其歸，並用周聽以察其化，不偏一曲，不黨一事，是以中立而偏，運照海内，中，正。羣臣公正，莫敢爲邪，公，方。正，直。百官述職，務致其公迹也。主精明於上，官勸力於下，姦邪滅迹，庶功日進，庶，衆。是以勇者盡於軍。盡力於軍功也。〇俞樾云：此下當有「智者」云云，而今闕之。下文云：「爲智者務於巧詐，爲勇者務於鬭爭。」亦以智勇並舉，是其證也。亂國則不然，有衆咸譽者無功而賞，守職者無罪而誅。主上闇而不明，羣臣黨而不忠，説談者游於辯，脩行者競於往。往，自益也。○孫詒讓云：往當爲任，形之誤也。後詮言訓云「君好智則倍時而任己」，宋本任亦誤住，可與此互證。主上出令，則非之以與；法令所禁，則犯之以邪。與，黨與也。以黨與非謗上令。邪，姦也。爲智者務於巧詐，爲勇者務於鬭爭，大臣專權，下吏持勢，朋黨周比，以弄其上，國雖若存，古之人曰亡矣。且夫不治官職，而被甲兵，不隨南畝，○俞樾云：脩務篇「隨山栞木」，注曰：「隨，循也。」不隨南畝者，不循南畝也。王氏念孫以隨爲脩字之誤，非。而有賢聖之聲者，非所以都於國也。騏驥騄駬，天下之疾馬也，驅之不前，引之不止，雖愚者不加體焉。加，猶止也。○王念孫云：「而被甲兵」，而當爲不，與上下兩不字文同一例。作而者，字之誤耳。「不隨南畝」，隨當爲脩，謂不治南畝也。隸書隨字或作隨，（見漢司隸校尉楊渙石門頌。）其右畔與脩相似，故脩誤爲隨。（史記趙世家「脩下而馮」，脩或作隋。李斯傳「隨俗雅化」，隨俗一作脩使。皆以右畔相似而誤。）「非所以都於國也」，都字義不可通，當是教字之誤。（教、都草書相似。）韓子外儲説右篇曰：「不服兵革而顯，不親耕耨而名，非所以教於國也。今有馬於此，如驥之狀者，天下之至良也。然而驅之不前，却之不止，則臧獲雖賤，不託其足。」即淮南所本也。今治亂之機，輙迹可見也，而世主莫之能察，此治道之所以塞。塞，猶閉也。

權勢者，人主之車輿；爵祿者，人臣之轡銜也。是故人主處權勢之要，而持爵祿之柄，審緩急之度，而適取予之節，是以天下盡力而不倦。夫臣主之相與也，非有父子之厚，骨肉之親也，而竭力殊死，不辭其軀者，何也？勢有使之然也。昔者豫讓，中行文子之臣。文子，晉大夫中行穆子之子荀寅也。智伯伐中行氏，并吞其地，豫讓背其主而臣智伯。智伯與趙襄子戰于晉陽之下，身死爲戮，國分爲三。韓、魏、趙三分而有之。豫讓欲報趙襄子，欲爲智伯報讎，殺趙襄子。漆身爲厲，吞炭變音，擿齒易貌。夫以一人之心而事兩主，或背而去，或欲身徇之，豈其趨捨厚薄之勢異哉？人之恩澤使之然也。紂兼天下，朝諸侯，人迹所及，舟檝所通，莫不賓服。然而武王甲卒三千人，擒之於牧野。豈周民死節，而殷民背叛哉？其主之德義厚而號令行也。夫疾風而波興，木茂而鳥集，〇王念孫云：「疾風」當爲「風疾」。「風疾」、「木茂」，相對爲文。意林引此，正作「風疾」。相生之氣也。〇文典謹按：意林氣作勢。是故臣不得其所欲於君者，君亦不能得其所求於臣也。君臣之施者，相報之勢也。是故臣盡力死節以與君，君計功垂爵以與臣。是故君不能賞無功之臣，臣亦不能死無德之君。君德不下流於民，而欲用之，如鞭蹏馬矣。是猶不待雨而求熟稼，必不可之數也。數，術也。

君人之道，處静以修身，儉約以率下。静則下不擾矣，儉則民不怨矣。下擾則政亂，民怨則德薄。政亂則賢者不爲謀，德薄則勇者不爲死。是故人主好鷙鳥猛獸，珍怪奇物，金玉爲珍，詭異爲怪，非常爲奇。狡躁康荒，康，安。荒，亂也。不愛民力，馳騁田獵，出入不時，如此則百官務亂，事勤財匱，勤，勞。匱，乏也。萬民愁苦，生業不脩矣。人主好高臺深池，雕琢刻鏤，黼黻文章，絺綌綺繡，寶玩珠玉，白與黑爲黼，青與赤爲黻。絺綌，葛也。精曰絺，麤曰綌，五采具曰繡也。則賦斂無度，而萬民力竭矣。堯之有天下也，非貪萬民之富而安人主之位也，以爲百姓力征，强凌弱，衆暴寡，○莊逵吉云：御覽引，作「百姓九屈，强弱相乘，衆寡相暴」。於是堯乃身服節儉之行，而明相愛之仁，以和輯之。是故茅茨不翦，采椽不斲，大路不畫，大路，上路，四馬車也。天子駕六馬。不畫，不文飾也。○莊逵吉云：御覽引，翦作劗，是古字。○王念孫云：斲當爲斵，字之誤也。精神篇作「樣桷不斵」。（高注：「樣，采也。桷，椽也。」）晉語曰：「天子之室，斵其椽而礱之，加密石焉。諸侯礱之，大夫斵之，士首之，以采爲椽而又不斵，儉之至也。」太平御覽皇王部五引此，正作斵。韓子五蠹篇、史記李斯傳並同。越席不緣，越，結蒲爲席也。大羹不和，不致五味。○俞樾云：高注曰「不致五味」，疑本作「大羹不致」，故高注云然。桓二年左傳曰「大羹不致」，杜注亦曰「不致五味」，卽本諸此。粢食不毇，毇，細也。○莊逵吉云：御覽引，作「粢飯不鑿」。巡狩行教，勤勞天下，周流五嶽。豈其奉養不足樂哉？舉天下而以爲社稷，非有利焉。〇俞樾云：此本作「以爲社稷，非有利焉」，言皆以爲社稷，而非自以爲利也。涉下文「舉天下而傳之舜」句衍此四字，當删。 年衰志憫，衰，老也。憫，憂也。 舉天下而傳之舜，猶却行而脱蹝也。言甚易也。〇莊逵吉云：文選作許昚注，甚作其。〇陶方琦云：文選孔稚圭北山移文注引許注：「言其易也。」按：此許注羼入高注本者。其即甚字之譌。〇文典謹按：北堂書鈔百三十六引，作：「堯舉天下而傳之舜，猶却行而釋屣，舜猶却之。」衰世則不然，一日而有天下之富，處人主之勢，則竭百姓之力，以奉耳目之欲，志專在于宫室臺榭，陂池苑囿，猛獸熊羆，玩好珍怪。是故貧民糟糠不接於口，而虎狼熊羆猒芻豢；百姓短褐不完，而宫室衣錦繡。人主急兹無用之功，百姓黎民黎，齊。顦顇於天下，是故使天下不安其性。不得安其正性，詐僞生也。〇王念孫云：此注後人所改。性之言生也。（性與生義同而字亦相通，説見經義述聞周語。）「不安其生」，即承上「黎民顦顇」言之。昭八年左傳曰：「今宫室崇侈，民力彫盡，怨讟並作，莫保其性。」義與此同。高注當云：「性，生也」。後人熟於「性即理也」之訓，故妄改高注耳。下文「近者安其性」，高注曰：「性，生也。」故知此注爲後人所改。

人主之居也，如日月之明也，天下之所同側目而視，側耳而聽，延頸舉踵而望也。是故非澹薄無以明德，〇文典謹按：御覽七十七引，側耳作傾耳，澹薄作淡漠。 非寧靜

無以致遠，非寬大無以兼覆，非慈厚無以懷衆，非平正無以制斷。是故賢主之用人也，猶巧工之制木也，制，裁也。○文典謹按：治要引，工作匠。**大者以爲舟航柱梁，**舟，船也。方兩小舡並與共濟爲航也。**小者以爲楫楔，**○王念孫云：楫楔本作椄槢，此後人以意改之也。椄、楫並在葉韻，槢在緝韻，楔在薛韻。椄槢，疊韻字也；楫楔則非疊韻矣。椄槢謂梁之小者，對上文大者爲柱梁而言。莊子在宥篇「吾未知聖知之不爲桁楊椄槢也」，釋文：「崔云：椄槢，桎梏梁也。淮南曰：大者爲柱梁，小者爲椄槢也。」案：小梁謂之椄槢，故桎梏之梁亦謂之椄槢。集韻：「椄槢，梁也。淮南子：大者爲柱梁，小者爲椄槢。」蓋高注以椄槢爲梁，而今本脱之也。據集韻引此作椄槢，則北宋本尚未誤。**修者以爲櫚榱，**櫚，屋垂。榱，隱也。**短者以爲朱儒枅櫨。**朱儒，梁上戴蹲跪人也。枅，讀如雞也。**無小大脩短，各得其所宜；規矩方圓，各有所施。**○王念孫云：羣書治要引此，「各有所施」下有「殊形異材，莫不可得而用也」二句，今本脱去。下文「天下之物莫凶於奚毒，然而良醫橐而藏之，有所用也」，卽承「莫不可得而用」言之，則原有此二句，明矣。凡治要所引之書，於原文皆無所增加，故知是今本遺脱也。**天下之物，莫凶於雞毒，**雞毒，烏頭也。○王念孫云：鷄毒當爲奚毒。（注同。）此涉上文注内「枅，讀如鷄」而誤也。廣雅、本草並作奚毒，羣書治要、意林及太平御覽藥部七引淮南亦作奚毒，（急就篇補注引作奚毒，則南宋本尚不誤。）無作鷄毒者。○陶方琦云：羣書治要、御覽九百九十、意林引許注：「奚毒，附子。」按：御覽引許注作附子，與高注亦異。廣雅：「蕉奚，附子也。」（玉篇：「蒵毒，附子也。」）一歲爲萴子，二歲爲烏喙，三歲爲附子，四歲爲烏頭，五歲爲天雄。」說文：「萴，烏喙也。」**然而良醫橐而藏之，有所用也。是故林莽之材，猶無可棄者，而況人乎！**○文典謹按：治要引，作：「是故竹木草莽之材，猶有不棄者，而又況人乎！」**今夫朝廷之所不舉，鄉曲之所不譽，**○文典謹按：治要曲作邑。**非其人不肖也，其所以官之者非其職也。鹿之上山，獐不能跂也，**○文典謹按：治要引，作「麇之上山也，大獐不能跂也」。**及其下，牧豎能追之，才有所修短也。是故有大略者不可責以捷巧，**略，行道也。**有小智者不可任以大功。人有其才，物有其形，有任一而太重，或任百而尚輕。是故審豪釐之計者，必遺天下之大數；**遺，失。○文典謹按：「豪釐之計」，「天下之數」，相對爲文，加一大字，則文不一律。大字疑涉下文「不失小物之選者，惑於大數之舉」而衍。羣書治要引，作「必遺天地之數」。**不失小物之選者，惑於大數之舉。譬猶狸之不可使搏牛，虎之不可使搏鼠也。**○文典謹按：搏牛、搏鼠，於辭爲複。治要引作捕鼠，當從之。**今人之才，或欲平九州，并方外，存危國，繼絶世，**○王引之云：并本作從，從猶服也。（襄十年左傳注：「從，猶服也。」）言使方外之國服從也。原道篇曰：「從裸國，納肅慎。」人間篇曰：「王若欲從諸侯，不若大城城父，而令太子建守焉，以來北方。」司馬相如難蜀父老曰：「朝冉從駹，定筰存邛。」皆是也。後人不達從字之義，遂改從爲并，不知「平九州，從方外，存危國，繼絶世」，皆謂撫柔中外，非謂吞并之也。羣書治要引此，正作「從方外」。志在直道正邪，決煩理挐，而乃責之以閨閤之禮，奥窔之間；○文典謹按：治要引，奥窔作人事。或佞巧小具，諂進愉説，隨鄉曲之俗，○文典謹按：治要引，隨作脩。卑下衆人之耳目，而乃任之以天下之權，治亂之機；機，理。是猶以斧劗毛，以刀抵木也，劗，翦也。劗，讀驚攢之攢。○王念孫云：木當言伐，不當言抵。蓋伐誤爲氐，後人因加手旁耳。説山篇云：「刀便剃毛。至伐大木，非斧不尅。」是其證。羣書治要引此，正作「以刀伐木」。皆失其宜矣。宜，適。

人主者，以天下之目視，以天下之耳聽，以天下之智慮，以天下之力争，○王念孫云：争本作動，動謂舉事也。慮則用羣策，動則用羣力，故曰「以天下之智慮，以天下之力動」。今本動作争者，後人依文子上仁篇改之耳。藝文類聚帝王部一、太平御覽皇王部二引此，並作動。是故號令能下究，而臣情得上聞，聞，猶達也。百官脩同，羣臣輻湊，羣臣歸君，若輻之湊轂，故曰輻湊。○王念孫云：劉本作脩同，云「同一作通」。莊本從劉本作同。案：作通者是也。藝文類聚引此作「脩道」，道卽通之誤。太平御覽引此，正作「脩通」。文子上仁篇同。韓子難篇「百官脩通，羣臣輻湊」，卽淮南所本。管子任法篇亦云：「羣臣脩通輻湊，以事其主。」喜不以賞賜，怒不以罪誅。懼失當也。是故威立而不廢，○莊逵吉云：本皆作「威厲立而不廢」。聰明先而不獘，獘，闇。○王念孫云：先與不獘，義不相屬。先當爲光，字之誤也。光，明也。太平御覽皇王部二引此，正作光。法令察而不苛，察，明也。苛，煩也。耳目達而不闇，善否之情，日陳於前而無所逆。是故賢者盡其智，而不肖者竭其力，德澤兼覆而不偏，羣臣勸務而不怠，怠，解也。近者安其性，遠者懷其德。性，生也。懷，歸也。所以然者，何也？得用人之道，而不任己之才者也。故假輿馬者，足不勞而致千里；假或作駕。乘舟檝者，不能游而絶江海。絶，猶過也。○文典謹按：不能游，意林引作不假游。夫人主之情，莫不欲總海内之智，盡衆人之力，然而羣臣志達效忠者，希不困其身。困，猶危也。○王念孫云：「志達」當爲「達志」，寫者誤倒耳。達志、效忠，相對爲文。氾論篇「不能達善效忠」，即其證。使言之而是，雖在褐夫芻蕘，猶不可棄也。言雖賤，當也，故曰「不可棄」也。使言之而非也，雖在卿相人君，揄策于廟堂之上，未必可用。人君，謂國君也。揄，出。策，謀也。言之而非，雖貴，罰也。是非之所在，不可以貴賤尊卑論也。是明主之聽於羣臣，其計乃可用，不羞其位；不羞其位卑而不用。其言可行，而不責其辯。不責其辯口美辯也。○王念孫云：劉本作「其言可行，而不責其辯」。案：此當作「其言而可行，不責其辯」。「其計乃可用」、「其言而可行」相對爲文。乃、而皆如也。道藏本作「其主言可行」，主字因上下文而衍，又脱而字，劉本而字在可行下，皆非也。文子上仁篇作「其言可行，不責其辯」。○文典謹按：治要引作「其計可用也，不羞其位。其言可行也，不責其辯」。闇主則不然，所愛習親近者，雖邪枉不正，不能見也；疏遠卑賤者，竭力盡忠，不能知也。○文典謹按：「竭力盡忠」上當有雖字，乃與上文「雖邪枉不正」一律。治要引，正作「雖竭力盡忠，不能知也」。有言者窮之以辭，有諫者誅之以罪，如此而欲照海内，存萬方，是猶塞耳而聽清濁，商音清，宮音濁。掩目而視青黄也，其離聰明則亦遠矣。離，去。

法者，天下之度量，而人主之準繩也。縣法者，法不法也；○王念孫云：「縣法者，法不法也」，上二法字皆當爲罰，與「設賞者，賞當賞也」相對爲文。下文「中程者賞」，謂賞當賞也；「缺繩者誅」，謂罰不法也。今本二罰字作法，後人依文子上義篇改之耳。設賞者，賞當賞也。○俞樾云：「設賞者，賞當賞也」七字，疑衍文。下文「法定之後，中程者賞，缺繩者誅」，即承「縣法者，法不法也」而言。文子上義篇正作「縣法者，法不法也。法定之後，中繩者賞，缺繩者誅」，可據以訂正。王氏念孫謂上句當作「縣罰者，罰不法也」，與下句對。若然，何不竟改爲「罰當罰」，與下句不尤對乎？法定之後，中程者賞，缺繩者誅，尊貴者不輕其罰，而卑賤者不重其刑，言平也。犯法者雖賢必誅，中度者雖不肖必無罪，是故公道通而私道塞矣。公，正也。私，邪也。塞，閉也。古之置有司也，有司，蓋有理官士也。所以禁民，使不得自恣也。恣，放恣也。其立君也，所以剬有司，使無專行也。專，擅。法籍禮義者，所以禁君，使無擅斷也。人莫得自恣，則道勝，道勝而理達矣，故反於無爲。無爲者，非謂其凝滯而不動也，以其言莫從己出也。○王念孫云：「以其言」當作「以言其」，與「非謂其」相對爲文。今本言其二字誤倒，則文不成義。文子上義篇正作「言其」。夫寸生於𥝰，𥝰生於日，日生於形，形生於景，此度之本也。𥝰，禾穗𥝰孚榆頭芒也〔一〕。十𥝰爲一分，十分爲一寸，十寸爲一尺，十尺爲一丈。政謂之本也。○莊逵吉云：𥝰，古累黍字。○王引之云：說文、玉篇、廣韻、集韻皆無𥝰字。𥝰當爲𥝧，字之誤也。𥝧與秒同。說文：「秒，禾芒也。」字或作蔈，通作漂，又通作翲。天文篇曰：「秋分而禾蔈定，蔈定而禾孰。律之數十二，故十二蔈而當一分。（今本誤作「十二蔈而當一粟，十二粟而當一寸」，辯見天文。）律以當辰，音以當日。日之數十，故十分而爲寸，十寸而爲尺，十尺而爲丈。」彼注云：「蔈，禾穗蔈孚榆之芒也。古文作秒。」宋書律志曰：「秋分而禾𥝧定，𥝧定而禾孰。」注云：「𥝧，禾穗芒也。」（玉篇：「𥝧，亡紹切。」集韻：「秒，禾芒也。或作𥝧。」）皆其明證矣。又齊策曰：「象牀之直千金，傷此若髮漂，賣妻子不足償之。」史記太史公自序「閒不容翲忽」，正義曰：「翲字當作秒。秒，禾芒表也。」然則𥝧、蔈、漂、翲四字，並與秒同，而𥝰爲𥝧之誤，明矣。字彙補乃於禾部增入𥝰字，音粟，引淮南子「寸生於𥝰，𥝰生於日」，甚矣其謬也。莊以𥝰爲古累黍字，尤不可解。○俞樾云：王氏引之以𥝰爲𥝧字之誤，𥝧與秒同，其

〔一〕天文訓注爲：「蔈，禾穗、粟孚甲之芒也。」

説是也。惟「標生於日」，義不可通。疑本作「寸生於標，標生於形，形生於景，景生於日」，與下文「樂生於音，音生於律，律生於風」文義一律，言度之本生於日，聲之宗生於風也。傳寫錯亂其文耳。**樂生於音，音生於律，律生於風，此聲之宗也。**宗亦本也。**法生於義，義生於衆適，衆適合於人心，此治之要也。**要，約也。**故通於本者不亂於末，覩於要者不惑於詳。**惑，眩。**法者，非天墮，非地生，發於人間而反以自正，**反，還。**是故有諸己不非諸人，**有諸己，己有聰明也。不非諸人，恕人行也。**無諸己不求諸人，**言己雖無獨見之明，不求加罪于人也。**所立於下者不廢於上，**人主所立法禁于民，亦自修之。不廢于上，言以法也。**所禁於民者不行於身。**不正之事，不獨行之于身。言其正己以正人也。**所謂亡國，非無君也，無法也；變法者，非無法也，有法者而不用，與無法等。**等，同。○王念孫云：「有法者而不用」，者字當在上文「所謂亡國」下，與「變法者」相對爲文，今誤入此句内，則文不成義。**是故人主之立法，先自爲檢式儀表，**表，正。○王念孫云：「先自爲檢式儀表」，當作「先以身爲檢式儀表」。言以身爲度，則令無不行也。下文引孔子曰：「其身正，不令而行。」是其明證矣。（上下文身字凡四見。）今本身誤爲自，自上又脱以字。文子上義篇作「先以自爲檢式」，自亦身之誤，唯以字未脱。**故令行於天下。孔子曰：「其身正，不令而行。其身不正，雖令不從。」故禁勝於身，則令行於民矣。**禁勝於身，不敢自犯禁也。故耐令行于民也。

聖主之治也，其猶造父之御，齊輯之于轡銜之際，而急緩之于脣吻之和，正度于胷臆之中，而執節于掌握之間，節，策也。內得於心中，外合於馬志，○王念孫云：心中當爲中心，中心與馬志相對爲文。太平御覽治道部五、獸部八引此，並作中心。列子湯問篇、文子上義篇皆同。是故能進退履繩，繩，直正也。而旋曲中規，曲，屈。規，圓。取道致遠，而氣力有餘，誠得其術也。是故權勢者，人主之車輿也；大臣者，人主之駟馬也。體離車輿之安，而手失駟馬之心，而能不危者，古今未有也。是故輿馬不調，王良不足以取道；君臣不和，唐、虞不能以爲治。執術而御之，則管、晏之智盡矣；明分以示之，則蹠、蹻之姦止矣。盜蹠，孔子時人。蹻，莊蹻，楚威王之將軍，能大爲盜也。夫據除而窺井底，○王引之云：階除不得有井，除當爲榦，字之誤也。莊子秋水篇「吾跳梁乎井榦之上」，司馬彪曰：「井榦，井欄也。」漢書枚乘傳「單極之統斷榦」，晉灼曰：「榦，井上四交之榦。」說文作韓，云「井垣也」。此言據井之欄以窺井底耳。○文典謹按：王說是也。宋本正作榦。雖達視猶不能見其睛；睛，目瞳子也。借明於鑑以照之，則寸分可得而察也。鑑，鏡也。分，毛也，一曰疵。是故明主之耳目不勞，精神不竭，物至而觀其象，事來而應其化，近者不亂，遠者治也。○王念孫云：「物至而觀其象」，象當爲變，草書之誤也。變與化同義，「觀其變」亦謂觀其變而應之也。作象，則非其指矣。文子上義篇正作「物至而觀其變」。氾論篇亦曰：「物動而知其反，事萌而察其變，近者不亂，遠者治也。」文子作「近者不亂，即遠者治矣」，亦於義爲長。是故不用適然之數，而行必然之道，故萬舉而無遺策矣。今夫御者，馬體調于車，御心和于馬，則歷險致遠，進退周游，莫不如志。○文典謹按：御覽七百四十六引，作「進退周旋，無不如意」。雖有騏驥騄駬之良，臧獲御之，則馬反自恣，而人弗能制矣。臧獲，古之不能御者，魯人也。○文典謹按：御覽引，臧獲作烏獲，恣下引注云：「恣，卻行也。」「而人弗能制矣」作「而人不御也」。故治者不貴其自是，而貴其不得爲非也。故曰：「勿使可欲，毋曰弗求。勿使可奪，毋曰不爭。」如此，則人材釋而公道行矣。美者正於度，而不足者建於用，故海内可一也。○王念孫云：美當爲羨，正當爲止，建當爲逮，皆字之誤也。（文選陸雲爲顧彦先贈婦詩「佳麗良可羨」，今本羨誤作美，玉臺新詠載此詩正作羨。）羨謂才有餘也。「羨者止於度，而不足者逮於用」，謂人主有一定之法，則才之有餘者，止於法度之中，而不得過；其不足者，亦可逮於用，而不患其不及也。羨與不足正相反。文子上義篇作「有餘者止於度，不足者逮於用」，是其明證矣。夫釋職事而聽非譽，棄公勞而用朋黨，公，正。則奇材佻長而干次，奇材，非常之材。佻長，卒非純賢也，故曰干次也。守官者雍遏而不進。如此，則民俗亂於國，而功臣爭於朝。奇材佻長之人干超其次，功勞之臣反不顯列，故爭於朝。故法律度量者，人主之所以執下，執，制。釋之而不用，不用法律度量也。是猶無轡銜而馳也，羣臣百姓反弄其上。是故有術則制人，無術則制於人。爲人所禽制也。吞舟之魚，蕩而失水，則制於螻蟻，離其居也。魚能吞舟，言其大也。其居，水也。猨狖失木，而擒於狐狸，非其處也。其處，茂木。君人者釋所守而與臣下争，則有司以無爲持位，無所爲以持其位也。守職者以從君取容，隨君之欲，以取容媚。是以人臣藏智而弗用，不用智謀贊佐其上也。反以事轉任其上矣。賢臣見其不肯爲謀，故轉任其上，令自制之。詩云：仲山甫「既明且哲，以保其身」。○王念孫云：「與臣下争」，當作「與臣下争事」。唯君與臣争事，是以臣藏智弗用，而以事轉任其上也。脱去事字，則文義不明。文子上仁篇正作「與臣争事」。

夫富貴者之於勞也，達事者之於察也，驕恣者之於恭也，勢不及君。君人者不任能，而好自爲之，不任用臣智能也。則智日困而自負其責也。數窮於下則不能伸理，行墮於國則不能專制，智不足以爲治，威不足以行誅，則無以與天下交也。○王念孫云：「與天下交」當作「與下交」，下謂羣臣也。（下字上下文凡四見。）上文曰：「法律度量者，人主之所以執下。」舍是，則智不足以爲治，威不足以行誅矣，故曰無以與下交。（大學曰：「與國人交。」）下上不當有天字。文子上仁篇有天字，亦後人依誤本淮南加之。羣書治要引文子無天字。喜怒形於心者欲見於外，○王念孫云：者當爲耆，字之誤也。耆欲與喜怒，相對爲文。文子上仁篇作嗜欲，是其證。則守職者離正而阿上，有司枉法而從風，賞不當功，誅不應罪，上下離心，而君臣相怨也。是以執政阿主，阿，曲從也。而有過則無以責之。有罪而不誅，則百官煩亂，智弗能解也；毀譽萌生，而明不能照也。不正本而反自然，則人主逾勞，人臣逾逸。是猶代庖宰剥牲，而爲大匠斲也。與馬競走，筋絶而弗能及；上車執轡，則馬夗于衡下。○陳觀樓云：夗字義不可通。文子上仁篇作「馬服於衡下」，是也。夗本作舠，服或作服，下半相似而誤。故伯樂相之，王良御之，明主乘之，無御相之勞而致千里者，乘於人資以爲羽翼也。資，才也。是故君人者，無爲而有守也，有爲而無好也。無所私好。○王念孫云：有爲與無爲正相反，且下二句云「有爲則讒生，有好則諛起」，則不當言有爲，明矣。有爲本作有立。有立而無好，謂有所建立而無私好也。（高注：「無所私好。」）今本作有爲者，涉下句有爲而誤。文子上仁篇正作「有立而無好」。有爲則讒生，有好則諛起。讒諛之人乘志而起。昔者齊桓公好味而易牙烹其首子而餌之，桓公，襄公諸兒之子小白。虞君好寶而晉獻以璧馬釣之，釣，取。胡王好音而秦穆公以女樂誘之，誘，惑。是皆以利見制於人也。制，猶禽也。故善建者不拔。言建之無形也。○王念孫云：此六字乃正文，非注文也。「故善建者不拔」者，引老子語也。「言建之無形也」者，釋其義也。精神篇曰：「故曰『其出彌遠者，其知彌少』，以言夫精神之不可使外淫也。」亦是引老子而釋之。後人誤以此六字爲注文，故改入注耳。文子正作「故善建者不拔，言建之無形也」。

夫火熱而水滅之，金剛而火銷之，木强而斧伐之，水流而土遏之，唯造化者，物莫能勝也。故中欲不出謂之扃，外邪不入謂之塞。○莊逵吉云：呂覽作「外欲不入謂之閉」。據下「中扃外閉」云云，則此句疑當如呂覽。○王念孫云：扃與閉皆以門爲喻，閉字是也。文子上仁篇亦作閉。中扃外閉，何事之不節！外閉中扃，何事之不成！弗用而後能用之，弗爲而後能爲之。精神勞則越，越，散。耳目淫則竭，竭，滅。故有道之主，滅想去意，清虚以待，不伐之言，不奪之事，循名責實，使有司，○王念孫云：「不伐之言」，伐當爲代。「不代之言，不奪之事」，謂臣所當言者，君不代之言，臣所當行者，君不奪之事也。呂氏春秋知度篇代字亦誤作伐。案：上文云「是猶代庖宰剥牲，而爲大匠斲也」，呂氏春秋云「是君代有司爲有司也」，則皆當作代明矣。「使自司」，（道藏本如是。）當從呂氏春秋作「官使自司」，謂使百官自司其事而君不與也。故下文云「如此，則百官之事各有所守」。此文上下皆以四字爲句，脱去官字，則不成句矣。劉本作「使有司」，文子上仁篇作「使自有司」，皆於義未安。莊從劉本作「使有司」，非也。任而弗詔，責而弗教，以不知爲道，道常未知。以柰何爲寶。道貴無形，無形不可奈何，道之所以爲貴也。如此，則百官之事各有所守矣。有所守，言不離扃也。攝權勢之柄，其於化民易矣。衛君役子路，權重也；衛君，出公輒也。景、桓公臣管、晏，位尊也。管仲輔相桓公，晏嬰相景公，二君位尊故也。○王念孫云：公字後人所加。衛君役子路，景、桓臣管、晏，相對爲文。景、桓下加公字，則文不成義矣。又人間篇：「故蔡女蕩舟，齊師侵楚。（今本侵楚上衍大字，辯見人間。）兩人搆怨，廷殺宰予。簡公遇殺，身死無後。陳氏代之，齊乃無呂。兩家鬭鷄，季氏金距。郈公作難，魯昭公出走。」案：魯昭公之公，亦後人所加。自「蔡女蕩舟」以下，皆四字爲句，魯昭下加公字，則累於詞矣。又泰族篇：「闔閭伐楚，五戰入郢。燒高府之粟，破九龍之鍾。鞭荆平王之墓，舍昭王之宫。」案：荆平王之王，亦後人所加。「燒高府之粟」以下，皆五字爲句。荆平下加王字，則累於詞矣。（呂氏春秋胥時篇「鞭荆平之墳」，亦無王字。）○俞樾云：此本作「桓、景臣管、晏」，言桓臣管，景臣晏也。因傳寫誤作桓公，後人遂加景字於桓字之上。先景後桓，與管、晏不相當，而「景、桓公臣管、晏」，與上文「衛君役子路」句法又參差不一律，足知其非矣。 **怯服勇而愚制智，其所託勢者勝也。故枝不得大於榦，末不得强於本，則輕重大小有以相制也。若五指之屬於臂，搏援攫捷，莫不如志，言以小屬於大也。**○王念孫云：「則輕重小大有以相制也」，本作「言輕重小大有以相制也」。此釋上之詞，與下「言以小屬於大也」文同一例。後人不達，而改言爲則，上言「不得」，下言「則」，則文義不相承接矣。文子上義篇正作「言輕重大小有以相制也」。 **是故得勢之利者，所持甚小，其存甚大；**○王念孫云：「其存甚大」，本作「所任甚大」。「所持甚小，所任甚大」，即下文所謂「十圍之木，持千鈞之屋」也。今本「所任」作「其存」者，其字因與上下三甚字相似而誤，任誤爲在，後人因改爲存耳。文子作「所在甚大」，在亦任之誤。羣書治要引文子，正作「所任甚大」。 **所守甚約，**約，要也，少也。所制甚廣。是故十圍之木，持千鈞之屋；○文典謹按：意林持上有能字。五寸之鍵，制開闔之門。○王念孫云：「制開闔」三字文義未足，説苑説叢篇作「而制開闔」，文子作「能制開闔」，能亦而也。（而字古通作能，説見經義述聞「能不我知」下。）二書皆本於淮南，則淮南原文本作「五寸之鍵，而制開闔」明矣。道藏本脱而字，劉績不能攷正，乃於制開闔下加之門二字，而諸本及莊本皆從之，謬矣。（上言「持千鈞之屋」，若無之屋二字，則文不成義。此言制開闔，則其義已明，無庸加之門二字。）○文典謹按：意林制上有能字。豈其材之巨小足哉？所居要也。○文典謹按：意林作「非材有巨細，所居要耳」。孔丘、墨翟修先聖之術，通六藝之論，口道其言，身行其志，慕義從風，風，化。而爲之服役者不過數十人。役，事。使居天子之位，則天下徧爲儒墨矣。徧，猶盡也。○文典謹按：意林作「使孔、墨爲天下，天下盡儒墨，得其要也」。楚莊王傷文無畏之死於宋也，奮袂而起，衣冠相連於道，遂成軍宋城之下，權柄重也。莊王，楚穆王商臣之子旅也。使申舟聘于齊，不假道於宋。無畏曰：「宋必襲殺我。」王曰：「殺汝，伐宋。」見犀而行，不假道於宋。華元曰：「過我而不假道，鄙我也。鄙我，亾也；以兵殺其使者，亦亾也。」遂殺之。莊王聞之怒，故投袂而起，成軍亾宋城。故曰權柄重也。楚文王好服獬冠，楚國效之；文王，楚武王熊達之子熊庛也。獬廌之冠，如今御史冠。○陶方琦云：御覽六百八十四引，作「楚莊王好觟冠，楚國效之也」。御覽、藝文類聚服飾部一、事類賦冠部並引許注：「觟冠，今力士冠。」按：説文角部：「觟，牝牂羊生角者也。」玉篇：「觟，角皃。」（廣韻三十五馬觟下云「楚冠名」。韻會引淮南觟冠。）或云：觟即解字。王充論衡：「觟鯱者，一角之羊也。」觟鯱即解廌，觸邪神羊也。後漢輿服志：「獬廌，神羊，能別曲直。楚王嘗獲之，以爲冠。」注引異物志云：「東北荒中有獸名獬廌，一角，性忠，見人鬭則觸不直者，聞人論則咋不正者。楚執法者所服也。今冠兩角，非豸也。」許云「力士冠」，疑即武弁大冠。○文典謹按：初學記服食部引，文王亦作莊王。**趙武靈王貝帶鵕鸃而朝，趙國化之。**趙武靈王出春秋後，以大貝飾帶，胡服。鵕鸃，讀曰私鈚頭，二字三音也。曰郭洛帶、粒銚鏑也。○莊逵吉云：藏本如是。本或作「曰郭洛帶係銚鎬也」，文義皆難通，疑有誤字。○陶方琦云：文選吴都賦注引許注：「鵕鸃，鷩雉也。」史記索隱二十六、二十七引許注作鷩鳥，鳥乃雉字之誤。爾雅「鷩雉」注：「似山雞而小，冠背毛黄，腹下赤，項緑色鮮明。」説文鳥部鵕字下：「鵕鸃，鷩也。」鸃下：「鵕鸃也。秦、漢之初，侍中冠鵕鸃冠。」玉篇：「鵕鸃，鷩雉也。」即用許注淮南説。○孫詒讓云：此注文難通。戰國趙策「武靈王賜周紹胡服，衣冠具帶，黄金師比」，史記匈奴傳作黄金胥紕，索隱：「張晏云：鮮卑郭落帶，瑞獸名也，東胡好服之。延篤云：胡革帶鉤也。班固與竇憲牋云：賜犀比黄金頭帶也。」漢書匈奴傳作犀毗，師古云：「犀毗，胡帶之鉤也。亦曰鮮卑，亦謂師比，總一物也，語有輕重耳。」此注私鈚頭，即史記之師比，漢書之胥紕、犀毗。郭洛帶，即張晏所謂郭落帶也。「郭洛帶、粒銚鏑也」義未詳，疑當作「郭洛帶、私鈚鉤也」。**使在匹夫布衣，雖冠獬冠，帶貝帶，鵕鸃而朝，則不**

免爲人笑也。

夫民之好善樂正，不待禁誅而自中法度者，萬無一也。下必行之令，從之者利，逆之者凶，日陰未移，而海内莫不被繩矣。繩，正也。故握劍鋒，以離北宫子、司馬蒯蕢不使應敵；北宫子，齊人，孟子所謂北宫黝也。司馬蒯蕢，其先程伯休父，宣王命以爲司馬，因爲司馬氏，蒯蕢其後也。周衰，適他國。蒯蕢在趙，以善擊劍聞。應，猶擊也。操其觚，招其末，則庸人能以制勝。觚，劍拊。招，舉也。○王念孫云："「握劍鋒以」之下脱去一字。離字與上下文皆不相屬，當是雖字之誤。隸書離字或作離，（説見天文篇「禹以爲朝晝昏夜」下。）形與雖相近，故雖誤爲離。「不使應敵」，使上當有可字。言手握劍鋒，則雖北宫黝、司馬蒯蕢亦不可使應敵。若操其本而舉其末，則庸人亦能以制勝也。「可使」與「能以」，文相正對。○王紹蘭云：離爲雖誤，使上有可字，是也。以字當在雖字下，謂握劍鋒，雖以北宫子、司馬蒯蕢亦不可使應敵。此文以雖誤倒耳。「故握劍鋒」爲句，雖以二字下屬，文義自明，則劍鋒下無脱字。○俞樾云：王氏念孫謂離是雖字之誤，使上應有可字，皆是也。疑「握劍鋒以」之下有脱文，則尚未盡得。此當以鋒字絶句，「操其觚，招其末」之下更無他文，則「握劍鋒」下亦不必更有何字矣。以字本在雖字之下，其文曰："「故握劍鋒，雖以北宫子、司馬蒯蕢不可使應敵。」因雖字誤作離，遂移以字於上，使成句耳。今使烏獲、藉蕃從後牽牛尾，尾絶而不從者，逆也；烏獲、藉蕃，皆多力人。若指之桑條以貫其鼻，則五尺童子牽而周四海者，順也。夫七尺之橈而制船之左右者，以水爲資；橈，刺船棹也。資，用也。橈，讀煩嬈之嬈也。天子發號，令行禁止，以衆爲勢也。○文典謹按：北堂書鈔一百三十八引，作：「七尺之檝而制大舟者，因水爲資也。君發一言之號而令行於民者，因衆爲勢也。」又御覽七百七十一引，制作動，勢作資。夫防民之所害，開民之所利，威行也，若發堿決唐。堿，水堿也。唐，隄也。皆所以畜水。○莊逵吉云：唐，古塘字。故循流而下易以至，背風而馳易以遠。因其勢也。桓公立政，去食肉之獸，食粟之鳥，係罝之網，三舉而百姓説。桓，齊桓公。紂殺王子比干而骨肉怨，斮朝涉者之脛而萬民叛，再舉而天下失矣。故義者，非能徧利天下之民也，利一人而天下從風；暴者，非盡害海内之衆也，害一人而天下離叛。故桓公三舉而九合諸侯，紂再舉而不得爲匹夫。故舉錯不可不審。三舉，去食肉之獸、食粟之鳥、係罝之網。再舉，殺比干、斮朝涉之脛也。

人主租斂於民也，必先計歲收，量民積聚，知饑饉有餘不足之數，然後取車輿衣食供養其欲。○王念孫云：羣書治要引此，饑饉作饒饉。案：作饒饉者原文，作饑饉者後人所改也。饒與饉，有餘與不足，皆相對爲文。若作饑饉，則與有餘不足之文不類矣。此言人主必知民積聚之多寡，然後可以取於民。若上言饑饉，則下不得言「取車輿衣食供養其欲」矣。後人熟於饑饉之文，遂以意改之，而不知其與下文相抵牾也。**高臺層榭，接屋連閣，非不麗也，然民有掘穴狹廬所以託身者，明主弗樂也。**不樂其大麗也。〇王念孫云：掘穴本作堀室。堀，古窟字。昭二十七年左傳「吴公子光伏甲於堀室而享王」，史記吴世家作窟室，是也。因堀誤爲掘，後人遂妄改爲掘穴耳。窟室與狹廬，事相類，若云掘穴狹廬，則文不成義矣。羣書治要引此，正作窟室。又引注云：「窟室，土室。」太平御覽木部七引此，亦作窟室。又案：「民無掘穴狹廬所以託身者」，（道藏本如是。）劉本作「民有掘穴狹廬無所託身者」，此依下文改也。案：下文云「民有糟糠菽粟不接於口者」，又云「民有處邊城，犯危難，澤死暴骸者」。此云「民無堀室狹廬所以託身者」，文與下二條異，不當據彼以改此。且既有狹廬，則不得言無所託身。羣書治要、太平御覽引此，並作「民無窟室狹廬」，則劉改非也。莊依劉本作「民有掘穴狹廬」，又依道藏本作「所以託身者」，兩無所據矣。〇陶方琦云：羣書治要引許注：「窟穴，土室。」按：説文：「穴，土室也。」與此注正同。**肥醲甘脆，非不美也，**〇文典謹按：治要引，美作香。**然民有糟糠菽粟不接於口者，則明主弗甘也。**不甘其肥醲也。**匡牀蒻席，非不寧也，**匡，安也。蒻，細也。〇文典謹按：治要引，蒻作衽。**然民有處邊城，犯危難，澤死暴骸者，明主弗安也。**不安其匡床蒻席也。**故古之君人者，其慘怛於民也，**〇文典謹按：治要引，作「甚憯怛於民也」。**國有飢者，食不重味；民有寒者，而冬不被裘。**與同飢寒。**歲登民豐，**〇文典謹按：治要引，作

「歲豐穀登」。乃始縣鐘鼓，陳干戚，登，成也，年穀豐熟也。君臣上下同心而樂之，國無哀人。言皆樂也。故古之爲金石管絃者，所以宣樂也；金，鐘。石，磬。管，簫也。絃，琴瑟也。兵革斧鉞者，所以飾怒也；觴酌俎豆，酬酢之禮，所以效善也；效，致。○王念孫云：效善當爲效喜，字之誤也。此以喜怒哀樂相對，作善則義不可通。羣書治要引此，正作喜。衰經菅屨，辟踊哭泣，所以諭哀也。諭，明。此皆有充於內，而成像於外。充，實。○文典謹按：治要外下有者也二字。及至亂主，取民則不裁其力，裁，度。求於下則不量其積，男女不得事耕織之業以供上之求，事，治。業，事。力勤財匱，君臣相疾也。故民至於焦脣沸肝，有今無儲，有今日之食，而無明日之儲也。而乃始撞大鐘，擊鳴鼓，吹竽笙，彈琴瑟，是猶貫甲冑而入宗廟，被羅紈而從軍旅，○文典謹按：治要羅紈作綺羅。失樂之所由生矣。夫民之爲生也，一人蹠耒，而耕不過十畝，蹠，蹈。中田之獲，卒歲之收，○俞樾云：既言之獲，又言之收，重複無謂。疑本作「中田卒歲之收」，無之獲二字。故文子上仁篇作「中田之收」，蓋省卒歲二字耳。若使本作「中田之獲，卒歲之收」，而文子省其一句，則何不曰「中田之獲」，而必變獲言收乎？不過畝四石，妻子老弱仰而食之。時有涔旱災害之患，洿，久而〔二〕水潦也。**無以給上之徵賦車馬兵革之費。**○王念孫云：「有以」之有，各本多作無，惟道藏本及茅本作有，有字是也。有，讀爲又。言終歲之收，僅足供一家之食，既時有水旱之災，而又以此給上之徵賦也。後人不知有爲又之借字，而改有爲無，斯爲謬矣。莊刻仍從諸本作無，故特辯之。**由此觀之，則人之生，憫矣！**憫，憂無樂。**夫天地之大，計三年耕而餘一年之食，率九年而有三年之畜，十八年而有六年之積，二十七年而有九年之儲，雖洿旱災害之殃，民莫困窮流亾也。故國無九年之畜，謂之不足；無六年之積，謂之憫急；**憫，憂。急，病也。**無三年之畜，謂之窮乏。故有仁君明王，其取下有節，自養有度，則得承受於天地，而不離饑寒之患矣。若貪主暴君，撓於其下，侵漁其民，以適無窮之欲，則百姓無以被天和而履地德矣。**天和，氣也。地德，所生植也。

食者，民之本也。民者，國之本也。國者，君之本也。是故人君者，○王念孫云：君字當在人字上。羣書治要引此，正作「君人者」。**上因天時，下盡地財，中用人力，是以羣生遂長，五穀蕃植。教民養育六畜，**○陶方琦云：說文畜字下引許注「玄田爲畜」。按：說文引淮南子曰「玄田爲畜」，即引其注文，與芸字、蝄字下同例。說文：「畜，田畜也。」即周官牧人

〔二〕「而」，疑當爲「雨」，形近而誤。

「掌牧六牧而阜蕃其物」之義。王氏筠曰：「玄田當作𤣥田，从叀之古文𠃬。」叀部疐下云：「从叀，引而止之也。」漢書景帝詔「農桑毄畜」，注：「食養之畜。毄，古繫字。」繫之者，恐其逸也。是其證。**以時種樹，務修田疇，滋植桑麻，肥墝高下，各因其宜。丘陵阪險不生五穀者，以樹竹木，春伐枯槁，夏取果蓏，**有核曰果，無核曰蓏。**秋畜疏食，**菜蔬曰疏，穀食曰食。**冬伐薪蒸，**大者曰薪，小者曰蒸。**以爲民資。**資，用。**是故生無乏用，死無轉尸。**轉，棄也。**故先王之法，畋不掩羣，**掩，猶盡也。**不取麛夭，**鹿子曰麛，麋子曰夭。**不涸澤而漁，**涸澤，漉池也。**不焚林而獵。**爲盡物也。**豺未祭獸，罝罦不得布於野；**十月之時，豺殺獸，四面陳之，世謂之祭獸也。未祭獸，罝罦不得施也。**獺未祭魚，網罟不得入於水；**獺，猵也。明堂月令：「孟春之月，獺祭魚。」取鯉四面陳之水邊也，世謂之祭魚。未祭，不得捕也。**鷹隼未摯，羅網不得張於谿谷；**立秋鷹摯矣。未立秋，不得施下。鷹或作雁。**草木未落，斤斧不得入山林；**九月草木節解。未解，不得伐山林也。**昆蟲未蟄，不得以火燒田。**十月蟄蟲備藏。未蟄，不得用燒田也。〇王念孫云：正文燒字，因注內「燒田」而衍。「不得以火田」，謂田獵不得用火。爾雅曰「火田爲狩」是也。高注「不得用燒田」，燒讀去聲。管子輕重甲篇「齊之北澤燒」，尹知章注曰：「獵而行火曰燒。式照反。」是也。燒字正釋火字。若云以火燒田，則不詞矣。王制及賈子容經篇並云「昆蟲未蟄，不以火田」，（說苑脩文篇同。）此即淮南所本。文子上仁篇亦作「不得以火田」。孕育不得殺，鷇卵不得探，魚不長尺不得取，彘不期年不得食。皆爲盡物。是故草木之發若蒸氣，發，生。禽獸之歸若流泉，飛鳥之歸若煙雲，有所以致之也。故先王之政，四海之雲至而脩封疆，立春之後，四海出雲。○文典謹按：御覽九百二十二引注，立春作春分。蝦蟇鳴、燕降而達路除道，三月之時。○文典謹按：御覽九百二十二引注，作「春分之後」。陰降百泉則脩橋梁，十月之時。昏張中則務種穀，三月昏，張星中于南方。張，南方朱鳥之宿也。○文典謹按：御覽八百二十三引，張作弧。又引注，作「二月昏時，弧星中於南方，朱雀之宿也」。大火中則種黍菽，大火，東方蒼龍之宿，在四月建巳中南方。菽，豆也。虛中則種宿麥，虛，北方玄武之宿，八月建酉中于南方也。昴中則收斂畜積，伐薪木。昴星，西方白虎宿也。季秋之月，收斂畜積也。上告于天，下布之民，先王之所以應時修備，富國利民，實曠來遠者，其道備矣。實，滿也。曠，空也。○文典謹按：治要引，「富國利民」作「富利國民」。非能目見而足行之也，欲利之也。欲利之也不忘於心，則官自備矣。心之於九竅四支也，不能一事焉，然而動靜聽視皆以爲主者，不忘於欲利之也。故堯爲善而衆善至矣，桀爲非而衆非來矣。善積則功成，非積則禍極。極，至。

凡人之論，心欲小而志欲大，智欲員而行欲方，能欲多而事欲鮮。所以心欲小者，慮患未生，備禍未發，戒過慎微，不敢縱其欲也。詩云：「惟此文王，小心翼翼，昭事上帝，聿懷多福。」此之謂也。志欲大者，兼包萬國，一齊殊俗，并覆百姓，若合一族，是非輻湊而爲之轂。轂，以諭王。○莊逵吉云：「不穀」之訓，古皆云穀善。錢別駕云：道德經「侯王自稱孤寡不穀」，河上本作轂，注云，「不轂，不爲輻所湊也」，又別一解，與此「轂以諭王」之注正同，知古兩義竝有，後人但識穀善，而不知有輻轂之訓矣。智欲員者，環復轉運，終始無端，若順連環，故曰無端。旁流四達，淵泉而不竭，萬物竝興，莫不嚮應也。應，和。行欲方者，直立而不撓，撓，弱曲也。素白而不污，窮不易操，通不肆志。肆，放。能欲多者，文武備具，動靜中儀，舉動廢置，曲得其宜，無所擊戾，擊，掌也。戾，破也。○洪頤煊云：荀子脩身篇：「行而俯項，非擊戾也。」尚書益稷「戛擊鳴球」，文選長楊賦作拮隔。韋昭曰：「古文隔爲擊。」擊戾卽隔背，高注非。無不畢宜也。事欲鮮者，執柄持術，得要以應衆，執約以治廣，處靜持中，○俞樾云：文子微明篇作「處靜以持躁」，當從之。靜、躁對文，與上文「得要以應衆，執約以治廣」文義一律。運於璇樞，以一合萬，若合符者也。符，約也。故心小者禁於微也，志大者無不懷也，多所容也。智員者無不知也，行方者有不爲也，非正道不爲也。能多者無不治也，治，猶作也。事鮮者約所持也。約，要也。

古者天子聽朝，公卿正諫，博士誦詩，瞽箴師誦，庶人傳語，史書其過，宰徹其膳。猶以爲未足也，故堯置敢諫之鼓，欲諫者，擊其鼓。○文典謹按：治要敢作欲。舜立誹謗之木，書其善否於表木也。湯有司直之人，司直，官名，不曲也。武王立戒慎之鞀，欲戒君令慎疑者，搖鞀鼓。○文典謹按：治要立作有，鞀作銘。過若豪釐，而既已備之也。備，具也。夫聖人之於善也，無小而不舉；舉，用。其於過也，無微而不改。改，更。堯、舜、禹、湯、文、武，皆坦然天下而南面焉。背屏而朝諸侯。○王念孫云：次句當作「皆坦然南面而王天下焉」。今本顛倒，不成文理。劉本删去王字，尤非。當此之時，鼙鼓而食，鼙鼓，王者之食樂也。詩云：「鼓鐘伐鼛。」○王念孫云：「鼙鼓而食」當爲「伐鼛而食」。今作鼙鼓者，涉注文而誤也。周官大司樂曰：「王大食三侑皆令奏鍾鼓。」奏鍾鼓而食，故曰「伐鼛而食」。高注引詩「鼓鍾伐鼛」，正釋伐鼛二字之義。若云「鼙鼓而食」，則文不成義矣。且「伐鼛而食，奏雍而徹」，相對爲文。荀子正論篇曰「曼而饋，伐皋而食，（今本伐誤作代，辯見荀子。皋與鼛同，考工記「韗人爲皋鼓」是也。）雍而徹乎五祀」，即淮南所本也。玉海音樂部樂器類引此，正作「伐鼛而食」。奏雍而徹，雍，已食之樂也。已飯而祭竈，行不用巫祝，言其率德蹈政，無求於神。鬼神弗敢祟，山川弗敢禍，可謂至貴矣，至德之可貴也。然而戰戰慄慄，日慎一日。由此觀之，則聖人之心小矣。詩云：「惟此文王，小心翼翼，昭事上帝，聿懷多福。」其斯之謂歟！武王伐紂，○王念孫云：伐紂本作克殷，此後人妄改之也。（下文「解箕子之囚」，高注「武王伐紂，赦其囚執」，伐紂二字，亦後人所加。）下文所述六事，皆在克殷以後。若改克殷爲伐紂，則自孟津觀兵以後，皆是伐紂之事，與下文不合矣。羣書治要引此，正作武王克殷。又齊俗篇「昔武王執戈秉鉞以伐紂勝殷，搢笏杖殳以臨朝」，伐紂二字，亦後人所加。「執戈秉鉞以勝殷，搢笏杖殳以臨朝」，相對爲文。加入伐紂二字，則文不成義，且與下句不對矣。太平御覽兵部八十四引此，無伐紂二字，蓋後人熟於武王伐紂之語，遂任意增改，而不顧文義，甚矣其妄也！發鉅橋之粟，散鹿臺之錢，鉅橋，紂倉名也。一說：鉅鹿漕運之橋。鹿臺，紂錢藏府所積也。武王發散以振疲民。○陶方琦云：史記集解三、漢書張良傳注、後漢地理志引許注：「鉅鹿之大橋，有漕粟也。」按：二注文義異，所云一說，即是許義，與集解、漢書注引合。水經注十引許慎曰：「鉅鹿水之大橋也。」亦即此注。呂氏春秋慎大高注：「巨橋，紂倉名。」與此注前一說正同。封比干之墓，比干，紂諸父也。諫紂之非，紂殺之。故武王封崇其墓，以旌仁也。表商容之閭，商容，殷之賢人，老子師，故表顯其里。穆稱篇又云「老子業于商容，見舌而知守柔矣」是也。○陶方琦云：世說新語一引許注：「商容，殷之賢人，老子師。」按：此許注羼入高注中，故同。蘇氏淮南子叙云：「高氏注每篇下皆曰訓，今本皆用高氏，故皆稱訓。」兹所曰穆稱篇，穆、繆古通。稱篇，乃許氏之本也。繆稱篇許注亦云：「商容，賢人也。」朝成湯之廟，成湯，殷受命之王。言聖人以類相宗。解箕子之囚，箕子，紂之庶兄。論語云「箕子爲之奴」。武王伐紂，赦其囚執，問以洪範，封之于朝鮮也。使各處其宅，田其田，無故無新，惟賢是親，○文典謹按：治要引，是作之。用非其有，使非其人，晏然若故有之。○文典謹按：治要引，若下有其字。由此觀之，則聖人之志大也。

○文典謹按：「則聖人之志大也」，與上文「則聖人之心小矣」，下文「則聖人之智員矣」、「則聖人之行方矣」不一律，也當作矣。治要引，正作「卽聖人之志大矣」。文王周觀得失，偏覽是非，堯、舜所以昌，桀、紂所以亡者，皆著於明堂，著，猶圖也。於是略智博聞，以應無方。由此觀之，則聖人之智員矣。成、康繼文、武之業，守明堂之制，觀存亡之迹，見成敗之變，非道不言，非聖人之意不敢言。非義不行，非仁義不敢履行也。言不苟出，行不苟爲，擇善而後從事焉。由此觀之，則聖人之行方矣。孔子之通，智過於萇弘，勇服於孟賁，足躡郊菟，力招城關，能亦多矣。萇弘，周大夫，敬王臣也，號知大道。孟賁，勇士也。孔子皆能。招，舉也。以一手招城門關端，能舉之。故曰能亦〔一〕多也。○陶方琦云：羣書治要引許注：「萇弘，周景王之史，行通天下鬼方之術也。」按：春秋文曜鉤云：「高辛受命，重黎說天，成周改號，萇弘分官。」又羣書治要、後漢書鄭太傳注引許注：「孟賁，衛人。」按：漢書淮南王傳「奮諸、賁之勇」，應劭曰：「吴專諸，衛孟賁也。」與許說同。然而勇力不聞，人不聞其爲勇力也。伎巧不知，人不知其有伎巧也。專行教道，○文典謹按：治要引，教作孝。以成素王，事亦鮮矣。春秋二百四十二年，亾國五十二，弒君三十六，采善鉏醜，以成王道，論亦博矣。

〔一〕「能亦」，原本作「亦能」，據正文乙。

然而圍於匡，顔色不變，絃歌不輟，匡，宋邑也。今陳留襄邑西匡亭是也。孔子曰：「天生德于予，匡人其如予何！」故顔色不變，絃歌不止也。**臨死亾之地，犯患難之危，據義行理而志不懾，分亦明矣。**犯，猶遭也。懾，猶懼也。**然爲魯司寇，聽獄必爲斷，**爲魯定公司寇。**作爲春秋，不道鬼神，不敢專己。夫聖人之智，固已多矣，其所守者有約，故舉而必榮。愚人之智，固已少矣，其所事者多，**○王念孫云：「其所事者多」，多上亦當有有字。「其所守者有約」，「其所事者有多」，兩有字皆讀爲又，又與「固已」文義相承。羣書治要引此，正作「其所事者又多」。（荀子王霸篇引孔子曰：「知者之知固已多矣，有以守少，能無察乎？愚者之知固已少矣，有以守多，能無狂乎？」此即淮南所本。）**故動而必窮矣。吴起、張儀，智不若孔、墨，而爭萬乘之君，此其所以車裂支解也。夫以正教化者，易而必成；以邪巧世者，難而必敗。凡將設行立趣於天下，捨其易成者，**○王念孫云：「捨其易成者」，當作「捨其易而必成者」。今本脱而必二字，則與上文不合。文子微明篇正作「捨其易而必成」。**而從事難而必敗者，愚惑之所致也。凡此六反者，不可不察也。**六反，謂孔、墨、萇宏、孟賁、吴起、張儀也。其行相反，故曰六反。○俞樾云：高注曰：「六反，謂孔、墨、萇宏、孟賁、吴起、張儀也。其行相反，故曰六反。」此注大謬。上文雖有此六人，然非舉以相較。萇宏、孟賁，不過謂孔子之智勇過此二人耳，初非言其相反也。六反者，即上文所謂「心欲小而志欲大，智欲員而行欲方，能欲多而事欲鮮」也。小與大反，員與方反，多與鮮反，是謂六反。

偏知萬物而不知人道，不可謂智。偏愛羣生而不愛人類，不可謂仁。仁者，愛其類也；智者，不可惑也。仁者，雖在斷割之中，其所不忍之色可見也。不忍智〔一〕斷割之色見于顏色也。智者，雖煩難之事，其不闇之效可見也。內恕反情，心之所欲，其不加諸人，由近知遠，由己知人，此仁智之所合而行也。小有教而大有存也，小有誅而大有寧也，小教之以正，故大有存也；小責之以義，故大有寧也。非正則不存，非義則不寧。唯惻隱推而行之，此智者之所獨斷也。故仁智錯，有時合，○王念孫云：「故仁智錯，有時合」，當作「故仁智有時錯，有時合」。合者爲正，錯者爲權，其義一也。府吏守法，君子制義。法而無義，亦府吏也，不足以爲政。○孫詒讓云：吏並當爲史，形之誤也。周禮諸官皆有府史胥徒，鄭注云「府治藏，史掌書」者。凡府史，皆其官長所自辟除。耕之爲事也勞，織之爲事也擾。擾勞之事，而民不舍者，知其可以衣食也。人之情不能無衣食，衣食之道必始於耕織，萬民之所公見也。物之若耕織者，始初甚勞，終必利也衆，愚人之所見者寡；事可權者多，愚之所權者少，此愚者之所多患也。○王念孫云：「事可權者

〔一〕「智」字疑衍。

多」二句，當作「事之可權者多，（對上文「物之若耕織者，始初甚勞，終必利也衆」），愚人之所權者少（對上文「愚人之所見者寡」）。」各本脱之字、人字，則文義不明。「此愚者之所多患」，劉本作「此愚者之以多患也」。案：當作「此愚者之所以多患也」。（對下文「此智者所以寡患也」。）道藏本脱以字、也字，劉本脱所字。○俞樾云：此有脱誤。當云：「物之可備者衆，愚人之所備者寡；事之可權者多，愚人之所權者少，此愚者之所以多患也。」下文曰：「物之可備者，智者盡備之；可權者，盡權之，此智者所以寡患也。」與此文反覆相明，是其證也。衆上脱「物之可備者」五字。王氏念孫遂欲以衆字屬上句讀，然上文云「物之若耕織者，始初甚勞，終必利也」，其文義已足，必綴衆字於句末，轉爲不詞矣。物之可備者，智者盡備之；可權者，盡權之，此智者所以寡患也。故智者先忤忤，逆。而後合，愚者始於樂而終於哀。今日何爲而榮乎，旦日何爲而義乎，此易言也。今日何爲而義，旦日何爲而榮，此難知也。問瞽師曰：「白素何如？」曰：「縞然。」曰：「黑何若？」曰：「黮然。」援白黑而示之，則不處焉。人之視白黑以目，言白黑以口，瞽師有以言白黑，無以知白黑，故言白黑與人同，其別白黑與人異。入孝於親，出忠於君，無愚智賢不肖皆知其爲義也，使陳忠孝行而知所出者鮮矣。凡人思慮，莫不先以爲可而後行之，其是或非，此愚智之所以異。

凡人之性，莫貴於仁，莫急於智。仁以爲質，智以行之。兩者爲本，而加之以勇力辯慧，捷疾劬録，巧敏遲利，〇王念孫云：遲利二字，義不相屬。遲當爲犀，字之誤也。犀亦利也。漢書馮奉世傳「器不犀利」，如淳曰：「今俗刀兵利爲犀。」自勇力以下，皆兩字同義。聰明審察，盡衆益也。身材未修，伎藝曲備，而無仁智以爲表幹，而加之以衆美，則益其損。故不仁而有勇力果敢，則狂而操利劍；狂，猶亂也。不智而辯慧懷給，則棄驥而不式。不智之人，辯慧懷給，不知所裁之，猶棄驥而或，不知所詣也。懷，佞也。〇王念孫云：懷與佞，義不相近。懷皆當爲懁，字之誤也。懁與儇同字，或作譞。方言曰：「儇，慧也。」説文同。又曰：「譞，譞慧也。」廣雅曰：「辯、儇，慧也。」即此所云「辯慧懁給」也。楚辭九章「忘儇媚以背衆兮」，王注曰：「儇，佞也。」正與高注同。「棄驥而不式」，本作「乘驥而或」。因乘誤爲棄，（隸書乘或作乗，棄或作弃，二形相似。）或誤爲式，（草書或式相似。）後人遂於式上加不字耳。或與惑同。故高注云「不智之人，辯慧懁給，不知所裁之，猶乘驥而或，不知所詣也」。吕氏春秋當務篇曰：「辯而不當論，信而不當理，勇而不當義，法而不當務，或而乘驥也，狂而操吴干將也。」春秋繁露必仁且知篇曰：「不仁而有勇力材能，則狂而操利兵也。不知而辯慧獧給，則迷而乘良馬也。」是皆其明證矣。獧亦與儇同。雖有材能，其施之不當，其處之不宜，適足以輔僞飾非。伎藝之衆，不如其寡也。故有野心者不可借便勢，野，外。有愚質者不可與利器。老子曰：「國之利器，不可以假人。」魚得水而游焉則樂，塘決水涸，則爲螻蟻所食。有掌修其隄防，補其缺漏，則魚得而利之。掌，主。國有以存，人有以生。國有以存，若魚得水也。國厚，故人道生也。國之所以存者，仁義是也；人之所以生者，行善是也。國無義，雖大必亾；桀、紂是也。人無善志，雖勇必傷。論語曰：「勇而無禮則亂。」亂則傷也。治國上使不得與焉；使不得與亾傷之危，是上術也。○俞樾云：高注曰：「使不得與亾傷之危，是上術也。」此蓋屬上文讀之。然文義迂迴，不可從也。此當屬下文讀之。下文曰：「孝於父母，弟於兄嫂，信於朋友，不得上令而可得爲也。釋己之所得爲，而責于其所不得制，悖矣！」是「不得」、「可得」兩文反覆相明。疑治國下脱非字，本云「治國非上使，不得與焉」。蓋上文言「國無義，雖大必亡；人無善志，雖勇必傷」。此言國之有義無義，乃治國之事。治國之事，非上使我爲之，我不得與焉。若人之有善無善，則在我而已，故曰「不得上令而可得爲也」。上令，卽上使也。「不得上令而可得爲」，正與「非上使不得與」相對。高所據本已脱非字，故失其解矣。孝於父母，弟於兄嫂，信於朋友，不得上令而可得爲也。釋己之所得爲，而責于其所不得制，悖矣！

士處卑隱，欲上達，必先反諸己。上達有道：名譽不起，而不能上達矣。取譽有道：不信於友，不能得譽。信於友有道：事親不説，不信於友。不能説親，朋友不信之也。説親有道：修身不誠，不能事親矣。誠身有道：心不專一，不能專誠。○王念孫云：以上文例之，則「不能專誠」當作「不能誠身」。據高注云「不脩其本，而欲得悦親誠身之名，皆難也」，則正文本作「不能誠身」明矣。今作「不能專誠」者，涉上文「心不專一」而誤。中庸作「誠身有道，不明乎善，不誠乎身矣」，次句雖異義，而首句、三句則同。**道在易而求之難，**易，謂反己，先脩其本也。不脩其本，而欲得說親誠身之名，皆難也，故曰道在易而求之難。**驗在近而求之遠，故弗得也。**驗，効也。近謂本，遠謂末也。故不能得之也。

淮南鴻烈集解卷十

繆稱訓

繆異之論，稱物假類，同之神明，以知所貴，故曰「繆稱」。○莊逵吉云：此下三篇標目下皆無「因以題篇」四字，注又簡畧，蓋亦不全者也。但各本皆同，缺無據證，並仍其舊，不敢妄有增加也。○文典謹按：此篇序目，無「因以題篇」字，又宋本此篇與要畧竝題作淮南鴻烈閒詁，其爲許慎注本無疑。

道至高無上，至深無下，平乎準，直乎繩，圓乎規，方乎矩，包裹宇宙而無表裏，洞同覆載而無所礙。礙，挂也。是故體道者，不哀不樂，不喜不怒，其坐無慮，其寢無夢，物來而名，事來而應。主者，國之心。心治則百節皆安，○陶方琦云：羣書治要引許注：「治，猶理也。節，猶事也。以體喻也。」按：今注無，當補。説文：「理，治玉也。」解亦同。心擾則百節皆亂。故其心治者，支體相遺也；○陶方琦云：羣書治要引許注：「遺，忘。」按：今注無，當補。説文：「遺，忘也。」與注淮南同。其國治者，君臣相忘也。○陶方琦云：羣書治要引許注：「各得其所，無所思念。」按：今注無，當補。説文：「忘，不識也。」卽無思念。黄帝曰：「芒芒昧昧，從天之道，與元同氣。」○王念孫云：道本作威。今作道者，後人不解威字之義，而妄改之也。案：威者，德也，言從天之德也。廣雅曰：「威，德也。」周頌有客篇：「既有淫威，降福孔夷。」正義曰：「言有德，故易福。」風俗通義十反篇曰：「書曰：『天威棐諶。』言天德輔誠也。」是古謂德爲威也。後泰族篇及呂氏春秋應同篇並云：「黄帝曰：『芒芒昧昧，因天之威，與元同氣。』」文子上仁篇「因天之威，與元同氣」，用泰族篇文也。（上下文皆出泰族篇。）符言篇「從天之威，與元同氣」，用此篇文也。（下文「故至德言同略，事同指」云云，皆出此篇。）然則泰族作「因天之威」，此作「從天之威」，雖因與從不同，而威字則同矣。故至德者，言同略，事同指，上下一心，無岐道旁見者，遏障之於邪，開道之於善，而民鄉方矣。故易曰：「同人于野，利涉大川。」言能同人道至于野，則可以濟大川。大川，大難也。

道者，物之所導也；德者，性之所扶也；仁者，積恩之見證也；義者，比於人心而合於衆適者也。故道滅而德用，德衰而仁義生。故上世體道而不德，中世守德而弗壞也，末世繩繩乎唯恐失仁義。◯俞樾云：文子微明篇作「中世守德而不懷」，此文壞字亦懷字之誤。懷卽懷來之懷，言中世守德，未知仁義之爲美，猶無意乎懷來之也。字誤作壞，失其旨矣。君子非仁義無以生，失仁義，則失其所以生；小人非嗜欲無以活，失嗜欲，則失其所以活，故君子懼失仁義，小人懼失利。◯王念孫云：三仁字皆原文所無，此後人依上文加之也。不知此八句，與上異義。上文是言仁義不如道德，此文是言君子重義，小人重利，故以義與利欲對言，而仁不與焉。太平御覽人事部六十二「義」下引此，無三仁字。文子微明篇同。○文典謹按：王說是也。羣書治要引此文，亦無三仁字。觀其所懼，知各殊矣。易曰：「卽鹿無虞，惟入于林中，君子幾不如舍，往吝。」卽，就也。鹿以諭民。虞，欺也。幾，終也。就民欺之，卽入林中，幾終不如舍之，使之不終如其吝也。

其施厚者其報美，其怨大者其禍深。薄施而厚望，畜怨而無患者，古今未之有也。是故聖人察其所以往，則知其所以來者。聖人之道，猶中衢而致尊邪？道六通謂之衢。尊，酒器也。○莊逵吉云：六通應作四通，字之誤也。○王念孫云：致尊當爲設尊，字之誤也。藝文類聚雜器物部、太平御覽居處部二十三、器物部六引此，並作設尊。○陶方琦云：意林引許注：「衢，六通。尊，酒器。」按：意林所引同，文少約耳。益知八篇皆許注本，故引亦同。六通當作四達。說文：「四達謂之衢。」又尊字下云：「尊，酒器也。」與淮南注並同。過者斟酌，多少不同，各得其所宜。是故得一人，所以得百人也。一人來得其心，百人來亦得其心。人以其所願於上以交其下，誰弗戴？以其所欲於下以事其上，誰弗喜？詩云：「媚茲一人，應侯慎德。」慎德大矣，一人小矣，能善小，斯能善大矣。

君子見過忘罰，故能諫；見賢忘賤，故能讓；見不足忘貧，故能施。情繫於中，行形於外。凡行戴情，雖過無怨；不戴其情，雖忠來惡。戴，心所感也。情，誠也。○洪頤煊云：下文：「上意而民載，誠中者也。」高注：「上有意而未言，則民皆載而行之。」古字載、戴通用，「凡行戴情」，謂行載其情。高注非。○俞樾云：高注曰：「戴，心所感也。」此未得戴字之義。戴當讀爲載。釋名釋姿容曰：「戴，載也。載之於頭也。」是戴、載聲近義通。下文曰：「其載情一也，施人則異矣。」可證此文戴之當爲載矣。下文又曰：「義載乎宜之謂君子。」亦與此載字同。后稷廣利天下，猶不自矜。禹無廢功，無廢財，自視猶觖如也。觖，不滿也。滿如陷，陷，少也。實如虛，盡之者也。

凡人各賢其所説，而説其所快。○陶方琦云：羣書治要引許注：「賢其所悦者，更悦其所行之快性也。」按：今注無，當補。説文有説字，無悦字。世莫不舉賢，○陶方琦云：羣書治要引許注：「人無不舉與己同者，以爲賢也。」按：今注無，當補。或以治，或以亂。非自遁，遁，欺。○文典謹按：羣書治要引，遁下有也字。又引許注作「遁，失」。求同乎己者也。己未必得賢，而求與己同者，而欲得賢，亦不幾矣！○王念孫云：「己未必得賢」，得字因下文「得賢」而衍。羣書治要引此，無得字。○陶方琦云：羣書治要引許注：「幾，近也。」按：今注無，當補。爾雅釋詁：「幾，近也。」使堯度舜，則可；使桀度堯，是猶以升量石也。今謂狐狸，則必不知狐，又不知狸。俱不知此二獸。非未嘗見狐者，必未嘗見狸也，狐、狸非異，同類也，而謂狐狸，則不知狐、狸。是故謂不肖者賢，則必不知賢；謂賢者不肖，則必不知不肖者矣。聖人在上，則民樂其治；在下，則民慕其意。小人在上位，如寢關、曝纊，寢〔一〕，謂臥關上之不安。纊，繭也。曝繭，蛹動搖不休，死乃止也。不得須臾寧。故易曰：「乘馬班如，泣血漣如。」諭乘馬班如，難也，故有泣血之憂。言小人處非其位，不可長也。物莫無所不用。○王念孫云：此當作「物莫所不用」，莫卽無也。無字蓋涉下文「無所不用」而衍。天雄烏喙，藥之凶毒也，良醫以活人。侏儒瞽師，人之困慰者也，慰，可蹶也。一曰：慰，極。○莊逵吉云：「困慰」本或作「困懟」，注並同。疑作懟者是。人主以備樂。是故聖人制其剟材，無所不用矣。剟，疏殺也。

勇士一呼，三軍皆辟，其出之也誠。故倡而不和，意而不戴，意，恚聲。戴，嗟也。○王念孫云：高說非也。戴，讀爲載。鄭注堯典曰：「載，行也。」言上有其意而不行於下者，誠不足以動之也。下文云「上意而民載，誠中者也」，高注曰：「上有意而未言，則民皆載而行之。」是其證矣。文子精誠篇正作「意而不載」。○洪頤煊云：「意而不戴」，謂上有意，民不載而行之，是必中心之不合也。高注非。中心必有不合者也。故舜不降席而王天下者，求諸己也。○王念孫云：王當爲匡，字之誤也。匡，正也。正己而天下自正，故曰「舜不降席而匡天下者，求諸

〔一〕據正文，「寢」下似脫「關」字。

己也」。己不正，則不能正人，故下文曰：「身曲而景直者，未之聞也。」下文又曰：「故舜不降席而天下治。」彼言天下治，此言匡天下，其義一也。今本作「王天下」，則非其指矣。文子精誠篇作「不下席而匡天下」，韓詩外傳及新序雜事篇並作「不降席而匡天下」。故上多故，則民多詐矣。身曲而景直者，未之聞也。說之所不至者，容貌至焉。說之粗，不如容貌精微入人深也。容貌之所不至者，感忽至焉。○王念孫云：感忽者，精誠之動人者也。故下文曰：「感乎心，明乎智，發而成形，精之至也。可以形勢接，而不可以昭記。」（廣雅：「記，告也。」）荀子議兵篇曰：「善用兵者，感忽悠闇，莫知其所從出。」義與此相近。感乎心，明乎智，發而成形，精之至也。可以形勢接，而不可以照記。戎、翟之馬，皆可以馳驅，或近或遠，唯造父能盡其力；三苗之民，皆可使忠信，或賢或不肖，唯唐、虞能齊其美，必有不傳者。心教之微眇，不可傳也。中行繆伯手搏虎，中行繆伯，晉臣也，力能搏生虎。而不能生也，力能殺虎，而德不能服之。蓋力優而克不能及也。克，猶能也。○王念孫云：「克不能及」當爲「克不及」。克，能也。言搏虎之力雖優，而服虎之能則不及也。優與不及，義正相對，則及上不當有能字。高注「克，猶能也」，是指上句能字而言。正文能字，卽因上句能字而衍。○俞樾云：高注曰：「克，猶能也。」則是「克不能及」爲「能不能及」矣，於義難通。王氏念孫以能爲衍字，然「力優而克不及」，義亦未安。今按：此文蓋有錯誤，此注亦後人竄入，非高氏原文也。克當作悳，及當作𠬝，皆以形似而誤。悳者，悳之古文，與德字通。𠬝者，服之本字也。古書服字每作𠬝，而傳寫多誤爲及。尚書呂刑篇「何度非及」，大戴記王言篇「及其明德也」，及並𠬝字之誤，説詳羣經平議。此文本云：「蓋力優而悳不能𠬝也。」高注於上文注曰「力能殺虎，而德不能服之」，本當注於此句之下，「德不能服」四字卽本正文。因悳誤作克，𠬝誤作及，遂移注於上文，又竄入「克猶能也」四字爲此句之注，而文義俱晦矣。

用百人之所能，則得百人之力；舉千人之所愛，則得千人之心，辟若伐樹而引其本，千枝萬葉則莫得弗從也。慈父之愛子，非爲報也，不可内解於心；聖人之養民，非求用也，性不能已，若火之自熱，冰之自寒，夫有何修焉！及恃其力，賴其功者，若失火舟中。言舟中之人同心救火，不相爲賜也。○文典謹按：御覽八百六十九引注，「不相爲賜也」作「其用爲易」。故君子見始，斯知終矣。媒妁譽人，而莫之德也；取庸而强飯之，莫之愛也。雖親父慈母，不加於此，有以爲，則恩不接矣。故送往者，非所以迎來也；施死者，非專爲生也。誠出於己，則所動者遠矣。錦繡登廟，貴文也；登，猶入也。圭璋在前，尚質也。以玉祭之者，質也。文不勝質，之謂君子。故終年爲車，無三寸之鎋，不可以驅馳；匠人斲户，無一尺之楗，不可以閉藏。○文典謹按：一尺，意林引作五寸，當以意林爲是。本書主術訓「五寸之鍵，制開闔之門」，楗卽鍵也。故君子行斯乎其所結。結，要終也。○王念孫云：斯當爲期，字之誤也。言君子行事必期其所終也。（高注：「結，要終也。」）又下文「釋近斯遠，塞矣」，斯亦當爲期。「釋近期遠，塞矣」，謂道在邇而求諸遠，則必塞也。文子精誠篇作「舍近期遠」，是其證。

心之精者，可以神化，而不可以導人；導，教也。目之精者，可以消澤，而不可以昭誋。昭，道。誋，誡也。不可以教導戒人。○洪頤煊云：上文「可以形勢接，而不可以照誋」，高注失之。齊俗訓「日月之所照誋」，鹽鐵論相刺篇「天設三光以照記」，昭、照古字通用，誋即記字。在混冥之中，不可諭於人。混冥，人心中也。故舜不降席而天下治，桀不下陛而天下亂，蓋情甚乎叫呼也。言雖叫呼大語，不如心行真直也。無諸己，求諸人，古今未之聞也。同言而民信，信在言前也。同令而民化，誠在令外也。聖人在上，民遷而化，情以先之也。動於上，不應於下者，情與令殊也。故易曰：「亢龍有悔。」仁君動極在上，故有悔也。三月嬰兒，未知利害也，而慈母之愛諭焉者，情也。故言之用者，昭昭乎小哉！不言之用者，曠曠乎大哉！身君子之言，信也；身君子之言，體行君子之言也。中君子之意，忠也。忠信形於內，感動應於外。故禹執干戚，舞於兩階之間，而三苗服。三苗畔禹，禹風以禮樂而服之也。鷹翔川，魚鼈沈，禹以德服三苗，猶鷹翔川上，魚鼈恐，皆潛。飛鳥揚，鳥見鷹而揚去。必遠害也。鷹懷欲害之心，故鳥魚知其情實，故遠之。○王念孫云：「遠害」本作「遠實」，此後人以意改之也。據高注云「鷹懷欲宎（宎與肉同，欲肉者，欲食肉也。各本宎字皆誤作害，辯見原道篇「欲寅之心」下。）之心，鳥魚知其情實，故遠之」，則本作「遠實」明矣。太平御覽鱗介部四引此，正作「遠實」。此承上文「忠信行於內，感動應於外」而言，言禹有忠信之實，故舞干戚而三苗服；鷹有欲肉之實，故魚鳥皆遠之。若無其實而能動物者，則未之有也。後人改遠實爲遠害，失其指矣。子之死父也，臣之死君也，世有行之者矣，非出死以要名也，恩心之藏於中，而不能違其難也。故人之甘甘，非正爲蹠也，人之甘甘，猶樂樂而爲之。臣之死君，子之死父，非以求蹠蹠也。而蹠焉往。言蹠乃往至也。君子之慘怛，非正爲僞〔一〕形也，諭乎人心。非從外入，自中出者也。義正乎君，仁親乎父，故君之於臣也，能死生之，不能使爲苟簡易；君不能使臣爲苟合易行之義。○王念孫云：簡字後人所加。高注云「君不能使臣爲苟合易行之義」，則無簡字明矣。下文曰：「父之於子也，能發起之，不能使無憂尋。」與此相對爲文。加一簡字，則文不成義，且與下文不對矣。父之於子也，能發起之，不能使無憂尋。憂尋，憂長也，仁念也。仁念，父母不樂子之如此，然不能止。故義勝君，仁勝父，則君尊而臣忠，父慈而子孝。聖人在上，化育如神。太上曰：「我其性與！」太上，皇德之君也。我性自然也。其次曰：「微彼，其如此乎！」其次，五帝

〔一〕「僞」字疑涉上文「爲」而衍。

時也。其民如此，故我治之如彼。故詩曰「執轡如組」，易曰「含章可貞」。

動於近，成文於遠。夫察所夜行，周公慙乎景，故君子慎其獨也。○王念孫云：慙上當有不字，方與下意相屬。文子精誠篇作「聖人不慙於景」。釋近斯遠，塞矣。聞善易，以正身難。夫子見禾之三變也，夫子，孔子也。三變，始於粟，粟生於苗，苗成於穗也。滔滔然曰：「狐鄉丘而死，我其首禾乎！」禾穗垂而向根，君子不忘本也。○文典謹按：文選思玄賦注引，「滔滔然曰」作「乃歎曰」。故君子見善則痛其身焉。痛己身善惡自在也。身苟正，懷遠易矣。懷，來。故詩曰：「弗躬弗親，庶民弗信。」小人之從事也，曰苟得；君子曰苟義。所求者同，所期者異乎！擊舟水中，魚沈而鳥揚，同聞而殊事，其情一也。僖負羈以壺餐表其閭，釐負羈，曹臣。晉重耳出過曹，負羈遺以壺餐。重耳反晉，伐曹，令兵不入其閭。趙宣孟以束脯免其軀，趙宣孟，晉卿，以束脯活靈輒，後免其難也。禮不隆，隆，多也。而德有餘，仁心之感恩接而憯怛生，故其入人深。俱之叫呼也，在家老則爲恩厚，其在責人則生爭鬬。故曰：「兵莫憯於意志，莫邪爲下；寇莫大於陰陽，枹鼓爲小。」聖人爲善，非以求名而名從之，名不與利期而利歸之。故人之憂喜，非爲蹝，蹝焉往生也。言非爲冀幸往生利意也。故至人不容。至道人不飾容也。○王念孫云：劉本改「至至」爲「至人」。又下文「故至至之人不可遏奪也」，高注曰：「言至道之人，其心先定，不可臨以利，奪其志也。」劉本又改「至至」爲「至道」。案：劉不解至至二字之意，又見高注兩言「至道之人」，故或改爲至人，或改爲至道。不知至至卽至道也，至至之人卽至道之人也。下文云「故聖人栗栗乎其內，而至乎至極矣」，「至乎至極」卽所謂至至也。本經篇「未可與言至也」，高注亦曰「至，至德之道也」，是道之至極卽謂之至，至乎道之至極卽謂之至至，故此兩注皆以至至爲至道也。劉不曉注意，而以注文改正文，謬矣。下文又云：「至至之人，（唯此至至二字，劉本未改。）不慕乎行，不慙乎善。」至至二字，前後三見，何不察之甚也！ 故若眯而撫，眯，芥入目也。撫，捫之。從中發，非爲觀容也。 若跌而據，跌，仆也。

聖人之爲治，漠然不見賢焉，終而後知其可大也。若日之行，騏驥不能與之争遠。今夫夜有求，與瞽師併；東方開，斯照矣。言人見照用，瞽者猶闇而無爲，人而以治事用思也。 動而有益，則損隨之，益所以爲損也。 故易曰：「剥之不可遂盡也，故受之以復。」言物剥落而復生也。 積薄爲厚，積卑爲高，故君子日孳孳以成煇，小人日快快以至辱。 其消息也，離朱弗能見也。 文王聞善如不及，宿不善如不祥，非爲日不足也，其憂尋推之也，憂尋，憂深也。 故詩曰：「周雖舊邦，其命維新。」新國者也。 懷情抱質，天弗能殺，地弗能薶也，聲揚天地之間，配日月之光，甘樂之者也。 苟鄉善，雖過無怨；苟不鄉善，雖忠來患。 故怨人不如自怨，求諸人不如求諸己得也。 聲自召

也，貌自示也，名自命也，文自官也，無非己者。操鋭以刺，操刃以擊，何怨乎人？故筦子文錦也，雖醜登廟；筦仲相齊，明法度，審國刑，不能及聖，猶文錦雖惡，宜以升廟也。○文典謹按：御覽四百四十七引注：「相桓公，以霸功成事，衣文錦之服，大書在明堂，故曰雖醜登廟也。」**子産練染也，美而不尊。**子産相鄭，先恩而後法，猶練染爲衣，温厚而非宗廟服也。○文典謹按：御覽引，練作絹。又引注云：「子産相鄭，以乘車濟朝涉者。孟子曰：『惠而不知爲政。』絹染者，以子産喻母人。月令曰：『命婦官染絹。』温暖其民，如人之母也。」二注與今注迥異。繆稱訓乃許注本，則御覽所引殆高注也。又八百十五引，「練染」作「練帛」，注云：「雖不及聖，猶文錦也。子産先思後去，如綵帛雖温，不堪爲宗廟服。」與今注略同。知御覽前後兩引，爲許、高二本矣。家語：「子思子曰：『管仲績錦也，雖惡而登朝。子産練絲也，雖美而不尊。』」卽本此文也。**虚而能滿，淡而有味，被褐懷玉者。故兩心不可以得一人，一心可以得百人。男子樹蘭，美而不芳，**蘭，芳草，艾之美芳也。男子樹之，蓋不芳。○文典謹按：御覽九百八十三引注，「艾之美芳也」作「女之美芳色」。傳寫宋本艾亦作女。**繼子得食，肥而不澤，**繼子有假母也。**情不相與往來也。**○文典謹按：御覽引，情作精。

生所假也，死所歸也，故弘演直仁而立死，弘演，衞懿公臣。狄人攻衞，食懿公。其肝在，弘演剖腹以盛之也。**王子閭張掖而受刃，**楚白公欲立王子閭爲王，不可，刺之以兵，子閭不受。不以所託害所歸也。故世治則以義衛身，世亂則以身衛義。死之日，行之終也，故君子慎一用之。無勇者，非先懾也，難至而失其守也；貪婪者，非先欲也，見利而忘其害也。虞公見垂棘之璧，而不知虢禍之及己也。故至道之人，不可遏奪也。言至道之人，其心先定，不可臨以利，奪其志也。

人之欲榮也，以爲己也，於彼何益！聖人之行義也，其憂尋出乎中也，於己何以利！故帝王者多矣，而三王獨稱；貧賤者多矣，而伯夷獨舉。以貴爲聖乎，則聖者衆矣；以賤爲仁乎，則賤者多矣，何聖仁之寡也！獨專之意樂哉，忽乎日滔滔以自新，忘老之及己也。始乎叔季，歸乎伯孟，必此積也。言自少而至長。不身遁，斯亦不遁人，遁，隱也。己不自隱身之行，亦不隱之於人故也。○王念孫云：「不身遁」，身當爲自，字之誤也。上文「非自遁也」，高注云：「遁，欺也。」（廣雅同。遁字亦作遯。脩務篇「審於形者不可遯以狀」，高注曰：「遯，欺也。」）此言自遁，亦謂自欺也。不自欺，斯不欺人，故下二句云：「若行獨梁，不爲無人不兢其容。」謂不自欺也。古者謂欺爲遁。管子法禁篇曰：「遁上而遁民者，聖王之禁也。」謂上欺君而下欺民也。賈子過秦篇曰：「姦僞並起，而上下相遁。」史記酷吏傳序曰：「姦僞萌起，其極也，上下相遁。」皆謂上下相欺也。故若行獨梁，不爲無人不兢其容。獨梁，一木之水橋也。行其上，常兢兢，恐陷也。故使人信己者易，而蒙衣自信者難。及身不信，故難。情先動，動無不得；無不得，則無莙；發莙而後快。言人君以情動導民也，動盡得人心也，無莙結。發，動也。雖莙結，快民心。○莊逵吉云：莙，本或作窘。故唐、虞之舉錯也，非以偕情也，快己而天下治；桀、紂非正賊之也，快己而百事廢，喜憎議而治亂分矣。下有喜議而國治，有憎議而國亂也。○俞樾云：高注曰：「下有喜議而國治，有憎議而國亂也。」此未得議字之旨。議，當讀爲儀。周易繫辭傳「議之而後言」，釋文曰：「議，陸、姚、桓玄、荀柔之本作儀。」國語鄭語「伯翳能議百物」，漢書地理志議作儀。是議、儀古通用。廣雅釋詁：「儀，見也。」「喜憎儀」謂喜憎見也。俶真篇「是非無所形」，高注曰：「形，見也。」儀與形同，故廣雅形與儀並訓見。齊俗篇曰「是非形則百姓眩矣」，此云「喜憎儀而治亂分矣」，句法一律。乃諸書多以形爲見，少以儀爲見，而此又叚議爲之，其義益晦，宜表出之，以存古訓也。

聖人之行，無所合，無所離。譬若鼓，無所與調，無所不比。絲筦金石，小大脩短有敍，異聲而和。君臣上下，官職有差，殊事而調。夫織者日以進，織帛者進。耕者日以却，却，謂耕者却行。事相反，成功一也。申喜聞乞之歌而悲，出而視之，其母也。申喜亡其母，母乞食於道。艾陵之戰也，夫差曰：「夷聲陽，句吴其庶乎！」艾陵之戰，吴王夫差與齊戰於艾陵也。夷謂吴。陽，吉也。句吴，夷語，不正言吴，加以「句」也。庶，幾也。○莊逵吉云：「陽，吉也」本或誤作「告也」。攷易陽爲吉，陰爲凶，故訓陽爲吉，作告非是。同是聲，而取信焉異，有諸情也。故心哀而歌不樂，心樂而哭不哀。夫子曰：「絃則是也，其聲非也。」閔子騫三年之喪畢，援琴而彈，其絃是也，其聲切切而哀。○王引之云：上文申喜遇母，及艾陵之戰，皆直敍其事。此未敍其事，而忽云：「夫子曰：『弦則是也，其聲非也。』」則不知所指爲何事矣。疑「閔子騫三年之喪畢，援琴而彈」十二字，本是正文，在「夫子曰」上，而寫者誤入注也。文者，所以接物也；情，繫於中而欲發外者也。以文滅情則失情，以情滅文則失文。文情理通，則鳳麟極矣，言至德之懷遠也。

輸子陽謂其子曰：「良工漸乎矩鑿之中。」漸，習也。矩鑿之中，固無物而不周，聖王以治民，造父以治馬，醫駱以治病，醫駱，越醫。同材而各自取焉。自，從也。矩鑿之中，各取法度，或以治民，或以治馬，或以治病，同材而各往從取治法之也。上意而民載，誠中者也。上有意而未言，則民皆載而行之。志或發中，之於大。未言而信，弗召而至，或先之也。伋於不已知者，不自知也。伋，急也。○莊逵吉云：急字從及下心，此作心旁及，字本同耳。矜怛生於不足，怛，驕也。不足，知不足也。○王念孫云：慘怛之怛，無訓爲驕者。怛皆當爲怚，字之誤也。說文：「怚，驕也。」字從且，不從旦。玉篇秦呂、子御二切。廣雅曰：「憍、（通作驕。）怚、傲、侮、慢，傷（通作易。）也。」高注氾論篇曰：「駔，驕怚也。」並與此注同義。怚訓爲驕，故言「矜怚」也。又呂氏春秋審應篇「使人戰者嚴駔也」，高注曰：「嚴，尊也。駔，驕也。」說文又云：

「嫿，驕也。」文選嵇康幽憤詩「恃愛肆姐，不訓不師」，怛、嫿、姐、駔，並字異而義同。**華誣生於矜。誠中之人，樂而不愜，如鴞好聲，**忠信之人，自樂爲之，非愜愜也，如鴞自好爲聲耳。**熊之好經，**經，動，導引。**夫有誰爲矜！**各任自性，非徒矜也。○文典謹按：御覽九百八引，愜作役，無不字。鴞作鶚，矜作務。**春女思，秋士悲，**春女感陽則思，秋士見陰而悲。○文典謹按：北堂書鈔百五十四引，作「春女悲」，又引注云：「周禮，仲春之月，令媒氏會男女。一升成於夫家，骨肉相離，故悲之也。」繆稱篇乃許注本，書鈔所引，殆高注也。又藝文類聚三引，亦作「春女悲，秋士哀」。**而知物化矣。號而哭，嘰而哀，而知聲動矣。容貌顔色，理詘伷倨佝，**○劉績云：後有「倨句詘伸」，（見兵略篇。）疑此作「詘伸倨句」，衍理字。○王念孫云：劉說是也。倨句，猶曲直也。樂記曰：「倨中矩，句中鉤。」伸誤爲伷，句誤爲佝，（因倨字而誤加人旁。）理字因下文「循理」而衍。各本佝字又誤爲徇，而莊本從之，謬矣。**知情僞矣。故聖人栗栗乎其內，而至乎至極矣。功名遂成，天也；循理受順，人也。太公望、周公旦，天非爲武王造之也；崇侯、惡來，天非爲紂生之也；**崇侯，紂時諸侯也。惡來，紂之臣，秦之先也。**有其世，有其人也。教本乎君子，小人被其澤；利本乎小人，君子享其功。昔東户季子之世，**東户季子，古之人君。**道路不拾遺，耒耜餘糧宿諸畮首，使君子小人各得其宜也。故一人有慶，兆民賴之。**

凡高者貴其左，天道左旋。故下之於上曰左之，臣辭也。臣道左君。下者貴其右，故上之於下曰右之，君讓也。君謙讓，佑助臣。故上左遷則失其所尊也，左，臣詞也。君以再還，故失其尊也。臣右還則失其所貴矣。右，君詞也。而臣以再還，故失其貴也。小快害道，斯須害儀。斯須，近也。子産騰辭，騰，傳也。子産作刑書，有人傳詞詰之。獄繁而無邪，繁，多也。獄雖益多，而下無邪也。失諸情者，則塞於辭矣。失事之情，則爲世人辭所窮塞也。成國之道，工無僞事，農無遺力，士無隱行，官無失法。譬若設網者，引其綱而萬目開矣。○文典謹按：藝文類聚五十二引，成作盛，隱作謟，萬目開矣作萬目張。意林引，作「治國者若設網，引其綱，萬目張」。舜、禹不再受命，受命于人，不受于天。堯、舜傳大焉，先形乎小也。形，見也。先見微小，以知大。刑於寡妻，至于兄弟，禪於家國，而天下從風。禪，傳也。言堯、舜、禹相傳，天下服之也。○王念孫云：「刑於寡妻」本作「施於寡妻」，此後人依大雅改之也。不知「施於寡妻」、「禪於家國」皆用詩意而小變其文，與直引詩詞者不同，無煩據彼以改此也。文選漢高祖功臣頌注引此，正作「施於寡妻」。施，讀若「施于孫子」之施。故戎兵以大知小，若湯、武以義伐不義，從大伐小。人以小知大。人，謂天下從風者也。堯、舜之民以小知堯大也。○俞樾云：「戎兵」以器言，猶曰「器以大知小，人以小知大」耳。兵器有大小，如考工記所載弓與劍皆有上制、中制、下制是也。知上制如干，則等而下之，皆可知矣，故曰「戎兵以大知小」。高氏以湯、武説上句，堯、舜説下句，殊非其旨。君子之道，近而不可以至，卑而不可以登，無載焉而不勝，萬物載之，皆勝其任。大而章，遠而隆。〇王念孫云：「大而章」大當爲久，字之誤也。此言君子之道，始於卑近，而終於高遠，是以久而彌章，遠而彌隆。上文云：「聖人之爲治，漠然不見賢焉，終而後知其可大也。」意正與此同。若云「大而章」，則義與下句不類矣。文選荅賓戲「時暗而久章者，君子之真也。」李善注引此文云：「君子之道，久而章，遠而隆。」是其明證矣。知此之道，不可求於人，斯得諸己也。釋己而求諸人，去之遠矣。君子者樂有餘而名不足，小人樂不足而名有餘。觀於有餘不足之相去，昭然遠矣。含而弗吐，在情而不萌者，未之聞也。言懷其情而必萌見也。

君子思義而不慮利，小人貪利而不顧義。子曰：「鈞之哭也，子，孔子。鈞，等也。曰：『子予柰何兮乘我何！』其哀則同，其所以哀則異。」故哀樂之襲人情也深矣。鑿地漂池，人或有鑿穿，或有填池。言用心異也。非止以勞苦民也，各從其蹠而亂生焉。蹠，願也。〇王念孫云：如高注，則漂池當作湮池。湮訓爲塞，故注言「填池」也。「非止以勞苦也」，止疑當作正。上文曰：「故人之甘甘，非正僞蹠也，（僞與爲同。）而蹠焉往。君子之憯怛，非正僞形也，而諭乎人心。」語意與此相似。其載情一也，施人則異矣。施于人有善惡。故唐、虞日孳孳以致於王，桀、紂日怏怏以致於死，不知後世之譏己也。凡人情，説其所苦卽樂，失其所樂則哀，故知生之樂，必知死之哀。有義者不可欺以利，有勇者不可劫以懼，如飢渴者不可欺以虛器也。人多欲虧義，欲則貪，貪損義。多憂害智，貪憂閉塞，故害智也。多懼害勇。○文典謹按：意林引，害作妨。嫚生乎小人，嫚，倨也。蠻夷皆能之；嫚，蠻夷之行也。善生乎君子，誘然與日月争光，誘，美稱也。天下弗能遏奪。故治國樂其所以存，亡國亦樂其所以亡也。金錫不消釋則不流刑，刑，法。上憂尋不誠則不法民。憂尋不在民，則是絶民之繫也；繫，所以拘維民。君反本，而民繫固也。至德小節備，大節舉。齊桓舉而不密，齊桓有大節，小節疏也。晉文密而不舉。晉文有小節，大節廢也。晉文得之乎閨内，失之乎境外；閨内修而境外亂也。齊桓失之乎閨内，而得之本朝。閨内亂而朝廷治也。水下流而廣大，君下臣而聰明。君不與臣争功，而治道通矣。管夷吾、百里奚經而成之，百里奚，虞人，秦相也。齊桓、秦穆受而聽之。聽用二臣之謀。照惑者以東爲西，惑也，照，曉。見日而寤矣。衛武侯謂其臣曰：「小子無謂我老武侯蓋年九十五矣。而羸我，羸，劣也。有過必謁之。」是武侯如弗羸之必得羸，故老而弗舍，通乎存亡之論者也。

人無能作也，有能爲也；有能爲也，而無能成也。人之爲，天成之。終身爲善，非天不行；終身爲不善，非天不亡。故善否，我也；禍福，非我也。非我也，天所爲也。故君子順其在己者而已矣。性者，所受於天也；命者，所遭於時也。有其材，不遇其世，天也。太公何力，比干何罪，循性而行指，或害或利。○王念孫云：循性而行指，謂率其性而行其志也。呂氏春秋行論篇「布衣行此指於國」，高注曰：「指，猶志也。」劉本改指爲止，而諸本從之，謬矣。求之有道，得之在命，故君子能爲善，而不能必其得福；不忍爲非，而未能必免其禍。○王念孫云：「必其得福」，當依文子符言篇作「必得其福」，與「必免其禍」相對爲文。君，根本也；臣，枝葉也。根本不美，枝葉茂者，未之聞也。○文典謹按：御覽六百二十引，美作善，「未之聞也」作「不聞也」。有道之世，以人與國；若堯以天下與舜也。無道之世，以國與人。○莊逵吉云：御覽此下有注云：「以賢人而與之國，堯、舜是也。以國與人，桀、紂與湯、武是也。」堯王天下而憂不解，授舜而憂釋。○文典謹按：御覽八十引，釋上有乃字。憂而守之，而樂與賢終，不私其利矣。凡萬物有所施之，無小不可；爲無所用之，不知其所用也。碧瑜糞土也。瑜，玉也。不知用之，則爲糞土也。○文典謹按：文選子虛賦注引高誘淮南子注曰：「碧，青石也。」疑卽此處注也。人之情，於害之中爭取小焉，於利之中爭取大焉。故同味而嗜厚膊者，厚膊，厚切肉也。○王念孫云：說文：「膊，薄脯，膊之屋上也。」非切肉之義。膊皆當爲膞，字之誤也。說文：「膞，切肉也。」玉篇旨兗切。廣雅：「膞，臠也。」（說文：「臠，切肉臠也。」）字從專，不從尃。膞之言剸也。鄭注文王世子曰：「剸，割也。」故高注以膊爲切肉。鍾山札記以膊爲脟字之誤，非也。必其甘之者也；同師而超羣者，必其樂之者也。弗甘弗樂，而能爲表者，未之聞也。表，立見也。君子時則進，得之以義，何幸之有！不時則退，讓之以義，何不幸之有！故伯夷餓死首陽之下，伯夷，孤竹君之子，讓國與弟，不食周粟，故餓也。猶不自悔，棄其所賤，得其所貴也。求仁而得仁也。福之萌也緜緜，禍之生也分分。福禍之始萌微，故民嫚之，○王念孫云：「分分」當爲「介介」，字之誤也。介介，微也。豫六二「介于石」，繫辭傳「憂悔吝者存乎介」，虞注並云：「介，纖也。」齊策曰「無纖介之禍」，是介爲微小之稱。「禍之生也介介」與「憂悔吝者存乎介」，意正相近。緜緜介介，皆微也，故曰「福禍之始萌微」。文子微明篇作「禍之生也紛紛」，則後人妄改之耳。唯聖人見其始而知其終，故傳曰：「魯酒薄而邯鄲圍，魯與趙俱朝楚，獻酒於楚，魯酒薄而趙酒厚。楚之主酒吏求酒於趙，不與，楚吏怒，以趙所獻酒，獻於楚王〔一〕，易魯薄酒，楚王以爲趙酒薄而圍邯鄲。一曰：趙、魯獻之于周也。事見莊子。○陶方琦云：莊子釋文、御覽八百四十五引許注：「楚會諸侯，魯、趙俱獻酒于楚王，魯酒薄而趙酒厚。楚之主酒吏求酒于趙，趙不與，吏怒，乃以趙厚酒易魯薄酒，奏之。楚王以趙酒薄，故圍邯鄲也。」按：今注較莊子釋

〔一〕「獻於楚王」四字，疑爲「所獻酒」旁注誤入注文。

文、御覽引微詳，引書家多約文也。羊羹不斟而宋國危。」宋將華元與鄭戰，殺羊食士，不及其御。及戰，御馳馬入鄭軍，華元以獲也。○錢大昕云：宣二年，宋華元殺羊食士，其御羊斟不與。據後文羊斟兩見，是羊斟爲人姓名。案：淮南繆稱訓云：「魯酒薄而邯鄲圍，羊羹不斟而宋國危。」則斟爲斟酌之義，當以羊爲其御之名，「斟不與」三字爲句。細玩下文，其御字叔牂，正與羊名相應，則淮南説亦可通。傳文後兩「斟」字或後人所加。○俞樾云：方言曰：「斟，益也。」凡相益而又少，謂之不斟。」然則「羊羹不斟」謂羹少也。上句「魯酒薄而邯鄲圍」，酒薄、羹少，其事正相類。宣二年左傳「其御羊斟不與」，羊斟自是人名。此云「羊羹不斟」，自謂羹少，必并爲一談，則皆失之矣。

明主之賞罰，非以爲己也，以爲國也。適於己而無功於國者，不施賞焉；逆於己便於國者，不加罰焉。故楚莊謂共雍曰：共雍，楚臣。「有德者受吾爵禄，有功者受吾田宅。是二者，女無一焉，吾無以與女。」可謂不踰於理乎！踰，越。其謝之也，猶未之莫與。謝，謂遣共雍也。莫，勉之也。周政至，至于道也。殷政善，善施教，未至于道也。夏政行。行尚麤也。行政善，善未必至也。至至之人，不慕乎行，不慙乎善，○王念孫云：「行政善，善未必至也」，當作「行政未必善，善政未必至也」。今本上句脱「未必」二字，下句脱政字，則文義不明。高注「夏政行」曰：「行尚粗也。」是行政未必善也。又注「殷政善」曰：「善施教，未至於道也。」是善政未必至也。又注「周政至」曰：「至於道也。」故曰「至至之人不慕乎行，不慙乎善」。（「至至」卽至道，說見上文「至至」下。）含德履道，而上下相樂也，不知其所由然。有國者多矣，而齊桓、晉文獨名；泰山之上有七十〔一〕壇焉，封乎泰山，蓋七十二君也。而三王獨道。君不求諸臣，臣不假之君，脩近彌遠，而後世稱其大。不越鄰而成章，而莫能至焉。故孝己之禮可爲也，而莫能奪之名也，必不得其所懷也。孝己，殷高宗之子也，蓋放逐而不失禮。人不能與孝己争名者，不得孝己之所懷也。義載乎宜之謂君子，宜遺乎義之謂小人。通智得而不勞，通智，達道之人。其次勞而不病，其下病而不勞。古人味而弗貪也，古人知其味而不貪其食。今人貪而弗味。孔子魯人之學也〔二〕，歈之而已，莫之能味也。歌之修其音也，此言樂所以移風易俗，歌長其音。音之不足於其美者也。此音不足以致美化也。金石絲竹，助而奏之，猶未足以至於極也。極，治化之至也。人能尊道行義，喜怒取予，如此，卽其化民逾于樂也。欲如草之從風。草上之風，必偃。召公以桑蠶耕種之時弛獄出拘，召公，周太保也。使百姓皆得反業修職；文王辭千里之地，而請去炮烙之刑。紂拘文王，文王獻寶於紂。紂賞以千里之地，文王不受，願去炮烙之

〔一〕據高注，「七十」下似脱「二」字。
〔二〕此句有脱誤，疑「魯」字當爲「曰」。

刑。故聖人之舉事也，進退不失時，若夏就絺綌，上車授綏之謂也。老子學商容，見舌而知守柔矣；商容，神人也。商容吐舌示老子，老子知舌柔齒剛。列子學壺子，觀景柱而知持後矣。先有形而後有影，形可亡而影不可傷。故聖人不爲物先，而常制之，其類若積薪樵，後者在上。

人以義愛，以黨羣，以羣强。是故德之所施者博，則威之所行者遠；義之所加者淺，則武之所制者小矣。鐸以聲自毁，鐸，大鈴，出於吴。○梁處素云：矣當爲吴，字之誤也。「吴鐸」二字連讀，故高注云「鐸，大鈴，出於吴。」鹽鐵論利議篇「吴鐸以其舌自破」，是其證。太平御覽人事部一百引此，正作「吴鐸以聲自毁」。膏燭以明自鑠，虎豹之文來射，猨狖之捷來措，措，刺也。○文典謹按：意林引，之並作以，措作刺。故子路以勇死，死衛侯輒之難。萇弘以智困。欲以術輔周，周人殺之。能以智知，而未能以智不知也。故行險者不得履繩，出林者不得直道，夜行瞑目而前其手，事有所至，而明有所害。○俞樾云：至當作宜，害當作容，皆字之誤也。容，用也，説見主術篇。容與庸通。莊子胠篋篇容成氏，六韜大明篇作庸成氏。庸爲用，故容亦爲用也。夜行者不用目而用手，是事之宜也，故曰「事有所宜而明有不容」。説林篇曰：「夜行者掩目而前其手，涉水者解其馬載之舟，事有所宜而有所不施。」可證此文至字之誤。不施，亦卽不用也。人能貫冥冥入于昭昭，可與言至矣。鵲巢知風之所

起，歲多風，則鵲作巢卑。**獺穴知水之高下，**水之所及，則獺避而爲穴。**暉目知晏，**暉目，鴆鳥也。晏，無雲也。天將晏靜，暉目先鳴。莊逵吉云：「暉目」疑當作「暉日」。說文解字：「鴆，運日也。」廣雅：「雄曰運日，雌曰陰諧。」「晏，無雲也」，當是暒字。封禪書作曣，並同。○陶方琦云：史記索隱四引許注：「晏，無雲也。」文選羽獵賦注引許注：「晏，無雲之處也。」按：說文：「晏，天清也。」又日部「暒」下曰：「星無雲也。」知晏、暒義並通。漢書天文志：「日晡時天星晏。」（星卽晴字。）又郊祀志作曣，如淳曰：「三輔俗謂日出清濟爲晏。」○文典謹按：莊校是也。宋本「暉目」正作「暉日」，注同。**陰諧知雨。**陰諧，暉目雌也。天將陰雨則鳴。○朱芹云：羅願爾雅翼：「鴆，毒鳥也。雄名運日，雌名陰諧。天晏靜無雲，則運日先鳴。天將陰雨，則陰諧鳴之。故淮南子云『運日知晏，陰諧知雨』也。或曰：取蛇虺時，呼『同力』數十聲，石起蛇出，故江東人呼爲同力鳥。」又廣南異物志曰：「檀雞，鴆鳥之別名。」案：暈日二字合音爲鴆，諧陰二字合音亦爲鴆，則運日、陰諧，皆鴆字之切音也，故以名之。**爲是謂人智不如鳥獸，則不然。故通於一伎，察於一辭，可與曲說，未可與廣應也。甯戚擊牛角而歌，桓公舉以大政；**○王念孫云：「舉以大政」本作「舉以爲大田」，此後人以意改之也。文選江淹雜體詩注引此作「舉以爲大田」，又引高注曰：「大田，官也。」（當作「大田，田官也」。）今則既改正文，又刪去高注矣。高注詮言篇曰：「甯戚疾商歌以干桓公，桓公舉以爲大田。」晏子春秋問篇曰：「桓公聞甯戚歌，舉以爲大田。」此皆其明證也。又齊俗篇「后稷爲大田師，奚仲爲工」，師字當在工字下。（後人不知大田爲官名，故又移師字於大田之下。太平御覽皇王部五引此已誤。）大田，田官之長也。工師，工官之長也。文子自然篇作「后稷爲田疇，奚仲爲工師」，是其證。雍門子以哭見孟嘗君，涕流沾纓。○俞樾云：「孟嘗君」下當更有「孟嘗君」三字，而今脱之。覽冥篇曰：「昔雍門子以哭見於孟嘗君，已而陳辭通意，撫心發聲，孟嘗君爲之增欷歍唈，流涕狼戾不可止。」彼文再言孟嘗君，故知此亦當同。不然，則涕流沾纓仍屬雍門子，而不屬孟嘗君，不見其感人之至矣。○文典謹按：俞説是也。論衡感虚篇：「雍門子哭對孟嘗君，孟嘗君爲之於邑。」論衡所引儒者傳書之言，多同淮南，知此文亦必重「孟嘗君」三字矣。又按：文選陸士衡於承明作與士龍詩注引此文，作「雍門子以琴見孟嘗君，涕流霑纓」，漢書景十三王傳「雍門子壹微吟，孟嘗君爲之於邑」，蘇林云：「六國時人，名周，善鼓琴。母死，無以葬，見孟嘗君而微吟也。」如淳云：「雍門子以善鼓琴見孟嘗君，先説萬歲之後，高臺既已顛，曲池又已平，墳墓生荆棘，牧豎游其上，孟嘗君亦如是乎？孟嘗君喟然歎息也。」説苑善説篇所説略同。文選注所引，琴字似非誤字。繆稱訓乃許注本，疑高本自作琴也。歌哭，衆人之所能爲也；一發聲，入人耳，感人心，情之至者也。故唐、虞之法可效也，其諭人心不可及也。簡公以懦殺，簡公，齊君也。以柔懦，田成子殺之。子陽以猛劫，子陽，鄭相也。尚刑而劫死。皆不得其道者也。故歌而不比於律者，其清濁一也；由清濁失和，故不與律合。繩之外與繩之内，皆失直者也。紂爲象箸而箕子嘰，嘰，唬也。知象箸必有玉杯，爲杯必極滋味。魯以偶人葬而孔子歎，偶人，桐人也。嘆其象人而用之也。見所始則知所終。故水出於山，入於海；稼生乎野，而藏乎倉；聖人見其所生，則知其所歸矣。

水濁者魚噞，令苛者民亂，城峭者必崩，岸崝者必陀，崝，峭也。陀，落也。○陶方琦云：文選長笛賦注、謝靈運七里瀨詩注引許注：「陗，峻也。阤，落也。」按：今注峭應作陗。説文自部：「陗，陵也。从自，肖聲。」「陵」下亦云：「陗高也。」崝因峭字而譌，當是峻字。太玄陵「峥岸陗陀」，注：「陗，峻也。」陀卽阤字，説文作陊，落也。又「阤」下云：「小崩也。」小崩亦落義。故商鞅立法而支解，商鞅爲秦孝公立治法，百姓怨之，以罪支解。吴起刻削而車裂。吴起相楚，設貴臣相坐之法，卒車裂也。治國譬若張瑟，大絃組，組，急也。○王念孫云：組皆當爲絚，字之誤也。絚，讀若亙，字本作揯，又作緪。説文：「揯，引急也。」又曰：「緪，急也。」楚辭九歌「緪瑟兮交鼓」，王注曰：「緪，急張弦也。」絚卽緪之省文，馬融長笛賦云「絚瑟促柱」是也。意林及太平御覽治道部五引此，並作「大弦絚」，是其證。泰族篇云：「故張瑟者，小弦絚而大弦緩。」義與此同也。○文典謹按：意林引，瑟上有琴字。則小絃絶矣。故急轡數策者，非千里之御也。有聲之聲，不過百里；無聲之聲，施於四海。是故禄過其功者損，名過其實者蔽。情行合而名副之，禍福不虚至矣。身有醜夢，不勝正行；國有妖祥，不勝善政。是故前有軒冕之賞，不可以無功取也；後有斧鉞之禁，不可以無罪蒙也。素脩正者，弗離道也。君子不謂小善不足爲也而舍之，小善積而爲大善；不謂小不善爲無傷也而爲之，小不善積而爲大不善。是故積羽沈舟，羣輕折軸，故君子禁於微。壹快不足以成善，積快而爲德；壹恨不足以成非，積恨而成怨。故三代之善，千歲之積譽也；桀、紂之謗，千歲之積毁也。○王念孫云：「積恨而成怨」，怨本作惡，「桀、紂之謗」，謗亦本作惡，皆後人妄改之也。「壹快不足以成善，積快而爲德」者，德亦善也。言一爲善而快於心，不足以成善；多爲善，則積快而爲德矣。「壹恨不足以成非，積恨而成惡」者，恨，悔也，非亦惡也。言一爲不善而悔於心，不足以成非；多爲不善，則積悔而成惡矣。快與恨對，善與非對，德與惡對，皆謂己之善惡，非謂人之恩怨也。後人誤以德爲恩德，恨爲怨恨，故改惡爲怨耳。「三代之善，千歲之積譽也；桀、紂之惡，千歲之積毁也」，善與惡對，譽與毁對。改惡爲謗，則既與善字不對，又與毁字相複矣。文選運命論注引此，正作「桀、紂之惡」。

天有四時，人有四用。何謂四用？視而形之莫明於目，聽而精之莫聰於耳，重而閉之莫固於口，含而藏之莫深於心。目見其形，耳聽其聲，口言其誠，而心致之精，則萬物之化咸有極矣。地以德廣，人君以德廣益其土地也。君以德尊，上也；地以義廣，君以義尊，次也；地以强廣，君以强尊，下也。故粹者王，駮者霸，無一焉者亡。昔二皇鳳皇至於庭，○王念孫云：此本作「昔二皇鳳至於庭」。道藏本皇字倒在鳳字下，因誤而爲凰，劉本補皇字而未删凰字，皆非也。文選長笛賦注、藝文類聚祥瑞部下、太平御覽羽族部二及爾雅翼、玉海祥瑞部引此，並作「二皇鳳至於庭」，無凰字。三代至乎門，周室至乎澤。德彌麤，所至彌遠；德彌精，所至彌近。君子誠仁，施亦仁，不施亦仁。道無爲而民蒙純，此所謂不施而仁。小人誠不仁，施亦不仁，不施亦不仁。善之由我，與其由人若，仁德之盛者也。故情勝欲者昌，欲勝情者亡。欲知天道，察其數；謂律曆之數也。欲知地道，物其樹；五土之宜，各有所種生之木。欲知人道，從其欲。君子欲于道，小人欲于利。勿驚勿駭，萬物將自理；勿撓勿攖，攖，纓。萬物將自清。言治天下各順其情。察一曲者，不可與言化；一曲，一事也。審一時者，不可與言大。猶蟬不知寒也。日不知夜，月不知晝，日月爲明而弗能兼也，唯天地能函之。能包天地，曰唯無形者也。

驕溢之君無忠臣，口慧之人無必信。交拱之木無把之枝，拱，抱也。把，握也。尋常之溝無吞舟之魚。根淺則末短，本傷則枝枯。福生於無爲，患生於多欲。害生於弗備，穢生於弗耨。聖人爲善若恐不及，備禍若恐不免。蒙塵而欲毋眯，涉水而欲無濡，不可得也。是故知己者不怨人，知命者不怨天。福由己發，禍由己生。

聖人不求譽，不辟誹，正身直行，衆邪自息。今釋正而追曲，倍是而從衆，是與俗儷走，而內行無繩，繩，所以彈曲者也。故聖人反己而弗由也。道之有篇章形埒者，形埒，兆朕也。非至者也；嘗之而無味，視之而無形，不可傳於人。大戟去水，亭歷愈張，用之不節，乃反爲病。物多類之而非，唯聖人知其微。善御者不忘其馬，善射者不忘其弩，善爲人上者不忘其下。誠能愛而利之，天下可從也。弗愛弗利，親子叛父。天下有至貴而非勢位也，有至富而非金玉也，有至壽而非千歲也，原心反性則貴矣，適情知足則富矣，明死生之分則壽矣。言無常是，行無常宜者，小人也。察於一事，通於一伎者，中人也。兼覆蓋而并有之，度伎能而裁使之者，聖人也。裁，制也。度其伎能而裁制使之。○王念孫云：正文本作「兼覆而并有之，伎能而裁使之」，注本作「度其能而裁制使之」。伎之言支也；支，度也。注言「度其能而裁制使之」，度字正釋伎字。今本注文作「度其伎能」者，涉正文而衍伎字也。正文作「度伎能」者，又涉注文而衍度字也。因正文衍度字，後人又於上句加蓋字，以對下句。「兼覆蓋而并有之」，斯爲不詞矣。太平御覽人事部一引此，正作「兼覆而并有之，技能而裁使之」。（技與伎同。）文子符言篇同。又齊俗篇「若以聖人爲之中，則兼覆而并之」。案：彼文并下當有有字，「兼覆而并有之」，文與此同也。又兵略篇「必擇其人，技能其才，使官勝其任，人能其事」。案：「技能其才」，能字涉下文「能其事」而衍，「技其才」亦謂度其才也。「擇其人，技其才」，「官勝其任，人能其事」，皆相對爲文，則技下不當有能字。且能卽是才，若云「技能其才」，則是技能其能矣。

淮南鴻烈集解卷十一

齊俗訓

齊，一也。四宇之風，世之衆理，皆混其俗，令爲一道也，故曰「齊俗」。○文典謹按：此篇敍目無「因以題篇」字，乃許慎注本。

率性而行謂之道，得其天性謂之德。性失然後貴仁，道失然後貴義。是故仁義立而道德遷矣，禮樂飾則純樸散矣，是非形則百姓眩矣，珠玉尊則天下爭矣。凡此四者，衰世之造也，末世之用也。夫禮者，所以别尊卑，異貴賤；義者，所以合君臣、父子、兄弟、夫妻、朋友之際也。今世之爲禮者，恭敬而忮；忮，害也。爲義者，布施而德；君臣以相非，骨肉以生怨，則失禮義之本也，故搆而多責。搆謂以權相交。權盡而交疏，搆搆然也。夫水積則生相食之魚，土積則生自穴〔一〕之獸，禮義飾則生僞匿之本。○王念孫云：御覽禮儀部二引此，「僞匿之本」作「僞慝之儒」，又引注曰：「僞，詐。慝，姦。」

〔一〕「穴」疑當爲「宍」，古肉字。

案：懕、匿古字通本當爲士。「僞匿之士」與「相食之魚」、「自肉之獸」相對爲文。若云「僞匿之本」，則與上文不類矣。御覽作「僞懕之儒」，儒亦士也。隸書士字或作圡，與本相似，又涉上文「禮義之本」而誤。○文典謹按：御覽五百二十三引，作「夫水積則生相食之蟲，（注云：「言大魚食小魚。」）土積則生食肉之獸，禮飾則生僞懕之儒。」三句皆以八字爲句，句法一律。今本多一義字，句法遂參差不齊，義字疑衍文也。又按：説文：「魚，水蟲也。」是「相食之蟲」義亦可通。**夫吹灰而欲無眯，涉水而欲無濡，不可得也。古者，民童蒙不知東西，貌不羨乎情，而言不溢乎行。其衣致煖而無文，其兵戈銖而無刃，**楚人謂刃頓爲銖。○莊逵吉云：頓即鈍字，故「頑頓」即「頑鈍」是。○洪頤煊云：説文：「殊，死也。从歺，朱聲。」漢令：「蠻夷長有罪當殊之。」漢書高帝紀：「其赦天下殊死以下。」銖即殊叚借字。○王念孫云：此本作「其衣煖而無文，其兵銖而無刃」，後人於煖上加致字，於義無取。戈爲五兵之一，言兵而戈在其中，不當更加戈字。且「其衣致煖」與「其兵戈銖」不對，明是後人所改。文子道原篇正作「其衣煖而無采，其兵鈍而無刃。」○俞樾云：王氏念孫謂致與戈皆衍文，其説是也。高解銖字曰：「楚人謂刃頓爲銖。」是銖與「無刃」一意也。煖與「無文」則非一意矣。疑煖當爲緩。緩者，縵之叚字也。説文糸部：「縵，繒無文。」國語晉語曰：「乘縵不舉。」韋注曰：「縵，車無文也。」是凡無文者皆謂之縵，故曰「其衣縵而無文」，正與「其兵銖而無刃」同義。縵與緩古音相同，得以通用。廣雅釋詁：慢、謾並訓緩，故緩亦通作縵也。後人不知緩爲縵之叚字，因其言衣，輒改作煖，似是而實非矣。○文典謹按：洪云銖卽殊叚借字；殊，死也。如洪說，則是其兵戈死而無刃，此說豈復可通耶！高注明言楚人謂刃頓爲銖，廣雅「銖，鈍也」，卽本此注。**其歌樂而無轉，其哭哀而無聲。鑿井而飲，耕田而食。無所施其美，亦不求得。親戚不相毀譽，朋友不相怨德。及至禮義之生，貨財之貴，而詐僞萌興，非譽相紛，怨德竝行，於是乃有曾參、孝己之美，而生盜跖、莊蹻之邪。故有大路龍旂，羽蓋垂緌，**大路，天子車也。交龍爲旂。**結駟連騎，則必有穿窬拊楗、抽箕踰備之姦；**抽，握也。備，後垣也。○王引之云：「抽箕」當爲「抇墓」，高注「抽，握也」，當作「抇，掘也」。抇字本作搰，說文曰：「搰，掘也。」或作抇，廣雅曰：「抇，掘也。」荀子正論篇曰「抇人之墓」是也。呂氏春秋節喪篇「葬淺則狐狸抇之」，高注曰：「抇，讀曰掘。」是抇與掘聲相近，字亦相通也。今本「抇墓」作「抽箕」者，抽與抇字相似，故抇誤作抽，墓與基字亦相似，墓以形誤爲基，基又以聲誤爲箕耳。「穿窬拊楗、抇墓踰備之姦」，皆謂盜賊也。楗，謂户牡也。拊楗，謂搏取户楗也。呂氏春秋異用篇云「跖與企足得飴以開閉取楗」是也。備與培同。下文「鑿培而遁之」，高注曰：「培，屋後牆也。」故此注云「備，後垣也」。又兵略篇「毋扣墳墓」，扣亦抇字之誤。本或作抉者，後人以意改之耳。**有詭文繁繡，弱緆羅紈，**弱緆，細布也。羅，縠。紈，素也。○文典謹按：藝文類聚八十五引，緆作錫。儀禮大射儀「冪用錫若絺」，鄭注：「錫，細布也。」說文：「緆，細布也。」錫、緆通用。**必有菅屩跐踦，短褐不完者。**菅，茅也。跐，偶也。踦，適也。楚人謂袍爲短。褐，大布。〇陶方琦云：後漢書王望傳注引許注：「楚人謂袍曰裋。」此條已見上覽冥訓，重列之者，見許注、今注之同。**故高下之相傾也，短脩之相形也，亦明矣。**

夫蝦蟇爲鶉，鶉，鵪也。**水蠆爲⿰虫⿱每心莣，**青蛉也。〇王念孫云：「水蠆爲⿰虫⿱每心莣」本作「水蠆爲蟌」。玉篇：「蟌，千公切，蜻蛉也。」廣韻引淮南子「蝦蟇爲鶉，水蠆爲蟌」。太平御覽蟲豸部六所引與廣韻同，又引注云：「老蝦蟇化爲鶉，水中蠆蟲化爲蟌。蟌者，蜻蜓也。」（此蓋許注。）説林篇「水蠆爲蟌」，高注曰：「水蠆化爲蟌。蟌，青蜓也。」皆其明證矣。今本作「水蠆爲⿰虫⿱每心莣」者，⿰虫⿱每心爲蟌之誤，（蟌字從虫、悤聲，隸書悤或作⿱冊心，又作⿱毌心，其上半與每相近。蟌或作⿰虫⿱冊心，因誤爲⿰虫⿱每心耳。廣雅釋草：「蒚，藸蔥也。」今本蔥作⿱艹⿱冊心。又「藜蘆，蔥葥也」，今本蔥作⿱艹⿱毌心，皆其證也。）莣爲䓗之誤。䓗，俗書蔥字也，與蟌同音。校書者記䓗字於蟌字之旁，而寫者因誤合之耳。又案：高注「青蛉也」下，各本皆有「音矛音務」四字，蓋蟌䓗二字既誤爲⿰虫⿱每心莣，後人遂妄加音釋耳。字彙補乃於虫部收入⿰虫⿱每心字，音矛；又於艸部「莣」字下注云「音務」，引淮南子「水蠆爲⿰虫⿱每心莣」。甚矣其惑也！**皆生非其類，唯聖人知其化。**其化視陰入陽，從陽入陰。**夫胡人見黂，**黂，麻子也。**不知其可以爲布也；越人見毳，不知其可以爲旃也。故不通於物者，難與言化。**〇文典謹按：「難與言化」，北堂書鈔百三十四引，作「不可與言俗」。**昔太公望、周公旦受封而相見，太公問周公曰：「何以治魯？」周公曰：「尊尊親親。」太公曰：「魯從此弱矣！」**尊尊親親，仁者弱也。周公問太公曰：「何以治齊？」太公曰：「舉賢而上功。」周公曰：「後世必有劫殺之君！」舉賢上功，則民競，故劫殺。其後，齊日以大，至於霸，二十四世而田氏代之；齊臣田氏奪其君位代之。魯日以削，至三十二世而亡。魯禄去公室，至楚考烈王滅之。○文典謹案：二疑四誤。魯自伯禽至頃公讎，適三十四世。呂覽長見篇、韓詩外傳二竝作四。故易曰：「履霜，堅冰至。」聖人之見終始微言！○孫詒讓云：言當作矣。故糟丘生乎象楮，紂爲長夜之飲，積糟成丘者，起于象楮。炮烙生乎熱斗。庖人進羹于紂，熱，以爲惡，以熱斗殺之。趙國斗可以殺人，故起炮烙。○陶方琦云：北堂書鈔引，作「炮烙始于熱斗」，注云：「熱斗，熨斗也。紂見熨斗爛人手，遂作炮格之刑矣。」御覽七百十二引許注：「熱斗，熨斗也。熱人手，遂作炮烙之刑也。」按：今注無此條，敚文也，應補在「庖人進羹」上。呂氏春秋順民篇高注：「紂常熨爛人手，因作銅烙，布火其下，令人走其上，以爲娛樂。」與此注文亦異。帝王世紀曰：（御覽八十三引。）「紂欲重刑，乃先爲大熨斗，以火爇之，使人舉，輒爛手不能勝。紂怒，乃更爲銅柱，以膏塗之，加于爇炭之上，使有罪者緣焉，足滑跌墮火中，紂與妲己笑爲樂，名曰炮格之刑。」與許注義相同。說文「尉」下：「所以尉申繒也。」卽熨斗之說。○文典謹按：「生乎象楮」，「生乎熱斗」，兩生字於辭爲複。北堂書鈔四十一、一百三十五兩引此文，下生字竝作始。又按：御覽服用部十四、事物記原卷八引帝王世紀，與許注義亦正同，足證陶說。子路撜溺而受牛謝，撜，舉也。抍出溺人，主謝以牛也。◯陶方琦云：羣書治要引許注：「拯，舉也。」二注正同，益知八篇真許注也。説文：「抍，上舉也。」説與注淮南正合。氾論訓「捽其髮而拯」，高注「拯，升也」，注亦異。孔子曰：「魯國必好救人於患。」◯文典謹按：「救人於患」下，當有矣字，與下文「孔子曰：『魯國不復贖人矣』」一律。羣書治要引此文，患下有矣字。子贛贖人而不受金於府，魯國之法，贖人於他國者，受金於府。◯陶方琦云：羣書治要引許注，與今注正同。孔子曰：「魯國不復贖人矣。」子路受而勸德，子贛讓而止善。孔子之明，以小知大，以近知遠，通於論者也。由此觀之，廉有所在，而不可公行也。◯文典謹按：羣書治要引，在上有不字，於義爲長。故行齊於俗，可隨也；事周於能，易爲也。矜僞以惑世，伉行以違衆，聖人不以爲民俗。

廣廈闊屋，連闥通房，人之所安也，鳥入之而憂。◯文典謹按：意林引，闊作弘。高山險阻，深林叢薄，虎豹之所樂也，人入之而畏。川谷通原，積水重泉，黿鼉之所便也，人入之而死。◯文典謹按：御覽八百九十二、九百三十二引，泉竝作淵。咸池、承雲，皆黄帝樂。九韶、舜樂。六英，帝顓頊樂。人之所樂也，鳥獸聞之而驚。深谿峭岸，峻木尋枝，猨狖之所樂也，人上之而慄。形殊性詭，所以爲樂者乃所以爲哀，所以爲安者乃所以爲危也。乃至天地之所覆載，日月之所照誋，使各便其性，安其居，處其宜，爲其能。故愚者有所脩，智者有所不足；柱不可以摘齒，○莊逵吉云：御覽引，摘作刺。筐不可以持屋；筐，小簪也。○王念孫云：太平御覽居處部十五引，作「蓬不可以持屋」。案：筐與蓬皆筳字之誤也。筳，讀若庭，又讀若挺。庭、挺皆直也。（爾雅：「庭，直也。」考工記弓人注曰：「挺，直也。」）小簪形直，故謂之筳。柱與筳大小不同，而其形皆直，故類舉之。若筐與蓬，則非其類矣。玉篇：「筳，徒丁切，小簪也。」義卽本於高注。此言大材不可小用，小材不可大用，故柱可以持屋而不可以摘齒，小簪可以摘齒而不可以持屋也。筳字隸書或作莛，形與蓬相似，筐與筳草書亦相似，故筳誤爲筐，又誤爲蓬矣。馬不可以服重，牛不可以追速；鉛不可以爲刀，銅不可以爲弩；鐵不可以爲舟，木不可以爲釜。各用之於其所適，施之於其所宜，卽萬物一齊，而無由相過。夫明鏡便於照形，其於以函食，不如簞；○王念孫云：「函食不如簞」，本作「承食不如竹箅」。（箅，博計反。）今本承誤爲函，箅誤爲簞，（箅誤爲簞，又誤而爲簞。）又脱去竹字耳。說文：「箅，蔽也。所以蔽甑底。」承，讀爲「烝之浮浮」之烝，謂用以烝食也。（漢書地理志長沙國承陽，師古曰：「承音烝。」續漢書郡國志作烝陽，是烝與承通。太平御覽器物部引此作「蒸食。」）今人猶謂甑中蔽爲箅子。世說云「客詣陳太丘宿，太丘使元方、季方炊，二人委而竊聽，炊忘箸箅，飯落釜中」是也。說山篇云：「弊箅甑瓾在旃茵之上，雖貪者不搏。」是箅爲物之賤者。然明鏡雖貴，若用以蔽甑底，則氣不上升而食不熟。竹箅雖賤，而可以烝食。故下文云「物無貴賤，因其所貴而貴之，物無不貴；因其所賤而賤之，物無不賤也」。鏡形圓，箅形亦圓，故連類而及之。若簞笥之屬，則擬之不於其倫矣。且箅與蜧爲韻，（蜧音戾。）若作簞，則失其韻矣。太平御覽服用部「鏡」下引淮南子「明鏡便於照形，承食不如竹簞」，雖承字不誤，而簞字已與今本同。然器物部「箅」下又引淮南子「明鏡可鑑形，蒸食不如竹箅」，是則服用部作簞者，後人據誤本淮南改之耳。北堂書鈔服飾部「鏡」下引作「承食不如竹簞」，簞亦箅之誤。又案：說山篇「獘箅甑瓾」，今本箅作簞，非也。說文：「箅，蔽也。所以蔽甑底。從竹，畀聲。」玉篇「博計切」，急就篇云「笔篅箯筥籅箅篝」是也。說文又云：「箄，簁箄也。從竹，卑聲。」玉篇必匙、必是二切，急就篇云「簁箄箕帚筐篋簍」是也。此言「弊箅甑瓾」，則是甑箅之箅，非簁箄之箄，字不當從卑。**犧牛粹毛，宜於廟牲，其於以致雨，不若黑蜧。**黑蜧，神蛇也。潛於神淵，蓋能興雲雨。○陶方琦云：文選江賦注引許注：「黑蜧，神蛇也。潛于神泉，能致雲雨。」張景陽雜詩注引作高誘，誤也。其「能致雲雨」四字，據以補入。說文虫部：「蜦，蛇屬也。潛於神淵之中，能興致雲雨。蜦或从戾作蜧。」許氏說文即采用淮南注。初學記引淮南注：「黑蜧，神蛇。潛淵而居，將雨則躍。」（御覽十引亦同。）此卽許說，而引文稍異。御覽九百三十三引此注：「黑蜧，黑色蛇屬也。蜧潛于水，神象，能致雨也。」文又小異，或卽許、高之別。然江賦注引許注，文正同今注，與說文符合，確爲許說無疑。「神淵」作「神泉」，乃唐人避諱而改。（歲華紀麗亦引爲許注。）○文典謹按：「粹毛」，文選張景陽雜詩注、御覽九百三十三引，並作「騂毛」，知今本作粹者，誤字也。又按：白帖二一引淮南子曰：「黑蜧，神虬。潛泉中而居，天將雨則躍。」亦注文也。**由此觀之，物無貴賤。因其所**

貴而貴之，物無不貴也；因其所賤而賤之，物無不賤也。夫玉璞不厭厚，角觿不厭薄；角觿，刀劍羽閒之覆角也。○孫詒讓云：刀劍無羽飾，此羽疑當爲削之譌。釋名釋兵云：「刀，其室曰削。」漆不厭黑，粉不厭白。此四者相反也，所急則均，其用一也。○文典謹按：北堂書鈔百三十五引，用下有則字。今之裘與蓑，孰急？見雨則裘不用，升堂則蓑不御，此代爲常者也。○陳觀樓云：常當爲帝，字之誤也。「代爲帝」，謂裘與蓑迭爲主也。說林篇曰：「旱歲之土龍，疾疫之芻靈，是時爲帝者也。」莊子徐無鬼篇曰：「堇也，桔梗也，雞廱也，豕零也，是時爲帝者也。」義並與此同。譬若舟、車、楯、肆、窮廬，故有所宜也。水宜舟，陸地宜車，沙地宜肆，泥地宜楯，草野宜窮廬。○莊逵吉云：錢別駕云：大禹四載，本皆異。說文解字「水行乘舟，陸行乘車，山行乘欙，澤行乘𨊻」；史記「山行乘檋，水行乘船，陸行乘車，澤行乘橇」；漢書溝洫志「山行乘梮，水行乘舟，陸行乘車，澤行乘毳」，徐廣史記注又作「山行乘橋，水行乘船，陸行乘車，澤行乘蕝」；呂不韋書「山用樏，水用舟，陸用車，塗用楯」，又有「沙用鳩」；本書脩務訓又云「山行乘蔂，水行乘舟，沙行乘鳩，澤行乘楯」，與此而七。其字各殊，攷之，欙爲正字，蔂、樏皆欙字之別也。肆字音與欙相近，通用。檋、梮亦同聲，橋又檋字之轉聲。檋乃駕馬大車，橋即俗轎字也。鳩、車聲相轉，然古別有一種車名鳩，蓋小車。𨊻、輴、楯三字同類。橇、毳、蕝三字同類。周禮曰「孤乘夏𨊻」，又下棺車亦曰𨊻。古字無輴，楯，乃以闌楯借用耳。僞孔傳尚書本不足據，其見于諸書者，因以别駕所肆攷而附詳之如是。○盧文弨云：今本淮南𨲠譌作肆，唯葉林宗本作𨲠，从镸，从朩。案：文子自然篇「水用舟，沙用𨲠，泥用楯，山用樏」，釋音云：「𨲠，乃鳥切，推版具。」今檢玉篇無𨲠字，有𨲠字，从镸，从土，从小，音正同，云「㔟𨲠長不勁」，蓋與「婹嫋」同義。廣韻則从镸，从朩。三字不同。案：朩字亦有茶音，當以从朩爲正。又脩務訓「沙之用𨲠」，葉本亦譌作肆，而别本有作鳩者。案：呂氏春秋慎勢篇作「沙用鳩」，字書九與糾通，則音亦可通轉，即以鳩從文子、淮南讀，其亦可也。○王念孫云：肆當作𨲠，（玉篇乃鳥切。）字相似而誤。文子自然篇正作「沙用𨲠」。朱本、茅本、莊本依呂氏春秋（慎勢篇。）改作「沙之用鳩」，非也。鳩與肆形聲皆不相近，若是鳩字，不得誤爲肆矣。或又因説文無𨲠字，而以肆爲樏。樏與肆形聲亦不相近，且脩務篇明言「沙用肆，山用蔂」，（與樏同。）肆、樏不同物，何得以肆爲樏乎！**故老子曰「不上賢」者，言不致魚於木，沉鳥於淵。**物各因其宜，故不須用賢。

故堯之治天下也，舜爲司徒，契爲司馬，禹爲司空，后稷爲大田師〔一〕，奚仲爲工。其導萬民也，水處者漁，山處者木，○俞樾云：木乃采之壞字，謂采樵也。「山處者采」，與上句「水處者漁」，下句「谷處者牧」，「陸處者農」一律。漁也，采也，牧也，農也，皆言其事也。若作「山處者木」，則上句當云「水處者魚」矣。文子自然篇作「林處者採」，可據以訂正。説林篇「漁者

〔一〕「師」字當在下句「工」字下，見繆稱訓「桓公舉以大政」注。

走淵，木者走山」，木亦當爲采。谷處者牧，陸處者農。地宜其事，事宜其械，械宜其用，用宜其人。澤皐織網，陵阪耕田，得以所有易所無，以所工易所拙，是故離叛者寡，而聽從者衆。譬若播棊丸於地，○文典謹按：意林引，播作翻。員者走澤，方者處高，各從其所安，夫有何上下焉！若風之遇簫，簫，籟也。○陳觀樓云：各本過字皆誤作遇，唯道藏本不誤。文子自然篇正作「若風之過簫」。忽然感之，各以清濁應矣。夫猨狖得茂木，不舍而穴；狟狢得埵防，弗去而緣；狟，狟豚也。埵，水埒也。防，隄也。物莫避其所利而就其所害。是故鄰國相望，雞狗之音相聞，而足迹不接諸侯之境，車軌不結千里之外者，皆各得其所安。故亂國若盛，治國若虛，亡國若不足，存國若有餘。虛者非無人也，皆守其職也；盛者非多人也，皆徼於末也；有餘者非多財也，欲節事寡也；不足者非無貨也，民躁而費多也。故先王之法籍，非所作也，其所因也。其禁誅，非所爲也，其所守也。凡以物治物者不以物，○王念孫云：「凡以物治物者」，「以物」二字因下文而衍。呂氏春秋貴當篇、文子下德篇皆無此二字。以睦；治睦者不以睦，以人；治人者不以人，以君；治君者不以君，以欲；治欲者不以欲，以性；治性者不於性，以德；治德者不以德，以道。原人之性，蕪濊而不得清明者，物或堁之也。堁，坋塵也。

羌、氐、僰、翟，嬰兒生皆同聲，羌，東戎。氐，南夷。僰，西夷。翟，北胡也。及其長也，雖重象狄鞮，象狄鞮，譯也。象傳狄鞮之語也。不能通其言，教俗殊也。今三月嬰兒，生而徙國，則不能知其故俗。由此觀之，衣服禮俗者，非人之性也，所受於外也。夫竹之性浮，殘以爲牒，束而投之水，則沉，失其體也。金之性沉，託之於舟上則浮，勢有所支也。夫素之質白，染之以涅則黑；縑之性黃，染之以丹則赤。人之性無邪，久湛於俗則易。易而忘本，合於若性。若性合於他性，自若〔一〕本性也。故日月欲明，浮雲蓋之；河水欲清，沙石濊之；○文典謹按：御覽七十四引「沙石濊之」作「沙壤穢之」。羣書治要引，濊亦作穢。人性欲平，嗜欲害之。惟聖人能遺物而反己。夫乘舟而惑者，不知東西，見斗極則寤矣。○文典謹按：文選應休璉與從弟君苗君胄書注引，作「見斗極則曉然而寤矣」。夫性，亦人之斗極也。有以自見也，則不失物之情；無以自見，則動而惑營。譬若隴西之游，愈躁愈沉。孔子謂顏回曰：「吾服汝也忘，孔子謙，自謂無知而服回，此忘行也。而汝服於我也亦忘。雖然，汝雖忘乎，吾猶有不忘者存。」孔子知其本也。

〔一〕「若」，疑當爲「忘」。

夫縱欲而失性，動未嘗正也，以治身則危，以治國則亂，○文典謹按：羣書治要引，危作失，亂作敗。以入軍則破。是故不聞道者，無以反性。故古之聖王，能得諸己，故令行禁止，名傳後世，德施四海。是故凡將舉事，必先平意清神。神清意平，物乃可正。若璽之抑埴，璽，印也。埴，泥也。正與之正，印正而封亦正。傾與之傾。故堯之舉舜也，決之於目；桓公之取甯戚也，斷之於耳而已矣。爲是釋術數而任耳目，其亂必甚矣。夫耳目之可以斷也，反情性也；聽失於誹譽，而目淫於采色，而欲得事正，則難矣。夫載哀者聞歌聲而泣，○文典謹按：意林引，載作戴，下同。載樂者見哭者而笑。○文典謹按：羣書治要引，見作聞。哀可樂者，笑可哀者，○王念孫云：「哀可樂者」，者字因下句而衍。○文典謹按：羣書治要引，此下有「何者」二字。載使然也，是故貴虛。虛者，心無所載於哀樂也。○陶方琦云：羣書治要引許注：「虛者，無所載于哀樂。」故水擊則波興，氣亂則智昏。智昏不可以爲政，波水不可以爲平。○王念孫云：「水擊」當爲「水激」，聲之誤也。羣書治要引此，正作激。氾論篇亦云：「水激興波，智昏不可以爲政。」「智昏」當爲「昏智」，「昏智」與「波水」相對，謂既昏之智不可以爲正，已波之水不可以爲平也。今本作「智昏」者，蒙上句而誤。文子下德篇正作「昏智不可以爲正」。故聖王執一而勿失，萬物之情既矣，既，盡也。○王念孫云：既本作測，高注本作「測，盡也」。今本正文、注文皆作既，後人以意改耳。羣書治要引此，正作測。原道篇：「水，大不可極，深不可測。」呂氏春秋下賢篇：「昏乎其深而不測也。」高注並云：「測，盡也。」後人但知既之訓爲盡，而不知測之訓爲盡，遂以其所知改其所不知，謬矣。且測與服爲韻，（服字古讀蒲北反，説見唐韻正。）若作既，則失其韻矣。四夷九州服矣。夫一者至貴，無適於天下。聖人託於無適，故民命繫矣。

爲仁者必以哀樂論之，爲義者必以取予明之。目所見不過十里，而欲遍照海内之民，哀樂弗能給也。無天下之委財，而欲遍澹萬民，利不能足也。且喜怒哀樂，有感而自然者也。故哭之發於口，涕之出於目，○莊逵吉云：御覽引，目作鼻，疑是。○王紹蘭云：陳風澤陂篇「涕泗滂沱」，毛傳：「自目曰涕，自鼻曰泗。」泗即洟之借字。説文：「洟，鼻液也。」易萃上六：「齎咨涕洟」，釋文引鄭「自目曰涕，自鼻曰洟」，（虞翻同。）然則目涕之義古矣。王褒僮約云「目淚下落，鼻涕長一尺」，非經訓也。莊氏疑御覽引目作鼻爲是，失之。○俞樾云：莊説非也。周易萃上六「齎咨涕洟」，釋文引鄭注曰：「自目曰涕，自鼻曰洟。」然則涕出乎目，非出乎鼻，不得據御覽之誤字以改淮南之不誤者也。○文典謹按：王、俞説是也。藝文類聚八十引，與今本合，明御覽作鼻必爲誤字。此皆憤於中而形於外者也。譬若水之下流，烟之上尋也，○文典謹按：尋，讀爲覃，（古侵、覃通爲一韻。）即古燂字。説文火部：「燂，火熱也。」字亦作燖。又與錟通。儀禮有司徹「乃錟尸俎」，鄭注：「錟，温也。古文錟皆作燅，記或作燖。」（左哀十二年傳「若可尋也」，此注引作燖。）天文篇「火上蕁」，高注：「蕁，讀葛覃之覃。」亦叚爲燂。夫有孰推之者！故強哭者雖病不哀，強親者雖笑不和。情發於中而聲應於外，故釐負羈之壺餐，愈於晉獻公之垂棘；獻公以垂棘滅虞、虢。趙宣孟之束脯，賢於智伯之大鐘。智伯以大鐘滅仇由。故禮豐不足以效愛，而誠心可以懷遠。故公西華之養親也，若與朋友處，曾參之養親也，若事嚴主烈君，其于養，一也。公西華，孔子弟子也。與朋友處，睦而少敬。烈，酷也。曾參事親，其敬多。故胡人彈骨，越人契臂，中國歃血也，所由各異，其於信，一也。胡人之盟約，置酒人頭骨中，飲以相詛。刻臂出血，殺牲歃血，相與爲信。○莊逵吉云：御覽引，契作鍥。列子釋文仍作契，引許慎注云：「契，刻臂出血也。」歃，御覽引作唼。唼，歃之別字也。○陶方琦云：今注文略省節，「刻臂」上應有契字。釋名釋書契：「契，刻也。」爾雅：「契，絕也。」郭注：「今江東以刻斷物爲契斷。」三苗髽首，羌人括領，中國冠笄，越人劗鬋，其於服，一也。三苗之國在彭蠡、洞庭之野。髽，以枲束髮也。括，結。笄，簪。鬋，斷也。帝顓頊之法，婦人不辟男子於路者，拂之於四達之衢，拂，放也。○莊逵吉云：御覽引，拂作祓，有注云：「除其不祥。」今之國都，男女切踦，踦，足也。肩摩於道，其於俗，一也。故四夷之禮不同，皆尊其主而愛其親，敬其兄；獫狁之俗相反，獫狁，北胡也。其俗物與中國相反也。皆慈其子而嚴其上。夫鳥飛成行，獸處成羣，有孰教之！故魯國服儒者之禮，行孔子之術，地削名卑，不能親近來遠。越王句踐劗髮文身，無皮弁搢笏之服，皮弁，以爲爵冠也。搢，佩紟。笏，佩玉也，長三尺，抒上終葵首。拘罷拒折之容，拘罷，圜也。拒折，方也。然而勝夫差於五湖，南面而霸天下，泗上十二諸侯皆率九夷以朝。○胡鳴玉云：史天官書「太微宫垣有匡衛十二星」，註正義云：「十二諸侯之府也。」乃知天有十二次，日月之所躔也；地有十二州，王侯之所國也。舉十二州以該天下之諸侯，非謂十二國也。胡、貉、匈奴之國，縱體拖髮，拖，縱也。箕倨反言，而國不亡者，未必無禮也。楚莊王裾衣博袍，裾，袌也。衣，裾也。令行乎天下，遂霸諸侯。晉文君大布之衣，大布，粗布也。牂羊之裘，韋以帶劍，威立於海内。豈必鄒、魯之禮之謂禮乎！鄒，孟軻邑。魯，孔子邑。是故入其國者從其俗，入其家者避其諱，不犯禁而入，不忤逆而進，雖之夷狄徒倮之國，徒倮，不衣也。俞樾云：廣雅釋詁：「徒，袒也。」徒倮猶袒倮，徒與袒一聲之轉。吕氏春秋異用篇「非徒網鳥也」，高注曰：「徒，猶但也。」袒與但同。結軌乎遠方之外，而無所困矣。

禮者，實之文也；仁者，恩之效也。故禮因人情而爲之節文，而仁發怦以見容。怦，色也。禮不過實，仁不溢恩也，治世之道也。夫三年之喪，是强人所不及也，而以僞輔情也。三月之服，是絶哀而迫切之性也。三月之服，夏后氏之禮。夫儒墨不原人情之終始，而務以行相反之制，五縗之服。五縗，謂三年、朞年、九月、五月、三月服也。悲哀抱於情，葬薶稱於養，不强人之所不能爲，不絶人之所能已，○陳觀樓云：「能已」上亦當有不字。文子上仁篇正作「不絶人所不能已」。度量不失於適，誹譽無所由生。古者，非不知繁升降槃還之禮也，蹀采齊、肆夏之容也，采齊、肆夏，皆樂名也。以爲曠日煩民而無所用，故制禮足以佐實喻意而已矣。古者，非不能陳鐘鼓，盛筦簫，揚干戚，奮羽旄，以爲費財亂政，制樂〔一〕足以合歡宣意而已，喜不羨於音。非不能竭國麋民，虚府殫財，含珠鱗施，綸組節束，鱗施，玉紐也。綸，絮也。束，縛也。追送死也，以爲窮民絶業。而無益於槁骨腐肉也，故葬薶足以收斂蓋藏而已。昔舜葬蒼梧，市不變其肆；舜南巡狩，死蒼梧，葬泠道九疑山，不煩市井之〔二〕所廢。禹葬會稽之山，農不易其畝；禹會羣臣於會稽，葬山陰之陽，不煩農人之田畝。明乎生死之分，通乎侈儉之適者也。亂國則不然，言與行相悖，情與貌相反，禮飾以煩，樂優以淫，○王念孫云：文子上仁篇優

〔一〕「制樂」上疑脱「故」字。

〔二〕「市井之」，原本作「於市有」，據莊逵吉校本改。

作擾，於義爲長。擾亦煩也。俗書擾字作擾，與優相似而誤。崇死以害生，久喪以招行，是以風俗濁於世，而誹譽萌於朝，是故聖人廢而不用也。

義者，循理而行宜也；禮者，體情制文者也。義者宜也，禮者體也。○王引之云：上二句即是訓義爲宜，訓禮爲體，不須更云「義者宜也，禮者體也」矣。疑後人取中庸、禮器之文記於旁，而寫者因誤入正文也。○文典謹按：御覽五百二十三引，「體情」下有而字。昔有扈氏爲義而亡，有扈，夏啓之庶兄也。以堯、舜舉賢，禹獨與子，故伐啓，啓亡之。知義而不知宜也；魯治禮而削，知禮而不知體也。有虞氏之祀，○王念孫云：「有虞氏之祀」，祀當爲禮。此涉下文「祀中霤」而誤也。「有虞氏之禮」，總下三事而言，不專指祭祀。下文「夏后氏之禮」，（今本脱「之禮」二字，據下文補。）「殷人之禮」，「周人之禮」，皆其證。其社用土，封土爲社。祀中霤，葬成畝，田畝而葬。其樂咸池、承雲、九韶，舜兼用黄帝樂。九韶，舜所作也。其服尚黄。舜，土德也。夏后氏〔一〕其社用松，所樹之木，皆所生地之所宜也。祀户，春祭先户，夏木德也。葬牆置翣，翣，棺衣飾也。其樂夏籥、九成、六佾、六列、六英，九成，變也。六列，六六爲行列也。六英，禹兼用顓頊之樂也。其服尚青。木德，故尚青也。殷人之禮，其社

〔一〕「夏后氏」下似脱「之禮」二字。

用石，以石爲社主也。祀門，秋祭先門，殷金德也。葬樹松，其樂大濩、晨露，大濩、晨露，湯所作樂。其服尚白。金德，故尚白也。周人之禮，其社用栗，祀竈，夏祭先竈，周火德也。葬樹柏，其樂大武、三象、棘下，鄒子曰：「五德之次，從所不勝。」故虞土，夏木，殷金，周火。三象、棘下，武象〔一〕樂也。其服尚赤。火德，故尚赤也。禮樂相詭，服制相反，然而皆不失親疏之恩，上下之倫。今握一君之法籍，以非傳代之俗，譬由膠柱而調瑟也。故明主制禮義而爲衣，分節行而爲帶。衣足以覆形，從典墳，虚循撓，便身體，適行步，不務於奇麗之容，隅眥之削。○洪頤煊云：眥當作呰。本經訓「衣無隅差之削」，高注：「隅，角也。差，邪也。」呰、差聲相近。晏子春秋諫下篇「衣不務於隅眦之削」，眦即眥之譌字。帶足以結紐收衽，束牢連固，不亟於爲文句疏短之鞻。○孫詒讓云：短疑當爲矩。文句者，圜文也。（説文句部云：「句，曲也。」）疏矩者，方文也。鞻字疑誤。説文革部云：「鞻，革生〔二〕鞮也。」此上文並説帶，不宜忽及鞮屨，此必有譌捝也。故制禮義，行至德，而不拘於儒墨。所謂明者，非謂其見彼也，自見而已。所謂聰者，非謂聞彼也，自聞而已。所謂

〔一〕「武象」，疑當作「武王」，涉上文「象」而誤。
〔二〕「革生」，段注改爲「生革」，是。

達者，非謂知彼也，自知而已。是故身者，道之所託，身得則道得矣。道之得也，以視則明，以聽則聰，以言則公，以行則從。故聖人裁制物也，猶工匠之斲削鑿枘也，宰庖之切割分別也，曲得其宜而不折傷。拙工則不然，大則塞而不入，小則窕而不周，動於心，枝於手，而愈醜。夫聖人之斲削物也，剖之判之，離之散之；已淫已失，復揆以一；既出其根，復歸其門；已雕已琢，還反於樸。合而爲道德，離而爲儀表。其轉入玄冥，其散應無形。禮義節行，又何以窮至治之本哉！世之明事者，多離道德之本，曰禮義足以治天下，此未可與言術也。所謂禮義者，五帝三王之法籍風俗，一世之迹也。譬若芻狗土龍之始成，芻狗，束芻爲狗，以謝過求福。土龍，以請雨。○陶方琦云：意林引許注：「芻狗事以謝過，土龍事以請雨。」文以青黃，○文典謹按：意林引，作「則衣以文繡」。絹以綺繡，○俞樾云：絹當爲羂。漢書司馬相如傳「羂要褭」，師古注曰：「羂，謂羅繫之也。」文選上林賦李善注引聲類曰：「絹，係取也。」「羂以綺繡」，謂以綺繡繫之。作絹者，省不從网耳。太平御覽皇王部引，作「飾以綺繡」，殆由不得其義而臆改也。纏以朱絲，尸祝袀袨，袀，純服。袨，墨齋衣也。大夫端冕，端冕，冠也。以送迎之。及其已用之後，則壤土草薊而已，○莊逵吉云：御覽薊作芥。芥正字，薊奇字。○王念孫云：各本薊下有「音出」二字，案：「音出」二字後人所加。高注皆言「讀某字」，無言「音某」者。考説文、玉篇、廣韻、集韻，皆無薊字。或音出，或以爲芥之奇字，皆不知何據。余謂薊者，薊之壞字也。「草薊」卽草芥。史記賈生傳「細故慸薊兮」，索隱曰：「薊音介。」漢書作蔕芥。是芥、薊古字通，故此作薊，御覽作草芥也。○文典謹按：意林引，作「及其用畢，則棄之土壤」。**夫有孰貴之！**言弃之不貴也。○莊逵吉云：御覽作「誰貴之哉」。

故當舜之時，有苗不服，於是舜修政偃兵，執干戚而舞之。禹之時，天下大雨，禹令民聚土積薪，擇丘陵而處之。○王念孫云：「天下大雨」，雨本作水，此後人妄改之也。唯天下大水，是以令民聚土積薪而處丘陵。若作大雨，則非其指矣。後人改水爲雨者，以與舞、處二字爲韻耳。不知此文但以舞、處爲韻，餘皆不入韻也。要略正作「禹之時，天下大水」。**武王伐紂，載尸而行，**武王伐紂，伯夷曰：「父死未葬，爰及干戈，可謂孝乎？」**海内未定，故不爲三年之喪始。**言始廢于武王也。**禹遭洪水之患，陂塘之事，故朝死而暮葬。**○王念孫云：遭，文選海賦注、應休璉與從弟君苗君胄書注、太平御覽禮儀部三十四引，並作有。道藏本「不爲三年之喪始」下注云：「三年之喪於武王。」案：「故不爲三年之喪始」，當作「故爲三年之喪」。高注當作「三年之喪始於武王」。藏本始字誤入正文，正文「爲三年之喪」上又衍不字，則正文、注文皆不可讀矣。且上文以舞、處爲韻，此以行、喪、葬爲韻，若喪下有始字，則失其韻矣。此言武王爲三年之喪，而禹則朝死暮葬，與武王不同，非謂武王不爲三年之喪也。下文云「脩干戚而笑钁插，知三年而非一日」，（今本非上脱而字，據上句補。）「干戚」二字承上文舜舞干戚而言，「钁插」二字承禹令民聚土而言，「一日」二字承禹朝死暮葬而言，「三年」二字則承武王爲三年之喪而言。若云「不爲三年之喪」，則與下文相反矣。要略云：「武王誓師牧野，以踐天子之位。天下未定，海内未輯，武王欲昭文王之令德，使夷狄各以其賄來貢，遼遠未能至，故治三年之喪，殯文王於兩楹之間，以俟遠方。」彼言武王治三年之喪，正與此同。若云「不爲三年之喪」，則又與要略相反矣。道應篇述武王之事，亦云「爲三年之喪，令類不蕃」。以上三篇，皆謂武王始爲三年之喪，故高注云「三年之喪始於武王」也。藏本作「三年之喪於武王」者，始字誤入正文耳。劉績不知是正，又改注文爲「三年之喪於武王廢」，朱本又改爲「言始廢於武王也」，皆由正文誤作「不爲三年之喪」，故又改注文以從之耳。○文典謹按：御覽五百五十五引，「陂塘之事」下有注云：「陂，蓄水。塘，池也。」此皆聖人之所以應時耦變，見形而施宜者也。○文典謹按：御覽五百五十五引，作「此皆聖人之所以應時設教，見而施宜者也」。今之修干戚而笑钁插，钁，斫屬。知三年非一日，是從牛非馬，以徵笑羽也。以此應化，無以異於彈一絃而會棘下。棘下，樂名。一絃會之，不可成也。夫以一世之變，欲以耦化應時，譬猶冬被葛而夏被裘。夫一儀不可以百發，儀，弩招顔也。射百發，遠近不可皆以一儀也。一衣不可以出歲。儀必應乎高下，衣必適乎寒暑。是故世異則事變，時移則俗易。故聖人論世而立法，隨時而舉事。尚古之王，封於泰山，禪於梁父，七十餘聖，法度不同，非務相反也，時世異也。是故不法其已成之法，而法其所以爲法。所以爲法者，與化推移者也。夫能與化推移爲人者，至貴在焉爾。○王念孫云：「夫能與化推移者」，乃復舉上文之詞，「推移」下不當有「爲人」二字，蓋涉下文「與造化爲人」而衍。故狐梁之歌可隨也，其所以歌者不可爲也；○孫志祖云：「狐梁」無注，或疑卽「有狐綏綏，在彼淇梁」之詩。案：蜀志郤正傳「瓠梁託絃以流聲」，注引淮南子「瓠巴鼓瑟而鱏魚聽之」，（今本説山訓作「淫魚出聽」。）又引此文作「瓠梁之歌」，蓋瓠與狐通也。與衞詩無涉。梁曜北云：梁字何解？豈巴又名梁耶？○文典謹按：孫説是也。北堂書鈔一百六歌篇二引，狐正作瓠，又引注云：「瓠梁，善歌之人也。」藝文類聚四十三引注，「善歌」上多一古字，餘同。皆足證孫説。聖人之法可觀也，其所以作法不可原也；辯士言可聽也，其所以言不可形也。淳均之劍不可愛也，而歐冶之巧可貴也。今夫王喬、赤誦子，吹嘔呼吸，吐故内新，遺形去智，抱素反真，以游玄眇，上通雲天。今欲學其道，不得其養氣處神，而放其一吐一吸，時詘時伸，其不能乘雲升假亦明矣。王喬，蜀武陽人也，爲柏人令，得道而仙。赤誦子，上谷人也，病癘入山，導引輕舉。假，上也。○莊逵吉云：俗本赤誦作赤松，蓋誤改之。古字誦與松同聲通用。五帝三王，輕天下，細萬物，齊死生，同變化，抱大聖之心，以鏡萬物之情，上與神明爲友，下與造化爲人。今欲學其道，不得其清明玄聖，而守其法籍憲令，不能爲治亦明矣。故曰：「得十利劍，不若得歐冶之巧；得百走馬，不若得伯樂之數。」

樸至大者無形狀，道至眇者無度量，故天之圓也不得規，地之方也不得矩。○俞樾云：兩得字皆當爲中。周官師氏「掌國中失之事」，故書中爲得，是其例也。文子自然篇正作「天圓不中規，地方不中矩」。往古來今謂之宙，四方上下謂之宇，道在其間，而莫知其所。故其見不遠者，不可與語大；其智不閎者，不可與論至。昔者馮夷得道，以潛大川；馮夷，河伯也，華陰潼鄉隄首里人，服八石，得水仙。鉗且得道，以處昆侖。鉗且得仙道，升居昆侖山。○莊逵吉云：莊子大宗師篇「堪坏襲昆侖」，陸德明釋文云：「堪坏，神人，人面獸形。淮南作欽負。」是唐本鉗且作欽負也。字形近，故誤耳。程文學據山海經云「是與欽䲹殺祖江于昆侖之陽」，後漢書注引作欽駓，古駓、䲹本一字。錢別駕云：古丕與負通，故尚書「丕子之責」，史記作「負子」，丕與負通，因之從丕之字亦與負通也。堪、欽亦同聲。○王念孫云：程、錢、莊說皆是。扁鵲以治病；扁鵲，盧人，姓秦名越人，趙簡子時人。造父以御馬；羿以之射，倕以之斲，倕，堯時巧工也。所爲者各異，而所道者一也。○文典謹按：意林引，作「得道一也」。夫稟道以通物者，無以相非也。譬若同陂而溉田，其受水均也。今屠牛而烹其肉，或以爲酸，或以爲甘，煎熬燎炙，齊味萬方，○王念孫云：兩爲字皆後人所加。北堂書鈔酒食部四、太平御覽資産部八、飲食部十一引此，皆無兩爲字。「齊味」當爲「齊咊」，字之誤也。齊，讀若劑。咊，即今和字也，讀若「甘受和」之和。舊本北堂書鈔及太平御覽引此，並作「齊和萬方」，和與齊義相近。鄭注周官鹽人云：「齊事，和五味之事。」又注少儀云：「齊謂食羹醬飲有齊和者也。」高注呂氏春秋本味篇云：「齊和，分也。」本經篇云：「煎熬焚炙，調齊和之適。」鹽鐵論通有篇云：「庖宰烹殺胎卵，煎炙齊和，窮極五味。」新序雜事篇云：「管仲善斷割之，隰朋善煎熬之，賓胥無善齊和之。」漢書藝文志云：「調百藥齊和之所宜。」皆其證也。又案：和字說文本作咊，今經傳皆作和，從隸變也。此咊字若不誤爲味，則後人亦必改爲和矣。○文典謹按：燎，北堂書鈔一百四十五引作膳，御覽八百六十三引作櫝。齊味，意林引作劑味。**其本一牛之體。伐梗柟豫樟而剖梨之，**剖，判。梨，分也。**或爲棺椁，或爲柱梁，披斷撥檖，**披，解也。撥，析理也。檖，順也。○王念孫云：如高注，則檖字本作遂，故訓爲順也。今作檖者，因上文棺槨柱梁等字而誤耳。茅本并注文亦改爲檖，而莊本從之，謬矣。**所用萬方，然一木之樸也。故百家之言，指奏相反，其合道一體也。譬若絲竹金石之會樂同也，**○王念孫云：體字因下文「不失於體」而衍。「合道一」與「會樂同」，文正相對，則一下不當有體字。下文又云「其知馬一也」，「其得民心鈞也」，皆與此文同一例。**其曲家異而不失於體。伯樂、韓風、秦牙、管青，**四子皆古善相馬者。**所相各異，其知馬一也。故三皇五帝，法籍殊方，其得民心均也。**

故湯入夏而用其法，武王入殷而行其禮，桀、紂之所以亡，而湯、武之所以爲治。故剞劂銷鋸陳，非良工不能以制木；鑪橐埵坊設，鑪、橐、埵，皆治具。坊，土刑也。非巧治不能以治金。○文典謹按：御覽九百五十二引，工作匠。屠牛吐一朝解九牛，而刀以剃毛；屠牛吐，齊之大屠。剃，截髮也。○莊逵吉云：御覽吐作坦，疑垣字之訛。○王念孫云：刀下當有可字。「刀可以剃毛」，賈子所謂「芒刃不頓」也。脱去可字，則文義不明。白帖十三、太平御覽兵部七十七、資産部八引此，皆有可字。庖丁用刀十九年，而刀如新剖硎。庖丁，齊屠伯也。新剖，始製也。硎，磨刀石。○王念孫云：劉本於剖下增硎字。案：劉增是也。據高注云：「硎，磨刀石。」則有硎字明矣。下刀字當作刃。刃、刀字相似，又涉上刀字而誤也。「刃如新剖硎」，言刀刃不頓也。莊子養生主篇「今臣之刀十九年矣，而刀刃若新發於硎」，吕氏春秋精通篇「宋之庖丁好解牛，用刀十九年而刃若新磨研」，皆其證也。太平御覽資産部八引此，作「刃如新砥硎」，雖砥與剖不同，而字亦作刃。○文典謹按：御覽八百二十八引注作：「庖丁，宋人。砥，磨也。」齊俗訓乃許注本，御覽所引，疑是高注。何則？游乎衆虚之閒。衆虚之閒，剖中理也。○文典謹按：御覽八百二十八引，閒作門。若夫規矩鉤繩者，此巧之具也，而非所以巧也。○王念孫云：「巧也」上當有爲字。下文云：「故弦，悲之具也，而非所以爲悲也。」與此相對爲文。太平御覽工藝部九引此，正作「非所以爲巧」。文子自然篇同。故瑟無絃，雖師文不能以成曲；師文，樂師。徒絃，則不能悲。故絃，悲之具也，而非所以爲悲也。若夫工匠之爲連鐖、運開、陰閉、眩錯，連鐖，鐖發也。運開，相通也。陰閉，獨閉也。眩，因而相錯也。入於冥冥之眇，神調之極，游乎心手衆虚之閒，○王念孫云：「衆虚」二字，因上文「游乎衆虚之閒」而誤衍也。上文説庖丁解牛，批郤導窾，游刃有餘，故曰「游乎衆虚之閒」。此是説工匠爲連鐖之事，不當言「衆虚」也。且「心手之閒」，謂心與手之閒也，則不當有「衆虚」二字明矣。文子作「遊於心手之閒」，無「衆虚」二字。而莫與物爲際者，父不能以教子。瞽師之放意相物，寫神愈舞，而形乎絃者，兄不能以喻弟。今夫爲平者準也，爲直者繩也。若夫不在於繩準之中，可以平直者，此不共之術也。故叩宮而宮應，彈角而角動，此同音之相應也。其於五音無所比，而二十五絃皆應，此不傳之道也。故蕭條者，形之君；蕭條，深静也。而寂寞者，音之主也。微音生於寂寞。

天下是非無所定，世各是其所是而非其所非，所謂是與非各異，○文典謹按：羣書治要引，作「所謂是與所謂非各異」，文義較今本爲完。皆自是而非人。由此觀之，事有合於己者，而未始有是也；有忤於心者，而未始有非也。故求是者，非求道理也，求合於己者也；去非者，非批邪施也，施，微曲也。去忤於心者也。忤於我，未必不合於人也；合於我，未必不非於俗也。至是之是無非，至非之非無是，此真是非也。若夫是於此而非於彼，非於此而是於彼者，此之謂一是一非也。此一是非，隅曲也；夫一是非，宇宙也。今吾欲擇是而居之，擇非而去之，不知世之所謂是非者，不知孰是孰非。○陳觀樓云：「不知孰是孰非」，「不知」二字因上句而衍。○王念孫云：羣書治要引此，無「不知」二字。老子曰：「治大國若烹小鮮。」爲寬裕者曰勿數撓，裕，饒也。爲刻削者曰致其醎酸而已矣。晉平公出言而不當，師曠舉琴而撞之，跌衽宮壁。跌衽，至平公衣衽，中宮壁。○俞樾云：「跌衽宮壁」，於文未明。高注曰：「跌衽，至平公衣衽，中宮壁。」疑本作「跌衽中壁」。跌，猶越也。言越過平公之衽而中於壁也。今作「宮壁」，卽涉注而誤。左右欲塗之，欲塗師曠所敗壁也。平公曰：「舍之！以此爲寡人失。」孔子聞之曰：「平公非不痛其體也，欲來諫者也。」韓子聞之曰：韓子，韓公子非。「羣臣失禮而弗誅，是縱過也。有以也夫，平公之不霸也！」故賓有見人於宓子者，宓子，子賤也。○文典謹按：羣書治要作「客有見人於季子者」，注與今注正同。意林引作「客有見子賤」注：「宓子。」御覽四百五引，賓亦作客，宓作乎。賓出，宓子曰：「子之賓獨有三過：望我而笑，是攓也。攓，慢也。○文典謹按：羣書治要引，「子之賓」作「子之所見客」，攓作僈，注同。意林及御覽四百五引，攓竝作慢。蓋許、高本之異也。談語而不稱師，是返也。○文典謹按：羣書治要引，返作反。意林引，此句在「交淺而言深」句下，師作名，返亦作反。御覽四百五引，語作論，返作叛。交淺而言深，是亂也。」賓曰：「望君而笑，是公也。談語而不稱師，是通也。交淺而言深，是忠也。」故賓之容一體也，或以爲君子，或以爲小人，所自視之異也。○文典謹按：羣書治要引，視作見。御覽四百五引，作「從視之異」。故趣舍合，卽言忠而益親；身疏，卽謀當而見疑。○王念孫云：趣謂志趣也。（七句反。）「趣合」與「身疏」相對爲文，則趣下不當有舍字，蓋卽合字之誤而衍者也。文子道德篇正作「趣合」。○文典謹按：羣書治要引，兩卽字竝作則。親母爲其子治扢禿，而血流至耳，見者以爲其愛之至也；使在於繼母，則過者以爲嫉也。事之情一也，所從觀者異也。從城上視牛如羊，視羊如豕，所居高也。○文典謹按：羊與豕大小不甚相遠，視牛如羊，視羊不得如豕大也。此疑本作「從城上視牛，如羊如豕。」御覽八百九十九引此文，卽無「視羊」二字。窺面於盤水則員，於杯則隋。○文典謹按：羣書治要引，作「於杯水卽橢」。御覽七百五十八引，作「於杯水則修」。面形不變其故，有所員、有所隋者，所自窺之異也。今吾雖欲正身而待物，庸遽知世之所自窺我者乎！若轉化而與世競走，譬猶逃雨也，無之而不濡。常欲在於虛，則有不能爲虛矣；爲者失之，執者敗之。若夫不爲虛而自虛者，性自然也。此所慕而不能致也。○王念孫云：「此所慕而不能致也」，義不可通。「不能致」當作「無不致」。上文「欲在於虛，則不能爲虛」，高注以爲「爲者失之，執者敗之」，是也。聖人無爲故無敗，無執故無失，故曰「若夫不爲虛而自虛者，此所慕而無不致也」。「所慕無不致」，猶言所欲無不得。精神篇曰：「達至道者，性有不欲，無欲而不得。」義與此同也。今本作「不能致」者，涉上文「不能爲虛」而誤。文子道德篇正作「此所欲而無不致也」。○俞樾云：此言欲爲虛則不能爲虛，若夫不爲虛而自虛，則又慕之而不能致也。蓋性之自然，非可勉强，故慕之而不能致。文子道德篇作「此所欲而無不致也」，於義不可通。王氏念孫反據以訂正淮南，殊爲失之。**故通於道者，如車軸，不運於己，而與轂致千里，轉無窮之原也。不通於道者，若迷惑，告以東西南北，所居聆聆，**聆聆，意曉解也。**一曲而辟，**辟，小邪僻也。**然忽不得，復迷惑也。**○王念孫云：「然忽不得」，當作「忽然不得」。**故終身隸於人，辟若俔之見風也，**俔，候風者也。世所謂五兩。○莊逵吉云：文選注引，俔作綄，見作候，許慎注云：「綄，候風也。楚人謂之五兩。」攷古完與見因字形相近，本多譌別，故論語「莞爾」之莞，陸德明又作「莧爾」。此字義當作綄爲是。○王念孫云：莊以俔爲綄之譌，是也。道藏本、朱本注竝作「俔，候風雨也」，雨乃羽字之譌。劉本改爲「候風雨者」，茅本又改爲「候風者也」，而莊本從之，誤矣。廣韻：「綄，船上候風羽。」北堂書鈔舟部二十引注云：「綄者，候風之羽也。」太平御覽舟部四引許注云：「綄，候風羽也。」（今本羽譌作扇。）則高注雨字明是羽字之譌。文選江賦注引許注作「候風也」者，傳寫脱羽字耳。○陶方琦云：俔乃綄字之譌，雨乃羽字之譌。玉篇：「綄，候風五兩也。」廣韻二十六桓：「綄，船上候風羽。楚人謂之五兩。」又二十四緩「綄」下云：「候風羽，出淮南子。」是許注舊本作綄，明矣。御覽引作「候風扇也」，扇乃「之羽」二字壞文。○文典謹按：記纂淵海卷二引北堂書鈔云：「候風之羽，楚人曰五兩。」與今本書鈔所引許注小異，而與廣韻正同，必宋人所見真本如此也。**無須臾之閒定矣。故聖人體道反性，不化以待化，則幾於免矣。**無爲以待有爲，近於免世難也。

治世之體易守也，其事易爲也，其禮易行也，其責易償也。○王念孫云：「治世之體」，羣書治要引此，體作職，是也。俗書職字作軄，體字作軆。軄誤爲軆，又改爲體耳。職易守，事易爲，禮易行，責易償，四者義並相近。若作體，則與守字義不相屬，且與下三句不類矣。文子下德篇亦作「職易守」，下文云萇弘、師曠「不可與衆同職」，又其一證矣。**是以人不兼官，官不兼事，士農工商，鄉別州異。是故農與農言力，士與士言行，工與工言巧，商與商言數。是以士無遺行，農無廢功，工無苦事，商無折貨，各安其性，不得相干。故伊尹之興土功也，修脛者使之跖钁，**長脛以蹋插者，使入深。○王念孫云：太平御覽地部二、器物部九引此，钁並作鏵。案：鏵字是也。鏵卽臿也。跖，蹋也。（文選舞賦注引淮南許注如此。）故高注言「蹋插」。說文：「茉，（玉篇胡瓜切。）兩刃臿也。宋、魏曰茉。或作釫。」玉篇云：「今爲鏵。」方言云：「臿，宋、魏之閒謂之鏵。」高注精神篇云：「臿，鏵也。青州謂之鏵。」釋名云：「鍤，或曰鏵。鏵，刳也，刳地爲坎也。」茉、釫、鏵，字異而義同。（臿、鍤、插亦同。）今人謂臿爲鏵鍬是也。使長脛者蹋臿，則入地深而得土多，故高注曰：「長脛以蹋插者，使入深也。」後人不識鏵字，遂妄改爲钁。（埤雅引此作钁，則所見本已然。）案：説文：「钁，大鉏也。」鉏以手揮，非以足蹋，不得言跖钁。且高注明言蹋插，不言蹋钁。○陶方琦云：羣書治要引許注，脚作脛。按：説文：「脛，脚也。」今注作「長脚」，是。御覽七百六十四引注，亦作「長脚」，又「入深」作「入土深」。强脊者使之負土，脊强者任負重。○陶方琦云：羣書治要引許注正同。眇者使之準，目不正，因令晞。傴者使之塗，傴人塗地，因其俛也。○陶方琦云：羣書治要引許注正同。按：新論亦作「僂作者使之塗地」。各有所宜，而人性齊矣。○文典謹按：羣書治要引，「所宜」作「所以」。胡人便於馬，越人便於舟，異形殊類，易事而悖，失處而賤，得勢而貴。聖人總而用之，其數一也。夫先知遠見，達視千里，人才之隆也，而治世不以責於民。言民〔一〕不以己求備于下也。博聞强志，口辯辭給，人智之美也，而明主不以求於下。敖世輕物，不汙於俗，士之伉行也，而治世不以爲民化。神機陰閉，剞劂無迹，人巧之妙也，而治世不以爲民業。故萇弘、師曠，先知禍福，言無遺策，而不可與衆同職也；公孫龍折辯抗辭，别同異，離堅白，公孫龍，趙人，好分析詭異之言。以白、馬不得合爲一物，離而爲二也。不可與衆同道也；北人無擇非舜而自投清泠之淵，北人無擇，古隱士也。非舜，非

〔一〕「民」，疑爲「君」之譌。或爲衍文。

其德之衰也。**不可以爲世儀；魯般、墨子以木爲鳶而飛之，三日不集，而不可使爲工也。**○文典謹按：御覽羽族部「鵲」條下引，鳶作鵲，必本亦如此也。**故高不可及者，不可以爲人量；行不可逮者，不可以爲國俗。夫挈輕重不失銖兩，聖人弗用，而縣之乎銓衡；**○文典謹按：羣書治要引，銓作權。**視高下不差尺寸，明主弗任，而求之乎浣準。**浣準，水望之平。○孫詒讓云：泰族訓云：「人欲知高下而不能，教之用管準則説。」管、浣音近，叚借字。（凡从官聲、完聲字，古多通用。管或作筦，是其比例。）管所以視遠，準即水平，非一物也。李筌太白陰經水攻具篇載「爲水平槽，鑿三池，浮木立齒，注水，眇目視之，三齒齊平以爲準」，是其遺法。但彼不用管，與古異耳。○陶方琦云：羣書治要引許注，與今注正同。案：説文：「水，準也。」「準，平也。」説正同。**何則？人才不可專用，而度量可世傳也。故國治可與愚守也，而軍制可與權用也。夫待騕褭飛兔而駕之，則世莫乘車；**騕褭，良馬。飛兔，其子。褭、兔走，蓋皆一日萬里也。○陶方琦云：羣書治要引許注：「要褭、飛兔，皆一日千里者也。」按：治要所引，乃約文。呂覽高注：「要褭、飛兔，皆馬名。馳若兔之飛，因以爲名。」與許君説亦有異。原道訓「馳〔一〕要褭」注，亦當是許注羼入高注者。○文典謹按：御覽八百九十六引，兔作

〔一〕「馳」，原本作「駟」，形近而誤，據原道訓改。

菟，車下有矣字，與下文「終身不家矣」一律。又引注云：「腰褭、飛菟，皆行萬里。其行若飛，因曰飛菟也。」**待西施、毛嬙而爲配，則終身不家矣。**西施、毛嬙，古好女也。◯王念孫云：羣書治要引此，作「西施、絡慕」，又引注作「西施、絡慕，古好女也」。太平御覽獸部八引作落慕。案：廣韻及元和姓纂，絡、落皆姓也，慕蓋其名。治要、御覽所引者，原文也。今本作毛嬙者，後人不知絡慕所出，又見古書多言毛嬙、西施，故改耳。不知他書自作毛嬙，此自作絡慕，不必同也。◯陶方琦云：御覽八百九十六引，作「西施、落纂」，落纂即絡慕。元和姓譜，絡、落皆姓也。今本乃後人習于西施、毛嬙之説而改之。**然非待古之英俊，而人自足者，因所有而並用之。**◯王念孫云：羣書治要引此，並作遂，於義爲長。遂，即也。言因所有而即用之，故不待古之英俊而人自足也。今本作並者，後人依文子下德篇改之耳。◯文典謹按：意林引，作「待古英俊而用之，則無人矣」。**夫騏驥千里，一日而通；駑馬十舍，旬亦至之。**旬，十日也。**由是觀之，人材不足專恃，而道術可公行也。亂世之法，高爲量而罪不及，重爲任而罰不勝，危爲禁而誅不敢。**◯王念孫云：「危爲禁」，本作「危爲難」。「危爲難而誅不敢」者，危猶高也，（見緇衣鄭注。）高爲艱難之事，而責之以必能，及畏難而不敢爲，則從而誅之，正與上二句同意。後人不察，而改難爲禁。禁之，正欲其不敢，何反誅之乎？文子下德篇正作「危爲難而誅不敢」。莊子則陽篇：「匿爲物而愚不識，大爲難而罪不敢，重爲任而罰不勝，遠其塗而誅不至。」呂氏春秋適威篇：「煩爲教而過不識，數爲令而非不從，巨爲危而罪不敢，重爲任而罰不勝。」文義並與此同。**民**

困於三責，則飾智而詐上，犯邪而干免。干，求也。故雖峭法嚴刑，不能禁其姦。○文典謹按：「峭法嚴刑」，意林引作「峻刑嚴法」。何者？力不足也。故諺曰：「鳥窮則噣，獸窮則觕，人窮則詐。」此之謂也。

道德之論，譬猶日月也，江南河北不能易其指，馳騖千里不能易其處。○王念孫云：下易字本作改，此因上易字而誤也。意林及文選月賦注、鮑照翫月城西門解中詩注引此，下易字並作改。趨舍禮俗，猶室宅之居也，東家謂之西家，西家謂之東家，雖皋陶爲之理，不能定其處。故趨舍同，誹譽在俗；意行鈞，窮達在時。湯、武之累行積善，可及也；其遭桀、紂之世，天授也。今有湯、武之意，而無桀、紂之時，而欲成霸王之業，亦不幾矣。昔武王執戈秉鉞以伐紂勝殷，搢笏杖殳殳，木杖也。以臨朝。武王既沒，殷民叛之，周公踐東宮，履乘石，人君升車有乘石也。攝天子之位，負扆而朝諸侯，户牖之間謂之扆。放蔡叔，誅管叔，周公兄也。克殷殘商，殘商，誅紂子祿父。祀文王于明堂，七年而致政成王。夫武王先武而後文，非意變也，以應時也；周公放兄誅弟，非不仁也，以匡亂也。故事周於世則功成，務合於時則名立。昔齊桓公合諸侯以乘車，退誅於國以斧鉞；晉文公合諸侯以革車，退行於國以禮義。桓公前柔而後剛，文公前剛而後柔，然而令行乎天下，權制諸侯鈞者，審於勢之變也。顏闔，魯君欲相之，顔闔，魯隱士也。而不肯，使人以幣先焉，鑿培而遁之，培，屋後墻也。爲天下顯武。楚人謂士爲武。使遇商鞅、申不害，刑及三族，又況身乎！世多稱古之人而高其行，竝世有與同者而弗知貴也，非才下也，時弗宜也。故六騏驥、四駃騠，駃騠，北翟之良馬也。以濟江河，不若窾木便者，窾，空也。處世然也。○王念孫云：「處世」本作「處勢」。古者謂所居之地曰處勢。窾木，謂舟也。言乘良馬濟江河，不若乘舟之便者，處勢使然也。莊子山木篇曰：「王獨不見夫騰猿乎，得柘棘枳枸之間，危行側視，振動悼慄，處勢不便，未足以逞其能也。」新序雜事篇曰：「玄蝯在枳棘之中，恐懼而悼慄，危視而蹟行，處勢不便故也。」史記蔡澤傳曰：「翠鵠犀象，其處勢非不遠死也。」漢書陳湯傳曰：「故陵因天性，據真土，處埶高敞。」又史記楚世家曰：「處既形便，勢有地利。（有與又同。）」淮南俶真篇曰：「處便而勢利。」處勢或曰勢居。逸周書周祝篇曰：「勢居小者，不能爲大。」賈子過秦篇曰：「秦地被山帶河以爲固，自繆公以來至於秦王，二十餘君，常爲諸侯雄，其勢居然也。」淮南原道篇曰：「故橘樹之江北則化而爲橙，鴝鵒不過濟，貈渡汶而死，形性不可易，勢居不可移也。」或言處，或言勢，或言處勢，或言勢居，其義一也。後人不識古義，而改「處勢」爲「處世」，其失甚矣。○文典謹按：王說是也。宋本「處世」正作「處勢」。是故立功之人，簡於行而謹於時。今世俗之人，以功成爲賢，以勝患爲智，以遭難爲愚，以死節爲戇，吾以爲各致其所極而已。王子比干非不知箕子被髮佯狂以免其身也，然而樂直行盡忠以死節，故不爲也。○王念孫云：「箕子」二字，因下文「從箕子視比干」而衍。下文曰：「伯夷、叔齊非不能受禄任官以致其功也。」「許由、善卷非不能撫天下、寧海内以德民也。」「豫讓、要離非不知樂家室、安妻子以偷生也。」皆與此文同一例。若有「箕子」二字，則文不成義，且與下文不對矣。伯夷、叔齊非不能受禄任官以致其功也，然而樂離世伉行以絶衆，故不務也。許由、善卷非不能撫天下、寧海内以德民也，然而羞以物滑和，故弗受也。豫讓、要離豫讓，智伯臣。要離，吴王闔閭臣。非不知樂家室、安妻子以偷生也，然而樂推誠行，必以死主，故不留也。今從箕子視比干，則愚矣；從比干視箕子，則卑矣；從管、晏視伯夷，則戇矣；從伯夷視管、晏，則貪矣。趨舍相非，嗜欲相反，而各樂其務，將誰使正之？曾子曰：「擊舟水中，鳥聞之而高翔，魚聞之而淵藏。」○文典謹按：御覽九百十四引「淵藏」作「沉淵」。故所趨各異，而皆得所便。故惠子從車百乘以過孟諸，惠子，名施，仕爲梁相。從車百乘，志尚未足。孟諸，宋澤。莊子見之，弃其餘魚。莊子，名周，蒙人。隱而不仕，見惠施之不足，故弃餘魚。鵜胡飲水數斗而不足，鵜胡，汙澤鳥。鱓鮪入口若露而死，鱓鮪，魚名。○孫詒讓云：鱓鮪生於水，無入口若露而死之理。竊疑此「鱓鮪」當作「蟬蚒」。蟬、鱓古字通用。周書王會篇「歐人蟬蛇」，彼以蟬爲鱓，與此以鱓爲蟬，可互證。説文虫部云：「蜩，蟬也。」或从舟作蚒，與鮪形近，因而致誤。死當爲飽，亦形之誤。（艸書二字相似。）墬形訓云：「蟬飲而不食。」荀子大略篇亦云：「飲而不食者，蟬也。」是蟬蚋雖飲而不多，故云「入口若露而飽」也。然許注已以魚名爲釋，或後人所增竄與？智伯有三晉而欲不澹，三晉，智伯兼范中行地。澹，足也。林類、榮啓期衣若縣衰而意不慊。林類、榮啓期，皆隱士。慊，恨也。○文典謹按：御覽六百八十九引，衰作蓑。由此觀之，則趣行各異，何以相非也！夫重生者不以利害己，立節者見難不苟免，貪禄者見利不顧身，而好名者非義不苟得。此相爲論，譬猶冰炭鉤繩也，何時而合！○文典謹按：白帖十六引注云：「冰寒炭熱，無時得合。」若以聖人爲之中，則兼覆而并之，未有可是非者也。夫飛鳥主巢，狐狸主穴，巢者巢成而得棲焉，穴者穴成而得宿焉。趨舍行義，亦人之所棲宿也，○文典謹按：御覽九百十四引，人上有主字。各樂其所安，致其所蹠，謂之成人。蹠，至也。故以道論者，總而齊之。

治國之道，上無苛令，○文典謹按：羣書治要引，苛作苟。官無煩治，士無僞行，工無淫巧，其事經而不擾，○文典謹按：羣書治要引，經作任。其器完而不飾。亂世則不然。爲行者相揭以高，揭，舉。○文典謹按：羣書治要引，揭作揚。注同。爲禮者相矜以僞，車輿極於雕琢，器用逐於刻鏤，○文典謹按：羣書治要引，逐作遽。求貨者爭難得以爲寶，詆文者處煩撓以爲慧，○文典謹按：羣書治要引，作「調文者遽於煩繞以爲慧」。爭爲佹辯，久稽而不訣，○文典謹按：羣書治要及宋本竝作「久積而不決」。無益于治。工爲奇器，歷歲而後成，不周於用。故神農之法曰：「丈夫丁壯而不耕，天下有受其飢者。婦人當年而不織，天下有受其寒者。」故身自耕，妻親織，以爲天下先。其導民也，不貴難得之貨，不器無用之物。是故其耕不强者，無以養生；其織不强者，無以揜形；○文典謹按：「其耕不强」、「其織不强」，兩强字於辭爲複。羣書治要引，作「其織不力」。宋本同。有餘不足，各歸其身。衣食饒溢，○文典謹按：羣書治要引，溢作裕。姦邪不生，安樂無事而天下均平，故孔丘、曾參無所施其善，孟賁、成荆無所行其威。成荆，古勇士也。○陶方琦云：史記集解七十九及羣書治要引許注：「成荆，古勇士。」按：史記范睢蔡澤列傳：「成荆、孟賁、王慶忌、夏育之勇也而死。」呂覽論威：「成荆致死于韓王。」古荆、慶字通，成荆或作成慶。漢書景十三王傳「其殿門有成慶畫」，師古注：「成慶，古勇士，見淮南子。」是淮南舊本或作成慶。衰世之俗，以其知巧詐僞，飾衆無用，貴遠方之貨，珍難得之財，不積於養生之具。澆天下之淳，澆，薄也。淳，厚也。○陶方琦云：文選陸機招隱詩注、王元長永明策秀才文注、劉孝標廣絶交論注引許注：「澆，薄也。」按：文選注引，澆與澆同，非許原注。莊子繕性「澆醇散樸」，釋文：「本作澆。」澆同磽。孟子「則地有肥磽」，趙注：「磽，薄也。」析天下之樸，牿服馬牛以爲牢。滑亂萬民，以清爲濁，性命飛揚，皆亂以營。貞信漫瀾，人失其情性。於是乃有翡翠犀象、黼黻文章以亂其目，芻豢黍粱、荆吴芬馨以嚂其口，荆、吴，國也。芬，珍味也。嚂，貪求也。鐘鼓管簫、絲竹金石以淫其耳，趨舍行義、禮節謗議以營其心。於是百姓糜沸豪亂，暮行逐利，煩挐澆淺，淺，薄也。既薄尚澆也。法與義相非，行與利相反。雖十管仲，弗能治也。且富人則車輿衣纂錦，纂，繪也。馬飾傅旄象，帷幕茵席，綺繡條組，青黄相錯，不可爲象；貧人則夏被褐帶索，○文典謹按：「則夏」與下文「冬則羊裘解札」不一律。初學記人部中、御覽四百八十五引，並作「夏則」。二十三引作「則夏」，疑後人據已誤之本改之也。含菽飲水以充腸，以支暑熱，○莊逵吉云：御覽兩引，一引支作止，一引仍作支。冬則羊裘解札，解札，裘敗解也。○莊逵吉云：御覽兩引，一引「解札」作「蔽體」，一引仍作解札，有注云：「解札，爲裘如鎧甲之札，言其破壞也。」當是異本，故兩引兩異耳。短褐不掩形，而煬竈口；煬，炙也。○莊逵吉云：御覽引注，作「煬，炙也。向竈口自温煬。讀高尚之尚也」。解讀甚精，當是今本脱之。故其爲編户齊民無以異，然貧富之相去也，猶人君與僕虜不足以論之。○王念孫云：論當爲諭，字之誤也。諭或作喻。太平御覽人事部一百二十六引此，作「不足以喻之」，又引注云：「喻，猶方也。」是其證。○文典謹按：羣書治要引，論作倫。

夫乘奇技、僞邪施者，自足乎一世之間；守正修理、不苟得者，不免乎飢寒之患；○文典謹按：「守正修理」，文選東都賦注、東京賦注、鷦鷯賦注引，並作「守道順理」。羣書治要引，「苟得」上有爲字。而欲民之去末反本，由是發其原而壅其流也。○王念孫云：「由是」當爲「是由」，由與猶同。羣書治要引此，正作「是猶」。○文典謹按：王說是也。文選東都賦注、東京賦注引，亦並作「是猶」。夫雕琢刻鏤，傷農事者也；○文典謹按：羣書治要引，琢作文。錦繡纂組，害女工者也。農事廢，女工傷，則飢之本而寒之原也。○文典謹按：羣書治要引，作「農事廢業，饑之本也；女功不繼，寒之原也」。夫飢寒竝至，能不犯法干誅者，古今之未聞也。○文典謹按：「古今之未聞也」不詞。羣書治要引及宋本，竝作「古今未之聞也」。故仕鄙在時不在行，利害在命不在智。○陳觀樓云：「仕鄙」當爲「仁鄙」，字之誤也。仁與鄙相反，利與害相反。論衡命禄篇引此，正作「仁鄙」。本經篇曰：「毀譽仁鄙不立。」漢書董仲舒傳曰：「性命之情，或夭或壽，或仁或鄙。」夫敗軍之卒，勇武遁逃，將不能止也；勝軍之陳，怯者死行，懼不能走也。故江河決，沉一鄉，父子兄弟相遺而走，争升陵阪，上高丘，輕足先升，不能相顧也；○王念孫云：沈當爲流，字之誤也。（荀子勸學篇「瓠巴鼓瑟而流魚出聽」，大戴禮作「沈魚」。）「江河決流」爲句，「一鄉」二字下屬爲句，非以「沈一鄉」爲句。江河之決，所沈非止一鄉也。羣書治要引此，正作「江河決流」。又「輕足先升」，升字與上文相複。羣書治要引，作「輕足者先」，無升字，於義爲長。世樂志平，見鄰國之人溺，尚猶哀之，又況親戚乎！故身安則恩及鄰國，志爲之滅；身危則忘其親戚，而人不能解也。游者不能拯溺，手足有所急也；灼者不能救火，身體有所痛也。夫民有餘卽讓，不足則爭。讓則禮義生，爭則暴亂起。扣門求水，莫弗與者，所饒足也；○王念孫云：此用孟子語，則水下當有火字。羣書治要、意林引此，皆作「求水火」。林中不賣薪，湖上不鬻魚，所有餘也。○文典謹按：意林引，賣作貨。御覽九百三十五引，「所有餘也」作「有所餘也」。故物豐則欲省，○文典謹按：羣書治要引，豐作隆。求澹則爭止。秦王之時，或人葅子，利不足也；生子，殺葅之。○俞樾云：「或人」卽國人也。說文戈部：「或，邦也。」口部：「國，邦也。」或、國古通用。劉氏持政，獨夫收孤，財有餘也。劉氏，謂漢也。故世治則小人守政，而利不能誘也；○文典謹按：羣書治要引，政作正。政、正古通用。世亂則君子爲姦，而法弗能禁也。○文典謹按：羣書治要引，法作刑。

淮南鴻烈集解卷十二

道應訓

道之所行，物動而應，考之禍福，以知驗符也，故曰「道應」。○曾國藩云：此篇雜徵事實，而證之以老子道德之言。意以已驗之事皆與昔之言道者相應也，故題曰道應。每節之末，皆引老子語證之，凡引五十二處。○文典謹按：此篇敍目無「因以題篇」字，乃許慎注本。

太清問於無窮曰：「子知道乎？」無窮曰：「吾弗知也。」太清，元氣之清者也。無窮，無形也。又問於無爲無爲，有形而不爲也。曰：「子知道乎？」無爲曰：「吾知道。」無爲有形，故知道也。「子之知道，亦有數乎？」無爲曰：「吾知道有數。」曰：「其數奈何？」無爲曰：「吾知道之可以弱，可以强；可以柔，可以剛；可以陰，可以陽；可以窈，可以明；○俞樾云：窈，讀爲幽，故與明相對。禮記玉藻篇「再命赤韍幽衡」，鄭注曰：「幽，讀爲黝。」窈之通作幽，猶幽之通作黝也。可以包裹天地，可以應待無方。此吾所以知道之數也。」太清又問於無始無始，未始有之氣也。曰：「鄉者，吾問道於無窮，無窮曰：『吾弗知之。』又問於無爲，無爲曰：『吾知道。』曰：『子之知道亦有數乎？』無爲曰：『吾知道有數。』曰：『其數奈何？』無爲曰：『吾知道之可以弱，可以强；可以柔，可以剛；可以陰，可以陽；可以窈，可以明；可以包裹天地，可以應待無方。吾所以知道之數也。』若是，則無爲知與無窮之弗知，孰是孰非？」無始曰：「弗知之深，而知之淺。弗知内，而知之外。弗知精，而知之粗。」○王念孫云：「弗知之深」，之字當在上文無爲下。「無爲之知」與「無窮之弗知」相對爲文。今本無爲下脱之字，則文不成義；「弗知」下衍之字，則與下二句不對。莊子知北遊篇作：「『若是，則無窮之弗知與無爲之知，孰是而孰非乎？』無始曰：『弗知深矣，知之淺矣。弗知内矣，知之外矣。』」是其證。太清仰而歎曰：「然則不知乃知邪？知乃不知邪？孰知知之爲弗知，弗知之爲知邪？」無始曰：「道不可聞，聞而非也。道不可見，見而非也。道不可言，言而非也。孰知形之不形者乎！」○王念孫云：「形之不形」當依莊子作「形形之不形」。郭象曰：「形自形耳，形形者竟無物也。」少一形字，則義不可通。列子天瑞篇亦云：「形之所形者實矣，而形形者未嘗有。」故老子曰：「天下皆知善之爲善，斯不善也。」故「知者不言，言者不知」也。

白公問於孔子曰：「人可以微言？」白公，楚平王之孫、太子建之子勝也。建見殺，白公怨而欲復讎，故問微言也。孔子不應。知白公有陰謀，故不應也。白公曰：「若以石投水中，何如？」○俞樾云：中字衍文。列子說符篇、呂氏春秋精諭篇並作「若以石投水」。曰：「吳、越之善没者能取之矣。」曰：「若以水投水，何如？」孔子曰：「菑、澠之水合，易牙嘗而知之。」菑、澠，齊二水名。○文典謹按：文選琴賦注引，易牙作狄牙。白公曰：「然則人固不可與微言乎？」孔子曰：「何謂不可！誰知言之謂者乎！○王念孫云：誰當爲唯，字之誤也。言唯知言之謂者，乃可與微言也。呂氏春秋精諭篇作「唯知言之謂者爲可耳」，列子說符篇作「唯知言之謂者乎」，（文子微明篇同。）是其證。夫知言之謂者，不以言言也。不以言，心知之。争魚者濡，逐獸者趨，非樂之也。故至言去言，至爲無爲。夫淺知之所争者，末矣！」白公不得也，故死於浴室。楚殺白公於浴室之地也。故老子曰：「言有宗，事有君。夫唯無知，是以不吾知也。」白公之謂也。

惠子爲惠王爲國法，惠王，梁惠王。惠子，惠施也。○陶方琦云：羣書治要引許注：「惠王，魏惠王也。惠子，惠施也。」已成而示諸先生，○文典謹按：御覽六百二十四引，示下有之字。又有注云：「示爲國法。」先生皆善之。○王念孫云：「先生」二字，於義無取。呂氏春秋淫辭篇「先生」皆作「民人」。集韻、類篇，民字古作⿱山儿，人字唐武后作𤯔。疑⿱山儿誤爲先，𤯔誤爲生也。○俞樾云：先生乃長老有德者之稱，惠子爲國法而示諸先生，乃就正有道之意。呂氏春秋淫辭篇「先生」皆作「民人」，舊校云「一作良人」，此當以「良人」爲是。序意篇「良人請問十二紀」，高注曰：「良人，君子也。」然則「諸良人」即諸先生也。若是「民人」，則惠子豈能一一示之？且使民人皆以爲善，則其可行也必矣，下文翟煎何以云「善而不可行」乎？王氏念孫反以「民人」爲是，而欲改淮南以從之，誤矣。○文典謹按：俞説是也。「先生」乃周季恒言。莊子天下篇：「其在於詩、書、禮、樂者，鄒、魯之士，搢紳先生，多能明之。」韓非子五蠹篇：「夫離法者罪，而諸先生以文學取。」所謂「先生」者，皆指長老有德者而言，辭本明顯，無可致疑。王氏乃欲改之，其失也鑿矣。**奏之惠王，惠王甚説之，以示翟煎，曰：「善！」**○王念孫云：「曰善」上當更有「翟煎」二字，「以示翟煎，翟煎曰善」與上文「示諸先生，先生皆善之」，「奏之惠王，惠王甚説之」，文同一例。今本翟煎二字不重，寫者脱之也。太平御覽引此已誤。羣書治要引此，作「以示翟煎，翟煎曰善」，吕氏春秋作「以示翟翦，翟翦曰善也」，皆其證。○文典謹按：御覽六百二十四引，翟煎作翟璜。**惠王曰：「善，可行乎？」翟煎曰：「不可。」惠王曰：「善而不可行，何也？」翟煎對曰：「今夫舉大木者，前呼邪許，後亦應之，**○桂馥云：魏子才曰：「關西方言，致力於一事爲所。」李獻吉曰：「西土人謂著力幹此事則呼爲所。」馥謂所、許聲相近，詩「伐木許許」，説文引作「所所」，云伐木聲也。**此舉重勸力之歌也。豈無鄭、衛激楚之音哉？然而不用者，不若此其宜也。治國有禮，不在文辯。」**○王念孫云：「有禮」當爲「在禮」，字之誤也。在與不在，相對爲文。羣書治要引此，正作「在禮」。**故老子曰：「法令滋彰，盜賊多有。」此之謂也。**

田駢以道術説齊王，田駢，齊臣。王應之曰：「寡人所有，齊國也。○文典謹按：御覽六百二十四引，作「寡人之治齊國也」。道術難以除患，願聞國之政。」田駢對曰：「臣之言無政，而可以爲政。譬之若林木無材，而可以爲材。願王察其所謂，而自取齊國之政焉已。雖無除其患害，天地之間，六合之内，可陶冶而變化也。齊國之政，何足問哉！此老聃之所謂『無狀之狀，無物之象』者也。若王之所問者，齊也；田駢所稱者，材也。材不及林，林不及雨，雨然後材乃得生也。雨不及陰陽，陰陽不及和，和不及道。」

白公勝得荆國，不能以府庫分人。七日，白公篡得楚國，貪其財而不分人也。得積七日也。石乙入曰：石乙，白公之黨。○王念孫云：石乙當爲石乞，字之誤也。（乞卽气之省文，非從乙聲，不得通作乙。）人閒篇及哀十六年左傳、史記楚世家、伍子胥傳、墨子非儒篇、吕氏春秋分職篇皆作石乞。「不義得之，又不能布施，患必至矣。不能予人，不若焚之，毋令人害我。」白公弗聽也。九日，葉公入，葉公，楚大夫子高，自方城之外入，殺白公。乃發大府之貨以予衆，出高庫之兵以賦民，因而攻之，十有九日而擒白公。葉公殺白公也。夫國非其有也，而欲有之，可謂至貪也。不能爲人，又無以自爲，可謂至愚矣。譬白公之嗇也，何以異於梟之愛其子也？梟子長，食其母。○陶方琦云：御覽九百二十七引許

注：「梟子大，食其母。」按：大應作長。詩「流離之子」，陸璣疏曰：「自關以西謂梟爲流離。其子適長大，還食其母。」呂氏春秋分職篇高注亦云：「梟愛養其子，長而食其母也。」意林引桓子新論：「梟生子，長食其母，乃能飛。」並作長字。故老子曰：「持而盈之，不知其已。揣而鋭之，不可長保也。」

趙簡子以襄子爲後，董閼于曰：「無卹賤，今以爲後，何也？」董閼于，趙氏臣。無卹，襄子之名，簡子之庶子也。簡子曰：「是爲人也，能爲社稷忍羞。」襄子能柔，能忍恥也。異日，知伯與襄子飲而批襄子之首，大夫請殺之，襄子曰：「先君之立我也，曰能爲社稷忍羞，豈曰能刺人哉！」處十月，知伯圍襄子於晉陽，襄子疏隊而擊之，疏，分也。隊，軍二百人爲一隊。分斯隊卒擊之。大敗知伯，破其首以爲飲器。飲，溺器，椑榼也。○莊逵吉云：左傳：「行人執榼承飲，造于子重。」褚少孫補大宛傳曰「飲器」，韋昭説：「飲器，椑榼也。」皆爲酒器，非溺器也。疑此酒字譌溺。故老子曰：「知其雄，守其雌，其爲天下谿。」

齧缺問道於被衣，齧缺、被衣，皆堯時老人也。被衣曰：「正女形，壹女視，天和將至。攝女知，正女度，神將來舍。德將來附若美，而道將爲女居。惷乎若新生之犢，而無求其故。」○王念孫云：「德將來附若美」，本作「德將爲若美」，此後人因上句「神將來舍」而妄改之也。若亦女也。「德將爲若美，道將爲女居」，相對爲文。若改爲「德將來附」，則「若美」二字文不成義矣。此文以度、舍、居、故爲韻，後人不知舍字之入韻，（舍，古讀若庶，故與度、居、故爲韻。後人讀舍爲始夜反，故不入韻。）故改此句爲「德將來附」，以與度爲韻，不知古音度在御部，附在候部，（説見六書音均表。）附與度非韻也。莊子知北遊篇作「德將爲女美，而道將爲女居」，文子道原篇作「德將爲女容，道將爲女居」，皆其證。○曾國藩云：「惷乎」，莊子知北遊篇作「瞳焉」。瞳焉者，目灼灼不瞬之貌。此作「惷乎」，亦近之。言未卒，齧缺繼以讎夷。讎夷，熟視不言貌。

被衣行歌而去曰：「形若槁骸，心如死灰。直實不知，以故自持。○王念孫云：「直實知」三字，文不成義，當從莊子、文子作「真其實知」。今本真誤爲直，又脱其字。主術篇注曰：「故，巧也。」「真其實知，不以故自持」，莊子所謂「去智與故，循天之理」也。漢魏叢書本改爲「直實不知，以故自持」，而莊本從之，斯爲謬矣。墨墨恢恢，無心可與謀。彼何人哉！」故老子曰：「明白四達，能無以知乎！」

趙襄子攻翟而勝之，取尤人、終人。尤人、終人，翟之二邑。○王念孫云：「攻翟」上當有使字。襄子使新稚狗攻翟而未親往，故下文言「使者來謁」也。羣書治要引此，有使字。晉語曰：「趙襄子使新稚穆子伐狄。」列子説符篇同。是其證。「左〔一〕人、終人」句，與上句義不相屬。莊據列子於句首加取字，理或然也。使者來謁之，襄子方將食而有憂色。左右曰：「一

〔一〕「左」，正文作「尤」，王念孫謂當作「左」，見讀書雜志。

朝而兩城下，此人之所喜也。今君有憂色，何也？」襄子曰：「江、河之大也，不過三日。三日而減。○陶方琦云：羣書治要引許注：「三日而減也。」飄風暴雨，日中不須臾。言其不終日也。○俞樾云：「飄風暴雨」下脱「不終朝」三字。老子曰：「飄風不終朝，驟雨不終日。」是其義也。「日中不須臾」乃「日中則仄」之義。今脱「不終朝」三字，則若飄風暴雨亦不須臾者，失其義矣。列子説符篇正作「飄風暴雨不終朝，日中不須臾」，可據以訂正。呂氏春秋慎大篇亦脱「不終朝」三字。○陶方琦云：羣書治要引許注：「言其不能終日。」按：呂覽慎大「日中不須臾」，高注：「易曰：『日中則仄。』故曰不須臾。」其説與許亦異。今趙氏之德行無所積，今一朝兩城下，亡其及我乎！」○王念孫云：「今一朝兩城下」，本作「一朝而兩城下」，此後人嫌其與上文相複而改之也。不知此是復舉上文之詞，當與前同，不當與前異。若云「今一朝兩城下」，則與上句「今」字相複矣。羣書治要引此，正作「一朝而兩城下」，列子、呂氏春秋並同。孔子聞之曰：「趙氏其昌乎！」夫憂，所以爲昌也；而喜，所以爲亡也。勝非其難也，○王念孫云：劉本於此下增入「持之其難者也」一句，云「舊本無此句，非」。案：列子、呂氏春秋皆有此句，羣書治要引淮南亦有此句，則劉增是也。莊本作「持之者其難也」，則與上句不對，非是。持之者其難也。賢主以此持勝，故其福及後世。齊、楚、吴、越皆嘗勝矣，然而卒取亡焉，不通乎持勝也。唯有道之主能持勝。孔子勁杓國門之關，杓，引也。古者縣門下，從上杓引之者難也。○王念孫云：列子釋文引此作許注，今高注有之者，蓋後人以許注竄入也。又案：杓當爲扚，字從手，不從木。玉篇：「杓，甫遥、都歷二切，斗柄也。又市若切。」「扚，丁激切，引也。」廣韻：「杓，甫遥切，北斗柄。」「扚，都歷切，引也。」許注訓扚爲引，則其字當從手。玉篇、廣韻訓扚爲引，卽本於許注。其證一也。史記天官書「用昏建者杓」，索隱：「説文：『杓，斗柄。』音匹遥反。」又下文「扚雲如繩者」，索隱：「扚，説文音丁了反。許慎注淮南云：『扚，引也。』」是扚音丁了反，而訓爲引，與杓字不同。其證二也。晉書天文志「扚雲如繩」，何超音義：「扚，音鳥。」鳥與丁了同音。其證三也。而今本淮南及列子釋文、史記、漢書扚字皆誤作杓，（晉書又誤作㣿。）與玉篇、廣韻不合。世人多見杓，少見扚，遂莫有能正其失者矣。○洪頤煊云：杓當作扚。説文：「扚，疾擊也。从手，勺聲。」兵略訓「爲人扚者死」，高注：「扚，所擊也。」史記天官書「扚雲如繩者，居前亘天」，索隱：「説文音丁了反。許慎注淮南云：『扚，引也。』」今諸本皆譌作杓。○陶方琦云：列子釋文引許注：「杓，引也。古者縣門下，从上杓引之者難也。」史記索隱但引「杓，引也」三字。杓字从手，不从木。説文：「扚，疾擊也。」「摽，擊也。一曰，挈鬬牡也。」扚卽同摽。玉篇：「扚，丁激反，引也。」廣韻：「扚，都歷反，引也。」訓皆本淮南許注，故索隱引説文「扚音丁了反」，而卽引淮南注「扚，引」之訓，知此字定當从手。主術訓「孔子之通，力招城關」，高注：「以一手招城門關端，能舉之。」吕氏春秋愼大覽「孔子之勁，舉國門之關，而不肯以力聞」，高注：「勁，强也。以一手捉城門關，顯而舉之，不肯以力聞也。」捉亦招字之誤。是高作招，與許作扚正異。道應訓爲許注本，故作扚。列子説符「孔子之勁，能拓國門之關」，張注：「拓，舉也。」拓亦招字〔一〕。文選吴都賦〔二〕引列子，正作招，云「與翹同」。顏氏家訓誡兵篇：「孔子力翹門關，不以力聞。」而不肯以力聞。墨子爲守攻，公輸般服，而不肯以兵知。善持勝者，以强爲弱。故老子曰：「道沖，而用之又弗盈也。」

惠孟見宋康王，蹀足謦欬，疾言曰：「寡人所説者，勇有功也，不説爲仁義者也。〇王念孫云：「蹀足」上當更有康王二字，今本脱去，則文義不明。列子黄帝篇作「惠盎見宋康王，康王蹀足謦欬疾言」，是其證。「有功」當爲「有力」，字之誤也。「勇有力」對下句「仁義」而言。若作「有功」，則非其指矣。下文皆言「有力」，不言「有功」，列子及吕氏春秋順説篇並作「勇有力」，是其證。客將何以教寡人？」惠孟對曰：「臣有道於此，人雖勇，刺之不入；雖巧有力，擊之不中。〇王念孫云：「人雖勇」上當有使字。下文曰：「臣有道於此，使人雖勇弗敢刺，雖有力不敢擊。」又曰：「使人本無其意。」又曰：「使天下丈夫女子莫不驩然皆欲愛利之。」皆其證也。今本脱使字，則與上句義不相屬。列子、吕氏春秋皆有使字。又案：「有力」上本無巧字，此後人以文子道德篇加之也。案文子云：「雖巧，擊之不中。」此云「雖有力，擊之不中」，文各不同，加巧

〔一〕「字」下似脱「之誤」二字。
〔二〕「賦」下似脱「注」字。

字於「有力」之上，則文不成義矣。下文云「雖有力不敢擊」，亦無巧字也。列子、吕氏春秋皆無巧字。大王獨無意邪？」宋王曰：「善！此寡人之所欲聞也。」惠孟曰：「夫刺之而不入，擊之而不中，此猶辱也。臣有道於此，使人雖有勇弗敢刺，雖有力不敢擊。夫不敢刺，不敢擊，非無其意也。臣有道於此，使人本無其意也。夫無其意，未有愛利之心也。臣有道於此，使天下丈夫女子莫不歡然皆欲愛利之心。○王念孫云：「愛利之」下不當有心字，此因上文「未有愛利之心」而誤衍也。文子、列子、吕氏春秋皆無心字。下文云「天下丈夫女子莫不延頸舉踵而願安利之」，亦無心字。此其賢於勇有力也，四累之上也。大王獨無意邪？」此上凡四事，皆累于世，而男女莫不歡然爲上也。○曾國藩云：累者，層累也。刺不入，擊不中，一層也；弗敢刺，弗敢擊，二層也；無其意，三層也；歡然愛利，四層也。故曰「四累之上」。高注失之。宋王曰：「此寡人所欲得也。」惠孟對曰：「孔、墨是已。孔丘、墨翟，無地而爲君，無官而爲長，無地爲君，以道富也。無官爲長，以德尊也。天下丈夫女子莫不延頸舉踵而願安利之者。今大王，萬乘之主也。誠有其志，則四境之内皆得其利矣。此賢於孔、墨也遠矣！」宋王無以應。惠孟出，宋王謂左右曰：「辯矣，客之以説勝寡人也！」故老子曰：「勇於不敢則活。」○王念孫云：「老子曰」下脱「勇於敢則殺」一句。兩句相對爲文，單引一句，則文不成義。文子道德篇亦有此句。由此觀之，大勇反爲不勇耳。

昔堯之佐九人，禹、皋陶、稷、契、伯夷、倕、益、夔、龍也。舜之佐七人，皆與堯同，臣其七人也。武王之佐五人。謂周公、召公、太公、畢公、毛公也。堯、舜、武王於九、七、五者，不能一事焉，然而垂拱受成功者，善乘人之資也。故人與驥逐走則不勝驥，託於車上則驥不能勝人。北方有獸，其名曰蹷，鼠前而兔後，鼠前足短，兔後足長，故謂之蹷。趨則頓，走則顛，常爲蛩蛩駏驉取甘草以與之。蛩蛩駏驉，前足長，後足短，故能乘虛而走，不能上也。蹷有患害，蛩蛩駏驉必負而走。○莊逵吉云：爾雅曰：「西方有比肩獸焉，與邛邛岠虛比，爲邛邛岠虛齧甘草。卽有難，邛邛岠虛負而走。其名謂之蟨。」攷此獸，唯爾雅作西方，吕不韋書及説苑皆云北方。説文解字與爾雅同。郭璞注之曰：「今雁門廣武縣夏屋山中有獸，形如兔而大，相負共行，土俗名之爲蟨鼠。」錢別駕云，周書王會篇稱「獨鹿邛邛岠虛」，獨鹿卽涿鹿。史記五帝本紀注徐廣曰：「一作濁鹿。」古字獨、濁、涿相通，故借用之。廣武、涿鹿，地居西北，相近，故一稱北方，一稱西方也。解字蹷作蟨，從虫；駏驉作巨虛，邛作蛩，字爲正。然則作邛者省，作岠者借，作蹷及駏驉者別也。此以其能，託其所不能。故老子曰：「夫代大匠斲者，希不傷其手。」

薄疑説衛嗣君以王術，嗣君，衛國君也。嗣君應之曰：「予所有者，千乘也，願以受教。」薄疑對曰：「烏獲舉千鈞，又況一斤乎！」杜赫以安天下説周昭文君，昭文君，周衰，分爲西東，各自立其君也。文君謂杜赫曰：○王念孫云：「文君謂杜赫曰」上脱昭字，當依上句及吕氏春秋務大篇補。「願學所以安周。」赫對曰：「臣之所言不可，則不能安周。臣之所言可，則周自安矣。此所謂弗安而安者也。」故老子曰：「大制無割。故致數輿無輿也。」

魯國之法，魯人爲人妾於諸侯，○王念孫云：吕氏春秋察微篇、説苑政理篇、家語致思篇妾上俱有臣字，於義爲長。有能贖之者，取金於府。子贛贖魯人於諸侯，來而辭不受金。孔子曰：「賜失之矣！夫聖人之舉事也，可以移風易俗，而受教順可施後世，○王念孫云：「教順」上本無受字，此因上文「不受金」而誤衍也。「教順」卽教訓也。（訓、順古多通用，不煩引證。）「教訓」上有受字，則與下四字義不相屬矣。説苑、家語並作「教導可施於百姓」，是其證。非獨以適身之行也。今國之富者寡而貧者衆。贖而受金，則爲不廉；不受金，則不復贖人。自今以來，魯人不復贖人於諸侯矣。」孔子亦可謂知禮矣。故老子曰：「見小曰明。」○王念孫云：「知禮」本作「知化」，謂知事理之變化也。見子贛之不受金，而知魯人之不復贖人，達於事變，故曰知化。（齊俗篇曰：「唯聖人知其化。」吕氏春秋驕恣篇曰：「智短則不知化。」知化篇曰：「凡智之貴也，貴知化也。」）非謂其知禮也。俗書禮字或作礼，形與化相近，化誤爲礼，後人因改爲禮耳。齊俗篇述此事而論之曰：「孔子之明，以小知大，以近知遠。」卽此所謂「知化」也。故下文引老子「見小曰明」之語。呂氏春秋論此事曰：「孔子見之以細，觀化遠也。」説苑曰：「孔子可謂通於化矣。」此皆其明證。

魏武侯問於李克曰：李克，武侯之相。「吳之所以亡者，何也？」李克對曰：「數戰而數勝。」武侯曰：「數戰數勝，國之福。其獨以亡，何故也？」對曰：「數戰則民罷，數勝則主憍。以憍主使罷民，而國不亡者，天下鮮矣。憍則恣，恣則極物；罷則怨，怨則極慮。上下俱極，吳之亡猶晚矣！夫差之所以自剄於干遂也。」越伐吳，夫差所以自殺也。故老子曰：「功成名遂，身退，天之道也。」

甯越欲干齊桓公，困窮無以自達，於是爲商旅，將任車，任，載也。詩曰：「我任我輦。」以商於齊，暮宿於郭門之外。桓公郊迎客，夜開門，辟任車，爝火甚盛，爝，炬火也。從者甚衆。甯越飯牛車下，望見桓公而悲，擊牛角而疾商歌。○莊逵吉云：疾，太平御覽一引作習，一引作疾。桓公聞之，撫其僕之手曰：「異哉，歌者非常人也！」○俞樾云：呂氏春秋舉難篇「歌者」上有之字，當從之。之，猶是也。「之歌者」卽「是歌者」也。無之字，則文不備。新序雜事篇作「此歌者」，此亦猶是也。命後車載之。桓公及至，○王念孫云：及當爲反，字之誤也。「反至」，謂桓公反而至於朝也。呂氏春秋舉難篇、新序雜事篇並作「反至」。從者以請，桓公贛之衣冠而見，説以爲天下。桓公大説，將任之，羣臣爭之曰：「客，衛人也。衛之去齊不遠，君不若使人問之。問之而故賢者也，用之未晚。」桓公曰：「不然。問之，患其有小惡也。以人之小惡而忘人之大美，此人主之所以失天下之士也。」凡聽必有驗，一聽而弗復問，合其所以也。合己聽知之意，所以用之。且人固難合也，權而用其長者而已矣。◯王念孫云：合當爲全。言用人不可求全也。全、合字相近，又因上文「合其所以」而誤。吕氏春秋、新序並作全。當是舉也，桓公得之矣。故老子曰：「天大，地大，道大，王亦大。域中有四大，而王處其一焉。」以言其能包裹之也。

大王亶父居邠，翟人攻之。事之以皮帛珠玉而弗受，曰：「翟人之所求者地，無以財物爲也。」大王亶父曰：「與人之兄居而殺其弟，與人之父處而殺其子，吾弗爲。皆勉處矣！爲吾臣，與翟人奚以異？◯文典謹按：「爲吾臣，與翟人奚以異」，莊子讓王篇作「爲吾臣，與爲狄人臣奚以異」，語意較完。且吾聞之也，不以其所養害其養。」杖策而去，民相連而從之，遂成國於岐山之下。岐山，今之美陽北山也。其下有周地，因是以爲天下號也。大王亶父可謂能保生矣。雖富貴，不以養傷身；雖貧賤，不以利累形。今受其先人之爵禄，則必重失之。所自來者久矣，而輕失之，豈不惑哉！◯王念孫云：「所自來者」上當有「生之」二字。此承上文「保生」而言，言人皆重爵禄而輕其生也。脱去「生之」

二字，則文不成義。莊子讓王篇、吕氏春秋審爲篇、文子上仁篇皆有「生之」二字。故老子曰：「貴以身爲天下焉，可以託天下；愛以身爲天下焉，可以寄天下矣。」中山公子牟中山，鮮虞之國。謂詹子曰：「身處江海之上，心在魏闕之下。爲之柰何？」江海之上，言志在于己身。心之魏闕也，言内守。詹子曰：「重生。重生則輕利。」重生，己之性也。中山公子牟曰：「雖知之，猶不能自勝。」詹子曰：「不能自勝，則從之。從之，神無怨乎！言不勝己之情欲，則當縱心意，則己神無怨也。不能自勝而強弗從者，此之謂重傷。重傷之人，無壽類矣！」故老子曰：「知和曰常，知常曰明，益生曰祥，心使氣曰強。」是故「用其光，復歸其明」也。

楚莊王問詹何曰：「治國柰何？」對曰：「何明於治身，而不明於治國？」楚王曰：「寡人得立宗廟社稷，○俞樾云：立字無義，疑主字之誤。○文典謹按：列子説符篇及藝文類聚五十二引本書，竝作「寡人得奉宗廟社稷」，可據以訂正。俞説非。願學所以守之。」詹何對曰：「臣未嘗聞身治而國亂者也，未嘗聞身亂而國治者也。故本任於身，不敢對以末。」○王念孫云：任當爲在，字之誤也。吕氏春秋執一篇作「爲國之本在於爲身」，列子説符篇作「故本在身」，皆其證。楚王曰：「善。」故老子曰：「脩之身，其德乃真也。」

桓公讀書於堂，桓公，齊君。輪人斲輪於堂下，釋其椎鑿而問桓公曰：「君之所讀者，何書也？」桓公曰：「聖人之書。」輪扁曰：「其人在焉？」輪扁，人名。問作書之人何在也。○王念孫云：「輪人」當依莊子天道篇作「輪扁」。輪扁之名當見於前，不當見於後也。高注「輪扁，人名」四字，本在此句之下，因扁誤爲人，後人遂移置於下文「輪扁曰」云云之下耳。○陳觀樓云：「其人在焉」，當作「其人焉在」，故高注云「問作書之人何在」。○俞樾云：焉，猶乎也。儀禮喪服傳曰：「野人曰：父母何算焉？」禮記檀弓篇曰：「子何觀焉？」論語子路篇曰：「又何加焉？」皆是也。「其人在焉」，猶曰「其人在乎」，故桓公告之曰「已死矣」。莊子天道篇作「聖人在乎」，與此文異而義同。桓公曰：「已死矣。」輪扁曰：「是直聖人之糟粕耳！」糟，酒滓也。粕，已漉之精也。○陶方琦云：莊子釋文引許注作：「粕，已漉粗糟也。」今注「之精」二字即「粗糟」之譌。一切經音義引作「已盝糟曰粕也」，盝即漉字，糟上敚一粗字，又倒易其文耳。說文：「糟粕，酒滓也。」釋名：「酒滓曰糟，浮米曰粕。」桓公悖然作色而怒曰：「寡人讀書，工人焉得而譏之哉！有說則可，無說則死。」輪扁曰：「然，有說。臣試以臣之斲輪語之：大疾，則苦而不入；苦，急意也。大徐，則甘而不固。甘，緩意也。不甘不苦，應於手，厭於心，而可以至妙者，臣不能以教臣之子，而臣之子亦不能得之於臣。是以行年七十，老而爲輪。今聖人之所言者，亦以懷其實，窮而死，獨其糟粕在耳！」故老子曰：「道可道，非常道。名可名，非常名。」

昔者，司城子罕相宋，謂宋君曰：「夫國家之安危，百姓之治亂，在君行賞罰。○俞樾云：君字衍文，涉下文「君自行之」而衍。此但言行賞罰，下乃分別言之曰：「夫爵賞賜予，民之所好也，君自行之。殺戮刑罰，民之所怨也，臣請當之。」若此文有君字，則下文不可通矣。○文典謹案：說苑君道篇、韓詩外傳竝有君字，俞說未諦。夫爵賞賜予，民之所好也，君自行之。殺戮刑罰，民之所怨也，臣請當之。」宋君曰：「善！寡人當其美，子受其怨，寡人自知不爲諸侯笑矣。」國人皆知殺戮之專，制在子罕也，大臣親之，百姓畏之。居不至期年，子罕遂刦宋君而專其政。○王念孫云：刦當爲劫，字之誤也。韓詩外傳作去，去亦劫之誤。韓子外儲說右篇作「劫宋君而奪其政」，是其證。二柄篇又云：「宋君失刑而子罕用之，故宋君見劫。」史記李斯傳亦云：「司城子罕劫其君。」又說林篇「知己者不可誘以物，明於死生者不可刦以危」，刦亦當爲劫。繆稱篇曰：「有義者不可欺以利，有勇者不可劫以懼。」是其證。故老子曰：「魚不可脱于淵，國之利器不可以示人。」

王壽負書而行，見徐馮於周。王壽，古好書之人。徐馮，周之隱者也。○俞樾云：韓非子喻老篇周下有塗字，是也。行而見之，則必在道塗之間，故曰「見徐馮於周塗」，周塗猶周道也。徐馮曰：「事者，應變而動。變生於時，故知時者無常行。書者，言之所出也。言出於知者，知者藏書。」於是王壽乃焚書而舞之。自喜焚其書，故舞之也。○王念孫云：「知者藏書」，本作「知者不藏書」，與「知時者無常行」相對爲文。今本脱不字，則與上下文不相屬矣。太平御覽學部十三引此，有不字。韓子喻老篇同。「焚書而舞之」，御覽引，焚下有其字。韓子同。據高注云：「自喜焚其書，故舞之也。」則正文本有其字。故老子曰：「多言數窮，不如守中。」

令尹子佩請飲莊王，子佩，楚莊王之相。請飲，請置酒也。莊王許諾。○王念孫云：太平御覽人事部一百九引，「莊王許諾」下有「子佩具於京臺，莊王不往，明日」共十二字，今本脱去，當補入。文選應璩與滿寵書注引此，子佩作子瑕，亦云：「子瑕具於京臺，莊王不往。」京、強二字古同聲而通用，故今本京臺作強臺。子佩疏揖，北面立於殿下，疏，徒跣也。揖，舉手也。○王念孫云：太平御覽人事部一百九引，正文疏作跣，與高注「徒跣」合，當據改。曰：「昔者君王許之，今不果往。果，誠也。○陶方琦云：文選謝宣遠于安城答靈運詩注、繁欽與魏文帝箋注、魏文帝與鍾大理書注引許注：「果，誠也。」按：誠一本作成。論語「行必果」，皇疏引繆協注：「果，成也。」意者，臣有罪乎？」莊王曰：「吾聞子具於強臺。強臺者，南望料山，以臨方皇，料山，山名。方皇，水名，一曰山名。○莊逵吉云：料山，太平御覽引作獵山。左江而右淮，其樂忘死。若吾薄德之人，不可以當此樂也。恐留而不能反。」○文典謹按：文選應休璉與滿公琰書注引此文，作：「令尹子瑕請飲，莊王許諾。子瑕具於京臺，莊王不往，曰：『吾聞京臺者，南望獵山，北臨方皇，左江右淮，其樂忘歸。若吾薄德之人，不可以當此樂也。恐流而不能自反。』」又引高注：「京臺，高臺也。方皇，大澤也。」故老子曰：「不見可欲，使心不亂。」

晉公子重耳出亡，過曹，無禮焉。曹共公聞重耳駢脅，使袒而捕魚，設薄以觀之。釐負羈之妻謂釐負羈曰：「君無禮於晉公子。吾觀其從者，皆賢人也，從者，狐偃、趙衰之屬也。若以相夫子反晉國，必伐曹。子何不先加德焉！」釐負羈遺之壺餕而加璧焉。重耳受其餕而反其璧。及其反國，起師伐曹，剋之，令三軍無入釐負羈之里。故老子曰：「曲則全，枉則直。」

越王句踐與吴戰而不勝，國破身亡，困於會稽。忿心張膽，氣如涌泉，選練甲卒，赴火若滅，然而請身爲臣，妻爲妾，親執戈爲吴兵先馬走，果擒之於干遂。先馬走，先馬前而走也。○王念孫云：「爲吴兵先馬走」當作「爲吴王先馬」。今本吴王作吴兵，涉下文「襄子起兵」而誤，其走字則涉注文而衍也。據注云「先馬，（句。）走先馬前」，則正文無走字明矣。爲吴王先馬，卽上文所謂身爲臣也。若作吴兵，則非其指矣。越語曰：「其身親爲夫差前馬。」韓子喻老篇曰：「身執戈爲吴王洗馬。」（先、洗古字通。）皆其證。故老子曰：「柔之勝剛也，弱之勝强也，天下莫不知，而莫之能行。」越王親之，故霸中國。

趙簡子死，未葬，中牟入齊。中牟自入臣於齊也。已葬五日，襄子起兵攻圍之，未合而城自壞者十丈，○王念孫云：此當作「襄子起兵攻之，（句。）圍未合，而城自壞者十丈」。今本「之圍」二字誤倒，則文不成義。太平御覽兵部四十九引此不誤。韓詩外傳作「襄子興師而攻之，圍未帀而城自壞者十丈」，新序雜事篇作「襄子率師伐之，圍未合而城自壞者十堵」。襄子擊金而退之。軍法，鼓以進衆，鉦以退之。軍吏諫曰：「君誅中牟之罪，而城自壞，是天助我，何故去之？」襄子曰：「吾聞之叔向曰：『君子不乘人於利，不迫人於險。』○文典謹按：意林引，於竝作之。使之治城，城治而後攻之。」中牟聞其義，乃請降。故老子曰：「夫唯不争，故天下莫能與之争。」

秦穆公謂伯樂曰：「子之年長矣。子姓有可使求馬者乎？」子姓，謂伯樂子。對曰：「良馬者，可以形容筋骨相也。相天下之馬者，若滅若失，若亡若滅，其相不可見也。若失，乍入乍出也。若亡，髣髴不及也。其一。○王引之云：此當以「若亡其一」爲句。莊子徐無鬼篇「天下馬有成材，若卹若失，若喪其一」，陸德明曰：「言喪其耦也。」齊物論篇「嗒焉似喪其耦」，司馬彪曰：「耦，身也。身與神爲耦。」此言「若亡其一」，亦謂精神不動，若亡其身也。高讀至「若亡」爲句，則「其一」二字上下無所屬矣。且一與失、徹爲韻，如高讀，則失其韻矣。若此馬者，絶塵弭轍。絶塵，不及也。弭轍，引迹疾也。臣之子，皆下材也，可告以良馬，而不可告以天下之馬。臣有所與供儋纏采薪者九方堙，纏，索也。九方堙，人姓名。○王念孫云：供當爲共，此因儋字而誤加人旁也。蜀志郤正傳注引此，正作共。列子說符篇同。纏字之義，諸書或訓爲繞，（說文。）或訓爲束，（廣雅。）無訓爲索者。纏當爲纆，字之誤也。說文作纆，云「索也」，字或作纆。坎上六「係用徽纆」，馬融曰：「徽纆，索也。」劉表曰：「三股曰徽，兩股曰纆。」故高注云：「纆，索也。」若作「儋纏」，則義不可通矣。列子及郤正傳注、白帖九十六，纆字亦誤作纏。蓋世人多見纏，少見纆，故傳寫多誤耳。（管子乘馬篇「鎌纆得入焉」，今本纆字亦誤作纏，唯宋本不誤。韓子說疑篇「或在囹圄縲紲纆索之中」，今本亦誤作纏。）唯道藏本列子釋文作纆，音墨，足正今本之誤。又說林篇：「龜紐之璽，賢者以爲佩；土壤布在田，能者以爲富。予溺者金玉，（今本溺上有拯字，乃涉注文而衍。此謂與溺者金玉，不如與之繩索，使得援之以出水，非謂與拯溺者也。高注自謂金玉非拯溺之具，亦非謂與拯溺者金玉也。太平御覽珍寶部九引此有拯字，亦後人依誤本加之。其人事部三十七引此，無拯字。文子上德篇亦無，今據刪。）不若尋常之纏索。」案：「尋常之纏索」本作「尋常之纆」，其索字則後人所加也。（高注同。）此文以佩、富、纆爲韻，若作纏索，則失其韻矣。（文子作「不如與之尺索」，亦改淮南而失其韻。）太平御覽人事部三十七、珍寶部九引此，並作「尋常之纏」，雖纆誤爲纏，而纏下俱無索字。此其於馬，非臣之下也。請見之。」穆公見之，使之求馬。三月而反報曰：「已得馬矣。在於沙丘。」穆公曰：「何馬也？」對曰：「牡而黃。」使人往取之，牝而驪。穆公不說，召伯樂而問之曰：

「敗矣！子之所使求者，○王念孫云：求下脫馬字。郤正傳注及白帖引此，並有馬字。列子同。毛物、牝牡弗能知，又何馬之能知！」伯樂喟然大息曰：「一至此乎！是乃其所以千萬臣而無數者也。若堙之所觀者，天機也。得其精而忘其粗，在內而忘其外，○王念孫云：在下本有其字，後人以意删之也。爾雅曰：「在，察也。」察其內卽得其精也，忘其外卽忘其粗也。後人不知在之訓爲察，故删去其字耳。郤正傳注引此，正作「在其內而忘其外」。列子同。白帖引，作「見其內而忘其外」，雖改在爲見，而其字尚存。見其所見而不見其所不見，視其所視而遺其所不視。若彼之所相者，乃有貴乎馬者。」馬至，而果千里之馬。故老子曰：「大直若屈，大巧若拙。」

吴起爲楚令尹，適魏，問屈宜若曰：屈宜若，楚大夫亡在魏者也。○王念孫云：此許注也。宜若當爲宜咎，字之誤也。史記六國表、韓世家並作宜臼，集解引淮南許注云：「屈宜臼，楚大夫亡在魏者也。」正與此注同。説苑指武篇亦作屈宜臼，權謀篇作屈宜咎，是臼、咎古字通。屈宜臼之爲宜咎，亦猶平王宜臼之爲宜咎矣。○陶方琦云：史記集解四十五引許注：「屈宜臼，楚大夫在魏者也。」按：宜若當是宜咎之譌。史記韓世家作宜臼，引許注亦正作宜臼，古本多作宜臼也。説苑指武篇亦作屈宜臼，權謀篇作屈宜咎，咎、臼音近古通。舅犯亦作咎犯。若乃咎之誤文。「王不知起之不肖，而以爲令尹。先生試觀起之爲人也。」○王念孫云：「爲人」本作

「爲之」，此後人以意改之也。「爲之」，謂爲楚國之政也。下文「將衰楚國之爵而平其制禄」云云，正承此句言之。若作「爲人」，則與上下文全不相涉矣。説苑指武篇正作「爲之」。屈子曰：「將柰何？」吴起曰：「將衰楚國之爵而平其制禄，損其有餘而綏其不足，砥礪甲兵，時争利於天下。」○王念孫云：時上當有以字，謂因時而動，與天下争利也。脱去以字，則文義不明。説苑有以字。屈子曰：「宜若聞之，昔善治國家者，不變其故，不易其常。今子將衰楚國之爵而平其制禄，損其有餘而綏其不足，是變其故，易其常也。行之者不利！宜若聞之曰：『怒者，逆德也；兵者，凶器也；争者，人之所本也。』○俞樾云：本字無義，乃去字之誤。下文「始人之所本，逆之至也」，説苑指武篇作「殆人所棄，逆之至也」。彼作棄，此作去，文異而義同。惟始字亦不可通，説苑作殆，尤爲無義。始乃治字之誤。吴起欲砥礪甲兵，故屈子以爲治人所去，言取人之所去者而治之也。文子下德篇作「治人之亂，逆之至也」，治字不誤，可據以訂正。今子陰謀逆德，好用凶器，始人之所本，逆之至也。本者，謂兵争也。且子用魯兵，不宜得志於齊，而得志焉。起爲魯將，伐齊，敗之。子用魏兵，不宜得志於秦，而得志焉。起爲魏西河守，秦兵不敢東下也。宜若聞之，非禍人，不能成禍。吾固惑吾王之數逆天道，戾人理，至今無禍，差須夫子也。」差須，猶意須也。○俞樾云：此本作「嗟！(句。)須夫子也」。嗟乃歎辭。説苑指武篇作「嘻！且待夫子也」，是其證也。嗟字闕壞，高注遂以差須連讀而釋之曰：「猶意須也。」失之甚矣！吴起惕然曰：「尚可更乎？」屈子曰：「成形之徒，不可更也。成形之徒，形禍已成于衆。子不若敦愛而篤行之。」老子〔一〕曰：「挫其鋭，解其紛，和其光，同其塵。」

晉伐楚，三舍不止。大夫請擊之。莊王曰：「先君之時，晉不伐楚。及孤之身而晉伐楚，是孤之過也。若何其辱羣大夫？」曰：「先臣之時，晉不伐楚。今臣之身而晉伐楚，此臣之罪也。請三擊之。」○文典謹按：傳寫宋本三作王。王俛而泣涕沾襟，起而拜羣大夫。晉人聞之曰：「君臣争以過爲在己，且輕下其臣，不可伐也。」夜還師而歸。老子〔二〕曰：「能受國之垢，是謂社稷主。」

宋景公之時，熒惑在心，公懼，召子韋而問焉，子韋，司星者也。曰：「熒惑在心，何也？」子韋曰：「熒惑，天罰也；心，宋分野，宋之分野，上屬房、心之星。禍且當君。雖然，可移於宰相。」公曰：「宰相，所使治國家也，而移死焉，不祥。」子韋曰：「可移於民。」公曰：「民死，寡人誰爲君乎？寧獨死耳！」子韋曰：「可移於歲。」公曰：

〔一〕依上下文例，「老子」上似當有「故」字。

〔二〕依上下文例，「老子」上似當有「故」字。

「歲，民之命。歲饑，民必死矣。爲人君而欲殺其民以自活也，其誰以我爲君者乎？是寡人之命固已盡矣，子韋無復言矣！」○王念孫云：韋字因上下文而衍。呂氏春秋制樂篇、新序雜事篇、論衡變虚篇皆作「子無復言矣」，無韋字。子韋還走，北面再拜曰：「敢賀君！天之處高而聽卑。君有君人之言三，天必有三賞君。○王念孫云：次句有字，因下文「故有三賞」而衍。呂氏春秋、新序、論衡皆作「天必三賞君」，無有字。今夕星必徙三舍，君延年二十一歲。」公曰：「子奚以知之？」對曰：「君有君人之言三，故有三賞。星必三徙舍，舍行七里，三七二十一，故君移年二十一歲。○王念孫云：「七里」當爲「七星」，字之誤也。古謂二十八宿爲二十八星。七星，七宿也。呂氏春秋、新序、論衡皆作「舍行七星」。又新序、論衡「舍行七星」下皆有「星當一年」四字，於義爲長。舍行七星，三舍則行二十一星，星當一年，故延年二十一歲也。呂氏春秋亦云「星一徙當七年」。臣請伏於陛下以伺之。星不徙，臣請死之。」公曰：「可。」是夕也，星果三徙舍。故老子曰：「能受國之不祥，是謂天下王。」

昔者，公孫龍在趙之時，謂弟子曰：「人而無能者，龍不能與遊。」有客衣褐帶索而見曰：「臣能呼。」公孫龍顧謂弟子曰：「門下故有能呼者乎？」對曰：「無有。」公孫龍曰：「與之弟子之籍。」後數日，往說燕王，至於河上，而航在一汜，汜，水厓也。○

文典謹按：一，北堂書鈔百三十八、御覽七百七十引，並作北。藝文類聚七十一作水。使善呼者呼之，一呼而航來。故曰聖人之處世，不逆有伎能之士。〇王念孫云：故下曰字，因下文「故老子曰」而衍。此因述公孫龍納善呼者一事，而言聖人不棄伎能之士，非引古語爲證，不當有曰字。下文「故老子曰」云云，方引老子之言以證之耳。下文曰：「故伎無細而能無薄，在人君用之耳。」（今本故下有曰字，誤與此同。）又曰：「故人主之嗜欲見於外，則爲人臣之所制。」又曰：「故周鼎著倕，而使齕其指，先王以見大巧之不可爲也。」又曰：「故大人之行，不掩以繩，至所極而已矣。」其下皆引書爲證，與此文同一例，而故下皆無曰字。故老子曰：「人無棄人，物無棄物，是謂襲明。」

子發攻蔡，踰之。子發，楚宣王之將。踰，越，勝之也。宣王郊迎，列田百頃而封之執圭。楚爵功臣，賜以圭，謂之執圭，比附庸之君。子發辭不受，曰：「治國立政，諸侯入賓，此君之德也。發號施令，師未合而敵遁，此將軍之威也。兵陳戰而勝敵者，此庶民之力也。夫乘民之功勞而取其爵祿者，非仁義之道也。」故辭而弗受。故老子曰：「功成而不居。夫惟不居，是以不去。」

晉文公伐原，原，周邑。襄王以原賜文公，原叛，伐之。與大夫期三日。三日而原不降，文公令去之。軍吏曰：「原不過一二日將降矣。」君曰：「吾不知原三日而不可得下也，以與大夫期。盡而不罷，失信得原，吾弗爲也。」原人聞之曰：「有君若此，可弗降也？」遂降。温人聞，亦請降。時周人亦以温予文公，温相連皆叛。故老子曰：「窈兮冥兮，其中有精。其精甚真，其中有信。」故「美言可以市尊，美行可以加人」。

公儀休相魯，公儀休，故魯博士也。而嗜魚。一國獻魚，公儀子弗受。其弟子諫曰：「夫子嗜魚，弗受，何也？」答曰：「夫唯嗜魚，故弗受。夫受魚而免於相，雖嗜魚，不能自給魚。毋受魚而不免於相，則能長自給魚。」此明於爲人爲己者也。故老子曰：「後其身而身先，外其身而身存。非以其無私邪，故能成其私。」一曰：「知足不辱。」

狐丘丈人謂孫叔敖曰：丈人，老而杖于人者。「人有三怨，子知之乎？」孫叔敖曰：「何謂也？」對曰：「爵高者士妬之，官大者主惡之，禄厚者怨處之。」孫叔敖曰：「吾爵益高，吾志益下；吾官益大，吾心益小；吾禄益厚，吾施益博。是以免三怨，可乎？」○王念孫云：「是以」當依列子説符篇作「以是」。故老子曰：「貴必以賤爲本，高必以下爲基。」

大司馬捶鉤者年八十矣，而不失鉤芒。捶，鍛擊也。鉤，釣鉤也。大司馬曰：「子巧邪？有道邪？」曰：「臣有守也。臣年二十好捶鉤，於物無視也，非鉤無察也。」

是以用之者，必假於弗用也，而以長得其用。而況持無不用者乎，物孰不濟焉！故老子曰：「從事於道者，同於道。」

文王砥德修政，三年而天下二垂歸之。砥，礪也。文王三分天下有其二也。紂聞而患之，曰：「余夙興夜寐，與之競行，則苦心勞形。縱而置之，恐伐余一人。」崇侯虎曰：「周伯昌行仁義而善謀，○俞樾云：行字，衍文也。下云「太子發勇敢而不疑，中子旦恭儉而知時」，若此句有行字，則與下兩句不一律矣。蓋涉上文「與之競行」而衍。太子發勇敢而不疑，中子旦恭儉而知時。若與之從，則不堪其殃。縱而赦之，身必危亡。冠雖弊，必加於頭。及未成，請圖之！」屈商乃拘文王於羑里。屈商，紂臣也。羑里，地名，在河内湯陰。於是散宜生乃以千金求天下之珍怪，得騶虞、雞斯之乘，騶虞，白虎黑文而仁，食自死之獸，日行千里。雞斯，神馬也。玄玉百工，三玉爲一工也。大貝百朋，五貝爲一朋也。○俞樾云：「三玉爲一工」，他無所見。疑本作「玄玉百玨」，注本作「二玉爲一玨也」。說文玨部「二玉相合爲一玨」是也。莊十八年左傳「賜玉五瑴」，僖三十年傳「納玉於王與晉侯，皆十瑴」，襄十八年傳「獻子以朱絲係玉二瑴」，國語魯語「行玉二十瑴」，穆天子傳「於是載玉萬瑴」，杜預、韋昭、郭璞注並以雙玉說之。瑴即玨之或體。是古人用玉，率以玨計，未聞其以工計也。蓋玨字闕壞而爲𢀖，後人因改爲工，又改高注「二玉」爲「三玉」，以別異於玨耳。至朋之訓五貝，本詩菁菁者莪篇鄭箋。然正義曰：「五貝者，漢書食貨志以爲大貝、壯貝、么貝、小貝、不成貝爲五也。言爲朋者，爲小貝以上四種，各二貝爲一朋，而不成者不成朋。鄭因經廣解之，言有五種之貝，貝中以相與爲朋，非總五貝爲一朋也。」然則高氏泥鄭箋五貝之説，以注此文，殊非塙詁。古者實以二貝爲一朋。周易損六五「十朋之龜」，李鼎祚集解引崔憬曰：「雙貝曰朋。」得之矣。詩七月篇「朋酒斯饗」，毛傳曰：「兩樽曰朋。」貝以兩爲朋，猶樽以兩爲朋也。此云「玄玉百珏，大貝百朋」，珏也，朋也，皆以兩計。「玄玉百珏」者，玉二百也；「大貝百朋」者，貝二百也。其數正相當矣。玄豹、黄羆、青豻、豻，胡地野犬。白虎文皮千合，以獻於紂，因費仲而通。費仲，紂佞臣也。紂見而説之，乃免其身，殺牛而賜之。文王歸，○文典謹按：御覽八十四引，作「文王歸自商」。乃爲玉門，築靈臺，相女童，擊鐘鼓，玉門，以玉飾門，爲柱樞也。相女童，相視之。一曰：相匠也。以待紂之失也。紂聞之，曰：「周伯昌改道易行，吾無憂矣！」乃爲炮烙，剖比干，剔孕婦，殺諫者。文王乃遂其謀。故老子曰：「知其榮，守其辱，爲天下谷。」

成王問政於尹佚曰：尹佚，史佚也。「吾何德之行，而民親其上？」對曰：「使之時，而敬順之。」王曰：「其度安在？」曰：「如臨深淵，如履薄冰。」○王念孫云：「使之時，而敬順之」，（順與慎同。）時上當有以字。説苑政理篇、文子上仁篇並作「使之以時」，是其證。「其度安至」，劉本改至爲在，而莊本從之。案：「其度安至」者，謂敬慎之度何所至，猶言當如何敬慎也。下文「如臨深淵，如履薄冰」，正言敬慎之度所至也。若云「其度安在」，則謬以千里矣。太平御覽皇王部九引此，正作「其度安至」。説苑同。王曰：「懼哉，王人乎！」尹佚曰：「天地之間，四海之内，善之則吾畜也，不善則吾讎也。昔夏、商之臣反讎桀、紂而臣湯、武，宿沙之民皆自攻其君而歸神農，伏羲、神農之間，有共工、宿沙，霸天下者也。此世之所明知也。如何其無懼也？」故老子曰：「人之所畏，不可不畏也。」

跖之徒問跖曰：「盜亦有道乎？」跖曰：「奚適其無道也！夫意而中藏者，聖也；入先者，勇也；出後者，義也；分均者，仁也；知可否者，智也。○王念孫云：「奚適其無道也」，本作「奚適其有道也」，適與啻同。（孟子告子篇「則口腹豈適爲尺寸之膚哉」，秦策「疑臣者不適三人」，適並與啻同。史記甘茂傳作「疑臣者非特三人」。）言豈特有道而已哉，乃聖勇義仁智五者皆備也。後人不知適之讀爲啻，而誤以爲適齊、適楚之適，故改有爲無耳。莊子胠篋篇本作「何適其有道邪」，適亦與啻同，今本作「何適而無有道邪」，「而無」二字亦後人所改，唯有字尚存。呂氏春秋當務篇正作「奚啻其有道也」。五者不備，而能成大盜者，天下無之。」由此觀之，盜賊之心必託聖人之道而後可行。故老子曰：「絶聖棄智，民利百倍。」

楚將子發好求技道之士，○莊逵吉云：御覽此下有注云：「士有術者無不養。」楚有善爲偷者往見曰：「聞君求技道之士。臣，偷也，○王念孫云：「臣，偷也」，本作「臣，楚市偷也」。下文「市偷進請曰」，卽承此句言之。今本脱「楚市」二字。太平御覽人事部一百十六、一百四十引此，並作「臣，楚市偷也」。**願以技齎一卒。」**齎，備。卒，足也。○莊逵吉云：御覽作「技該一卒」，注：「該，備也。卒，一人。」**子發聞之，衣不給帶，冠不暇正，出見而禮之。左右諫曰：「偷者，天下之盜也。何爲之禮！」**○王念孫云：「之禮」當爲「禮之」。上文「出見而禮之」，卽其證。蜀志郤正傳注引此，正作「何爲禮之」。**君曰：「此非左右之所得與。」後無幾何，齊興兵伐楚。子發將師以當之，兵三却。楚賢良大夫皆盡其計而悉其誠，齊師愈强。於是市偷進請曰：「臣有薄技，願爲君行之。」子發曰：「諾。」不問其辭而遣之。偷則夜解齊將軍之幬帳而獻之。**○王念孫云：郤正傳注及北堂書鈔衣冠部一、太平御覽人事部一百十六、一百四十、服章部五、服用部九引此，夜下俱有出字，於義爲長。**子發因使人歸之，曰：「卒有出薪者，得將軍之帷，使歸之於執事。」明又復往取其枕，**○文典謹按：北堂書鈔百二十七引，枕作帨。**子發又使人歸之。明日又復往取其簪，子發又使歸之。**○王念孫云：「明又」、「明日又」兩又字，皆當爲夕。夕、又字相近，又因下句又字而誤。（若以「又復」二字連讀，則明字文不成義。）後人不知又爲夕之誤，故又加日字耳。偷以夜往，故言夕，上文曰「偷則夜出」是也。舊本北堂書鈔衣冠部一引此，作「明夕取枕」、「明夕取簪」。（陳禹謨依俗本於「取簪」上加又字，而夕字尚未改。）太平御覽四引，皆作「明夕復往取其枕」、「明夕復往取其簪」。齊師聞之，○莊逵吉云：御覽作「於是齊師聞之」。大駭，將軍與軍吏謀曰：「今日不去，楚君恐取吾頭。」乃還師而去。○王念孫云：「楚君」當爲「楚軍」，聲之誤也。郤正傳注、太平御覽引此，並作「楚軍」。「則還師而去」，（道藏本如是。）則與卽同。郤正傳注、太平御覽引此，並作「卽還師」。（卽、則古多通用，不煩引證。）劉績不曉則字之義，改則爲乃，而諸本從之，（莊本同。）斯爲謬矣。故曰無細而能薄，在人君用之耳。○王念孫云：「故曰無細而能薄」，本作「故伎無細而能無薄」，言人君能用人，則細伎薄能皆得效其用也。今本衍曰字，（曰字因下文「故老子曰」而衍，説見前「故曰」下。）又脱伎字及下無字，遂致文不成義。太平御覽兩引此文，並作「故伎無細，能無薄」。故老子曰：「不善人，善人之資也。」

顏回謂仲尼曰：「回益矣。」仲尼曰：「何謂也？」曰：「回忘禮樂矣。」回忘禮樂，絶聖弃智，入于無爲也。仲尼曰：「可矣，猶未也。」異日復見，曰：「回益矣。」仲尼曰：「何謂也？」曰：「回忘仁義矣。」仲尼曰：「可矣，猶未也。」異日復見曰：「回坐忘矣。」言坐自忘其身，以至道也。仲尼遽然曰：「何謂坐忘？」顏回曰：「隳支體，黜聰明，離形去知，洞於化通，是謂坐忘。」仲尼曰：「洞則無善也，化則無常矣。而夫子薦賢，薦，先也。回入賢。丘請從之後。」故老子曰：「載營魄抱一，能無離乎！專氣至柔，能如嬰兒乎！」

秦穆公興師，將以襲鄭。蹇叔曰：「不可。臣聞襲國者，以車不過百里，以人不過三十里。爲其謀未及發泄也，甲兵未及鋭弊也，糧食未及乏絶也，人民未及罷病也。皆以其氣之高與其力之盛至，是以犯敵能威。◯俞樾云：威乃滅字之誤。威，讀爲滅，言能滅之也。呂氏春秋悔過篇正作滅。又按：呂氏春秋此句下有「去之能速」四字，高注曰：「故進能滅敵，去之能速也。」此文無此四字，則於文爲不備，疑寫者脱去之。今行數千里，又數絶諸侯之地，以襲國，臣不知其可也。君重圖之！」穆公不聽。蹇叔送師，衰絰而哭之。師遂行，過周而東。鄭賈人弦高矯鄭伯之命，以十二牛勞秦師而賓之。三帥乃懼而謀曰：「吾行數千里以襲人，未至而人已知之，其備必先成，不可襲也。」還師而去。當此之時，晉文公適薨，未葬，先軫言於襄公曰：先軫，晉大夫也。襄公，晉文公子。「昔吾先君與穆公交，天下莫不聞，諸侯莫不知。今吾君薨未葬，而不弔吾喪，而不假道，是死吾君而弱吾孤也。請擊之！」襄公許諾。先軫舉兵而與秦師遇於殽，大破之，擒其三帥以歸。穆公聞之，素服廟臨，以説於衆。説，解也。故老子曰：「知而不知，尚矣。不知而知，病也。」

齊王后死，王欲置后而未定，使羣臣議。薛公欲中王之意，薛公，田嬰也。◯陶方琦云：羣書治要引許注，與今注正同。因獻十珥而美其一。旦日，因問美珥之所在，因勸

立以爲王后。齊王大説，遂尊重薛公。○王念孫云：「遂尊重薛公」，本作「遂重薛公」，重卽尊也。（秦策「請重公於齊」，高注：「重，尊也。」又西周策、齊策注、呂氏春秋勸學、節喪二篇注、禮記祭統注並同。）古書無以「尊重」二字連用者，（戰國策、史記、漢書及諸子書，皆但言重，無言尊重者。）唯俗語有之。羣書治要引此無尊字，蓋後人所加也。**故人主之意欲見於外，則爲人臣之所制。**○王念孫云：古書無以「意欲」二字連用者，此涉上文「欲中王之意」而誤也。「意欲」本作「嗜欲」。主術篇曰：「君人者喜怒形於心，耆欲見於外，（耆與嗜同。）則守職者離正而阿上。」是其證。羣書治要引此，正作「嗜欲」。**故老子曰：「塞其兑，閉其門，終身不勤。」**

盧敖游乎北海，盧敖，燕人，秦始皇召以爲博士，使求神仙，亡而不反也。**經乎太陰，入乎玄闕，**太陰，北方也。玄闕，北方之山也。**至於蒙轂之上。**蒙轂，山名。**見一士焉，深目而玄鬢，淚注而鳶肩，**淚，水。○王念孫云：「淚注」當爲「渠頸」，高注「淚，水」，當爲「渠，大」，皆字之誤也。（俗書渠字或作淭，淚字或作淚，二形相似，故渠誤爲淚。廣韻：「淭，强魚切。」引方言云：「『杷，宋、魏之間謂之淭挐。』淭卽渠字。」玉篇云：「淭，俗淚字。」皆其證也。頸誤爲注者，注字右邊主爲頸字左邊巠之殘文，又因淚字而誤加水旁耳。若高注内大字今作水，則後人以淚字從水而妄改之。）「渠頸」，大頸也。渠之言巨也。史記蔡澤傳「先生曷鼻巨肩」，徐廣曰：「巨，一作渠。」彼言渠肩，猶此言渠頸矣。杜子春注周官鍾師，引呂叔玉云：「肆夏、樊遏、渠，皆周頌也。

渠，大也。言以后稷配天，王道之大也。」荀子彊國篇「是渠衝入穴而求利也」，楊倞曰：「渠，大也。渠衝，攻城之大車也。」漢書吴王濞傳「膠西王、膠東王爲渠率」，顔師古亦云：「渠，大也。」是渠與大同義，故高注訓渠爲大也。太平御覽地部二引，作「淚注而鳶肩」，則所見本已誤。蜀志郤正傳注引作「戾頸而鳶肩」，戾亦傳寫之誤，論衡道虚篇作「鴈頸而鳶肩」，鴈字則後人以意改之，唯頸字皆不誤。藝文類聚靈異部上引作「渠頸而鳶肩」，又引注云：「渠，大也。」斯爲確據矣！**豐上而殺下，軒軒然方迎風而舞。顧見盧敖，慢然下其臂，遯逃乎碑。**慢然，止舞也。匿於碑陰。○王念孫云：碑下脱去下字。碑或作崥。太玄增上九「崔嵬不崩，賴彼峡崥」。（玉篇「峡」於兩切，「崥」方爾切。）范望曰：「峡崥，山足也。」下者，後也。（見大雅下武箋、周語注。）謂遯逃乎山足之後。故高注曰「匿於碑陰也」。太平御覽引此，已脱下字。藝文類聚引作「崥下」，蜀志注引作「碑下」，論衡同。**盧敖就而視之，方倦龜殻而食蛤梨。**楚人謂倨爲倦。龜殻，龜甲也。蛤梨，海蚌也。**盧敖與之語曰：「唯敖爲背羣離黨，窮觀於六合之外者，非敖而已乎？敖幼而好游，至長不渝。**○莊逵吉云：御覽此下有注云：「渝，解也。」○王念孫云：此本作「至長不渝解」，今本無解字者，後人不曉「渝解」二字之義而削之也。不知渝與解同義。太玄格次三「裳格鞶鉤渝」，范望曰：「渝，解也。」字亦作愉。吕氏春秋勿躬篇「百官慎職而莫敢愉綎」，高注曰：「愉，解也。綎，緩也。」又方言：「揄、撱，脱也。」「解、輸，脱也。」郭璞曰：「挩，猶脱耳。」文選七發「揄弃恬怠，輸寫淟濁」，李善注引方言：「揄，脱也。」脱亦解也。渝、愉、揄、輸，並聲近而義同。太平御覽引作「至長不渝解」，蜀志注引作「長不喻解」，論衡作「至長不偷解」，字雖不同，而皆有解字。**周行四極，唯北陰之未闚。今卒睹夫子於是，子殆可與敖爲友乎？」若士者，齤然而笑曰：「嘻！子中州之民，寧肯而遠至此。此猶光乎日月而載列星，**言太陰之地，尚見日月也。**陰陽之所行，四時之所生。其比夫不名之地，猶窔奥也。**言我所游不可字名之地，以盧敖所行比之，則如窔奥。奥，室中也。**若我南游乎罔㝗之野，北息乎沉墨之鄉，西窮窅冥之黨，**○莊逵吉云：黨，所也。方言云。○盧文弨云：黨，當訓所。案：釋名：「上黨，黨，所也，在山上，其所最高，故曰上黨。」又公羊文十三年傳云：「往黨，衛侯會公于沓，至得與晉侯盟。反黨，鄭伯會公于斐。」何休注：「黨，所也。所猶時，齊人語。」史記齊世家：「萊人歌曰：師乎師乎！何黨之乎！」集解：「服虔曰：黨，所也。言公子徒衆何所適也。」案：此亦齊人語。然上黨在晉，而亦以所爲黨，則不獨齊人爲然矣。**東開鴻濛之光。此其下無地而上無天，聽焉無聞，視焉無眴。**○王念孫云：「東開鴻濛之光」，開當爲關。關字俗書作閞，（唐顔玄孫干禄字書曰：「閞、關，上俗下正。」）（開字俗書作開，二形相似，故關誤爲開。（莊子秋水篇「今吾無所開吾喙」，釋文：「開，本亦作關。」楚策「大關天下之匈」，今本關誤作開。漢書西南夷傳「皆棄此國而關蜀故徼」，史記關誤作開。説文：「管，十二月之音，物關地而牙，故謂之管。」今本亦誤作開。）關與貫同。（雜記「輪人以其杖關轂而輠輪」，關轂即貫轂。漢書王嘉傳「大臣括髮關械」，關械卽貫械。今人言關通卽貫通。鄉射禮「不貫不釋」，古文貫作關。大戴禮子張問入官篇「察一而關於多」，家語入官篇關作貫。史記儒林傳「履雖新，必關於足」，漢書關作貫。）「東貫鴻濛之光」，謂東貫日光也。（見上注。）司馬相如大人賦「貫列缺之倒景」，義與此貫字同。太平御覽、楚辭補注引此，作「東開鴻濛之光」，則所見本已誤。論衡作「東貫澒濛之光」，蜀志注引此作「東貫鴻濛之光」，貫、關古字通，則開爲關之誤明矣。「視焉無眴」，本作「視焉則眴」，眴與眩同。司馬相如大人賦云：「視眩泯而亡見。」楊雄甘泉賦云：「目冥眴而亡見。」其義一也。楚辭遠遊云：「下峥嶸而無地兮，上寥廓而無天。視儵忽而無見兮，聽惝怳而無聞。」此云「下無地而上無天，聽焉無聞，視焉則眴」，義本遠遊也。蜀志注引此，正作「視焉則眴」。論衡作「視焉則營」，營與眴古字通也。（眴字從目，旬聲。大雅江漢篇「來旬來宣」，鄭箋曰：「旬，當作營。」史記天官書「旬始」，徐廣曰：「旬，一作營。」旬之通作營，猶眴之通作營矣。）道藏本作「視焉無眴」者，涉上句無字而誤。太平御覽所引已與道藏同，後人不知「無眴」爲「則眴」之誤，遂改眴爲矚，而莊本從之。案：廣韻：「矚，視也。」是矚與視同義，「視焉無視」，斯爲不詞矣。且眴與天爲韻，若作矚，則失其韻矣。**此其外，猶有汰沃之氾。**汰沃，四海與天之際水流聲也。氾，涯也。**其餘一舉而千萬里，**千萬里，汰氾之外也。**吾猶未能之在。**吾尚未至此地。**今子游始於此，乃語窮觀，豈不亦遠哉！然子處矣！吾與汗漫期于九垓之外，**汗漫不可知之也。九垓，九天之外。**吾不可以久駐。」**○王念孫云：「九垓之外」，本作「九垓之上」，高注本作「九垓，九天也」。

俶真篇「徙倚於汗漫之宇」，高注引此文云：「吾與汗漫期於九垓之上。」漢書禮樂志郊祀歌「專精厲意逝九閡」，如淳曰：「閡亦陔也。淮南子曰：『吾與汗漫期乎九陔之上。』陔，重也。謂九天之上也。」司馬相如傳封禪文「上暘九垓」，如淳注所引亦與前同。又論衡及蜀志注、太平御覽、文選郭璞遊仙詩注、張協七命注並引作「九垓之上」。（李白廬山謠「先期汗漫九垓上，願接盧敖遊太清」，卽用此篇之語，則李所見本亦作「九垓之上」。）御覽又引高注云：「九垓，九天也。」此皆其明證矣。後人既改「九垓之上」爲「九垓之外」，復於注内加「之外」二字，以曲爲附會，甚矣其妄也。又案：「吾不可以久駐」，駐字亦後人所加。論衡作「吾不久」，蜀志注、文選注、太平御覽並引作「吾不可以久」，則久下原無駐字明矣。**若士舉臂而竦身，遂入雲中。盧敖仰而視之，弗見，乃止駕，**止其所駕之車。**柸治，**楚人謂恨不得爲柸治也。**悖若有喪也。**○王念孫云：「止柸治」之止，當爲心。隸書心字作止，止字或作止，二形相似，又涉上句止字而誤也。「乃止駕」爲句，「心柸治」爲句，「悖若有喪也」爲句。柸治，疊韻字，言其心柸治然也。（高注：「楚人謂恨不得爲柸治也。」）論衡作「乃止喜，（喜當爲嘉，嘉、駕古字通。）心不怠，悵若有喪」，不怠卽柸治之借字，則止爲心字之誤明矣。莊本删去止字，非是。○俞樾云：王氏念孫謂「止柸治」之止乃心字之誤，是也。柸治之義，高注曰：「楚人謂恨不得爲柸治也。」其實「柸治」卽不怡也。不怡二字，本於虞書，古人習用之。國語晉語曰：「主色不怡。」太史公報任少卿書曰：「聽朝不怡。」此言「心不怡」，非必楚語，因聲誤而爲柸治，其義始晦矣。論衡道虛篇作「乃止喜，（句。）心不怠」，卽「乃止駕，心不怡」也。喜者，嘉字之誤，駕之叚字也。怠者，怡之叚字也。曰：「吾比夫子，猶黄鵠**與壤蟲也。**壤蟲，蟲之幼也。**終日行，不離咫尺，**八寸爲咫，十寸爲尺。**而自以爲遠，豈不悲哉！」故莊子曰：「小年不及大年，小知不及大知，朝菌不知晦朔，**朝菌，朝生暮死之蟲也。生水上，狀似蠶蛾。一名孳母，海南謂之蟲邪。○王念孫云：「朝菌」本作「朝秀」，（高注同。）今作「朝菌」者，後人據莊子逍遥遊篇改之也。文選辯命論「朝秀晨終」，李善注引淮南子「朝秀不知晦朔」。太平御覽蟲豸部「兹母」下引淮南子「朝秀不知晦朔」，又引高注云：「朝秀，朝生暮死之蟲也。生水上，似蠶蛾。一名兹母。」廣雅釋蟲：「朝蟜，（曹憲音秀。）孳母也。」義本淮南注。是淮南自作「朝秀」，與莊子異文，不得據彼以改此也。○陶方琦云：文選注、御覽引正文及許注，俱作「朝秀」。今本作「朝菌」，乃因莊子而改。莊子逍遥遊「朝菌不知晦朔」，釋文引司馬注：「菌，大芝也。」兩書古注互異，不必强同。今許注既解爲蟲，當作「朝秀」，秀卽蟜字。廣雅：「朝蟜，孳母也。」卽本許注。玉篇：「蟜，思又、弋久二切，朝生莫死蟲也。生水上，狀如蠶蛾。一名孳母。」卽引淮南許氏注文。**蟪蛄不知春秋。」**蟪蛄，貂蟟也。**此言明之有所不見也。**

季子治亶父三年，季子，子賤也。○王念孫云：羣書治要引此，季子作宓（音伏。）子。呂氏春秋具備篇同。案：諸書無謂宓子賤爲季子者，季當爲孚，字之誤也。孚與宓聲相近。宓子之爲孚子，猶宓犧之爲庖犧也。齊俗篇「賓有見人於宓子者」，太平御覽人事部四十六引作孚子，羣書治要作季子，故知宓通作孚，孚誤作季也。○陶方琦云：羣書治要引許注：「宓子，子賤也。」與今注正同。而巫馬期絻衣短褐，巫馬期，孔子弟子也。○陶方琦云：羣書治要引許注：「巫馬期，孔子弟子也。」與今注正同。史記、吕覽並作巫馬旗。易容貌，往觀化焉。易服而往，微以視之。○陶方琦云：羣書治要引許注：「微視之。」是約文。見得魚釋之，○王念孫云：太平御覽鱗介部七引，作「見夜魚者釋之」，羣書治要引作「見夜漁者得魚則釋之」。案：羣書治要所引是也。吕氏春秋作「見夜漁者得則舍之」，家語屈節篇作「見夜敂者得魚輒舍之」，是其證。泰族篇亦云：「見夜漁者得小卽釋之。」巫馬期問焉曰：「凡子所爲魚者，欲得也。今得而釋之，何也？」漁者對曰：「季子不欲人取小魚也。古者，魚不盈尺，不上俎也。○文典謹按：羣書治要引，人下有之字，與吕覽具備篇合。所得者小魚，是以釋之。」巫馬期歸以報孔子曰：「季子之德至矣！使人闇行，若有嚴刑在其側者。季子何以至於此？」孔子曰：「丘嘗問之以治，言曰：『誠於此者刑於彼。』○王念孫云：各本及莊本誠字皆誤作誡，唯道藏本不誤。羣書治要引此，正作誠。吕氏春秋、家語並同。季子必行此術也。」故老子曰：「去彼取此。」

罔兩問於景罔兩，水之精物也。景，日月水光晷也。曰：「昭昭者，神明也？」罔兩恍惚之物，見景光明，以爲神也。景曰：「非也。」罔兩曰：「子何以知之？」景曰：「扶桑受謝，日照宇宙，扶桑，日所出之木也。受謝，扶桑受日，旦澤出之也。昭昭之光，輝燭四海。

闔户塞牖，則無由入矣。若神明，四通竝流，無所不及，上際於天，下蟠於地，化育萬物而不可爲象，俛仰之間而撫四海之外。昭昭何足以明之！」故老子曰：「天下之至柔，馳騁天下之至堅。」

光耀問於無有光耀可見，而無有至虚者。曰：「子果有乎？其果無有乎？」有形生于無形，何以能生物，故問果有乎，其無有也？○王念孫云：「就視」當依莊子知北遊篇作「孰視」，字之誤也。孰與熟同。無有弗應也。光耀不得問，而就視其狀貌，冥然忽然，視之不見其形，聽之不聞其聲，搏之不可得，望之不可極也。光耀曰：「貴矣哉，孰能至于此乎！予能有無矣，未能無無也。言我能使形不可得，未能殊無形也。及其爲無無，又何從至於此哉！」故老子曰：「無有入于無間，吾是以知無爲之有益也。」

白公勝慮亂，白公將爲父復讎，起兵亂，因思慮之也。○文典謹按：爾雅釋詁、廣雅釋詁四：「慮，謀也。」呂氏春秋安死篇高注：「慮，謀也。」國策秦策注：「慮，計也。」「白公勝慮亂」，猶言白公勝謀亂也。慮當訓謀，訓計，不當訓思。罷朝而立，倒杖策，錣上貫頤，策，馬捶。端有針以刺馬，謂之錣。倒杖策，故錣貫頤也。血流至地而弗知也。鄭人聞之，曰：「頤之忘，將何不忘哉！」白公之父死，鄭人預之，故懼之。此言精神之越於外，智慮之蕩於内，則不能漏理其形也。漏，補空也。是故神之所用者遠，則所遺者近也。近，謂身也。故老子曰：「不出户以知天下，不窺牖以見天道。其出彌遠，其知彌少。」此之謂也。

秦皇帝得天下，恐不能守，發邊戍，築長城，修關梁，設障塞，具傳車，置邊吏。然劉氏奪之，若轉閉鍾。閉鍾，格也，上之鍾，所以編薄席，反覆之易。昔武王伐紂，破之牧野，乃封比干之墓，表商容之閭，柴箕子之門，紂死，箕子亡之朝鮮，舊居空，故柴護之也。○莊逵吉云：柴護之者，設軍士護之也。柴卽俗寨字。○曾國藩云：後漢書楊震傳「柴門謝客」，三國志「以萬兵柴道」，與此柴字義同，卽塞也。朝成湯之廟，發鉅橋之粟，散鹿臺之錢，破鼓折枹，弛弓絶絃，去舍露宿以示平易，解劍帶笏以示無仇。於此天下歌謠而樂之，諸侯執幣相朝，三十四世不奪。故老子曰：「善閉者無關鍵而不可開也，善結者無繩約而不可解也。」

尹需學御，三年而無得焉，私自苦痛，常寢想之。寢堅思之。○文典謹按：御覽七百四十六引注，堅作卧。中夜，夢受秋駕於師。秋駕，善御之術。明日，往朝。師望之，謂之曰：○王念孫云：「望之謂之」當作「望而謂之」。今本而作之，因下「謂之」而誤。太平御覽工藝部三引此，正作「望而謂之」。呂氏春秋博志篇同。「吾非愛道於子也，恐子不可予也。今日教子以秋駕。」尹需反走，北面再拜曰：「臣有天幸，今夕固夢受之。」故老子曰：「致虛極，守靜篤，萬物竝作，吾以觀其復也。」

昔孫叔敖三得令尹，無喜志；三去令尹，無憂色；延陵季子，吴人願一以爲王而不肯；許由，讓天下而弗受；晏子與崔杼盟，臨死地不變其儀，此皆有所遠通也。精神通於死生，則物孰能惑之！荆有佽非，得寶劍於干隊。干國在今臨淮，出寶劍。蓋爲莫邪、洞鄂之形也。還反度江，至於中流，陽侯之波，兩蛟挾繞其船。蛟，龍屬也。魚滿二千五百斤，蛟來爲之主也。佽非謂枻船者曰：枻，櫂也。「嘗有如此而得活者乎？」○俞樾云：嘗下脱見字。下文「對曰：未嘗見也」，「嘗見」字與此相應。呂氏春秋知分篇作「子嘗見有兩蛟繞船能兩活者乎」，正有見字。「能兩活」當作「而能活」，説見呂氏春秋。對曰：「未嘗見也。」於是佽非瞑目教然，攘臂拔劍，○王念孫云：「瞑目」二字與「攘臂拔劍」事不相類，「瞑目」當爲「瞋目」。隸書真或作𠍿，冥或作寘，二形相似而誤。又案：「教然」二字當在「瞋目」之上，而以「教然瞋目攘臂拔劍」作一句讀。曰：「武士可以仁義之禮説也，不可劫而奪也。此江中之腐肉朽骨，棄劍而已，○俞樾云：已乃人己之己，己上當有全字。呂氏春秋正作「棄劍而全己」。余有奚愛焉！」赴江刺蛟，遂斷其頭，船中人盡活，風波畢除，荆爵爲執圭。孔子聞之曰：「夫善載！腐肉朽骨棄劍者，佽非之謂乎！」○俞樾云：載當作哉，聲之誤也。哉下脱「不以」二字。呂氏春秋正作「夫善哉！不以腐肉朽骨而棄劍者，其次非之謂乎」。故老子曰：「夫唯無以生爲者，是賢於貴生焉。」

齊人淳于髡以從説魏王，魏王辯之。約車十乘，將使荆，辭而行。人以爲從未足也，復以衡説，其辭若然。從説，説諸侯之計當相從也。衡説，從之非是，當横，更計也。○孫詒讓云：此人當作又。「又以爲從未足也」句斷。吕氏春秋離謂篇作「有以横説魏王」，有與又同。魏王乃止其行而疏其身。失從心志，而又不能成衡之事，○王念孫云：「失從心志」當作「失從之志」。今本之作心者，因志字而誤。有與又同。此言魏王既不能合從，又不能連衡也。吕氏春秋離謂篇作「失從之意，又失横之事」，是其證。漢魏叢書本改有爲又，而莊本從之，則昧於假借之義矣。是其所以固也。夫言有宗，事有本。失其宗本，技能雖多，不若其寡也。故周鼎著倕，而使齕其指，先王以見大巧之不可也。○王念孫云：「不可」下脱爲字。吕氏春秋作「先王有以見大巧之不可爲也」，是其證。本經篇亦云：「故周鼎著倕，使銜其指，以明大巧之不可爲也。」故慎子曰：「匠人知爲門，能以門，所以不知門也，故必杜然後能門。」慎子名到，齊人。不知門，不知門之要也。門之要在門外。○孫詒讓云：今本慎子殘缺，無此文，義亦難通。文子精誠篇襲此云：「故匠人智爲，不以能以時閉，不知閉也，故必杜而後開。」彼文亦有譌捝。參合校繹，此似當云：「不能以閉，所以不知門也，故必杜然後能開。」言門以開閉爲用，若匠人爲門，但能開而不能閉，則終未知爲門之要也。文子開、閉二字尚未譌，可據以校正。

墨者有田鳩者，田鳩學墨子之術也。欲見秦惠王，約車申轅，申，束也。○陶方琦云：文選七發注、謝玄暉京路夜發注引許注：「裝，束也。」按：文選引許君淮南注作「裝，束也」，當即此處注，或舊本作裝。又文選謝惠連西陵遇風詩注引作「裝，飾也」。思玄賦「簡元辰而俶裝」，注亦曰：「裝，束也。」詩出車箋：「裝載物而往。」義同。留於秦周年不得見。○文典謹按：意林引，周作三。以下文「吾留秦三年」覈之，則作三是也。客有言之楚王者，往見楚王。楚王甚悦之，○文典謹按：意林引，作「一至楚，楚王説之」。予以節，使於秦。至，因見予之將軍之節，惠王見而説之。○陳觀樓云：呂氏春秋首時篇云：「楚王説之，與將軍之節以如秦。至，因見惠王。」則此亦當云：「至，因見惠王，而説之。」其「予之將軍之節」六字，乃是上文「予以節」句注語，今誤入此句中，文義遂不可曉。○王念孫云：陳説是也。莊本又加見字於「而説之」之上，非是。出舍，喟然而歎，告從者曰：「吾留秦三年不得見，不識道之可以從楚也。」物故有近之而遠，遠之而近者。故大人之行，不掩以繩，掩，猶揮也。○俞樾云：掩字無義。高注曰：「掩，猶揮也。」義亦未詳。掩乃扶字之誤。管子宙合篇曰：「千里之路，不可扶以繩。」是其證也。下文「此所謂筦子『梟飛而維繩』者」，王氏念孫引陳觀樓説，謂當作「此筦子所謂鳥飛而準繩者」。按：鳥飛準繩本管子宙合篇，其曰「千里之路不可扶以繩，萬家之都不可平以準」，即説鳥飛準繩之義也。然則此云「大人之行，不扶以繩」，亦本管子，掩字之誤無疑矣。宙合篇又曰：「夫繩，扶撥以爲正。」卽此扶字之義。因扶字闕壞，止存「扶」形，淺人遂以意補成掩字耳。○文典謹按：意林引，作「故大丈夫之行不可掩」，是其敚誤已在唐代矣。**至所極而已矣。**

此所謂筦子「梟飛而維繩」者。言爲士者上下無常，進退無恒，不可繩也。以喻飛梟從下繩維之，而欲翺翔，則不可也。○陳觀樓云：「此所謂筦子」當作「此筦子所謂」，「梟飛而維繩」當作「鳥飛而準繩」。案：管子宙合篇曰「鳥飛準繩，此言大人之義也」云云，大意謂鳥飛雖不必如繩之直，然意南而南，意北而北，總期於還山集谷而後止，則亦與準於繩者無異，所謂「苟大意得，不以小缺爲傷」也。故此云：「大人之行，不掩以繩，至所極而已矣。此筦子所謂鳥飛而準繩者。」今本鳥誤作梟，準誤作維，（準字俗省作准，又因下繩字而誤從糸。）則義不可通。注內梟字亦鳥字之誤。而云「從下繩維之」，則高所見本已誤作維矣。

澧水之深千仞，而不受塵垢，投金鐵鍼焉，則形見於外。○王念孫云：「金鐵」下不當有鍼字，鍼卽鐵之誤也。（鐵或省作鐵，形與鍼相近。）今作「金鐵鍼」者，一本作鐵，一本作鍼，而後人誤合之耳。文選沈約貽京邑游好詩注、太平御覽珍寶部十二引此，皆無鍼字。文子上禮篇作「金鐵在中，形見於外」。（羣書治要所引如是。今本文子「金鐵」作「金石」，乃後人所改。）**非不深且清也，魚鼈龍蛇莫之肯歸也。是故石上不生五穀，秃山不游麋鹿，無所陰蔽隱也。**○王念孫云：隱字，蓋蔽字之注而誤入正文者。（廣雅：「蔽，隱也。」）文子無隱字，是其證。**昔趙**

文子問於叔向曰：「晉六將軍，六將軍，韓、趙、魏、范、中行、智伯也。其孰先亡乎？」對曰：「中行、知氏。」文子曰：「何乎？」對曰：「其爲政也，以苛爲察，以切爲明，以刻下爲忠，以計多爲功。譬之猶廓革者也，廓之，大則大矣，裂之道也。」故老子曰：「其政悶悶，其民純純。其政察察，其民缺缺。」

景公謂太卜曰：「子之道何能？」對曰：「能動地。」動，震也。晏子往見公，公曰：「寡人問太卜曰：『子之道何能？』對曰：『能動地。』地可動乎？」晏子默然不對。出，見太卜曰：「昔吾見句星在房心之間，地其動乎？」句星，客星也。房，駟。句星守房、心，則地動也。○王念孫云：劉本注文「房星」作「駟房」。（朱本、漢魏叢書本並同。）案：正文本作「句星在駟心之間」，注本作：「駟，（句。）房星。（句。）句星守房、心，則地動也。」道藏本注文「房星」上脱駟字，劉本房下脱星字。若正文之「駟心」作「房心」，則涉注文「守房、心」而誤也。莊伯鴻不知正文房爲駟之誤，又改注文之「駟，房」爲「房，駟」以就之，斯爲謬矣。駟爲房之別名，故須訓釋。若房、心爲二十八宿之正名，則不須訓釋。（爾雅：「天駟，房也。」以房釋天駟，不以天駟釋房。）高注釋駟而不釋心，卽其證也。晏子春秋外篇作「昔吾見鉤星在四、心之間」，卽淮南所本。（鉤與句同，四與駟同。）太卜曰：「然。」晏子出，太卜走往見公曰：「臣非能動地，地固將動也。」田子陽聞之田子陽，齊臣也。曰：「晏子默然不對者，不欲太卜之死。往見太卜者，恐公之欺也。晏子可謂忠於上而惠於下矣。」故老子曰：「方而不割，廉而不劌。」

魏文侯觴諸大夫於曲陽。飲酒酣，文侯喟然歎曰：「吾獨無豫讓以爲臣乎！」豫讓事知伯而死其難，故文侯思以爲臣。蹇重舉白而進之，蹇重，文侯臣。舉白，進酒也。曰：「請浮君！」浮，罰也。以酒罰君。君曰：「何也？」對曰：「臣聞之，有命之父母不知孝子，有道之君不知忠臣。夫豫讓之君，亦何如哉？」豫讓相其君，而君見殺，亦何如？不足貴也。文侯受觴而飲釂不獻，釂，盡也。曰：「無管仲、鮑叔以爲臣，故有豫讓之功。」故老子曰：「國家昏亂，有忠臣。」

孔子觀桓公之廟，桓公，魯君。有器焉，謂之宥巵。宥，在坐右。孔子曰：「善哉！予得見此器。」顧曰：「弟子取水！」水至，灌之，其中則正，中，水半巵也。其盈則覆。孔子造然革容曰：「善哉，持盈者乎！」子貢在側曰：「請問持盈。」曰：「益而損之。」〇王念孫云：揖與挹同。（集韻：「挹，或作揖。」荀子議兵篇「拱挹指麾」，富國篇作「拱揖」。）文選爲幽州牧與彭寵書注引蒼頡篇云：「挹，損也。」挹與損義相近，故曰「挹而損之」。作揖者，借字耳。劉績不達，而改揖爲益，莊本從之，斯爲謬矣。後漢書杜篤傳注引此，正作「挹而損之」。荀子宥坐篇、說苑敬慎篇並同。韓詩外傳作「抑而損之」，抑與挹聲亦相近，故諸書或言抑損，或言挹損也。曰：「何謂益而損之？」曰：「夫物盛而衰，樂極則悲，日中而移，月盈而虧。是故聰明睿智，守之以愚；多聞博辯，守之以陋；武力毅勇，守之以畏；富貴廣大，守之以儉；○王念孫云：劉本改儉爲陋，陋爲儉，而莊本從之。案：説文：「儉，約也。」廣雅：「儉，少也。」正與「多聞博辯」相對，不當改爲陋。説文：「陋，陝也。（俗作狹。）」楚辭七諫注曰：「陋，小也。」亦與「富貴廣大」相對，不當改爲儉。杜篤傳注引此，正作「多聞博辯，守之以儉；富貴廣大，守之以陋」，與道藏本同。文子九守篇作「多聞博辯，守以儉；富貴廣大，守以狹」，狹亦陋也。德施天下，守之以讓。此五者，先王所以守天下而弗失也。反此五者，未嘗不危也。」故老子曰：「服此道者不欲盈。夫唯不盈，故能弊而不新成。」

武王問太公曰：「寡人伐紂天下，是臣殺其主而下伐其上也。吾恐後世之用兵不休，鬭爭不已，爲之柰何？」太公曰：「甚善，王之問也！夫未得獸者，唯恐其創之小也；獵禽恐不能殺，故恐其創小也。已得之，唯恐傷肉之多也。○文典謹按：意林引，作「未得獸者唯恐創少，已得獸者唯恐創多。」王若欲久持之，則塞民於兑，兑，耳目鼻口也。老子曰「塞其兑」是也。道全爲無用之事，煩擾之教。○俞樾云：全乃令字之誤。令，猶使也。道與導同。謂導使爲無用之事，煩擾之教也。彼皆樂其業，供其情，○王念孫云：供當爲佚。佚與逸同，安也。逸、樂義相近。若云「供其情」，則與上句不類矣。隸書佚或作供，與供相似而誤。**昭昭而道冥冥，於是乃去其瞀而載之木，**瞀，被髮也。木，鶩鳥冠也。知天文者冠鶩。○王引之云：載與戴同。木當爲朮，字之誤也。朮卽鷸字也。高注當作：「朮，鷸鳥冠也。知天文者冠鷸。」今本鷸作鶩者，鷸、鶩字相近，又涉上文瞀字而誤也。（爾雅翼引此已誤。）說文：「鷸，知天將雨鳥也。」禮記曰：「知天文者冠鷸。」莊子天地篇「皮弁鷸冠，搢笏紳脩」，釋文：「鷸，尹必反。徐音述。」玉篇及爾雅釋文、漢書五行志注，鷸字並聿、述二音。匡謬正俗曰：「案：鷸，水鳥，天將雨卽鳴。古人以其知天時，乃爲冠象此鳥之形，使掌天文者冠之。鷸字音聿，亦有術音，故禮之衣服圖，及蔡邕獨斷，謂爲『術氏冠』，亦因鷸音轉爲術耳。」（以上匡謬正俗。）莊子釋文曰：「鷸，又作鶐。」續漢書輿服志引記曰：「知天者冠述。」說苑脩文篇作「冠鉥」。蓋鷸字本有述音，故其字或作鶐，或作述，或作鉥，又通作朮耳。朮與笏爲韻。若作木，則失其韻矣。鷸卽翠鳥，故古人以其羽飾冠。冠鷸帶笏，皆所以爲飾，故莊子亦言「鷸冠搢笏」。若鶩，無文采，則不可以爲飾矣。且鷸知天雨，故使知天文者冠之。若鶩，則義無所取矣。諸書皆言知天文者冠鷸，無言冠鶩者。○王紹蘭云：王氏引之改木爲朮，鶩爲鷸，是也。正文瞀亦譌字。古無訓瞀爲「被髮」者，若云借瞀爲髳，說文髟部：「髳，髮至眉也。」引詩曰：「紞彼兩髳。」與淮南此文無涉。且「去其被髮」，亦文不成義。若云借瞀爲旄，既與被髮之解相違，又與戴鷸之文不配。蓋瞀卽鍪之譌借字。說文冃部：「冑，兜鍪也。」謂去其鍪而戴之鷸，與下文解劍帶笏相對成文，示天下不復用兵也。氾論訓「古者有鍪而綣領以王天下者矣」，高彼注云：「一說：鍪，放髮也。」鍪訓放髮，與瞀訓被髮，末之前聞，於此文去字尤不可通，高注非是。○俞樾云：高注曰：「脣，被髮也。木，鷸鳥冠也。知天文者冠鷸。」王氏引之以木爲朮字之誤，朮卽鷸字也，引匡謬正俗「鷸字音聿，亦有術音」，蔡氏獨斷謂爲「術氏冠」爲證，其説洵塙不可易矣。惟未説脣字之義。脣當爲鍪。鍪者，兜鍪也。説文兜部：「兜，兜鍪，首鎧也。」從省言之，則止曰鍪。氾論篇「古者有鍪而綣領」，高注曰「鍪，頭著兜鍪帽」是也。「去其鍪而載之朮」，謂去其首鎧而戴之鷸鳥之冠，正與「解其劍而帶之笏」文義一律。作脣者，叚字耳。高注以「被髮」説之，夫被髮豈可言去？足知其非矣。解其劍而帶之笏。爲三年之喪，令類不蕃。高辭卑讓，使民不争。酒肉以通之，竽瑟以娱之，鬼神以畏之。繁文滋禮以弇其質，厚葬久喪以亶其家，含珠鱗、施綸組以貧其財，深鑿高壟以盡其力。家貧族少，慮患者寡。以此移風，可以持天下弗失。」故老子曰：「化而欲作，吾將鎮之以無名之樸也。」

淮南鴻烈集解卷十三

氾論訓

博説世間古今得失，以道爲化，大歸於一，故曰「氾論」，因以題篇。

古者有鍪而綣領以王天下者矣，古者，葢三皇以前也。鍪，頭著兜鍪帽，言未知制冠也。綣領，皮衣屈而紩之，如今胡家韋襲反褶以爲領也。一説：鍪，放髮也；綣，繞頸而已；皆無飾。○文典謹按：初學記帝王部引，鍪下有頭字。又引注，紩作綊，胡家作朝，褶作攝。**其德生而不辱，**刑措不用也。**予而不奪，**予，予民財也。不奪，無所徵求於民也。○王念孫云：不辱本作不殺，故高注云刑措不用。今作辱者，後人妄改之也。殺與生相對，奪與予相對，若改殺爲辱，則非其指矣。且殺與奪爲韻，若作辱，則失其韻矣。太平御覽皇王部二引此已誤作辱。張載魏都賦注及舊本北堂書鈔衣冠部三引此並作殺，文子上禮篇同。晏子春秋諫篇「古者嘗有紩衣攣領而王天下者矣，其義好生而惡殺」，荀子哀公篇「古之王者有務而拘領者矣，其政好生而惡殺」，此皆淮南所本。**天下不非其服，同懷其德。**非，猶譏呵也。懷，歸也。**當此之時，陰陽和平，風雨時節，萬物蕃息，**政不虐，生無夭折也。**烏鵲之巢可俯而探也，禽獸可羈而從也，**從，猶牽也。**豈必褒衣博帶，句襟委章甫哉！**褒衣，謂方與之衣，如今吏人之左衣也。博帶，大帶，詩云：「垂帶若厲。」句襟，今之曲領褎衣也。委，委貌冠。章甫，亦冠之名也。○文典謹按：御覽七十七引，委下有貌字。**古者民澤處復穴，**處，居也。復穴，重窟也。一説：穴毀隄防崖岸之中，以爲窟室。○莊逵吉云：復穴之復，應作寝。○文典謹按：御覽百七十四引注，作「鑿崖岸之腹以爲密室」，與高注後説略同。高注之一説，多卽許注，則御覽所引，殆許注也。**冬日則不勝霜雪霧露，夏日則不勝暑熱蟁蝱。**蝱，讀詩云「言采其莔」之莔也。**聖人乃作爲之，**作，起也。**築土構木，以爲宮室，**構，架也，謂材木相乘架也。○王念孫云：高説非也。「作爲之」三字連讀。下文曰「而作爲之揉輪建輿，駕馬服牛」，又曰「而作爲之鑄金鍛鐵，以爲兵刃」，皆其證也。又案：「以爲宮室」本作「以爲室屋」，淺學人多聞宮室，寡聞室屋，故以意改之也。案：月令曰「毋發室屋」，管子八觀篇曰「宮營大而室屋寡」，荀子禮論篇曰「壙壠，其須象室屋也」，呂氏春秋懷寵篇曰「不焚室屋」，史記周本紀曰「營築城郭室屋」，（俗本亦有改爲宮室者。）天官書曰「城郭室屋門户之潤澤」，則室屋固古人常語。且此二句以木、屋爲韻，下三句以宇、雨、暑爲韻，若作宮室，則失其韻矣。太平御覽居處部二引此，正作室屋。**上棟下宇，以蔽風雨，**棟，屋檼也。宇，屋之垂。**以避寒暑，而百姓安之。**安，樂也。**伯余之初作衣也，**伯余，黄帝臣也。世本曰：「伯余制衣裳。」一曰：伯余，黄帝。**緂麻索縷，手經指挂，其成猶網羅。**緂，鋭。索，功也。緂，讀恬然不動之恬。○王念孫云：高訓緂爲鋭，則與麻字義不相屬。今案：緂者續也，緝而續之也。方言：「綱，續也。（廣雅同。）秦、晉續折木謂之綱。」郭璞音剡。人閒篇曰：「婦人不得剡麻考縷。」綱、剡並與絘通。索，如「宵爾索綯」之索，謂切撚之也。高云「索，功也」，功即切字之誤。顏師古注急就篇曰「索謂切撚之令緊」者也。廣雅曰：「紉，索也。」紉與切通。**後世爲之機杼勝複以便其用，而民得以揜形御寒。**揜，蔽。御，止。**古者剡耜而耕，摩蜃而耨，**剡，利也。耜，臿屬。蜃，大蛤，摩令利，用之。耨，耨除苗穢也。**木鉤而樵，抱甀而汲，**鉤，鐮也。鉤，讀濟陰句陽之句。樵，薪蒸。甀，武。今兗州曰小武爲甀，幽州曰瓦。○文典謹按：御覽七百五十八引，甀作缾。**民勞而利薄。後世爲之耒耜耰鉏，斧柯而樵，桔皋而汲，**耰，讀曰優，椓塊椎也，三輔謂之儓，所以覆種也。**民逸而利多焉。古者大川名谷，衝絶道路，不通往來也，乃爲窬木方版，以爲舟航，**窬，空也。方，並也。舟相連爲航也。**故地勢有無，得相委輸。**運所有，輸所無。**乃爲靻蹻而超千里，肩荷負儋之勤也，**靻蹻，靻靸也。勤，勞也。○王念孫云：靻皆當爲靼，字從旦不從且。説文：「靼，柔革也。」（玉篇多達、之列二切。）「屩，屐也。」「靸，小兒履也。」釋名云：「靸，韋履深頭者之名也。」今正文言靻蹻，（與屩同。）注文言靻靸，皆是韋履之名，則字當從旦。廣韻：「靻，則古切。」靻，勒名，字從且，兩字聲義判然。茅一桂不知靻爲靼之誤，輒加「音祖」二字，其失甚矣。下文「蘇秦靻蹻嬴蓋」，靻亦靼字之誤。又案：爲靻蹻之爲，音于僞反。「爲靻蹻而超千里，肩負儋之勤也」，乃起下之詞，非承上之詞，爲上不當有乃字。此因上文

「乃爲篛木方版」而誤衍也。下文云「爲鷙禽猛獸之害傷人而無以禁御也，而作爲之鑄金鍛鐵，以爲兵刃」，爲上無乃字，是其證。「肩負儋之勤」，道藏本、劉本及諸本並同，漢魏叢書本於負儋上加荷字，而莊本從之，斯爲謬矣。而作爲之揉輪建輿，駕馬服牛，民以致遠而不勞。代負儋，故不勞也。爲鷙禽猛獸之害傷人而無以禁御也，而作爲之鑄金鍛鐵，以爲兵刃，猛獸不能爲害。以兵刃備之，故不得爲人害也。故民迫其難則求其便，困其患則造其備，人各以其所知，去其所害，就其所利。○王念孫云：「人各以其所知」，當作「人各以其知」，知與智同，言各用其智，以去害而就利也。今本知上有所字者，涉下兩所字而衍。文子上禮篇正作「各以其智，去其所害，就其所利」。常故不可循，器械不可因也，循，隨也。當時之可改則改之，故曰不可也。則先王之法度有移易者矣。

古之制，婚禮不稱主人，當婚者之身，不稱其名也，稱諸父兄師友。○文典謹按：意林引，「不稱主人」下有「必稱父母兄弟」六字。○陶方琦云：此許注並入正文者。舜不告而娶，非禮也。堯知舜賢，以二女妻舜。不告父，父頑，常欲殺舜，舜知告則不得娶也。不孝莫大于無後，故孟子曰：「舜不告，猶告爾。」○文典謹按：意林引，不告下有瞽叟二字。立子以長，文王舍伯邑考而用武王，非制也。伯邑考，武王之兄。廢長立聖，以庶代嫡，聖人之權爾。禮三十而娶，文王十五而生武王，非法也。三十而娶者，陰陽未分時，俱生於子，男從子數，左行三十年立於巳，女從子數，右行二十年亦立於巳，合夫婦。故聖人因是制禮，使男三十而娶，女二十而嫁。其男子自巳數，左行十得寅，故人十月而生於寅，故男子數從寅起。女自巳數，右行得申，亦十月而生於申，故女子數從申起。歲星十二歲而周天，天道十二而備，故國君十二歲而冠，冠而娶。十五生子，重國嗣也，不從故制也。○莊逵吉云：甲寅、庚申也。甲者陽正，寅亦陽正也。庚者陰正，申亦陰正也。義並詳王逸楚詞注、説文解字中。又難經曰：「男立于寅，寅爲木陽；女立于申，申爲金陰。」亦是。○文典謹按：北堂書鈔八十四引注，「周天」下有「爲一紀」三字，「冠而」下有后字。**夏后氏殯於阼階之上，**禮，飯于牖下，小斂于户內，大斂于阼階。在牀曰尸，在棺曰柩。殯于賓位，祖于庭，葬于墓也。于阼階，猶在主位，未忍以賓道遠之。**殷人殯於兩楹之間，**楹，柱也。記曰：殷殯之于堂上兩柱之間，賓主共。**周人殯於西階之上，**蓋以賓道遠之。**此禮之不同者也。有虞氏用瓦棺，**有虞氏，舜世也。瓦棺，陶瓦。**夏后氏堲周，**夏后氏，禹世。無棺椁，以瓦廣二尺，長四尺，側身累之，以蔽土，曰堲周。**殷人用槨，**用柏爲椁，厚之宜，以棺爲制也。**周人牆置翣，此葬之不同者也。**周人兼用棺椁，故牆設翣，狀如今要扇，畫文，插置棺車箱以爲飾。多少之差，各從其爵命之數也。**夏后氏祭於闇，**於室中，中夜祭之也。**殷人祭於陽，**於堂上，日平旦祭也。**周人祭於日出以朝，**于日出時祭於庭中。朝者，庭也。○俞樾云：高注首句曰「於室中，中夜祭之也」，二句曰「於堂上，日平旦祭也」，三句曰「於日出時祭於庭中。朝者，庭也」，所説皆未得其義。此文本禮記祭義篇，其文曰：「郊之祭，大報天而主日，配以月。夏后氏祭其闇，殷人祭其陽，周人祭日，以朝及闇。」鄭注曰：「闇，昏時也。陽，讀爲『曰雨曰暘』之暘，謂日中時也。朝，日出時也。夏后氏大事以昏，殷人大事以日中，周人大事以日出，亦謂此郊祭也。以朝及闇，謂終日有事。」正義曰：「此郊之祭一經，止明郊祭之禮。郊之祭者，謂夏正郊天。」然則此文所説本屬郊祭，郊祭必爲壇，初非廟祭，有何室中、堂上、庭中之分乎？祭於闇者，於中夜時祭也。祭於陽者，於日中時祭也。祭於日出，卽是祭以朝，朝者，日出也。因周人尚文，郊祭終日有事，日出而祭，及闇而畢，故曰「以朝及闇」。淮南引此文，不連「及闇」二字者，意在明三代之祭不同，若言闇，則疑與夏同。且周人初非有取於闇，直以禮繁，不得不及闇耳。檀弓篇止言大事以日出，其無取於闇，明矣，故淮南省此二字也。高氏誤以朝爲庭中，遂并上文亦以室中、堂上言之，與祭義不合，不可從也。此祭之不同者也。堯大章，堯樂也。舜九韶，舜樂也。書曰「簫韶九成」是也。禹大夏，禹樂也。湯大濩，湯樂也。周武象，武王樂也。此樂之不同者也。故五帝異道而德覆天下，三王殊事而名施後世，此皆因時變而制禮樂者。譬猶師曠之施瑟柱也，所推移上下者無寸尺之度，而靡不中音。故通於禮樂之情者能作音，有本主於中，而以知榘矱之所周者也。榘，方也。矱，度法也。○王念孫云：音當爲言，此承上句而釋其義也。今作音者，涉上文「中音」而誤。魯昭公有慈母而愛之，

死爲之練冠，故有慈母之服。慈母者，父所命養己者也。此大夫之妾，士之妻，爲之女母，禮爲緦麻三月。昭公獨練，言其記禮之所由興也。○孫詒讓云：此本禮記曾子問。注「女母」當作「如母」，儀禮喪服云「慈母如母」是也。但以禮經攷之，注文必有舛譌。蓋注云「慈母者，父所命養己者也」，此喪服之慈母也。其服，父卒則爲之齊衰三年。注又云「此大夫之妾，士之妻」，此據內則云「國君世子生，卜士之妻、大夫之妾，使食子」，則喪服之乳母。（內則又云「大夫之子有食母」，鄭注云：「喪服所謂乳母也。」案：諸侯所使食子者，亦卽食母也。）下又云「禮爲之緦麻三月」，卽據喪服乳母之服也。揆之禮，服慈母、乳母，輕重縣殊，不可并爲一談。高氏既根據經記，不宜踳駁至此。竊謂此注當云：「慈母者，父所命養己者也，爲之如母。（此先舉禮經慈母之正名正服也。）此大夫之妾，士之妻，禮爲之緦麻三月。（此明魯昭公之慈母，實卽禮經之乳母，非父命養己者，其服不得如母也。）」今本傳寫錯互，移「爲之如母」四字著「此大夫之妾，士之妻」下，遂錯互不可通矣。但曾子問「孔子曰：『古者男子外有傅，內有慈母，君命所使教子也，何服之有？』」則非乳母甚明。故鄭釋之云「大夫士之子爲庶母慈己者服小功」，蓋謂卽喪服小功章所云「君子子爲庶母慈己者」。高義與記文顯迕。又喪服慈母及庶母、慈己三者之服，並據大夫以下言之，諸侯則咸不服，而高猶援乳母緦麻三月之服以爲釋，壹若昭公於乳母宜服緦者，亦與禮經不相應，皆不足據耳。**陽侯殺蓼侯而竊其夫人，故大饗廢夫人之禮。**陽侯，陽陵國侯也。蓼侯，皋陶之後，偃姓之國侯也，今在廬江。古者大饗飲酒，君執爵，夫人執豆。陽侯見蓼侯夫人美豔，因殺蓼侯而娶夫人，由是廢夫人之禮。記所由廢也。先王之制，不宜則廢之；末世之事，善則著之，是故禮樂未始有常也。故聖人制禮樂，而不制於禮樂。聖人能作禮樂，不爲禮樂所制。治國有常，而利民爲本。本，要。政教有經，而令行爲上。經，常也。上，最也。苟利於民，不必法古。苟周於事，不必循舊。舊，常也。傳曰：「舊不必良。」舊或作咎也。○文典謹按：意林引，舊作常。夫夏、商之衰也，不變法而亡。亡，謂桀、紂。三代之起也，不相襲而王。三代，禹、湯、武也。襲，因也。故聖人法與時變，禮與俗化，化，易。衣服器械各便其用，法度制令各因其宜。故變古未可非，而循俗未足多也。循，隨也。俗，常也。○文典謹按：意林引，未足作不足。百川異源而皆歸於海，以海爲宗。百家殊業而皆務於治。業，事也。以治爲要也。○文典謹按：意林引，殊作異。王道缺而詩作，詩所以刺[一]王道。周室廢、禮義壞而春秋作。春秋所以貶絶不由禮義也。詩、春秋，學之美者也，皆衰世之造也，儒者循之以教導於世，豈若三代之盛哉！以詩、春秋爲古之道而貴之，又有未作詩、春秋之時。夫道其缺也，不若道其全也。誦先王之詩、書，不若聞得其言；聞得其言，不若得其所以言。聞聖人之言，不如得其未言時之本意。○王念孫云：「誦

〔一〕「刺」下疑脱「不由」二字。

先王之詩、書」，詩字因上文「詩、春秋」而衍。「先王之書」泛指六蓺而言，非詩、書之書也。「不若聞得其言」，「聞得其言」，兩得字皆因下句得字而衍。高注云「聞聖人之言，不如得其未言時之本意」，則聞下無得字明矣。文子上義篇正作「誦先王之書，不若聞其言；聞其言，不若得其所以言。」**得其所以言者，言弗能言也。**聖人所言微妙，凡人雖得之，口不耐以言。**故道可道者，非常道也。**常道，言深隱幽冥，不可道也。猶聖人之言，微妙不可言。

周公事文王也，行無專制，專，獨。制，斷也。**事無由己，**請而後行。**身若不勝衣，言若不出口，有奉持於文王，洞洞屬屬，而將不能，恐失之，**洞洞屬屬，婉順貌也。而將不能勝之，恐失之，慎之至也。洞，讀挺挏之挏。屬，讀犂攦之攦也。○俞樾云：「而將不能，恐失之」，義不可通。高注曰：「而將不能勝之，恐失之，慎之至也。」疑本文作「而將不能勝之」。而與如古通用，謂如將不能勝之也。「恐失之」三字，高氏自解「如不能勝」之義，此三字誤入正文，而轉脱去勝之二字，於是文不成義矣。○文典謹按：御覽六百二十一引，作「有所奉持於前，洞洞屬屬，如不能，如將失之」，俞説近塙。**可謂能子矣。武王崩，成王幼少，周公繼文王之業，履天子之籍，聽天下之政，**籍，圖籍也。政，治也。籍或作阼。○王念孫云：籍，猶位也，言周公履天子之位也。若圖籍，則不可以言履矣。下文云「成王既壯，周公屬籍致政」，亦謂屬位於成王也。荀子儒效篇曰：「周公履天子之籍，（今本天子誤作天下，據宋本改。楊倞注以籍爲圖籍，誤與高注同。）聽天下之斷。」又曰：「周公歸周，反籍於成王。」此皆淮南所本。彊國篇曰：「夫桀、紂，聖王之後子孫也，有天下者之世也，埶籍之所存，天下之宗室也。」埶籍卽埶位，是籍與位同義也。韓詩外傳作「履天子之位，聽天下之政」，尤其明證矣。又下文「履天子之圖籍，造劉氏之貌冠」，本作「履天子之籍，造劉氏之冠」。史記高祖紀曰：「高祖爲亭長，以竹皮爲冠。及貴，常冠。」所謂劉氏冠，乃是也，故曰「造劉氏之冠」。（漢書高祖紀詔曰：「爵非公乘以上，毋得冠劉氏冠。」蔡邕獨斷：「高祖冠，以竹皮爲之，謂之劉氏冠。」）今本作「履天子之圖籍，造劉氏之貌冠」者，貌字涉高注「委貌冠」而衍，後人又誤以籍爲圖籍，遂於籍上加圖字，以與貌冠相對，而不知貌爲衍文，且圖籍不可以言履也。○文典謹按：御覽六百二十一引，籍作國。**平夷狄之亂，**夷狄猾夏，平除之也。**誅管、蔡之罪，**管叔，周公兄也。蔡叔，周公弟也。二叔監殷，而導紂子禄父爲流言，欲以亂周。周公誅之，爲國故也。傳曰「大義滅親」也。**負扆而朝諸侯，**負，背也。扆，户、牖之間。言南面也。**誅賞制斷，無所顧問，**决之于心。**威動天地，聲懾四海，**懾，服也。服四海之内。**可謂能武矣。成王既壯，周公屬籍致政，北面委質而臣事之，**以圖籍付屬成王。致，猶歸也。北面委玉帛之質，執臣之禮也。**請而後爲，復而後行，**每事必請。復，白。**無擅恣之志，無伐矜之色，**不自伐其功勞也，不自矜大其善也。**可謂能臣矣。故一人之身而三變者，所以應時矣。何况乎君數易世，國數易君，人以其位達其好憎，**人人以其寵位，行其所好，憎其所憎也。以其威勢供嗜欲，○王念孫云：「供嗜欲」當作「供其嗜欲」，與「達其好憎」相對。而欲以一行之禮，一定之法，應時偶變，其不能中權，亦明矣。一行之禮，非隨時禮也；一定之法，非隨時法也；故曰不能中權。權則因時制宜，不失中道也。故聖人所由曰道，所爲曰事。道猶金石，一調不更；事猶琴瑟，每絃改調。金石，鐘磬也，故曰調而不更。琴瑟，絃有數急，柱有前却，故調事亦如之也。故法制禮義者，治人之具也，而非所以爲治也。言法制禮義，可以爲治之基耳，非所以爲治。治在其人之德。猶弓矢，射之具也，非耐必中也，中在其人之功。○王念孫云：人字後人所加。高注云「言法制禮義，可以爲治之基耳，非所以爲治」，則無人字明矣。文子上義篇無人字。泰族篇曰「故法者，治之具也，而非所以爲治也」，亦無人字。故仁以爲經，義以爲紀，此萬世不更者也。若乃人考其才，而時省其用，雖日變可也。言人能考度其才，時省其行，擇其善者而崇用之，不必循常，故曰「雖日變可也」。唯仁義不可改耳，故萬世不更。天下豈有常法哉！隨其時于其宜。當於世事，得於人理，順於天地，祥於鬼神，則可以正治矣。當，合也。祥，順也。

古者人醇工龐，商樸女重，醇，厚，不虛華也。工龐，器堅緻也。商樸，不爲詐也。女重，貞正無邪也。○洪頤煊云：大戴禮王言篇：「民敦工璞，商慤女憧。」重卽童字，童、憧古通用，謂憧愿無知之貌。○俞樾云：重，本作童。大戴記王言篇「民敦工璞，商慤女憧」，卽淮南所本也。

童與憧通。今作重者，形聲相似而誤。是以政教易化，風俗易移也。今世德益衰，民俗益薄，欲以樸重之法，治既弊之民，是猶無鏑銜橜策錣而御馯馬也。鏑銜，口中央鐵，大如雞子中黄，所制馬口也。錣，揣頭箴也。馯馬，突馬也。○莊逵吉云：殷敬順列子釋文引許慎注云：「錣，馬策。端有利鋒，所以刺不前也。」與此義解同。○王念孫云：銜下本無橜字。高注曰：「鏑銜，口中央鐵。」言鏑銜而不言橜，則無橜字明矣。鏑銜下有橜字，則文不成義。此後人熟於「銜橜」之語，而妄加之耳。昔者，神農無制令而民從，無制令，結繩以治也。唐、虞有制令而無刑罰，有制令，焕乎其有文章也。其政常仁義，民無犯法干誅，故曰無刑也。夏后氏不負言，言而信也。殷人誓，以言語要誓，亦不違。周人盟。有事而會，不協而盟。盟者，殺牲歃血以爲信也。逮至當今之世，謂淮南王作此書時。忍詢而輕辱，貪得而寡羞，欲以神農之道治之，則其亂必矣。詢，讀夏后之后也。○莊逵吉云：説文解字詬或作詢。此用或字，故讀如后。伯成子高辭爲諸侯而耕，天下高之。伯成子高，蓋堯時人也。今時之人，辭官而隱處，爲鄉邑之下，豈可同哉！古之兵，弓劍而已矣，槽矛無擊，脩戟無刺。槽柔，木矛也。無擊，無鐵刃也。刺，鋒也。槽，讀「領如蠐螬」之螬也。○王念孫云：莊依漢魏叢書本改柔爲矛。案：矛，各本皆作柔。太平御覽兵部二引此亦作柔。説苑説叢篇「言人之惡，痛於柔戟」，字亦如此。蓋矛、柔聲相近，故古書有借柔爲矛者，不宜輒改也。晚世之兵，隆衝以攻，渠幨以守，隆，高也。衝，所以臨敵城，衝突壞之。渠，壍也。一曰：甲名，國語曰「奉文渠之甲」是也。幨，幰，所以禦矢也。連弩以射，銷車以鬬。連車弩，通一絃，以牛挽之。以刃著左右，爲機關發之，曰銷車。銷，讀紐綃之綃也。○文典謹按：御覽二百七十一引注，「連車弩」作「連弓弩」，「機關」作「機開」。古之伐國，不殺黄口，不獲二毛。黄口，幼也。二毛，有白髮者。○文典謹按：御覽二百七十一引注，幼下有少字。於古爲義，於今爲笑。古之所以爲榮者，伯成子高。今之所以爲辱也。爲鄉邑之下。古之所以爲治者，今之所以爲亂也。夫神農、伏羲不施賞罰而民不爲非，然而立政者不能廢法而治民。不能及神農、伏羲。○文典謹按：御覽二百七十一引，立作莅。舜執干戚而服有苗，舜時有苗叛，舜執干戚而舞于兩階之間，有苗服從之。以德化懷來也。然而征伐者不能釋甲兵而制彊暴。不耐及舜。由此觀之，法度者，所以論民俗而節緩急也；器械者，因時變而制宜適也。夫聖人作法而萬物制焉，制，猶從也。○文典謹按：「而萬物制焉」，疑本作「而萬民制焉」。羣書治要引，正作「萬民制焉」。下文云：「制法之民，不可與遠舉。」卽承此而言。賢者立禮而不肖者拘焉。拘，猶檢也。制法之民，不可與遠舉；拘禮之人，不可使應變。○文典謹按：羣書治要引，使作以。耳不知清濁之分者，不可令調音；心不知治亂之源者，不可令制法。必有獨聞之耳，○王念孫云：劉本耳作聽，是也。文子上義篇正作「獨聞之聰」。○文典謹按：王説是也。羣書治要引，耳作聽，文雖小異，耳之爲壞字益明矣。獨見之明，然後能擅道而行矣。○文典謹按：羣書治要矣作也。

夫殷變夏，周變殷，春秋變周，變，改也。三代之禮不同，何古之從！大人作而弟子循。循，遵也。知法治所由生，則應時而變；不知法治之源，雖循古，終亂。今世之法籍與時變，禮義與俗易，爲學者循先襲業，據籍守舊教，以爲非此不治，是猶持方枘而周員鑿也，欲得宜適致固焉，則難矣。今儒墨者稱三代、文武而弗行，是言其所不行也；不耐行，但言之而已。○陶方琦云：羣書治要引許注：「儒墨之所言，今皆不行也。」按：二注正異。氾論訓乃高注本，故治要只引一則，便均異。非今時之世而弗改，是行其所非也。稱其所是，行其所非，是以盡日極慮而無益於治，勞形竭智而無補於主也。○文典謹按：羣書治要引，智作精。今夫圖工好畫鬼魅，而憎圖狗馬者，何也？鬼魅不世出，而狗馬可日見也。○文典謹按：羣書治要引，「不世出」作「無信驗」，「可日見」作「切於前」。夫存危治亂，非智不能；道而先稱古，雖愚有餘。○王念孫云：道字當在而字下。「道先稱古」與「存危治亂」相對。羣書治要引此，正作「道先稱古」。故不用之法，聖王弗行；不驗之言，聖王弗聽。聽，受。○文典謹按：「聖王弗聽」與上「聖王弗行」相複，羣書治要引作「明主弗聽」，當從之。

天地之氣，莫大於和。和，故能生萬物。和者，陰陽調，日夜分，而生物。春分而生，秋分而成，〇俞樾云：下言「春分而生」，上言「日夜分而生物」，文義重複。且春分秋分皆日夜分也，日夜分而生物，於秋分而成，義亦不合。文子上仁篇作：「和者陰陽調，日夜分。故萬物春分而生，秋分而成。」然則此亦當同。上「而生」二字乃「故萬」之誤。生之與成，必得和之精。精，氣。故聖人之道，寬而栗，嚴而温，柔而直，猛而仁。言剛柔寬猛相濟也。太剛則折，太柔則卷，聖人正在剛柔之間，乃得道之本。本，原也。積陰則沉，積陽則飛，陰陽相接，乃能成和。夫繩之爲度也，可卷而伸也，引而伸之，可直而睎，睎，望也。〇王念孫云：「可卷而伸」，劉本作「可卷而懷」，是也。此言繩之爲物，可曲可直，故先言卷而懷，後言引而伸。且懷與睎爲韻，若作伸，則失其韻矣。文子上仁篇正作「可卷而懷」。故聖人以身體之。體，行。夫脩而不横，短而不窮，直而不剛，久而不忘者，其唯繩乎！故恩推則懦，懦則不威；推，猶移也。嚴推則猛，猛則不和；愛推則縱，縱則不令；縱，放也。刑推則虐，虐則無親。虐，害也。喜害人，人無親之。昔者，齊簡公釋其國家之柄，而專任大臣，簡公，悼公陽生之子任也。一往不解曰簡。大臣，陳成子。將相，攝威擅勢，私門成黨，而公道不行，黨，羣。〇王引之云：「大臣將相」四字當連讀，將相即大臣也。釋其國家之柄，專任大臣將相，皆以六字爲句。攝威擅勢，私門成黨，公道不行，皆以四字爲句。若以將相屬下讀，則句法參差不齊矣。且柄、相、黨、行四字爲韻，（柄，古讀若方。行，古讀若杭。並見唐韻正。），讀「大臣」絶句，則失其韻矣。**故使陳成田常、鴟夷子皮得成其難。**難，殺簡公之難。○錢大昕云：淮南以鴟夷子皮爲田常之黨，他書所未見。按：田常弑君之年，越未滅吴，范蠡何由入齊？此淮南之誤也。○王引之云：陳成田常本作陳成常，陳其氏也，成其謚也，常其字也，恒其名也。人閒篇正作陳成常，吕氏春秋慎勢篇同。吴越春秋夫差内傳作陳成恒，韓子外儲説右篇作田成恒。田與陳古字通，言陳則不言田矣。後人又加田字，謬甚。又説山篇「陳成子恒之劫子淵捷也」，子字亦後人所加。○王紹蘭云：田衍文，常卽恒，是其名也。漢人諱恒，故經典或稱常，或稱恒耳。左氏作恒，公羊作常，哀六年傳：「諸大夫皆在朝，陳乞曰：『常之母有魚菽之祭。』」何休解詁曰：「常，陳乞子，重難言其妻，故云爾。」常之母，猶曰恒之母，若常是字，陳乞與諸大夫言，不當字其子於朝。曲禮疏引五經異義：「公羊説，臣子先死，君父猶名之，孔子云『鯉也死』，是已死而稱名；左氏説，既没稱字而不名；穀梁同左氏説。」然則從公羊之説，父於子死猶名，則生名可知。從左氏、穀梁之説，没稱字，則生名亦可知也。成子生存，而僖子呼之曰常，明常是名，非字矣。**使吕氏絶祀而陳氏有國者，**太公姓吕。簡公，其後也。絶祀，陳氏代之也。**此柔懦所生也。**

鄭子陽剛毅而好罰，子陽，鄭君也。一曰：鄭相。**其於罰也，執而無赦。舍人有折弓者，畏罪而恐誅，則因猘狗之驚以殺子陽，**舍人，家臣也。國人逐猘狗以亂擾，舍人因之以殺子陽，畏其嚴也。**此剛猛之所致也。今不知道者，見柔懦者侵，則矜爲剛毅；見剛毅者**

亡，則矜爲柔懦。○王念孫云：矜皆當爲務。（務、矜二字，隸書往往譌溷。管子小稱篇「務爲不久」，韓子難篇作「矜僞不長」，吕氏春秋勿躬篇「務服性命之情」，務誤作矜。）言不知道者，中無定見，故見柔懦者侵，則務爲剛毅，見剛毅者亡，則務爲柔懦也。主術篇曰：「爲智者務爲巧詐，（道藏本、劉本、茅本並同。朱本改爲作於，非。莊本同。）爲勇者務於鬬爭。」是其證也。又案：此文本作「見柔懦者侵，則務爲剛毅；見剛毅者亡，則務於柔懦」，於下本無爲字。於亦爲也，爲亦於也。務爲剛毅，務於剛毅也；務於柔懦，務爲柔懦也。僖二十年穀梁傳曰：「謂之新宫，則近爲禰宫。」言近於禰宫也。秦策曰：「魏爲逢澤之遇，朝爲天子。」言朝於天子也。是爲與於同義。郊特牲曰：「郊之祭也，掃地而祭，於其質也。」言爲其質，不爲其文也。又曰：「祭天，掃地而祭焉，於其質而已矣。」大戴禮曾子本孝篇曰：「故孝子之於親也，生則有義以輔之，死則哀以莅焉，祭祀則莅之以敬，如此而成於孝子也。」言如此而後成爲孝子也。晉語曰：「祁奚辭於軍尉。」言辭爲軍尉也。文六年穀梁傳曰：「閏月者，附月之餘日也，積分而成於月者也。」言積分而成爲月也。是於與爲亦同義。爲、於同義，故二字可以互用。晉語曰：「稱爲前世，（韋注曰：「言見稱譽於前世。」）義於諸侯。」韓詩外傳曰：「民不親不愛，而求於己用，爲己死，不可得也。」皆以爲、於互用。此云「見柔懦者侵，則務爲剛毅；見剛毅者亡，則務於柔懦」，亦以爲、於互用。主術篇曰：「爲智者務爲巧詐，爲勇者務於鬬爭。」卽其明證也。又史記孟嘗君傳「君不如令弊邑深合於秦」，西周策作爲。張儀傳「韓、梁稱爲東藩之臣」，趙策爲作於。蓋爲、於聲近而義同，故字亦相通也。然則

「務於柔懦」卽務爲柔懦。道藏本於下復有爲字者，後人不知爲、於之同義，故又加爲字耳。（劉本、朱本同。）茅本不删爲字，而删於字，斯爲謬矣。（莊本同。）此本無主於中，而見聞舛馳於外者也，○陳觀樓云：「本無主於中」，當作「無本主於中」。上文云「有本主於中，而以知榘彠之所周」，正與此「無本主於中」相對。下文亦云：「中有本主以定清濁。」故終身而無所定趨。舛，乖也。定，安。趨，歸也。譬猶不知音者之歌也，濁之則鬱而無轉，鬱，湮也。轉，讀傳譯之傳也。清之則焦而不謳。焦，悴也。謳，和也。○陳觀樓云：謳當作調，故注訓爲和。今作謳者，因下句謳字而誤。及至韓娥、秦青、薛談之謳，三人皆善謳者。侯同、曼聲之歌，二人善歌。一曰：曼，長。憤於志，積於内，盈而發音，則莫不比於律而和於人心。何則？中有本主以定清濁，不受於外而自爲儀表也。

今夫盲者行於道，人謂之左則左，謂之右則右，遇君子則易道，○文典謹按：意林引，作「遇君子則得其平易」。遇小人則陷溝壑。○文典謹按：御覽七百四十引，作「蹈於溝壑」。何則？目無以接物也。接，見也。故魏兩用樓翟、吴起而亡西河，魏文侯任樓翟、吴起，不用他賢。秦伐，喪其西河之地。○陶方琦云：史記集解八十七、文選七發注引許注：「樓季，魏文侯之弟也。」按：史記李斯列傳：「是故城高五丈而樓季不輕犯也。」（鹽鐵論「是猶跛夫之欲及樓季也」，舊注亦引許慎注。）高作樓翟。顧千里曰：樓、翟乃二人。（樓爲樓庳，翟爲翟强。）

韓非難一云：「魏兩用樓、翟而亡西河。」即此所本。吴起二字乃衍文。或許本作樓季、吴起，亦爲二人。湣王專用淖齒而死于東廟，湣，讀汶水之汶。湣王，田常之後，代吕氏爲齊侯，春秋之後僭號稱王。淖齒，楚將，奔齊爲臣。湣王無道，淖齒殺之，擢其筋，懸廟門之梁，三日而死。見戰國策。無術以御之也。文王兩用吕望、召公奭而王，吕望，太公吕尚也，善用兵謀。奭，召康公，用理民物，有甘棠之歌也。楚莊王專任孫叔敖而霸，孫叔敖，楚大夫蔿賈伯盈子。或曰：童子也，任其賢，故致于伯也。有術以御之也。夫弦歌鼓舞以爲樂，盤旋揖讓以修禮，厚葬久喪以送死，孔子之所立也，而墨子非之。非猶譏也。兼愛尚賢，右鬼非命，墨子之所立也，而楊子非之。兼三老五更，是以兼愛。選士大夫射，是以上賢。宗祀嚴父，是以右鬼。右，猶尊也。順四時而行，是以非命。皆楊子所不貴，故非也。全性保真，不以物累形，楊子之所立也，而孟子非之。全性保真，謂不拔骭毛，以利天下弗爲，不以物累己身形也。孟子受業于子思之門，成唐、虞、三代之德，敍詩、書，孔子之意，塞楊、墨淫詞，故非之也。趨捨人異，各有曉心。故是非有處，得其處則無非，失其處則無是。丹穴、太蒙、反踵、空同、大夏、北户、奇肱、脩股之民，是非各異，習俗相反，丹穴，南方當日下之地。太蒙，西方日所入處也。反踵，國名，其人南行，武迹北向。空同，戴勝極下之地。大夏，在西方。北户，在南方。奇肱、脩股之民，在西南方。凡此八者，皆九州之外，八寅之域者也。君臣上下，夫婦父子，有以相使也。此之是，非彼之是也；此之非，非彼之非也；此，近諭諸華也。彼，遠諭八寅也。於諸夏之所是，八寅之所非而廢也；于諸華所非，八寅所是而行也。譬若斤斧椎鑿之各有所施也。施，宜也。

禹之時，以五音聽治，禹，顓頊後五世鯀之子也，名文命。受禪成功曰「禹」。五音，宫、商、角、徵、羽也。○文典謹按：「聽治」，初學記樂部下、白帖六十二、御覽五百七十六引，竝作「聽政」。懸鐘鼓磬鐸，置鞀，以待四方之士，爲號曰：○文典謹按：「爲號曰」，白帖作「爲銘於簨簴曰」，與鬻子合，疑是許本。「教寡人以道者擊鼓，道和陰陽，鼓一聲以調五音，故擊之。諭寡人以義者擊鐘，鐘，金也。義者斷割，故擊之。告寡人以事者振鐸，鐸，鈴，金口木舌，合爲音聲。事者非一品，故振之。語寡人以憂者擊磬，磬，石也，聲急。憂亦急務，故擊之。○文典謹按：語，初學記樂部下引作告。有獄訟者摇鞀。」獄亦訟。訟一辯於事，故取小鞀摇也。○文典謹按：初學記樂部下引，作「有獄訟告寡人者摇鞀」。當此之時，一饋而十起，一沐而三捉髮，饋者，食也。以勞天下之民，勞，猶憂也。勞，讀勞勑之勞。此而不能達善效忠者，則才不足也。當此之時，不耐達其善，效致其忠，是爲無有其材也。秦之時，高爲臺榭，大爲苑囿，遠爲馳道，鑄金人，秦皇帝二十六年，初兼天下，有長人見於臨洮，其高五丈，足迹六尺。放寫其形，鑄金人以象之，翁仲、君何是也。○文典謹按：「遠爲馳道」，御覽八十六引作

「造馳道數千里」。又三百二十七引注，秦皇帝作秦始皇。**發適戍，入芻稾，戍，守長城也。入芻稾之稅，**以供國用也。○文典謹按：適戍，御覽八十六引作邊戍，三百二十七引作謫戍。**頭會箕賦，輸於少府。**頭會，隨民口數，人責其稅。箕賦，似箕然，斂民財多，取意也。少府，官名，如今司農。**丁壯丈夫，西至臨洮、狄道，**臨洮，隴西之縣，洮水出北。狄道，漢陽之縣。**東至會稽、浮石，**會稽，山名。浮石，隨水高下，言不没。皆在遼西界。一説：會稽山在太山下，「封于太山，禪於會稽」是也。會稽或作滄海。○孫詒讓云：高謂會稽、浮石在遼西界，今無攷。竊謂會稽卽揚州鎮山。周禮職方氏及吕氏春秋有始覽並云「東南曰揚州」，則會稽於方位自得爲東。莊子外物篇云「蹲乎會稽，投竿東海」，明今浙東之海亦爲東海，不必別求之遼西及太山下也。楚辭九思傷時云「超五嶺兮嵯峨，觀浮石兮崔嵬」，王注云：「東海有浮石之山。」然則浮石在五嶺之東。準之地望，其不在遼西明矣。**南至豫章、桂林，**豫章，豫章郡。桂林，鬱林郡。○文典謹按：豫章，御覽八十六引作象郡，三百二十七引與今本同，或卽許、高之異也。**北至飛狐、陽原，**飛狐，蓋在代郡南飛狐山也。陽原，蓋在太原。或曰：代郡廣昌東五阮關是也。**道路死人以溝量。**言滿溝也。**當此之時，忠諫者謂之不祥，**○文典謹按：御覽八十六引，「忠諫者」上有有字。**而道仁義者謂之狂。逮至高皇帝，存亡繼絶，**漢高祖劉季也。○文典謹按：高氏，漢人，不當言劉季。「劉季」二字，後人所加也。御覽三百二十七引注，無此二字。**舉天下之大義，身自**

奮袂執鋭，以爲百姓請命于皇天。執利兵伐無道，以求百姓之命，祈之于皇天也。當此之時，天下雄儁豪英暴露于野澤，才過千人爲儁，百人爲豪，萬人爲英。前蒙矢石，而後墮谿壑，出百死而紿一生，以争天下之權，墮，入也。紿，至也。紿，讀仍代之代也。奮武厲誠，以決一旦之命。當此之時，豐衣博帶而道儒墨者，以爲不肖。言尚武也。逮至暴亂已勝，勝暴亂也。○文典謹按：御覽三百二十七引，已作以。已、以古通用。海内大定，繼文之業，立武之功，繼文王受命之業，武王誅無道之功。履天子之圖籍，造劉氏之貌冠，高祖于新豐所作竹皮冠也。一曰委貌冠。○莊逵吉云：錢别駕云：「竹皮冠，應劭以爲卽鶡尾冠，以始生竹皮爲之，卽劉氏冠也。」總鄒、魯之儒墨，通先聖之遺教，戴天子之旗，乘大路，建九斿，撞大鐘，擊鳴鼓，奏咸池，揚干戚。周禮，天子五路。大路，上路也。王者功成作樂，故撞鐘擊鼓。咸池，黄帝樂。干，楯；戚，斧也。春夏舞者所執。○文典謹按：御覽三百二十七引，戴作載，大路作泰輅。當此之時，有立武者見疑。疑，怪也。一世之間，而文武代爲雌雄，有時而用也。今世之爲武者則非文也，爲文者則非武也，文武更相非，而不知時世之用也。此見隅曲之一指，而不知八極之廣大也。隅曲，室中之區隅，言狹小。八極，八方之極，言廣大也。故東面而望，不見西牆；南面而視，不覩北方；唯無所鄉者，則無所不通。無所向，則可以見四方，故曰「無所不通」。○文典謹按：意林引，通下有也字。

國之所以存者，道德也；道德施行，民悦其化，故國存也。○俞樾云：德當爲得，字之誤也。文子上仁篇正作得。「國之所以存者，道得也」，與下句「家之所以亡者，理塞也」，正同一律。高注曰：「理，道也。」然則道、理一也，得則存，塞則亡矣。高注此句曰：「道德施行，民悦其化，故國存也。」蓋以「道德」本屬恆言，故加「德」字以足句，非正文本作「道德」也。下文曰：「存在得道而不在於大也，亡在失道而不在於小也。」正與此文相應。疑此「塞」字亦卽「失」字之誤，故高氏無注矣。**家之所以亡者，理塞也。**理，道也。**堯無百户之郭，舜無置錐之地，**○莊逵吉云：御覽引，置作植，蓋古字通用。**以有天下。禹無十人之衆，湯無七里之分，以王諸侯。文王處岐周之間也，地方不過百里，而立爲天子者，有王道也。**堯、舜、禹、湯、文王皆王有天下，孟子曰「以德行仁者王，王不待大」是也。**夏桀、殷紂之盛也，人跡所至，舟車所通，莫不爲郡縣，然而身死人手，而爲天下笑者，有亡形也。**孟子曰「惡死亡，樂不仁」，不仁必死亡，故曰「有亡形」也。**故聖人見化以觀其徵。**徵，成也。**德有盛衰，風先萌焉。**風，氣也。萌，見也。有盛德者，謂文王也。伯夷、太公先見之。有衰德者，謂桀、紂也。太史令終古及向藝先去之也。**故得王道者，雖小必大；**湯、武是也。**有亡形者，雖成必敗。**桀、紂是也。**夫夏之將亡，太史令終古先奔於商，三年而桀乃亡。**湯滅之也。**殷之將敗也，太史令向藝先歸文王，朞年而紂乃亡。**武王滅之。終古、向藝，二賢人名。**故聖人之見存亡之**

迹，成敗之際也，非待鳴條之野，甲子之日也。湯伐桀，禽於鳴條。武王誅紂，以甲子尅之。今謂彊者勝則度地計衆，富者利則量粟稱金，若此，則千乘之君無不霸王者，而萬乘之國無不破亡者矣。○王念孫云：「無不霸王」、「無不破亡」，兩不字皆後人所加。此言千乘小而萬乘大，若彊者必勝，富者必利，則是千乘之君必無霸王者，萬乘之國必無破亡者矣。而不知國之興亡，在得道與失道，不在大與小也。故下文曰：「存在得道而不在於大，亡在失道而不在於小。」後人不曉文義，而妄加兩不字，其失甚矣。○文典謹按：王謂「無不破亡」之不爲後人所加，是也。然上「無不霸王」之不，則實非衍文。蓋上句言千乘之君之必興，下句則言萬乘之國之不敗。下不字乃涉上不字而衍耳。羣書治要引此文，有上不字，無下不字，是其證。存亡之迹，若此其易知也，愚夫惷婦皆能論之。惷亦愚，無知之貌也。趙襄子以晉陽之城霸，智伯以三晉之地擒；襄子，無恤也。智伯，智瑤。三晉，智氏兼有范、中行氏。智伯帥韓、魏之君圍趙襄子于晉陽，趙襄子使張孟談與韓、魏通謀，韓、魏反而擊之，大破智伯之軍，獲其首，以爲飲器，故曰「以三晉之地擒」也。湣王以大齊亡，爲淖齒所殺也。田單以即墨有功。燕伐齊而滅之，得七十城，唯即墨未下。田單以市吏率即墨市民以擊燕師，破之，故曰有功也。故國之亡也，雖大不足恃；大猶亡，智伯是。道之行也，雖小不可輕。湯以七十里，文王以百里，皆有天下，故雖小不可輕。由此觀之，存在得道而不在於大也，得道之君，雖小，爲善而耐王天下，故曰「不在於大」也。**亡在失道而不在於小也。**無道之君，以爲惡無傷而弗革，積必亡，故曰「不在於小」也。**詩云：「乃眷西顧，此惟與宅。」言去殷而遷于周也。**紂治朝歌，在東；文王國于岐周，在西。天乃眷然顧西土，此唯居周，言我宅也，故曰「去殷而遷于周」也。

故亂國之君，務廣其地而不務仁義，務高其位而不務道德，是釋其所以存，而造其所以亡也。○文典謹按：羣書治要引，造作就。**故桀囚於焦門，而不能自非其所行，**不自非行之惡。**而悔不殺湯於夏臺；**悔，恨也。臺或作宮。**紂居於宣室，而不反其過，**反，悔。○文典謹按：羣書治要引，居作拘。**而悔不誅文王於羑里。**羑里，今河內湯陰是也。羑，古牖字。○文典謹按：羣書治要引，羑作牖。**二君處彊大勢位，修仁義之道，湯、武救罪之不給，何謀之敢當！**二君，桀、紂也。當其君也，彊大之勢，不能自知所行之非也。假令能修仁義之道，則湯、武不敢生誅之謀也。○王念孫云：「處彊大勢位」，本作「處彊大之勢」，與「脩仁義之道」相對爲文。今本脱之字，衍位字，（位字因上文「務高其位」而衍。）則與下句不對。高注云：「當其居彊大之勢，不能自知所行之非。」則勢下無位字明矣。羣書治要引此，正作「處强大之勢」。又案：「何謀之敢當」，當字義不可通。羣書治要引作「何謀之敢慮」，是也。慮字隸書或作慮，因誤而爲當。○俞樾云：當字無義。羣書治要作慮，然謀卽慮也，「何謀之敢慮」義亦難通。當疑蓄字之誤。言救罪且不給，不暇更蓄他謀也。**若上亂三光之明，下失萬民之心，**三光，日、月、星辰也。失萬民心，施民所惡也。○莊逵吉云：文選注引，作「三光，日、月、星也」，無辰字，以爲許慎注。雖微湯、武，孰弗能奪也？言遭人能奪之，不必湯、武也。今不審其在己者，而反備之于人，言不慎行己之德，而乃反備天下之人來誅也。○文典謹按：羣書治要引，「之于」作「諸乎」。天下非一湯、武也，殺一人，則必有繼之者也。○文典謹按：羣書治要引，作「殺一人，卽必或繼之者矣」。且湯、武之所以處小弱而能以王者，以其有道也；○文典謹按：羣書治要引，「以王」作「著」。桀、紂之所以處彊大而見奪者，以其無道也。○文典謹按：羣書治要引，「見奪」上有「終」字。今不行人之所以王者，而反益己之所以奪，是趨亡之道也。武王克殷，欲築宮於五行之山。五行山，今太行山也，在河内野王縣北上黨關也。○文典謹按：御覽八十四引注，關作閒。周公曰：「不可！夫五行之山，固塞險阻之地也。使我德能覆之，則天下納其貢職者迴也。迴，迂難也。迴，或作固。固，必也。使我有暴亂之行，則天下之伐我難矣。」周公言我有暴亂之行，則天下當來伐我，無爲于五行之山，使天下來伐我者難也。言其依德，不恃險也。此所以三十六世而不奪也。周公可謂能持滿矣。滿而不溢也。

昔者，周書有言曰：周史之書。「上言者，下用也；下言者，上用也。可否相濟。上言者，常也；爲君常也。下言者，權也。」此存亡之術也。權，謀也。謀度事宜，不失其道也。唯聖人爲能知權。言而必信，期而必當，天下之高行也。直躬其父攘羊而子證之，直躬，楚葉縣人也。葉公子高謂孔子曰：「吾黨有直躬者，其父攘羊，而子證之。」孔子曰：「吾黨之直者異于是，父爲子隱，子爲父隱，直在其中矣。」凡六畜自來而取之，曰攘也。尾生與婦人期而死之。尾生，魯人，與婦人期于梁下，水至溺死也。○文典謹按：文選琴賦注引高注，「水至溺死也」作「不至而水溺死」。直而證父，信而溺死，雖有直信，孰能貴之！○王念孫云：「信而溺死」，本作「信而死女」，言信而爲女死，則信不足貴也。今本死女作溺死者，涉上注「水至溺死」而誤。直而證父，信而死女，相對爲文。且女與父爲韻。若作溺死，則文既不對，而韻又不諧矣。文子道德篇正作「信而死女」。夫三軍矯命，過之大者也。秦穆公興兵襲鄭，過周而東。以兵伐國，不擊鼓，密聲，曰襲。周者，王城也。公羊傳曰：「王城者何？西周也。」鄭賈人弦高將西販牛，道遇秦師於周、鄭之間，乃矯鄭伯之命，犒以十二牛，賓秦師而却之，以存鄭國。非君命也，而稱君命，曰矯。酒肉曰享，牛羊曰犒，共其枯槁也。秦師日行千里而襲之，遠主有備而師無繼，不如還，遂還師而去也，故曰「却之」。故事有所至，信反爲過，誕反爲功。信爲過者，尾生是。誕爲功者，弦高是。何謂失禮而有大功？昔楚恭王戰於陰陵，恭王與晉厲戰於陰陵，呂錡射恭王，中目，因而擒之。過而能改，故曰「恭」也。○莊逵吉云：古聲陰、鄢同，故以鄢陵爲陰陵，非九江之陰陵也。潘尫、養由基、黄衰微、公孫丙相與篡之。四子，楚大夫，篡晉取恭王。衰，讀繩之維。微，讀抆滅之抆也。俞樾云：高解「相與篡之」句曰：「四子，楚大夫，篡晉取恭王。」夫上文並無恭王見禽於晉之事，卽云「相與篡之」，於文不備。據「戰於陰陵」下有高注曰：「恭王與晉厲戰於陰陵，吕錡射恭王，中目，因而禽之。」疑此二十字是正文，本在「昔楚」二字之下，因此二十字誤作注文，後人遂於「昔楚」下補「恭王戰於陰陵」六字耳。恭王懼而失體，威儀不如常，坐不能起也。黄衰微舉足蹵其體，恭王乃覺。怒其失禮，奪體而起，四大夫載而行。失禮，謂舉足蹵君也。昔蒼吾繞娶妻而美，以讓兄，此所謂忠愛而不可行者也。蒼吾繞，孔子時人。以妻美好，推與其兄。兄則愛矣，而違親迎曲顧之誼，故曰不可行也。是故聖人論事之局曲直，與之屈伸偃仰，無常儀表，○王念孫云：此言屈伸偃仰，皆因乎事之曲直。曲直上不當有局字，蓋衍文也。文子道德篇無局字。時屈時伸。卑弱柔如蒲韋，非攝奪也；剛强猛毅，志厲青雲，非本矜也；○王念孫云：本當爲夸，夸矜與攝奪相對爲文。夸字或書作夺，形與本相似，因誤爲本。文選甘泉賦注引此，正作夸。又案：蒲、韋皆柔弱之物，故曰「時屈時伸，弱柔如蒲韋」，弱柔上不當有卑字，此涉下文「屈膝卑拜」而誤衍也。荀子不苟篇云：「言己之光美，擬於舜、禹，參於天地，非夸誕也。與時屈伸，柔從若蒲韋，非懾怯也。剛彊猛毅，靡所不信，非驕暴也。」語意略與此同，「柔從若蒲韋」之上亦無卑字。以乘時應變也。夫君臣之接，屈膝卑拜，以相尊禮也；至其迫於患也，則舉足蹵其體，天下莫能非也。是故忠之所在，禮不足以難之也。孝子之事親，和顏卑體，奉帶運履；運，正迴也。至其溺也，則捽其髮而拯，拯，升也。出溺曰拯。○文典謹按：捽，意林、御覽三百九十六引，並作攬。非敢驕侮，以救其死也。故溺則捽父，祝則名君，孟子曰：「嫂溺而不拯，是豺狼也。」而況父兄乎！故溺則拯之，祝則名君。周人以諱事神，敬之至也。勢不得不然也。此權之所設也。故孔子曰：「可以共學矣，而未可以適道也。適，之也。道，仁義之善道。可與適道，未可以立也。立德、立功、立言。可以立，未可與權。」權者，聖人之所獨見也。故忤而後合者，謂之知權；忤，逆不合也。權，因事制宜，權量輕重，無常形勢，能令醜反善，合于宜適，故聖人獨見之也。合而後舛者，謂之不知權。不知權者，善反醜矣。故禮者，實之華而僞之文也，方於卒迫窮遽之中也，則無所用矣。無所用于禮也。是故聖人以文交於世，而以實從事於宜，不結於一迹之塗，凝滯而不化，是故敗事少而成事多，號令行于天下而莫之能非矣。結，猶聚也。

猩猩知往而不知來，猩猩，北方獸名，人面獸身，黄色。禮記曰：「猩猩能言，不離走獸。見人往走，則知人姓字。」此知往也。又嗜酒，人以酒搏之，飲而不耐息，不知當醉，以禽其身，故曰「不知來」也。乾鵠知來而不知往，乾鵠，鵲也，人將有來事憂喜之徵，則鳴，此知來也。知歲多風，多巢于木枝，人皆探其卵，故曰「不知往」也。乾，讀乾燥之乾。鵠，讀告退之告。此脩短之分也。昔者萇弘，周室之執數者也，萇弘，周宣王之大夫。數，曆術也。天地之氣，日月之行，風雨之變，律曆之數，無所不通，然而不能自知，車裂而死。晉范、中行氏之難，以叛其君也。周劉氏與晉范氏世爲婚姻，萇弘事劉文公，故周人助范氏。至敬王二十八年，晉人讓周，周爲殺萇弘以釋之，故曰「不能自知，車裂而死」也。○王念孫云：太平御覽刑法部十一引此同。案：左傳、國語皆言周殺萇弘，而不言車裂，他書亦無車裂之事。案莊子胠篋篇「萇弘胣」釋文：「崔云：『胣，裂也。』淮南子曰：『萇弘鈹裂而死。』」據此，則古本本作「鈹裂」。今作「車裂」者，涉下文蘇秦「車裂」而誤也。注内「車裂」同。蘇秦，匹夫徒步之人也，鞀蹻贏蓋，經營萬乘之主，服諾諸侯，然不自免於車裂之患。蘇秦，洛陽人也。贏，簦囊也。蓋，步蓋也。蘇秦相趙，趙封之爲武安君。初帶贏囊，襜步蓋，歷説萬乘之君，合山東〔一〕之從，利病之勢，無所不下，使諸侯服從，無有不服諾者，故曰「服諾諸侯，不自免于車裂之患」。説在詮言之篇。徐偃王被服慈惠，身行仁義，陸地之朝者三十二國，然而身死國亡，子孫無類。偃王于衰亂之世，脩行仁義，不設武備，楚王滅之，故身死國亡也。七諫篇曰「荆文誤而徐亡」是也。大夫種輔翼越王句踐，而爲之報怨雪恥，擒夫差之身，開地數千里，然而身伏屬鏤而死。種佐

〔一〕「山東」，原本作「東山」，誤倒，據史記本傳乙。

句踐，報怨于吴王夫差，獲千里之地，而越王終已疑之，賜屬鏤以死。屬鏤，利劍也。一曰：長劍劚施鹿盧，鋒曳地，屬録而行之也。此皆達於治亂之機，機，要也。而未知全性之具者。故萇弘知天道而不知人事，蘇秦知權謀而不知禍福，徐偃王知仁義而不知時，大夫種知忠而不知謀。不知爲身謀也。聖人則不然，論世而爲之事，權事而爲之謀，是以舒之天下而不窕，内之尋常而不塞。不窕，在大能大也。八尺曰尋，倍尋曰常。在小能小，不塞急也。使天下荒亂，禮義絶，綱紀廢，彊弱相乘，力征相攘，臣主無差，貴賤無序，甲胄生蟣蝨，乘，加也。攘，平除。生蟣蝨，不離體也。燕雀處帷幄，而兵不休息，幄，幕也。處，猶巢也。而乃始服屬臾之貌，謹也。恭儉之禮，則必滅抑而不能興矣。天下安寧，政教和平，百姓肅睦，上下相親，而乃始立氣矜，矜，自大也。奮勇力，則必不免於有司之法矣。是故聖人者，能陰能陽，能弱能彊，隨時而動静，因資而立功，物動而知其反，事萌而察其變，化則爲之象，運則爲之應，是以終身行而無所困。故事有可行而不可言者，有可言而不可行者，有易爲而難成者，有難成而易敗者。○文典謹按：羣書治要引，作「或易爲而難成者，或難成而易敗者」。所謂可行而不可言者，趨舍也；可言而不可行者，僞詐也；易爲而難成者，事也；難成而易敗者，名也。○文典謹按：羣書治要引，名作治。此四策者，聖人之所獨見而留意也。○文典謹按：羣書治要引，見作視，意作志。

詘寸而伸尺，聖人爲之；寸小，尺大。小枉而大直，君子行之。枉，曲也。直，直其道也。周公有殺弟之累，誅管、蔡也。齊桓有争國之名，自莒先入，殺子糾也。然而周公以義補缺，謂翼成王以致太平，七年歸政，北面爲臣，故曰「以義補缺」也。桓公以功滅醜，立九合一匡之功，以滅争國之惡也。而皆爲賢。今以人之小過揜其大美，則天下無聖王賢相矣。故目中有疵，不害於視，不可灼也；疵，贅。灼，燃也。喉中有病，無害於息，不可鑿也。鑿，穿也。河上之丘冢，不可勝數，猶之爲易也。言河上本非丘壟之處，有易之地猶多，以大言之也，以諭萬事多覆于少。水激興波，高下相臨，差以尋常，猶之爲平。雖有激波，猶以爲平，平者多也。猶橘柚冬生，人曰冬死，死者衆也；薺麥夏死，人曰夏生，生者多也。昔者曹子爲魯將兵，三戰不勝，亡地千里。使曹子計不顧後，足不旋踵，刎頸於陳中，則終身爲破軍擒將矣。然而曹子不羞其敗，恥死而無功。柯之盟，揄三尺之刃，造桓公之胷，三戰所亡，一朝而反之，勇聞于天下，功立於魯國。復汶陽之田也。管仲輔公子糾而不能遂，遂，成也。不可謂智；遁逃奔走，不死其難，不死子糾之難也。不可謂勇；束縛桎梏，不諱其恥，不可謂貞。當此三行者，布衣弗友，人君弗臣。布衣之士不可以爲益友也，人君不可以爲義臣也。然而管仲免於累紲之中，立齊國之政，九合諸侯，一匡天下。使管仲出死捐軀，不顧後圖，豈有此霸功哉！今人君論其臣也，不計其大功，總其略行，而求其小善，則失賢之數也。略，大也。小善，忠也。數，術也。故人有厚德，無問其小節；而有大譽，無疵其小故。○王念孫云：問當爲間。方言曰：「間，非也。」（襄十五年左傳「且不敢間」，論語先進篇「人不間於其父母昆弟之言」，孟子離婁篇「政不足間也」，趙岐、陳羣、孔穎達諸儒皆訓間爲非。）疵，讀爲訾。（莊子山木篇「無譽無訾」，呂氏春秋必己篇作疵。荀子不苟篇：「正義直指，舉人之過，非毀疵也。」）無間與無訾同義，故廣雅曰：「間、訾，諀也。」（諀與毀同。）今本間誤爲問，則非其指矣。文子上義篇正作「無間其小節」。夫牛蹏之涔不能生鱣鮪，涔，雨水也，滿牛蹏迹中，言其小也，故不能生鱣鮪也。鱣，大魚，長丈餘，細鱗，黃首，白身，短頭，口在腹下。鮪，大魚，亦長丈餘，仲春二月從西河上，得過龍門，便爲龍。先師說云也。而蜂房不容鵠卵，房，巢也。○文典謹按：御覽九百十六引，鵠作鴻。小形不足以包大體也。

夫人之情，莫不有所短。誠其大略是也，雖有小過，不足以爲累。誠其實，略其行。若其大略非也，雖有閭里之行，未足大舉。舉，用。夫顏喙聚，梁父之大盜也，梁父，齊邑，今屬太山。○王念孫云：喙當爲啄，字之誤也。顏啄聚，左傳哀二十七年、呂氏春秋尊師篇、韓子十過篇並作顏涿聚，韓詩外傳作顏斲聚，說苑正諫篇作顏燭趨，漢書古今人表作顏燭雛，晏子春秋外篇作顏燭鄒，並字異而義同。喙與涿、斲、燭，聲並相近，喙則遠矣。啄、喙二字，書傳往往相亂。**而爲齊忠臣。段干木，晉國之大駔也，而爲文侯師。**駔，驕怚。一曰：駔，市儈也。言魏國之大儈也。○陶方琦云：御覽八百二十八、白帖八十三引許注：「駔，市儈。」按：二家文義並異，所謂「一曰」，即是許説，如俶真訓「敦圄」注例也。後漢郭太傳注引説文：「駔，會也。」謂合兩家之買賣，如今之度市也。」索隱二十八引淮南注曰：「干木，度市之魁也。」亦疑是許注。類篇引説文：「駔，一曰市會。」市會即市儈，與淮南訓正同。**孟卯妻其嫂，有五子焉，然而相魏，寧其危，解其患。**孟卯，齊人也。及爲魏臣，能安其危，解其患也。戰國策曰芒卯也。○莊逵吉云：古孟、芒同聲，故通用。**景陽淫酒，被髮而御於婦人，威服諸侯。**景陽，楚將。**此四人者，皆有所短，然而功名不滅者，其略得也。**略，猶道也。**季襄、陳仲子立節抗行，不入洿君之朝，不食亂世之食，遂餓而死。**季襄，魯人，孔子弟子。陳仲子，齊人，孟子弟子，居於陵。○王念孫云：孔子弟子無季襄，襄皆當爲哀，字之誤也。史記仲尼弟子傳，公晳哀，字季次。（索隱引家語作公晳克，克亦哀之誤。）此言季哀，即季次也，故高注云然。弟子傳載孔子之言曰：「天下無行，多爲家臣，仕於都，唯季次未嘗仕。」游俠傳曰：「季次、原憲，懷獨行君子之德，義不苟合當世，終身空室蓬户，褐衣疏食不厭。」此云「立節抗行，不入洿君之朝，不食亂世之食」，説與史記略同。**不能存亡接絶者何？小節伸而大略屈。**伸，用。屈，廢也。

故小謹者無成功，訾行者不容於衆，好揜人之善，揚人之短，訾毀人行，自獨卑藏，衆人所疾而不容之也。一曰：訾，毀也。行有毀缺者，不爲衆人所容。體大者節疏，蹠距者舉遠。疏，長。蹠，足。距，大也。自古及今，五帝三王，未有能全其行者也。故易曰：「小過，亨，利貞。」言人莫不有過，而不欲其大也。夫堯、舜、湯、武，世主之隆也；隆，盛。齊桓、晉文，五霸之豪英也。然堯有不慈之名，謂天下不以予子丹朱也。舜有卑父之謗，謂瞽瞍降在庶人也。湯、武有放弒之事，殷湯放桀南巢，周武弒紂宣室。五伯有暴亂之謀。齊桓、晉文、宋襄、楚莊、秦穆，德未能純，皆有爭奪之驗，故曰「有暴亂之謀」也。是故君子不責備於一人。

方正而不以割，廉直而不以切，博通而不以訾，文武而不以責。文武備具，而不責備於人也。求於一人則任以人力，任其力所能任也。○王念孫云：「求於一人」，劉本無一字，是也。道藏本有一字者，因上文「責備於一人」而誤。「求於人」與「自脩」相對爲文，人上不當有一字。下文「責人以人力」，「自脩以道德」，卽其證。文子上義篇作「於人以力，自脩以道」。自修則以道德。責人以人力，易償也；自修以道德，難爲也。難爲則行高矣，易償則求澹矣。夫夏后氏之璜不能無考，半璧曰璜，夏后氏之珍玉也。考，瑕釁也。○洪頤煊云：考當作者。說文：「者，老人面如點也。从老省，占聲。」與玷字通用，譌脱作考。明月之珠不能無纇，夜光之珠，有似月光，故曰明月。纇，磐，若絲之結纇也。○陶方琦云：文選班固兩都賦注、李蕭遠運命論注引許注：「夜光之珠，有似明月，故曰明月也。」按：此許注羼入高注本者，故同。文選兩都賦李善注曰：「高誘以隨侯爲明月，許慎以明月爲夜光。」是許、高注本異，此注定爲許義無疑。○文典謹按：文選辯命論注引高注：「考，不平也。纇，瑕也。」與此注文逈異。陶謂此爲許注，是也。然而天下寶之者，何也？其小惡不足妨大美也。今志人之所短，而忘人之所修，而求得其賢乎天下，則難矣。○王念孫云：「得其賢乎天下」，衍其字。藝文類聚寶部上引此，無其字。夫百里奚之飯牛，伊尹之負鼎，伊尹負鼎俎，調五味，以干湯，卒爲賢相。太公之鼓刀，太公，河内汲人。有屠、釣之困，卒爲文王佐，翼武王伐紂也。甯戚之商歌，甯戚，衛人也，商旅于齊，宿郭門外，疾世商歌，以干桓公。桓公夜出迎客，聞之，舉以爲大田。事在道應訓也。其美有存焉者矣。衆人見其位之卑賤，事之洿辱，而不知其大略，以爲不肖。及其爲天子三公，而立爲諸侯賢相，乃始信於異衆也。信，知也。夫發于鼎俎之閒，伊尹。出于屠酤之肆，肆，列也。謂太公呂尚也。解于累紲之中，累紲，所以束縛人。謂管仲。興于牛頷之下，興，起也。謂百里奚也。頷，讀合索之合。洗之以湯沐，祓之以爟火，立之于本朝之上，倚之于三公之位，爟火，取火於日之官也。周禮司爟掌行火之政令。火，所以祓除不祥也。立，置也。本朝，國朝也。內不慙於國家，外不愧於諸侯，符勢有以内合。内合于君。故未有功而知其賢者，堯之知舜；○文典謹按：羣書治要引，舜下有也字。功成事立而知其賢者，市人之知舜也。爲是釋度數而求之於朝肆草莽之中，其失人也必多矣。爲上自任耳目聰明以得賢人之故，不復用度量之術取人，而亟求賢于朝肆之列，草莽之中，失賢人必多矣，何可求賢也！何則？能效其求，而不知其所以取人也。

夫物之相類者，世主之所亂惑也；嫌疑肖象者，衆人之所眩耀。肖象，似也。嫌疑，謂白骨之肖象牙也，碧盧似玉，蛇牀似麋蕪也。故狠者類知而非知，狠者自用，像有知，非真知。○陶方琦云：羣書治要引許注：「狠，慢也。」按：二注正異。説文作「狠，盭也」，義亦同。愚者類仁而非仁，愚者不能斷割，有似於仁，非真仁也。○文典謹按：羣書治要引，兩仁字皆作君子。戇者類勇而非勇。戇者不知畏危難，有似於勇，非真勇。使人之相去也，若玉之與石，美之與惡，則論人易矣。夫亂人者，芎藭之與藁本也，蛇牀之與麋蕪也，此皆相似者。言其相類，但其芳臭不同。猶小人類君子，但其仁與不仁異也。○王念孫云：「美之與惡」，本作「葵之與莧」。葵與莧不相似，故易辨，此言物之不相似者。下言物之相似者，皆各舉二物以明之。若云「美之與惡」，則不知爲何物矣。蓋俗書美字作美，葵字作葵，葵之上半與美相似，因誤而爲美。後人不解其故，遂改爲「美之與惡」耳。羣書治要及爾雅疏、埤雅、續博物志引此，並作「葵之與莧」，是其證。又案：上既言亂人，則下不必更言相似。且正文既言相似，則注不必更言「言其相類」矣。爾雅疏引許注云：「此四者藥草，臭味之相似。」然則「此皆相似」四字，蓋後人約記許注於正文之旁，而寫者因誤合之也。（茅本又於「相似」下加者字，而莊本從之，謬矣。）史記司馬相如傳索隱、爾雅疏、本草圖經、埤雅、續博物志所引，皆無此四字。○陶方琦云：爾雅釋艸正義引許注：「此四者藥艸，臭味之相似，惟治病則不同力。」按：二家注文異，足徵許、高之別。北宋時尚有許注殘本，故引文尚異。**故劍工惑劍之似莫邪者，唯歐冶能名其種；**歐冶，良工也。**玉工眩玉之似碧盧者，唯猗頓不失其情；**碧盧，或云碔砆。猗頓，魯之富人，能知玉理，不失其情也。○俞樾云：上云「劍工惑劍之似莫邪者」，莫邪是良劍之名，則碧盧亦必是美玉之名。地形篇「碧樹瑤樹在其北」，高注曰：「碧，青玉也。」是其義也。下文云「闇主亂於姦臣小人之疑君子者」，然則莫邪、碧盧是喻君子，非喻小人。高注曰：「碧盧，或云碔砆。」失之。**闇主亂于姦臣小人之疑君子者，唯聖人能見微以知明。故蛇舉首尺，而修短可知也；象見其牙，而大小可論也。薛燭庸子，見若狐甲於劍而利鈍識矣；**薛，齊邑也。燭庸氏子，通利劍。○俞樾云：「狐甲」之義不可曉，狐疑爪字之誤。荀子大略篇「爭利如蚤甲而喪其掌」，楊注曰：「蚤與爪同。」此爪甲連文之證。「若爪甲」者，言其小也。言燭庸子之於劍，止見若爪甲者，而已識其利鈍矣。下文曰：「臾兒、易牙，淄、澠之水合者，嘗一哈水而甘苦知矣。」「一哈」言其少也，與此文正一律。**臾兒、易牙，淄、澠之水合者，嘗一哈水而甘苦知矣。**臾兒、易牙，皆齊之知味者。哈，口也。○陶方琦云：莊子音義引許注：「俞兒，黄帝時人。狄牙，卽易牙，齊桓公時識味人也。」按：二注文異。莊子音義又引淮南一本作臾兒，注云：「臾兒，亦齊人。」卽今高注。知與許注本異也。俞跗，揚雄解嘲作臾柎，俞、臾古通。簡狄，詩緯作簡易，狄、易亦古通。大戴禮「桓公任狄牙」，揚子法言「狄牙能喊」，皆作狄牙。文選琴賦「狄牙喪味」，注引淮南「淄、澠之水合，狄牙嘗而知之」，是卽許本作狄牙之證。今道應篇作易牙，亦當改正。故聖人之論賢也，見其一行而賢不肖分矣。孔子辭廩丘，終不盜刀鉤；廩丘，齊邑，今屬濟陰。齊景公養孔子，以言未見從，道未得行，不欲虛禄，辭而不受，故不復利人刀鉤也。許由讓天子，終不利封侯。許由，隱者，陽城人。堯欲以天下與之，洗耳而不就，故曰不利于封侯也。故未嘗灼而不敢握火者，見其有所燒也；未嘗傷而不敢握刃者，見其有所害也。○文典謹按：御覽八百六十九引，灼下有也字，握刃作擢刃。由此觀之，見者可以論未發也，而觀小節可以知大體矣。故論人之道，貴則觀其所舉，富則觀其所施，窮則觀其所不受，賤則觀其所不爲，貧則觀其所不取。視其更難，以知其勇；動以喜樂，以觀其守；委以財貨，以論其仁；振以恐懼，以知其節，則人情備矣。

古之善賞者，費少而勸衆；趙襄子行之是。善罰者，刑省而姦禁；齊威王行之是也。善予者，用約而爲德；秦繆公行之是。善取者，人多而無怨。齊桓公行之也。趙襄子圍於晉陽，罷圍而賞有功者五人，高赫爲賞首。左右曰：「晉陽之難，赫無大功，今爲賞首，何也？」智伯求地于趙襄子，不與，智伯率韓、魏以圍之，三月不克。趙氏之臣張孟談，潛與韓、魏通謀，反智伯而殺之，張孟談之力也。故曰高赫無大功也。襄子曰：「晉陽之圍，寡人社稷危，國家殆，羣臣無不有驕侮之心，唯赫不失君臣之禮。」故賞一人，而天下爲忠之臣者莫不終忠於其君。此賞少而勸善者衆也。○王念孫云：「天下爲忠之臣者」，當作「天下之爲臣者」。呂氏春秋義賞篇引孔子曰：「賞一人，而天下之爲人臣者莫敢失禮。」即淮南所本也。今本「之爲」二字誤倒，又衍一忠字。「此賞少而勸善者衆也」，當作「此賞少而勸衆者也」。上文云「古之善賞者，費少而勸衆」，正與此句相應。下文曰「此刑省而姦禁者也」，「此用約而爲德者也」，「此入多而無怨者也」，句法並與此同。今本「衆者」二字誤倒，又衍一善字。（善字涉下文「勸善」而衍。）齊威王設大鼎於庭中，而數無鹽令曰：「子之譽，日聞吾耳。察子之事，田野蕪，倉廩虛，囹圄實。子以姦事我者也。」乃烹之。齊以此三十二歲道路不拾遺。此刑省姦禁者也。秦穆公出遊而車敗，右服失馬，服，中失〔一〕馬。○王念孫云：「右服失馬」，馬字因注文而衍。服爲中央馬，則不須更言馬矣。呂氏春秋愛士篇正作

〔一〕「失」疑爲「央」，形近而誤。

「右服失」。（失與佚同。）野人得之。穆公追而及之岐山之陽，野人方屠而食之。穆公曰：「夫食駿馬之肉，而不還飲酒者，傷人。吾恐其傷汝等。」徧飲而去之。處一年，與晉惠公爲韓之戰，處一年者，謂飲食肉人酒之明年也。晉惠公夷吾倍秦納己之賂，秦興兵伐晉，戰於晉地韓原也。晉師圍穆公之車，梁由靡扣穆公之驂，獲之。梁由靡，晉大夫。扣，猶牽也。將獲穆公。○王念孫云：高注云「將獲穆公」，則正文獲上有將字也。將獲未獲，故人得而救之。若已爲晉所獲，則不能救矣。食馬肉者三百餘人，皆出死爲穆公戰於車下，遂克晉，虜惠公以歸。此用約而爲德者也。齊桓公將欲征伐，甲兵不足，令有重罪者出犀甲一戟，犀甲，取其堅也。戟，車戟也，長丈六尺。犀或作三，直出三甲也。有輕罪者贖以金分，輕，小也。以金分，出金隨罪輕重，有分兩也。○文典謹按：御覽三百三十九引注，「出金」下有貫字。訟而不勝者出一束箭。不勝，猶不直也。箭十二爲束也。百姓皆說，乃矯箭爲矢，治箭之笄好者也。○文典謹按：御覽引注，治作矢，笄作竿。鑄金而爲刃，刃，五刃也，刀、劍、矛、戟、矢也。以伐不義而征無道，遂霸天下。此入多而無怨者也。故聖人因民之所喜而勸善，因民之所惡而禁姦，○文典謹按：御覽六百三十六引，「所喜」作「所善」，「而禁」作「以禁」。故賞一人而天下譽之，罰一人而天下畏之。故至賞不費，賞當賞，不虛費。至刑不濫。刑當刑，不傷善。濫，讀收斂之斂。孔子誅少正卯而魯國之邪塞，少正，官；卯，其名也。魯之諂人。孔子相魯七日，誅之於東觀之下，刑不濫也。子産誅鄧析而鄭國之姦禁，鄧析，詭辯姦人之雄也。子産誅之，故姦禁也。傳曰：「鄭駟歂殺鄧析而用其竹刑。」鄧析制刑，書之于竹，鄭國用之，不以人廢言也。以近諭遠，以小知大也。故聖人守約而治廣者，此之謂也。

天下莫易於爲善，而莫難於爲不善也。爲善，静身無欲，信仁而已，順其天性，故易。爲不善，貪欲無猒，毁人自成，戾其天性，故難也。所謂爲善者，静而無爲也；所謂爲不善者，躁而多欲也。適情辭餘，無所誘惑，循性保真，無變於己，◯文典謹按：羣書治要引，惑作慕，循作脩。隸書循、脩相似，書傳多互譌也。故曰爲善易。◯文典謹按：羣書治要引，作「故曰爲善者易也」。越城郭，踰險塞，姦符節，盜管金，篡弑矯誣，◯文典謹按：羣書治要引，弑作殺。非人之性也，故曰爲不善難。姦，私，亦盜也。符節成信也，而盜取之。管，壯籥也。金，印封，亦所以爲信也。固，閉藏也。篡弑，下謀上也。矯，擅作君命。誣，以惡覆人也。皆非人本所受天之善性也。◯王念孫云：如高注，則金字當爲璽字之誤。然金與璽字不相似，璽字無緣誤爲金。蓋俗書璽字或作玺，因誤爲金矣。五音集韻云：「璽，俗作玺。」今人所以犯囹圄之罪，而陷於刑戮之患者，由嗜慾無厭，不循度量之故也。◯文典謹按：羣書治要引，循作脩。何以知其然？天下縣官法曰：「發墓者誅，竊盜者刑。」此執政之所司也。夫法令者罔其姦邪，勒率隨其蹤跡，勒，主問吏。率，大任也。〇王念孫云：「法令」下衍者字。法令罔其姦邪，勒率隨其蹤跡，相對爲文。〇洪頤煊云：漢書主問吏無名爲勒者，勒當是鞫字之譌。張湯傳「訊鞫論報」，師古曰：「鞫，問也。」鞫字譌脱作勒。無愚夫惷婦，皆知爲姦之無脱也，犯禁之不得免也。然而不材子不勝其欲，蒙死亡之罪，而被刑戮之羞。蒙，冒。然而立秋之後，〇王念孫云：下「然而」二字，因上「然而」而衍。「立秋之後」五句，卽承上「死亡之罪」、「刑戮之羞」言之，不當更有「然而」二字。司寇之徒繼踵於門，而死市之人血流於路。何則？惑於財利之得，而蔽於死亡之患也。夫今陳卒設兵，兩軍相當，將施令曰：「斬首拜爵，而屈撓者要斬。」〇王念孫云：「夫今」當爲「今夫」，「斬首」下脱者字。斬首者拜爵，屈撓者要斬，相對爲文。羣書治要引此，有者字。然而隊階之卒皆不能前遂斬首之功，遂，成也。〇王念孫云：「隊階」二字，義不可通，當從羣書治要所引作「隊伯」，字之誤也。（左畔作阝，因隊字而誤；右畔作皆，則因下文皆字而誤。）逸周書武順篇曰：「五五二十五曰元卒，四卒成衞曰伯。」是百人爲伯也。通典兵一引司馬穰苴曰：「五人爲伍，十伍爲隊。」是隊爲伯之半。故曰「隊伯之卒」。而後被要斬之罪，是去恐死而就必死也。故利害之反，禍福之接，不可不審也。

事或欲之，適足以失之；〇文典謹按：羣書治要引，事上有故字。或避之，適足以就之。楚人有乘船而遇大風者，波至而自投於水。◯王念孫云：「波至而」下當有恐字。下文「惑於恐死而反忘生也」卽承此句言之。羣書治要、意林、藝文類聚舟車部、白帖六十三、太平御覽地部三十六、舟部二引此，皆作「波至而恐」。◯文典謹按：羣書治要引，無楚字，「人有」作「有人」。非不貪生而畏死也，惑於恐死而反忘生也。故人之嗜慾，亦猶此也。◯文典謹按：意林、白帖六十三引，「亦猶此也」並作「亦復如此」。齊人有盜金者，當市繁之時，至掇而走。勒問其故曰：「而盜金於市中，何也？」繁，衆也。勒，主問吏。故，猶意也。而，汝也。對曰：「吾不見人，徒見金耳！」志所欲，則忘其爲矣。是故聖人審動靜之變，而適受與之度，理好憎之情，和喜怒之節。夫動靜得，則患弗過也；◯王念孫云：過，當從劉本、朱本作遇，字之誤也。受與適，則罪弗累也；好憎理，則憂弗近也；喜怒節，則怨弗犯也。故達道之人，不苟得，不讓福；◯俞樾云：讓，當爲攘。詮言篇「不能使福必來，信己之不攘也」，高注曰：「攘，却也。」此云不攘福，義與彼同。其有弗棄，非其有弗索；常滿而不溢，恆虛而易足。虛，無欲也。◯文典謹按：羣書治要引，「常滿」作「恆盈」，「恆虛」作「常虛」。今夫霤水足以溢壺榼，而江、河不能實漏巵，◯文典謹按：霤，羣書治要引作溜。實，意林引作滿。故人心猶是也。◯文典謹按：羣書治要引，是作此。自當以道術度量，食充虛，衣禦寒，則足以養七尺之形矣。若無道術度量而以自儉約，則萬乘之勢不足以爲尊，天下之富不足以爲樂矣。諭若桀與紂，無道術度量，不得爲匹夫，何尊樂之有乎！孫叔敖三去令尹而無憂色，爵禄不能累也；不以爵禄累其身也。荆佽非兩蛟夾繞其船而志不動，怪物不能驚也。勇而不惑。聖人心平志易，精神内守，物莫足以惑之。

夫醉者，俛入城門，以爲七尺之閨也；超江、淮，以爲尋常之溝也，酒濁其神也。○文典謹按：意林引，「超江、淮」句在「俛入城門」句前。怯者，夜見立表，以爲鬼也；見寢石，以爲虎也，懼揜其氣也。揜，奪也。又況無天地之怪物乎！夫雌雄相接，陰陽相薄，羽者爲雛鷇，毛者爲駒犢，柔者爲皮肉，堅者爲齒角，人弗怪也；水生蠬蜄，山生金玉，人弗怪也；老槐生火，久血爲燐，人弗怪也。血精在地，暴露百日則爲燐，遥望炯炯，若燃火也。○陶方琦云：詩東山正義引許注：「兵死之血爲鬼火。」按：二注文異。説文粦下云：「兵死及牛馬之血爲粦。粦，鬼火也。」與注淮南説同。論衡論死篇：「人之兵死也，人言其血爲燐。」張華博物志雜説篇云：「鬭戰死亡之地，其人馬血積年化爲燐。」竝與許義合。○文典謹按：御覽八百六十九引注，「遥望炯炯，若燃火也」，作「遠望若野火也」。山出梟陽，梟陽，山精也。人形，長大，面黑色，身有毛，足反踵，見人而笑。○莊逵吉云：梟陽見爾雅，程敦云：「説文解字作梟羊，陽與羊古字通也。嚴忌哀時命又作梟楊，山海經謂之贛巨人。」○文典謹按：文選上林賦注引高注，作「梟羊，山精也，似遽類」。水生罔象，水之精也。國語曰：「龍，网象也。」陶方琦云：說文虫部蛧字下引許注：「蛧蜽，狀如三歲小兒，赤黑色，赤目，長耳，美髮。」按：說文所引淮南王說，當是後人記許君注淮南說于旁，與上芸艸一條例同。魯語曰：「木石之怪曰夔蛧蜽，水之精曰龍罔象。」高作罔象，故引國語；許作蛧蜽，正與高異。其實罔象、罔兩，古訓亦不甚分。法苑珠林引夏鼎志：「罔象，如三歲兒，赤目，黑色，大耳，長臂，赤爪，索縛則可得食。」訓與許說蛧蜽同，知許說必有本也。一切經音義二引淮南說：「狀如三歲小兒，赤黑色，赤目，赤爪，長耳，美髮。」知今說文敓「赤爪」二字，應補。說文：「蛧蜽，山川之精物。」又道應篇「罔兩問於景曰」，許注：「罔兩，水之精物也。」（玉篇作：「魍魎，水神，如三歲小兒，赤黑色。」左氏音義亦云：「罔兩，水神。」）此實許本水生蛧蜽之證。木生畢方，木之精也。狀如烏，青色，赤脚，一足，不食五穀。井生墳羊，土之精也。魯季子穿井，獲土缶，其中有羊是也。〇文典謹按：文選思玄賦注引，墳作羵。人怪之，聞見鮮而識物淺也。〇文典謹按：御覽八百八十八引，作「聞見鮮而所識淺也」。天下之怪物，聖人之所獨見；利害之反覆，知者之所獨明達也。同異嫌疑者，世俗之所眩惑也。夫見不可布於海内，聞不可明於百姓，是故因鬼神禨祥而爲之立禁，禨祥，吉凶也。禁，戒也。總形推類而爲之變象。何以知其然也？世俗言曰：「饗大高者而彘爲上牲，大高，祖也。一曰：上帝。葬死人者裘不可以藏，相戲以刃者太祖軵其肘，軵，擠也。讀近茸，急察言之。枕户橉而卧者鬼神蹠其首。」此皆不著於法令，而聖人之所不口傳也。夫饗大高而彘爲上牲者，非彘能賢於野獸麋鹿也，而神明獨饗之，何也？以爲彘者，家人所常畜而易得之物也，故因其便以尊之。裘不可以藏者，非能具綈綿曼帛溫煖於身也，世以爲裘者，難得貴賈之物也，曼帛，細帛也。裘，狐之屬也，故曰貴賈之物。而不可傳於後世，無益於死者，而足以養生，故因其資以讋之。資，用也。讋，忌也。○王念孫云：裘無益於死者，而足以養生，故曰「可傳於後世」。劉本作「不可傳於後世」，不字因上文「不可以藏」而衍。諸本與劉本同，唯道藏本無不字。相戲以刃太祖軵其肘者，夫以刃相戲，必爲過失，過失相傷，其患必大，無涉血之仇爭忿鬬，而以小事自內於刑戮，愚者所不知忌也，故因太祖以累其心。累，恐也。枕戶橉而臥，鬼神履其首者，使鬼神能玄化，則不待戶牖之行，○王念孫云：之當作而。太平御覽居處部十二引此，正作「不待戶牖而行」。○文典謹按：御覽一百八十四引，無能字。若循虛而出入，則亦無能履也，虛，孔竅也。○莊逵吉云：御覽引作「無履也」，無能字。夫戶牖者，風氣之所從往來，而風氣者，陰陽相揜者也，○文典謹按：御覽一百八十四引，作「而風氣者，陰陽之戶牖者也」。離者必病，離，遭也。故託鬼神以伸誡之也。凡此之屬，皆不可勝著於書策竹帛而藏於官府者也，故以禨祥明之。爲愚者之不知其害，乃借鬼神之威以聲其教，所由來者遠矣。而愚者以爲禨祥，而狠者以爲非，唯有道者能通其志。今世之

祭井竈、門户、箕箒、臼杵者，非以其神爲能饗之也，恃賴其德，煩苦之無已也。是故以時見其德，所以不忘其功也。觸石而出，膚寸而合，不崇朝而雨天下者，唯太山；崇，終也。日旦至食時爲終朝。**赤地三年而不絶流，澤及百里而潤草木者，唯江、河也，是以天子秩而祭之。故馬免人於難者，其死也葬之；牛，其死也，葬以大車爲薦。**○王念孫云：藝文類聚獸部上、太平御覽禮儀部三十四、獸部八引此，並作「故馬免人於難者，其死也葬之，以帷爲衾；牛有德於人者，其死也葬之，以大車之箱爲薦」。今本「葬之」下脱去「以帷爲衾」四字，「牛」下脱去「有德於人者」五字，「葬」下脱去「之」字，「大車」下脱去「之箱」二字，當補入。○文典謹按：意林引此文，作「馬免人於難者，死葬之以蓋，蒙之以衾；牛有德於人者，死葬之以大車」。**牛馬有功，猶不可忘，又況人乎！此聖人所以重仁襲恩。**襲，亦重累。**故炎帝於火，死而爲竈；**炎帝，神農，以火德王天下。死，託祀于竈神。**禹勞天下，死而爲社；**勞力天下，謂治水之功也。託祀于后土之神。**后稷作稼穡，死而爲稷；**稷，周棄也。王念孫云：「炎帝於火」，本作「炎帝作火」。於字或書作扵，形與作相似而誤。太平御覽火部二引作於，亦後人依誤本改之。其居處部十四引此，正作作。史記孝武紀索隱、藝文類聚火部、廣韻竈字注引此，並作作。「禹勞天下」，勞下本有力字，故高注曰：「勞力天下，謂治水之功也。」今本無力字者，後人誤以爲衍文而删之耳。古者謂勤爲力。（大雅烝民箋：力，猶勤也。）勞力天下，猶言勤勞天下，泰族篇曰「夙興夜寐而勞力之」是也。倒言之則曰力勞，主術篇曰「民貧苦而忿争，事力勞而無功」是也。藝文類聚禮部中引此無力字，亦後人依誤本删之。太平御覽禮儀部十一引正文注文，並作勞力。論衡祭意篇「或曰炎帝作火，死而爲竈；禹勞力天下，死而爲社」，所引卽淮南之文。「后稷作稼穡」，后稷本作周棄，此亦後人以意改之也。昭二十八年左傳曰：「周棄亦爲稷，自商以來祀之。」魯語曰：「夏之興也，周棄繼之，故祀以爲稷。」此皆淮南所本。藝文類聚禮部中、太平御覽禮儀部十一引此，並作周棄。高注當云「周棄，后稷也」，今本云「稷，周棄也」，此亦後人所改。

羿除天下之害，死而爲宗布，此鬼神之所以立。羿，古之諸侯。河伯溺殺人，羿射其左目；風伯壞人屋室，羿射中其膝。又誅九嬰、窫窳之屬，有功於天下，故死託祀於宗布。祭田爲宗布，謂出也。一曰：今人室中所祀之宗布是也。或曰：司命傍布也。此堯時羿，非有窮后羿。

○孫詒讓云：此注譌捝不可通。以意求之，「祭田爲宗布，謂出也」，當作「祭星爲布，宗布謂此也」。爾雅釋天云：「祭星曰布。」卽高所本。（今本星譌田，此譌出，又捝一布字。）但高釋宗布三義，並肊説，難信。竊疑卽周禮黨正之祭禜，族師之祭酺。鄭注云：「禜謂雩禜，水旱之神。酺者，爲人物烖害之神也。」（禜、宗，酺、布，聲近字通。禮記祭法雩禜，禜亦作宗。）禜、酺並禳除烖害之祭，羿能除害，故託食於彼，義亦正相應也。

北楚有任俠者，其子孫數諫而止之，不聽也。縣有賊，大搜其廬，事果發覺，夜驚而走，追，道及之，其所施德者皆爲之戰，得免而遂反，語其子曰：「汝數止吾爲

俠。今有難，果賴而免身。而諫我，「不可用也。」知所以免於難，而不知所以無難，論事如此，豈不惑哉！宋人有嫁子者，告其子曰：「嫁未必成也。有如出，不可不私藏。私藏而富，其於以復嫁易。」其子聽父之計，竊而藏之。若公知其盜也，逐而去之。其父不自非也，而反得其計。知爲出藏財，而不知藏財所以出也，爲論如此，豈不勃哉！今夫僦載者，救一車之任，極一牛之力，爲軸之折也，有如轅軸其上以爲造，不知軸轅之趣軸折也。楚王之佩玦而逐菟，爲走而破其玦也，因佩兩玦以爲之豫，兩玦相觸，破乃逾疾。○文典謹按：御覽九百七引，作「楚王佩玦逐兔，馬速玦破，乃取兩玦重而著之，其破疾愈。」亂國之治，有似於此。

夫鴟目大而眎不若鼠，蚈足衆而走不若蛇，物固有大不若小，衆不若少者。○文典謹按：御覽九百四十八引，作「蚈足走不及蛇，物固有小不及大也。」及至夫彊之弱，弱之彊，危之安，存之亡也，非聖人，孰能觀之！大小尊卑，未足以論也，唯道之在者爲貴。何以明之？天子處於郊亭，則九卿趨，大夫走，坐者伏，倚者齊。當此之時，明堂太廟，懸冠解劍，緩帶而寢。非郊亭大而廟堂狹小也，至尊居之也。天道之貴也，非特天子之爲尊也，所在而衆仰之。夫蟄蟲鵲巢，皆嚮天一者，至和在焉爾。帝者誠能包稟道，合至和，則禽獸草木莫不被其澤矣，而況兆民乎！